U0679772

●陕西省高等学校优势学科建设项目——省扶持学科中国史（历史地理学：0602）；

●陕西省教育厅哲学社会科学重点研究基地科研计划项目：《关中汉唐帝陵文化遗产保护与展示研究（14JZ063）》及《关中古代陵寝文化保护与旅游开发研究（13JZ082）》专项基金资助

●陕西省教育厅专项科学研究计划项目：《"互联网＋"视域下的关中帝陵景区游客行为研究（17JK0819）》专项基金资助；

●咸阳师范学院学术著作出版基金。

关中地区古代帝陵遗产资源及其保护利用

GUANZHONG DIQU GUDAI DILING

YICHAN ZIYUAN JIQI BAOHU LIYONG

杜忠潮　孙媛媛　杨尚英　著

吉林文史出版社

图书在版编目（CIP）数据

关中地区古代帝陵遗产资源及其保护利用 / 杜忠潮，
孙媛媛，杨尚英著 . -- 长春：吉林文史出版社，
2019.11

ISBN 978-7-5472-6702-8

Ⅰ . ①关… Ⅱ . ①杜… ②孙… ③杨… Ⅲ . ①帝王—
陵墓—文化遗产—研究—中国 Ⅳ . ① K928.76

中国版本图书馆 CIP 数据核字 (2019) 第 254695 号

关中地区古代帝陵遗产资源及其保护利用
GUANZHONG DIQU GUDAI DILING YICHAN ZIYUAN JIQI BAOHU LIYONG

出 版 人　孙建军
著　　者　杜忠潮　孙媛媛　杨尚英
责任编辑　陈春燕　张城伟
封面设计　优盛文化
出版发行　吉林文史出版社有限责任公司
地　　址　长春市福祉大路出版集团 A 座
网　　址　www.jlws.com.cn
印　　刷　定州启航印刷有限公司
版　　次　2019 年 11 月第 1 版　2019 年 11 月第 1 次印刷
开　　本　787 mm×1092 mm　1/16
字　　数　323 千
印　　张　15
书　　号　ISBN 978-7-5472-6702-8
定　　价　69.00 元

前　言

　　关中平原（渭河平原）位于陕西省中部，介于秦岭和渭北北山（老龙山、嵯峨山、药王山、尧山等）之间。西起宝鸡，东至潼关，海拔 325 m～800 m，长约 300 km；南北宽窄不一，东部最宽达 100 km，西安附近约 75 km，眉县一带仅 20 km，至宝鸡逐渐闭合成峡谷，形似"新月"；面积约 34 000 km²，号称"八百里秦川"。渭河由西向东横贯关中平原，干流及支流泾河、北洛河等均有灌溉之利，中国古代著名水利工程如郑国渠、白渠、漕渠、成国渠、龙首渠都引自这些河流。关中平原自然、经济条件优越，历史上曾是周秦汉唐等朝代的建都之地，也是仰韶文化时期以来古代人类活动的主要场所，是古丝绸之路的起点和中国历史上农业最富庶的地区之一。国家发展和改革委员会制定的《关中—天水经济区发展规划》将关中—天水经济区定位为"西部及北方内陆地区的开放开发龙头地区"，其建设目标为"以高科技为先导的先进制造业集中地，以旅游、物流、金融、文化为主的现代服务业集中地，以现代科教为支撑的创新型地区，领先的城镇化和城乡协调发展地区，综合型经济核心区，全国综合改革试验示范区"。

　　"关中"地名最早出现于战国时期，但因"关中"最初并非正式的地方行政区划，所以有多种解释。据《史记·货殖列传》："关中自汧、雍以东至河、华。"[①] 汧谓汧水，雍谓雍山，河谓黄河，华谓华山。但《史记》中有时也将汉中、陕北包括在关中的范围之内。后来还有一些说法，大抵都是就关立论的。譬如说是在函谷关、大散关、武关和萧关或在函谷关和陇关之间，或者是在函谷关和散关之间。这些说法同战国、秦汉时期的所谓四塞意义大体相同，也符合当时的情况。[②] 据考证，记述"关中"的古典文献还有：

　　（1）《史记·秦始皇本纪》："始皇为微行咸阳，与武士四人俱夜出，逢盗兰池，见窘，武士击杀盗，关中大索二十日。"[③] 这应当是"关中"的最早记述。

　　（2）《史记》卷六十九记苏秦游说秦惠文王曰："秦，四塞之国，被山带渭，东有关河，西有汉中，南有巴蜀，北有代马，此天府也"。[④]

　　（3）东晋徐广注释《史记》"关中阻山河四塞"提出：关中在"东函谷，南武关，西散关，北萧关"之间。

　　（4）西晋潘岳在《关中记》中说："秦西以陇关为限，东以函谷为界，二关之间是为关中。"[⑤]

① 司马迁.史记：第 129 卷 [M].北京：中华书局,2005:2466.

② 史念海,萧正洪,王双怀.陕西通史：历史地理卷 [M].西安：陕西师范大学出版社,1998:310.

③ 司马迁.史记：第 6 卷 [M].北京：中华书局,2005:178.

④ 司马迁.史记：第 69 卷 [M].北京：中华书局,2005:1772.

⑤ 潘岳.关中记：一卷 [M].// 黄奭.汉学堂知足斋丛书.北京：书目文献出版社,1992.

（5）唐代《三辅旧事》："西以散关为限，东以函谷为界，二关之中谓之关中。"[①]

（6）唐代颜师古在《史记·高祖本纪》的注释："自函谷关以西，总名关中。"[②]

（7）《资治通鉴·秦纪》胡注："秦地西有陇关（今陇县境），东有函谷关，南有武关，北有临晋关（今大荔县境），西南有散关，秦地居其中，故曰关中。"[③]

从上述可见，汉代以来的古典文献就"关中"地名大致有"四关"说、"两关"说、"五关"说、"一关"说等解释。其中，以《史记·货殖列传》"关中自汧、雍以东至河、华"最为经典，东晋徐广谓关中在"东函谷，南武关，西散关，北萧关"之间的说法颇为流行，唐代颜师古"自函谷关以西，总名关中"的注释"最接近历史真相"。

据史念海先生考证，关中最早作为行政区当是唐代的关内道。[④] 其地域范围东至黄河沿岸，西至祖厉河畔（甘肃会宁、靖远县境），北达阴山山脉，其南境，长安以西，抵于秦岭，长安以东包括商洛地区。按此范围，（关中）东有潼关，西有大散关和陇关，北有萧关，南有武关。民国时期设立的关中道，北部包括韩城、郃阳（今合阳）、澄城、白水、同官（今铜川）、栒邑（今旬邑）等市县，西南以秦岭为界，东南包括商洛地区。这时兼有陇关、大散关和武关，函谷关和萧关不包括在内。

现今的关中是指"陕西中部秦岭以北，子午岭、黄龙山以南，陇山以东，潼关以西的区域（行政区域包括宝鸡市、咸阳市、西安市、渭南市、铜川市和杨凌示范区等五市一区）"。该范围未包括函谷关、萧关和武关。实际上，现代关中地区是在潼关和大散关的中间[⑤]，加上战国、秦汉时期设置的陇关和秦岭北坡的峣关（蓝田关），以及散布在渭河两岸山塬之间的蒲津关（大荔县境）、龙门关（韩城市境）、子午关和库谷关（长安区境）、金锁关（铜川市境）、安夷关（陇县境）和骆谷关（周至县境）等。这表明古代关中地区利用地形的险要，层层设防置关，其得名于四面皆有关隘，名副其实。

从地理学的视野考察关中地区的地形结构与山川大势，其南面有秦岭连绵，隔绝南北；北面有北山，阻隔了关中地区与北方黄土高原的交通；东面有崤山纵列作屏障；西面有汧山、陇山相接，抵挡了西北少数民族的侵扰。西汉娄敬说"秦地被山带河，四塞以为固"。但是，古代文献中常出现的四塞，具体名称和四关不完全一样。由此而论，四塞应是泛指四方，并非专指四个关隘。古代的函谷关、武关、大散关、萧关分别扼居四条大通道，利用山隘险峻形成了易守难攻的门户，"一夫当关，万夫莫开"的军事防御作用甚为突出。因此，关中地区古代扼居要道的"四塞关隘"包括：

（1）函谷关、潼关及潼关道。[⑥] 战国初设置的函谷关是关中东大门。《史记·楚世家》：

① 赵岐. 长安史迹丛刊：三辅决录·三辅故事·三辅旧事 [M]. 西安：三秦出版社,2006.

② 司马迁. 史记：第 8 卷 [M]. 北京：中华书局,2005:270.

③ 司马光. 资治通鉴：第 6 卷 [M]. 北京：中华书局,1956:209.

④ 史念海. 河山集：第四集 [M]. 西安：陕西师范大学出版社,1991:146.

⑤《陕西军事历史地理概述》编写组. 陕西军事历史地理概述 [M]. 西安：陕西人民出版社,1985.

⑥ 史念海. 河山集：第四集 [M]. 西安：陕西师范大学出版社,1991:165-168.

"苏秦约从山东六国共攻秦，楚怀王为从长。至函谷关，秦出兵击六国，六国兵皆引而归。"这应是函谷关的最早记载，其故址在今河南省灵宝市王垛村。函谷关控制穿行崤山北麓的东西向军事通道（"崤函通道"），其"路在谷中，深险如函，故以为名，其中劣道，东西十五里，绝岸壁立，崖柏林荫谷中，殆不见日"。战国时，秦国凭借函谷关的险要地形，使关东诸国始终未能攻入。西汉中叶，将军杨仆立下军功，什么赏赐都不要，只是羞耻做关外人。汉武帝满足了杨仆的愿望，将函谷关向东迁移，便将杨仆家乡新安县东（今渑池县）归属关内。新关仍属崤山范围，只是到了其最东端。当地尚存的大土堆，应是关城遗址。

东汉时，新函谷关曾为防止黄巾起义、保卫都城洛阳的关塞，完全失去东西分野的意义，于是潼关取而代之，成为天然险阻。潼关最初设在原上，原下黄河流过，无路可走。唐初，随着河床的冲刷和水位的下降，沿河开了道路，才把潼关移到河边。潼关也在函谷中，只不过是在其西端。

潼关道开辟于史前，考古发现潼关道沿线分布着新石器时期大量的文化遗址。[①]传说远古轩辕黄帝率族人由关中西部向嵩山以外游徙、夏启率军征伐有扈氏、秦人由东方迁往"西陲"等皆经行此道。潼关道自长安东出，沿渭水，经今临潼、渭南、华县、华阴市境至潼关，继而东经崤坂至洛阳，并通往黄河下游及江淮地区。周、秦、汉、唐等王朝在关中建都时期，此道是连接长安与洛阳的轴心干道，在全国驿路中居首要地位，宋、元、明、清时期，潼关道为官马大道，是京都联结陕西以及西北、西南地区的纽带。

（2）武关与武关道。[②]春秋时期设置的武关，是关中南大门。据《左传》记载：公元前490年，楚人谋北方，"将通于少习以听命"。战国时秦国占据此地后将少习改为武关。因武关而得名的武关道（古称商於道、商山道）是古都长安连接荆襄、吴越的纽带，是关中和长江中游双方相互进攻的必经之路。武关道起自长安，经积道、灞上、芷阳、蓝田、峣关、上洛、武关、丹水、淅、郦等地至宛城。史家称其"道南阳而东方动，入蓝田而东方危"，如汉高帝刘邦入武关灭秦之战、西汉周亚夫平定七王之乱等，前者由长江中游直赴关中，后者由关中出袭长江中游，足见其战略地位的重要性。

（3）大散关与陈仓道。[③]大散关是关中西大门，相传为周朝散国之隘。大散关位处陕西省宝鸡市西南大散岭上，其山势险峻、层峦叠嶂，扼南北交通要道，自古为"川陕咽喉"。秦岭西端与陇山分界处嘉陵江上游低谷地带，成为秦岭西部往来的一条重要通道——陈仓道，大散关在该通道北端依险而立。大散关为古代兵家必争之地，"北不得散关，无以图汉中、巴蜀；南不得散关，无以图关中"。楚汉相争时韩信"明修栈道，暗度陈仓"就从这里经过，三国时曹操西征张鲁亦经由此地。

① 王开. 陕西古代道路交通史 [M]. 北京：人民交通出版社,1989:289.
② 史念海. 河山集：第四集 [M]. 西安：陕西师范大学出版社,1991:162-163.
③ 史念海. 河山集：第四集 [M]. 西安：陕西师范大学出版社,1991:157-160.

（4）萧关与萧关道。[①] 萧关是历史上著名的关隘。汉代萧关位于宁夏固原东南部，是三关口以北、古瓦亭峡以南的一段险要峡谷，并有泾水相伴。北宋时在汉代萧关故址以北 200 里重筑萧关，位置在今宁夏同心县以南。萧关道是汉唐丝绸之路东段北道和中原通西域的交通要道，是历史上农耕文化与草原文化的"结合带"。萧关古道大致走向是，由长安出发，沿泾河过固原、海原，在靖远县北渡黄河，经景泰直抵武威（河西走廊）。萧关道对关中和西域的政治、军事、经济、文化交流的影响表现在以下几个方面：第一，萧关道的开通、安定郡的设置，为"河南地"的开发奠定了基础。例如，秦统一义渠戎国后，徙民数万家于河套，对边地的开垦和边防的加强起到积极作用。汉武帝时期设置安定郡，大规模开垦屯田，使整个北方边境经济得到空前发展。第二，萧关道促进中西交通敞开，使中原地区的丝绸源源不断地被西运，而西方的良马、玉石以及一些农作物如苜蓿、胡豆、胡麻等传入中国，对社会经济产生巨大影响。第三，萧关道促进中西文化交流，包括文学艺术、科技、医药、宗教（包括石窟）、习俗、歌舞等，尤其是佛教文化对中国文化影响深远。[②]

此外，关中地区周围还有以下关隘与古道：①陇关与陇关道。汉高帝元年（公元前206年）置陇关，将其设在陇山主脉的关梁上，故称"秦都陇关"。自汉迄唐至明，其一直扼居关中通往陇上的孔道。陇关道开辟于西周时期，由关中沿渭水北侧西去，循汧水过陇州（今陇县），翻越陡峻的陇坂，通往陇西的驿道。西汉建陇关后，陇关道的经行路线是由汉长安城过横门桥或西渭桥，经渭城（今咸阳市东北）、槐里（今兴平市）、邰城（今武功县东）、雍县（今凤翔县南）至汧阳，西行陇坂至阎家店，再分别向西北或西南行至陇西郡，又西行河西四郡抵达西域。隋唐时陇州道是长安通往西域的主要驿道。宋、元、明、清代时陇关道仍为官驿大道，起自长安县京兆驿，经咸阳渭水驿、兴平白渠驿、武功邰城驿、扶风泉驿、岐山阳周驿至凤翔府岐阳驿后，折南行，经宝鸡陈仓驿人连云栈道。[③]②蒲津关（临晋关）与蒲津关道。蒲津关是秦地的东大门，历史上许多朝代在这里修造过浮桥，其又称大庆关，位于距今大荔县城 38 km 的黄河右岸的下辛村正东，与山西省永济市隔河相望，南北宽 6 km。周文王迎娶莘国有莘氏、春秋时期秦国迁都至栎阳，修筑了车马大道——栎阳道（即蒲津关道）。西汉时期蒲津关道成为长安、左冯翊、河东郡、太原郡、云中郡间相联结的大道。唐、宋、元、明、清为车马大道或官马支路。③金锁关。金锁关位于铜川市北约 20 km 处的三关口以南，神水峡以北。历史上这里是险要的天堑雄关，系古今军事、交通之咽喉。唐、宋时北御辽金、西抗西夏、攻战屡屡之关塞。[④] 金锁关自古被称为"榆塞秦关"，乃兵家必争之地。

关中平原交通便利，四周有山河之险。从西周始，先后有秦、西汉、隋、唐等 13 代王

① 史念海. 河山集：第四集 [M]. 西安：陕西师范大学出版社,1991:109—111.

② 薛正昌. 萧关道的历史地理与文化现象 [J]. 宁夏社会科学,1993(2):63—69.

③ 史念海. 河山集：第四集 [M]. 西安：陕西师范大学出版社,1991:164.

④ 陕西金锁关导游词 [EB/OL].http://www.xuexila.com/fwn/daoyouci/shaanxi/5199.html/2008—10—03.

朝建都于关中平原中心，历时千余年，从而为关中地区留下了数以百计的帝王陵墓，被誉为"东方帝王谷"。该地区遗存数量丰富、类型多样，以帝王陵为代表的古代陵寝，其数量之多、分布之密集、历史价值和文化品位之高，在全国乃至世界上皆不多见，对关中古代帝陵遗产资源及其保护利用的研究和挖掘具有较高的理论意义和实践价值。

　　对于陕西关中地区的古代帝王陵，民间有"七十二陵"之说。事实上，经有关部门和专家确认，除华夏族公认的始祖轩辕黄帝和炎帝的陵墓外，经田野调查能基本确定的有41座，即春秋战国时代的秦景公、秦惠文王、秦悼武王、秦昭襄王、秦孝文王、秦庄襄王6陵，秦朝秦始皇、秦二世2陵，西汉11陵，十六国至北朝时前秦苻坚、西魏元宝炬、北周武帝宇文邕各1陵，隋代文帝杨坚1陵，唐18陵。另有虽未确定墓冢，但经多方面考察确认应葬在关中的，有西周13位帝王中的7位；秦19位先公、3位先王；后秦1位、北魏1位、西魏1位、北齐2位、北周4位，共计38位。以上合计79座帝王陵。[①]此外，以汉唐帝陵为主的陵区分布有数以百计的陪葬墓群。[②]据《咸阳市文物志》记载，1957年国家文物普查统计，仅五陵原保存封土的历代帝王陵及其陪葬墓就达808座，至2003年仍存有封土的陵墓有250多座。[③]关中地区已正式发掘或局部试掘的帝王陵寝有春秋战国时期的秦雍城秦景公陵；秦代的秦始皇陵兵马俑坑、铜车马坑；西汉的阳陵阙址、丛葬坑；杜陵陵园遗址、北周孝陵；唐代的乾陵羡道、三出阙遗址，让皇帝惠陵、靖陵地宫等。[④]

　　"从某种意义上讲，陕西（关中）地区的帝王陵寝是周秦汉唐历史的缩影，是十分重要的文化遗产，在一定程度上反映了当时的物质文明和精神文明，具有很高的学术价值和旅游价值……"[⑤]需要指出的是，由于历史的复杂性和时代的久远，加之多年来陵墓屡遭破坏，陕西关中地区遗存有多少帝王陵寝，或许在相当长的时间里还不易得出定论。不过，仅就目前已经确认和发现的古代帝王陵寝来看，其数量和规模足以让人们感到震撼，足以使陕西关中地区摘得"东方帝王谷"的桂冠，并跻身世界名胜之列，足以使每一位三秦儿女深感骄傲和自豪。

　　在古代，长期作为国家政治中心的陕西关中地区，其帝王陵一般都是所属时代最重要的国家工程项目，因而帝王陵寝建设具有如下特征：①由皇亲国戚或朝廷重臣挂帅，由最优秀的建筑师、礼仪专家、艺术家和堪舆师组成团队负责选址和工程设计；②帝王陵寝的修筑时间长达十几年，乃至数十年；③动用的修陵人数多达数十万人；④耗用的财力、物力巨大。因此，关中地区帝王陵的规模基本为特大型，尤其是秦、西汉、

① 徐卫民.陕西帝王陵墓概论[J].长安大学学报：社会科学版,2015(1):16-21.

② 国家文物局,陕西文物事业管理局中国文物地图集：陕西分册[M].西安：西安地图出版社,1998.

③ 樊延平.咸阳市文物志[M].西安：三秦出版社,2008:2.

④ 国家文物局,陕西文物事业管理局.中国文物地图集：陕西分册（上）[M].西安：西安地图出版社,1998:5-8.

⑤ 王双怀.陕西帝王陵[M].西安：西安出版社,2010.

隋、唐诸朝代的帝陵，同国内外不同时期帝王陵墓相比毫不逊色。譬如秦始皇陵由丞相李斯设计，大将军章邯监工，共征集了 70 万～ 80 万人力，几乎相当于古埃及修建胡夫金字塔人数的 8 倍，修造陵园工程历时 39 年。[①]据考古勘测，秦始皇陵陵区总面积达562 500 m²，相当于 78 个故宫的大小。史料记载秦始皇陵"高大若山"，其封土底面积约 250 000 m²，高 115 m。现存封土底面积约为 12×10⁴ m²，高度为 52.5 m。[②]茂陵（汉武帝陵）建陵时曾从各地征募工匠、徭役数万人，其中建筑工匠、艺术大师 3 000 余人，修建陵寝历时 53 年。据《关中记》记载："汉诸陵皆高 12 丈，方 120 丈，惟茂陵高 14 丈，方 140 丈。"该记述与现代测量数据基本相符。又如唐昭陵由出身于工程世家、先后担任唐朝将作大匠的阎立德、阎立本精心设计，陵寝营建工程历时 13 年。其规模宏大的陵园建筑群周长 60 km，占地面积 200 km²，共有 194 座陪葬墓[③]，是关中"唐十八陵"具有代表性的一座帝王陵墓，也是中国历代帝王陵园中规模最大、陪葬墓较多的一座，被誉为"天下名陵"。唐乾陵建于 684 年，历时 23 年修建完成。据史书记载，乾陵陵园有内外两重城墙，各 4 个城门，还有献殿阙楼等宏伟的建筑群。勘探表明，内城总面积 2.40 km²。陵寝以南的"司马道"有 537 级台阶（高差 81.68 m），该司马道两旁有华表 1 对、翼马、鸵鸟各 1 对，石马 5 对，翁仲 10 对，石碑 2 通（东为无字碑，西为述圣记碑），王宾像 64（现存 61）尊，石狮 1 对，周围还有 17 座陪葬墓。[④]此外，西汉高帝长陵、宣帝杜陵、隋文帝泰陵、唐高祖献陵、睿宗桥陵、玄宗泰陵等都是气势雄伟、规模可观的帝王陵墓。

笔者帝查阅"古埃及金字塔"和"美洲金字塔"的有关资料，将其与我国关中地区秦、汉、隋、唐时期代表性的封土型帝王陵（被誉为"东方金字塔"）作比较，发现在建筑材料、修建工期和陵丘（塔体）高度等方面存在一定的可比性（表 0-1）。此外，采用帝陵封土占地面积和高度对关中地区的秦、西汉、隋、唐等朝代的封土型帝陵与河南省西部伊洛河两岸的东汉[⑤]、北魏、北宋[⑥]诸朝代的同形制帝陵作比较（表 0-2），可以发现，与古埃及等地区的金字塔相比，陕西关中地区秦、西汉、隋、唐的代表性帝陵陵寝占地面积较大。

---

①　张占民 . 秦始皇身后留下的 9 大谜案 [J]. 大地纵横 ,2005(5):24-27.

②　高蒙河 . 不能挖秦始皇陵的八个理由 [EB/OL].http://www.china.com.cn/culture/txt/2009-06/18/content_17975188.htm.

③　刘向阳 . 唐代帝王陵墓 [M]. 西安 : 三秦出版社 ,2012:58.

④　刘向阳 . 唐代帝王陵墓 [M]. 西安 : 三秦出版社 ,2012:95-148.

⑤　韩国河 . 东汉帝陵有关问题的探讨 [J]. 考古与文物 ,2007(5):10-17.

⑥　秦大树 . 试论北宋皇陵的等级制度 [J]. 考古与文物 ,2008(4):40-51.

表0-1 关中地区古代帝王陵封土丘与国外"金字塔"比较

区 域	名 称	建筑材料	修建工期 / 年	高 度 /m	底面积 /m²
古埃及	胡夫金字塔	玄武岩、花岗石	30	139	25 900
	哈夫拉金字塔			143.5	
	孟卡拉金字塔			67	11 700
	内弗尔卡拉金字塔			70	
	"弯曲金字塔"			101	11 700
古中美洲	太阳金字塔	砖筑土丘高台		65	
	月亮			43	
	墨西哥城东金字塔			64	122 500
	提卡尔城金字塔			70	
	卢乔拉金字塔			36	
古代中国	秦始皇陵	夯土陵丘（或方上）	39	115（52.5）	250 00（120 000）
	西汉长陵		7	32（24.5）	21 400
	西汉茂陵		53	46.5	52 200
	西汉阳陵		28	32.28	28 200
	隋泰陵		3	27.4	23 700
	唐献陵		4 个月	21.0	15 300

数据来源：咸阳市文物考古研究所. 西汉帝陵钻探调查报告 [M]. 北京：文物出版社，2010；陕西省考古研究院秦汉考古研究部. 陕西秦汉考古五十年综述 [J]. 考古与文物，2008(6)：96-160；陕西省考古研究院隋唐考古研究部. 陕西南北朝隋唐及宋元明清考古五十年综述 [J]. 考古与文物，2008(6)：161-207；徐锦圣. 匹热迷能 [M]. 北京：中国青年出版社，2006；世界各地金字塔一览 [EB/OL]. http://www.360doc.com/content/16/0218/17/6080914_535532076. shtml. 表中括弧内数据为实测数据。

况且，表中只是关中帝陵封土丘的占地面积，关中地区帝陵的陵园面积更为宏大。

秦始皇陵陵园占地面积为 56.25 km²、唐昭陵陵园面积也在 200 km² 以上。西汉康陵陵园面积（140 200 m²）是西汉 11 帝陵中最小的，也超过了国外金字塔中占地面积最大的墨西哥城东金字塔（122 500 m²）。此外，关中地区的秦、西汉、隋唐诸朝代的封土型帝陵与河南省西部（豫西）的东汉、北魏及北宋时期同类型帝陵封土丘的比较来看，前者在占地面积和高度上明显大于后者。有学者曾对北宋皇陵中陵垣面积最大的永昭陵与唐高宗太子李弘（追封孝敬皇帝）的恭陵（河南省偃师县境内）作比较，发现"恭陵的陵垣面积是永昭陵的 7.2 倍，封土高度是永昭陵的 3 倍，封土面积是永昭陵的 7.78 倍"[①]，由此得出"宋陵的规模远逊于唐陵"的结论。笔者检索相关资料发现，西汉 11 帝陵陵园面积最小者为西汉平帝康陵（140 200 m²）、最大者为西汉惠帝安陵（798 400 m²）[②]；明 13 陵陵宫建筑占地面积最小 25 000 m²（明宣宗景陵）、最大为 182 000 m²（明神宗定陵）。[③] 也就是说，就陵园规模来看，最小的西汉帝陵陵园是最小的明代帝陵陵园的 5.6 倍多，最大的西汉帝陵陵园是最大的明代帝陵陵园的 4.3 倍。秦、西汉、唐诸朝代帝王陵寝整体规模大于后世封建帝王陵寝，由此可见一斑。

表0-2　关中地区古代封土型帝陵与豫西东汉、北魏、北宋帝陵封土丘比较

关中地区帝陵			豫西地区帝陵		
陵名	占地面积 /m²	高度 /m	陵名	占地面积 /m²	高度 /m
秦始皇陵	120 000	52.5	东汉原陵	10 900	16.04
西汉长陵	21 400	30.0	东汉显节陵	9 400	19.44
西汉安陵	23 200	28.0	东汉敬陵	9 400	15.07
西汉南陵	24 200	24.0	东汉慎陵	15 100	24.30
西汉阳陵	28 200	32.28	东汉康陵	1 400	13.37
西汉茂陵	52 200	46.5	东汉恭陵	2 200	36.45
西汉平陵	27 900	32.0	东汉宪陵	9 400	20.41
西汉杜陵	29 600	29.0	东汉怀陵	3 500	11.18
西汉渭陵	27 200	30.0	东汉静陵	1 900	13.37
西汉延陵	26 700	25.7	东汉宣陵	9 400	29.16
西汉义陵	28 300	31.0	东汉文陵	9 400	29.16
西汉康陵	53 800	26.6	北魏长陵	2 800	35
隋泰陵	23 700	27.4	北魏景陵	9 100	24
唐献陵	15 300	21	北宋永昌陵	2 300	14.4
唐庄陵	3 200	17	北宋永熙陵	2 700	16.4
唐端陵	3 500	15	北宋永定陵	2 700	15.3

①　刘毅 . 宋代皇陵制度研究 [J]. 故宫博物院院刊 ,1999(1):67–82.

②　咸阳市文物考古研究所 . 西汉帝陵钻探调查报告 [J]. 文物 ,2010(12):100.

③　胡汉生 . 明十三陵大观 [M]. 北京 : 中国青年出版社 ,2007:71.

关中地区帝陵			豫西地区帝陵		
陵名	占地面积 /m²	高度 /m	陵名	占地面积 /m²	高度 /m
唐靖陵	1 600	8.6	北宋永昭陵	3 400	14.7
			北宋永厚陵	3 400	14.8
			北宋永裕陵	2 300	15
			北宋永泰陵	2 600	14.7

注：表中秦、西汉、东汉和北宋帝陵封土采用考古调查的实测资料，其余帝陵为文献记载的尺寸数据。

　　本书以历史地理学的视野，融合文物、考古及文化遗产等领域的学术积淀，从宏观角度对关中地区遗存的古代帝陵文化遗产发生发展的自然地理环境条件、人文历史背景、帝陵选址因素与营建形制、帝陵结构、帝陵制度嬗变与影响、帝陵的主题与文化价值、帝陵空间布局与昭穆制、帝陵文化艺术遗产、大遗址保护与产业化路径等方面进行系统的探讨，还就汉唐帝陵分布区的水土流失作观测分析。采用时空维度就关中地区古代帝陵遗产资源进行纵横探讨，试图回答和解决诸如帝王陵墓选址因素、帝陵制度的演化、典型帝陵的主题与文化价值和帝陵文化艺术遗产等基本问题。该书力求雅俗共赏，既为探寻"东方帝王谷"奥秘的志趣者提供有益信息，也为关中帝陵遗产资源保护利用提供科学借鉴。

目录

第一章 关中地区自然地理环境

本章主要论及关中地区自然地理环境的特征，以及关中地区自然地理要素对古代都城和帝陵遗产资源的影响，旨在诠释关中地区帝陵遗产资源发生、发展的自然条件和环境因素。

一、关中地区自然地理环境概述

关中平原（渭河平原）地处我国腹地，是华夏族的发祥地，也是孕育周秦汉唐古都及现代西安的摇篮。关中平原西起宝鸡，东抵黄河，处渭河中下游地区，西窄东阔。西部宽 1 km 左右，东部宽度在 80 km 以上，东西长约 360 km，号称"八百里秦川"；平均海拔 520 m，其中西部可达 700 m～800 m，东部最低处仅 325 m。地势西高东低，南北高中部低，渭河两侧呈阶梯状分布，依次有河流冲积平原、黄土台塬、山前冲积洪积扇、山地等地貌单元。平原面积 23 165 km²，约占关中盆地总面积的 41.8%。[1]

（一）地质构造基础

关中平原的地质构造基础是渭河断陷盆地。其北界为鄂尔多斯台地南缘的北山山前大断裂和口镇—关山大断裂，南界为秦岭北坡山前大断裂，东北延伸出省与山西省汾河、桑干河断陷相连，称为"汾渭断陷盆地"，而将关中部分称"渭河盆地"。[2] 渭河盆地西窄东宽，北浅南深，呈地堑与地垒相间的阶梯式下降的复式地堑构造（故称渭河地堑）。

渭河盆地外围的秦岭和北山是强烈上升的断块山地。盆地北缘的北山是主要由石灰岩组成的众多低山丘陵，海拔 900 m～1 300 m，北山山地的山脊平缓，逐渐向黄土高原过渡。南部的秦岭由前震旦系和震旦亚界经加里东运动后上升为陆，以复式背斜的形式同北面的鄂尔多斯断拗相连，之后又一起下降，沉积成晚古生代地层，并经受了海西期褶皱和燕山期的构造抬升及岩浆侵入，直到新生代受喜马拉雅运动影响，使该复式背斜的北翼产生了近东西向断陷，形成"渭河地堑"。关中平原在地貌上表现出隆起山地和断陷盆地极不对称、前者北翘南倾、后者南深北浅的特点。

关中平原大部分地区被不同厚度的黄土所覆盖，仅在渭北山地、子午岭和黄龙山出露寒武系、奥陶系及石炭系灰岩，另有二叠系、三叠系、侏罗系、白垩系与第三系的沙岩、页岩、泥岩及陆相含煤碎屑岩等。秦岭山地出露变质岩系的片麻岩、石英岩，火成岩系的花岗岩以及沉积岩系的灰岩、沙岩等。[3]

（二）地貌特征与地形结构

关中平原是在华北地台渭河地堑的基础上，因地壳不断下沉并接受泥沙堆积而形成的。现代地貌结构，尤其是冲积平原地貌的形成发展是新构造运动、气候变迁和流水侵蚀堆积共同作用的结果，其地貌的宏观格局主要由山地、黄土台塬和冲积平原三大地貌类型构成。

1. 冲积平原地貌

渭河冲积平原经历多次"侵蚀—堆积"旋回的演化，发育出三级河流阶地和低平的河漫滩以及山前冲积、洪积扇群等地貌亚类型。由于新构造运动的差异，各级河流阶地分布在纵向上不连续，在横向上不对称。西端宝鸡一带发育五级阶地，往下游则逐渐变为三级阶地。

（1）河流阶地。以渭河为轴心且南北两侧呈不对称阶梯分布的三级河流阶地是渭河冲积平原地貌的主体，其中第三级河流阶地在渭河两岸分布皆不连续。北岸东段西起石川河，经过洛河向东延伸至安仁镇，距离现代渭河河床较远（约 15 km～30 km），南岸相应阶地分布狭窄，二华地区则由于构造运动的影响缺失这一级阶地。阶面海拔 380 m～430 m，地下水位埋深大于 10 m。北岸中段西起杨凌、武功普集北侧，向东经兴平市区北侧延伸至咸阳市渭城区窑店街道办（黄家沟村）一带，阶面地形平坦，海拔 440 m～520 m，高出二级阶地 40 m～50 m。[4] 据实地考察并利用卫星图测算，咸阳市区北侧阶地面宽度为 1.0 km～3.1 km，该段南岸三级阶地呈条块状分布于西安市北郊（龙首原宽 0.5 km～1.5 km）和临潼（新丰—零口之间阶地面宽 0.5 km～2.0 km）—西安市东南郊（阶面宽 3 km～5 km）、西南郊（郭杜一带阶面宽 2.5 km～6.5 km），沣河以西缺失这一级阶地。[5] 西部宝鸡段渭河三级阶地断续分布于渭河南岸，北岸仅在渭河出峡谷口有零星展分，高出水面 70 m～100 m，前缘与第二阶地高差为 40 m 左右。[6] 第二级阶地的两岸不对称分布更为突出，一般北岸宽于南岸。东段北岸由渭河阶地、泾河冲积洪积倾斜平原和古洛河三角洲组成较为宽阔的独特地貌单元。南岸临潼（阶面宽 1 km～3 km）以东明显变狭窄，中段北岸分布在杨凌至咸阳市区一线，高出河漫滩 20 m～45 m。在泾河北侧，泾阳县永乐店、王桥以北的倾斜阶地，相当于渭河二级阶地。南岸分布较广，阶面海拔 442 m～345 m，高出河床 20 m～30 m，与一级阶地高差为 5 m～15 m。西安城郊至鄠邑区一带阶面宽 10 km～12 km（其间"细柳原"系残存的二、三级阶地），鄠邑区以西和灞桥以东（渭河沿岸）阶面宽 3 km～5 km。宝鸡段渭河二级阶地两岸均有分布，南岸比北岸更普遍、连续，一般高出河水面 30 m 左右，与一级阶地多数呈陡坎接触，有些地方通过近 20 m 的陡坎直接与河漫滩相接。

第一级阶地在渭河两岸断续分布，呈犬牙交错状，一般高出河漫滩地 5 m～20 m。东部渭南段渭河两岸带状分布，阶面平坦，海拔 334 m～381 m，高出渭河水面 5 m～18 m。沉积物上部细颗粒是漫滩相，下部粗颗粒是河床相。其中，交口以西河段因受横向隆起构造的影响，全新统冲积物较薄，河流下切明显，在地貌上表现为基座阶地；交口以东，尤其是渭南至华阴段，全新统冲积物厚度大，以河流堆积为主，属于上叠的堆积阶地。地下水位埋深有很大的差别，以南岸为例，赤水河以东地下水埋深 2 m～5 m，以西河段埋深 5 m～10 m。二华地区呈南高、北仰、中间低洼的"二华夹槽"，也属于一级阶地。中部北岸分布于武功普集、兴平汤坊一带，高出河漫滩

5 m～20 m，阶地面海拔 380 m～400 m，物质组成上部为黄土，下部为粗细沙层。泾河北侧，泾阳、西安、永乐店以南倾斜阶地相当渭河一级阶地。另在高陵、临潼北部和阎良区，因受泾河、石川河与渭河的共同作用，阶面宽阔平坦，可达 13 km～25 km。南岸呈东西带状连续分布，高出河面 3 m～10 m，同河漫滩高差为 1 m～8 m。阶面宽度差别很大，其中耿镇附近 1 km～7 km，沣河两岸达 10 km～13 km，沣河口东至灞河口一带宽 2 km～3 km，沣河口西至青化砭一段宽 1 km～2 km，临潼一带宽 0.5 km～1 km。西部宝鸡段主要分布在南岸，北岸仅在上游宝鸡西的赵家坡一带有零星分布，一般高出渭河水面 20 m 左右，与河漫滩接触界限明显，多呈陡坎状接触。

此外，在宝鸡段渭河南岸清姜河与潘溪河之间分布着第四级河流阶地，阶面破碎，高出河水面 100 m～160 m；北岸马家塬第五级河流阶地，分布连续，直接与第二级阶地或高慢滩呈陡坎接触，高出河漫滩 150 m 以上；在南岸，第五级河流阶地多半直接与第四级阶地呈陡坡相接，高差为 30 m～50 m。[7]

（2）河漫滩。渭河河道两岸河漫滩犬牙交错，海拔 328 m～384 m。其组成物质下部为河床相沙砾石，上部为漫滩相枯质沙土。东部二华地区因长期受到黄河水倒灌的影响，河漫滩上叠在一级阶地上，在地貌上表现为与阶地之间的高差很小，愈近河口愈小，甚至缓坡过渡，界限不清，地下水位埋深很浅。中部沿渭河两岸呈断续带状分布，临潼和高陵段宽 0.5 km～2 km，西安北郊宽 2 km～6 km，沣河以西至杨凌段渭河曲流期间，宽度为 0.5 km～1.0 km，鄠邑区涝店、周至县城段宽 4 km～6 km。该河段河漫滩分为高河漫滩与低河漫滩，前者高出河床 1.5 m～2 m，表层物质为亚黏土、亚沙土加薄层沙；后者高出河床 0.5 m～1.5 m，表层物质为细粉沙加薄层亚黏土。二者中下部为沙、沙砾加薄层不稳定的亚沙土、亚黏土。西部宝鸡段河漫滩沿渭河两岸呈条带状分布。低河漫滩一般高出渭河水面 1 m～3 m，高河漫滩高出 5 m 左右。

（3）山前冲积、洪积扇。在关中平原渭河南北两岸黄土塬的后缘，山前洪积扇较为多见。其南缘与秦岭北麓相接，秦岭北坡众多山溪河流北入渭河，形成著名的"七十二峪"，其峪口均由洪积冲积物形成一个个扇形地，彼此相连，成为相互交错的洪积冲积扇群。在渭南—华县平缓黄土塬的后缘，桥峪、箭峪峪口紧贴基岩山坡上，形成更新世洪积台地。台地前缘受断层切割，陡坎高度 50 m 左右。秦岭山前的兰田公王岭、眉县槐芽也可见到类似的情况。"二华夹槽"以南的华山山前断裂带是升降反差幅度最大的地段，东起华阴，西至华县，构成了东西长 28 km、南北宽 3 km 的呈带状分布的山前洪积倾斜平原。地形上向北呈阶梯状倾斜，与渭河一级阶地平缓相接。华阴罗夫峪口外一带晚更新世洪积扇高出渭河一级阶地最大为 170 m 左右，形成埋藏型和内迭型洪积扇，扇面起伏彼此连接。盆地带洪积扇以晚更新世最为发育，分布较广，而最新一期的洪积扇主要分布在山前断崖和峪口一带，如临潼骊山凤王沟口，因间歇性上隆，发育了三期串珠状内迭嵌入型洪积扇。

盆地中西部山前峪口洪积扇普遍发育，自西向东洪积扇交替穿插，形成广阔的洪积扇群，以较大的坡降倾向渭河。洪积物质由块石、沙砾和沙质黏土组成，边缘地

带随着坡降减小，颗粒愈来愈细，多为沙、沙砾石夹沙质黏土。地下水位埋深一般为
10 m～30 m，边缘埋深浅，多溢出成地表径流，地下水补给主要来自山地裂隙水和当
地降水。在秦岭北麓西起周至阳化河，东至长安区大峪的山前洪积扇长达100 km，宽
5 km～13 km；骊山山前的洪积扇带南北宽3 km～5 km，东西长约30 km。在岐山、扶
风、泾阳等地的北山山前，也发育了中更新世的洪积台地，在洪积台地的前缘又形成晚
更新世洪积扇。[8]

此外，西安附近的河流特别密集，有渭、泾、灞、浐、潏、滈、沣、涝、黑等，这
些河流中的泾、灞、浐、潏、滈、沣、涝、黑等河流（皆系渭河的一、二级支流）所形
成的河谷平原，有的发育出多级河流阶地（如灞河、浐河有四级阶地，潏河、涝河有二
级阶地），有的则发育出广阔的河漫滩（沣河河漫滩宽达0.5 km～5 km，下游段成为
"地上河"），有的形成高河漫滩平原（黑河切穿山前洪积扇，形成的高河漫滩高出河水
1 m～3 m，宽度0.3 km～4 km）。这些河谷平原及众多的古河道洼地组成西安地区广
阔的河流冲积平原，其土地肥美，为关中平原精华之所在。同时，西安地区是人类较早
居住的地方（如代表仰韶文化时期的半坡遗址），经济开发早，又处于东、西部交通的
要冲，人口较稠密；平原上地表水和地下水比较丰富，城市居民用水比较容易得到解决。
所以，关中地区成为我国古代全国性大城市出现最早的地方，周、秦、汉、隋、唐等王
朝的国都均建在关中平原的心脏——西安。

2. 黄土台塬

黄土台塬紧接山麓地带，分别由秦岭和北山山前向渭河盆地中央倾斜，一般高出渭
河河床100 m～300 m以上，以数十米的陡崖与渭河河流阶地分界，其分界大体上与山
前下伏断裂线的方向一致。黄土台塬按塬面特征分为坡状黄土台塬和平缓黄土台塬两种
类型，前者指第四系黄土覆盖在前期坡状起伏的侵蚀面或后期形成的梁峁等起伏较大的
地貌单元上，如临潼、蓝田的横岭原属此类；后者指塬面相对平坦连续，一般处于较低
的位置，如周原、咸阳原、蒲城原等。

黄土台塬的空间分布南北不对称。在盆地南部，黄土台塬与洪积扇相间分布，自西
向东为渭河南岸的宝鸡原、眉县洪积扇群、槐芽—横渠原、哑柏—鄠邑区洪积扇群、长
安—白鹿—临潼—渭南原、华县—华阴洪积扇群、孟源—潼关原。这些台塬塬面窄小，
北高南低，与洪积扇以断层崖坎相间隔。因垂直差异运动比北部强烈，塬面的相对高差
与塬面的起伏均很大。渭南一带坡状台塬和平缓台塬高出渭河河床300 m～500 m，并
在这些塬的前缘一带发现了一系列黄土断层。临潼横岭原海拔900 m，比平缓台塬面高
200 m。盆地北部，自西向东，凤翔三畤原、岐山、扶风一带的周原、武功、兴平、秦
都、渭城诸县区北部咸阳原、礼泉原、富平—合阳原等相互连为一体，塬面宽阔平坦，
呈东西条带状，显示渭河盆地北部处于大面积缓慢上升的构造环境。[7]渭河以北的黄土
塬分为两级，较高的第二级黄土塬断续分布，自西向东有石家原、陵原、贾村原、蒲城
以北的上王镇及合阳北原。这些台塬是在第三纪末准平原或山前洪积扇上形成的，黄土
厚度一般小于100 m，沟壑发育，地形破碎。其塬面高程600 m～1000 m，高出一级黄

土台塬或高阶地 50 m ～ 150 m。第一级黄土台塬为凤翔、扶风、礼泉、三原、富平、蒲城、合阳南原等，它们呈连续分布。该级黄土台塬是在下更新世湖盆基础上形成的，表覆黄土层厚度超过 100 m，塬面高程 540 m ～ 880 m，高出冲积平原 40 m ～ 170 m。由于受黄土塬基底地堑、地垒构造的控制和活动，塬面常呈现出条状洼地和梁状垄岗。

渭河盆地的黄土塬一般由西向东倾，与盆地的地势一致，而华县、渭南、临潼等地的黄土塬塬面却由东向西呈降低趋势，其标高由华县黄土塬 701 m、渭南长寿原 670 m、三张原 565 m、临潼代王原 500 m 降低到临潼城附近黄土塬面仅 370 m，与渭河阶地处在同一高度上。临潼以西、西安附近的黄土塬标高自东向西呈降低趋势，横岭塬 900 m ～ 850 m，白鹿原 760 m ～ 740 m，少陵原 630 m ～ 570 m，神禾原 610 m ～ 580 m。黄土塬面自东向西渐次降低的情况恰恰反映了华山和骊山山地断块在第四纪尤其是中更新世之后强烈隆升并向西翘倾的运动特征。[8]

在关中平原众多的黄土台塬中，如千河与漆水河之间的三畤原、周原，漆水河与泾河间的咸阳原，灞河与产河之间的白鹿原，潏河与滈河之间的神禾原，浐河与潏河之间的少陵原，西安大雁塔东北面的乐游原，阎良北部的荆山原，大多地势高亢、塬面平坦、连续分布且面积较大，表覆黄土层厚达 100 m 以上，地下潜水位埋深达 50 m 以上，并以数十米或百余米的陡坎与河流阶地相邻接，成为周、秦、汉、唐等朝代帝王陵墓或都城的营建区域。

3. 山地地貌

山地地貌包括渭河以南的秦岭山地、骊山山地和渭河以北的北山山地。

关中盆地以南的秦岭山地为黄土高原南侧的界山，山脉大体呈东西走向，海拔高度多在 2 000 m 左右，主峰太白山高度 3 767 m，高出渭河谷地 3 000 m 左右。本段秦岭山地属于断块褶皱山，主要由下古生代变质程度不等的各类变质岩层组成，海西期和燕山期又有大量中酸性岩侵入，构成了奇峰突兀的山地地貌。新生代时期，秦岭北坡的断裂沿老构造复活，山地强烈上升，最大沉降深度达 6 000 m 左右，其中第四纪沉降量最大达 1 300 m。

骊山由前震旦纪花岗岩、第三纪地层覆盖组成，上新世末以来强烈掀升的低山在地貌上表现为山势北陡南缓，最高峰仁宗庙紧靠北坡，海拔 1 300 m，高出渭河平原近900 m。北坡陡峭，沟谷深切，山前洪积扇叠加发育，向渭河延展覆盖在河流阶地上。南坡向秦岭山前倾斜，地形坡状起伏，沟壑纵横交错，即为有名的坡状黄土塬区，海拔多在 800 m ～ 900 m 之间。

北山属陕北黄土高原南缘与关中盆地过渡地带的一系列以灰岩为主的石质山丘，山系海拔 1 000 m ～ 1 800 m，主要由中生界和古生界沙页岩、砾岩组成，植被覆盖率高。广义的北山山系分为南北两列。北列低山丘陵海拔 1 500 m ～ 1 800 m，由中生界沙页岩和砾岩构成，山顶有小片黄土覆盖，人们称其为"石山土戴帽"。山上多有次生林分布，山麓梁大沟深，主要峰岭有凤翔县的老爷岭（海拔 1 678 m）、永寿县和麟游县之间的永寿梁（海拔 1 464 m）、旬邑县的石门山（海拔 1 855 m）、宜君县的庙山（海拔

1 734 m)、韩城市的大岭（1 783 m）等。南列丘陵山地海拔 1 000 m～1 600 m，断续分布于黄土台塬间，宽仅 5 km～10 km，山体由寒武—奥陶系石灰岩构成，山顶偶有黄土覆盖。自西向东有岐山县的岐山（海拔 1 651 m）、东崛山（海拔 1 675 m），扶风县的瓦罐岭（海拔 1 579 m），乾县的梁山（海拔 1 048 m）、礼泉县的五峰山（海拔 1 467 m）、九嵕山（海拔 1 271 m），泾阳县的北仲山（海拔 1 614 m）、嵯峨山（海拔 1 423 m），富平县的将军山（海拔 1 347 m）、金粟山（海拔 1 241 m），蒲城县的尧山（海拔 1 097 m），合阳县以东的梁山（海拔 1 543 m）、孤峰山（1 410 m）和稷王山（1 279 m）。它们是向南翘起的断块山，翘起幅度轻微，山势低缓，呈断续分布，与秦岭山地相比逊色得多。[8] 狭义北山仅指"南列丘陵山地"，即唐十八陵所选址和位处的北山山地。①

（三）气候特征

关中平原属暖温带半湿润的季风气候区。夏季高温多雨，冬季寒冷干燥，季风显著，夏秋常受热带气旋影响，雨量适中，四季分明。年均温 6 ℃～13 ℃，冬季最冷月 1 月的月均温在 -5 ℃左右，夏季最热月一般出现在 7 月份，月均温在 30 ℃左右。年降水量 500 mm～800 mm，其中 6～9 月份占 60 %，多为短时暴雨，冬春降水较少，春旱、伏旱频繁。

（四）河流水系

1.渭河流域概况

渭河由西向东横贯关中平原，干流及其支流泾河、北洛河等均有灌溉之利。中国古代著名水利工程如郑国渠、白渠、漕渠、成国渠、龙首渠都引自这些河流。渭河发源于甘肃省渭源县鸟鼠山，主要流经陕西省关中平原的宝鸡、咸阳、西安、渭南等地，至渭南市潼关县汇入黄河。渭河南有东西走向的秦岭横亘，北有北山屏障。渭河流域可分为东西两部：西为黄土丘陵沟壑区，东为关中平原区。渭河全长 818 km，流域面积 134 300 km²。

2.关中地区渭河水系发育不对称

渭河北岸水系多呈树枝状，支流源远流长，且比降小、河流密度小、汇水面积大，但数量稀少，各支流主要流经黄土高原，洪枯流量相差悬殊，泥沙含量大，以悬移质为主，是渭河的主要来沙支流；渭河南岸水系多呈羽状，河短流急，密度大，与主干渭河垂直相交，汇水面积小，但支流数量较多，均发源于秦岭山区，泥沙以推移质为主，水力资源较为丰富。[7]

渭河支流众多，其中集水面积 500 km² 以上的一级支流有北岸汇入的有千河、漆水河、泾河、石川河、北洛河，南岸汇入的有石头河、黑河、涝河、沣河、灞河等；集水面积 1 000 km² 以上的支流有北岸的千河、漆水河、石川河、泾河、北洛河，南岸的石头河、黑河、沣河、灞河等。

---

① 关中"地貌特征与地形结构"部分除注明的参考文献之外，还引用了咸阳市农业区划委员会主编的《陕西省咸阳市农业区划》(1987)、百度百科"关中盆地""北山"以及《周原的变迁》(史念海)、《轩辕黄帝与西安》(车宝仁)等网络资料。

二、关中地区地理环境的优势和影响

（一）关中地理环境的优势

（1）地处我国地势的第二级阶梯，呈山川环抱、四塞之固的地理形势。从较大的地势地貌分区看，陕西关中地区处在我国三大地势阶梯的第二级阶梯，东临第三级阶梯的广袤的华北平原（中原）地带；南有秦岭山脉，西有陇山延绵，北有黄土高原南缘的北山山地，东有华山、崤山及晋西南山地，更兼黄河环绕，可谓山川环抱、气势团聚。古代称"百二秦关"，即以两万之师挡百万之众，可见所恃者乃是地形地势的险要。况且关中对中原地区在地势上呈高屋建瓴之势，四面有山河为之险阻，对外的交通要道皆立关以守之，从而形成了进能攻、退可守的地理优势。[9]

（2）利于发展农业的气候水文条件。关中地区地处我国北方中纬度地带，属于暖温带半干旱半湿润季风气候，具有雨热同季、降水量适中的气候特点。因而，关中地区光照充足，适宜作物生长；气候温暖，适宜人类生存和发展。早在远古时期，秦岭北麓蓝田县公王岭（出土剑齿象、大熊猫、爪兽、毛冠鹿、水鹿等南方动物化石）一带的蓝田猿人就生活在这一气候温暖、湿润，植被繁茂，林木丛生，很适合他们繁衍和生息的环境中。距今约 6 000 年的仰韶文化（原始社会）时期，位于今西安城东郊浐河边的半坡人主要经营农业，同时从事捕鱼打猎和采集等。当时种植的谷物是粟，蔬菜有白菜、芥菜等。考古发现半坡遗址有谷物的储藏，说明已有原始农业生产的肇始。加之渭河、泾河、洛河及其支流纵横分布，利于灌溉，战国至秦、西汉都曾着力经营关中的水利灌溉工程。郑国渠、白渠、成国渠和六辅渠相继开凿，使关中土地肥沃，灌溉便利，很早就成为农业经济发达的地区。

（3）肥沃的土壤，富饶的物产。对于古代关中地区的地理和土壤资源状况，从《禹贡》中"黑水、西河惟雍州。弱水既西，泾属渭汭。漆沮既从，沣水攸同。荆、岐既旅，终南、惇物，至于鸟鼠。原隰底绩，至于猪野。三危既宅，三苗丕叙。厥土惟黄壤，厥田惟上上，厥赋中下"[①]的记述可以看出，关中地区所属的雍州，其土壤为黄壤。"天下之物，得其常性者最贵，土色本黄，此州黄壤，故其田为上上，而非余州之所及。"黄壤土质较好，适宜农作物的生长。西汉初娄敬认为，关中"因秦之故，资甚美膏腴之地，此所谓天府者也"（《史记·娄敬叔孙通列传》）。关中地区还有着丰富的物产，《禹贡》说：（雍州）"厥贡惟球、琳、琅玕（美玉、美石和珠宝）。"《诗经·秦风》记述终南山"有条（山楸）有梅（楠）""有纪（杞）有堂（棠）"。这说明古代关中地区出产美玉（蓝田玉），还有十分丰富的森林植被，诸如秦岭、北山山地林木葱茏，东部函谷关的山谷中林木蔽日，号称"松柏之塞"。这些林木资源便于人们取材建屋，用终南山的"条、梅"制作器具。《史记·货殖列传》记载："关中自汧、雍以东至河、华，膏壤沃野千里……南则巴蜀。巴蜀亦沃野，地饶卮、姜、丹沙、石、铜、铁、竹、木之器。南御滇僰，僰僮。

---

① 胡谓.禹贡锥指[M].上海：上海古籍出版社,2006.

西近邛笮，笮马、旄牛。然四塞，栈道千里，无所不通，唯褒斜绾毂其口，以所多易所鲜。天水、陇西、北地、上郡与关中同俗，然西有羌中之利，北有戎翟之畜，畜牧为天下饶。"这说明关中地区物产还包括"南有巴蜀之饶，北有胡苑之利"。

（二）关中地理环境的影响

1. 关中地理区位环境对古代都城选址和迁移的影响

"秦中自古帝王州"，自公元前 1059 年（周文王作丰）至公元 904 年（唐末哀帝被迫东迁）的 2 000 年时间里，先后有西周岐邑、丰、镐京（前 1059—前 771 年）等西周都城，秦国与秦朝的雍城（前 677—前 207 年）、咸阳（前 349—前 207 年）等都邑，西汉长安（前 202—8 年），前赵（318—329 年）、前秦（351—385 年）、后秦（386—417 年）、西魏（535—556 年）、北周（557—581 年）皆以长安为都，隋大兴（581—618 年）、唐长安（618—904 年）等 16 个王朝与政权相继在关中（中部西安）地区建都，历时长达 1 133 年。[10]

中国古代都城的选址对自然和资源条件十分重视。先秦时期的《管子·乘马》云："凡立国都，非于大山之下，必于广川之上。高毋近旱而水用足，下毋近水而沟防省。因天材，就地利，故城郭不必中规矩，道路不必中准绳。"《管子·度地》也云："圣人之处国者，必于不倾之地。而择地形之肥饶者，乡山左右，经水若泽。"这表明国都的选址和建立要考虑用水等自然环境。关中地区特别是中部的西安地区一带环山带河的地理环境构成了西安及关中平原的天然屏障，保障了关中平原的安全。正如《通志·都邑序》所言："建邦设都，皆凭险阻。山川者，天之险阻也；城池者，人之险阻也。城池必依山川以为固。"加之气候条件适宜，河流密集，水资源充足，交通条件便利，动植物资源丰富，为古代都城的选择和现代大型城市的兴起提供了良好的条件。这也是西安这座千年古都长盛不衰的原因所在。[11]

关中地区古代都邑在空间上的迁移也同自然地理环境及其变化等因素密切相关。首先，西周将都城由古公亶父在周原创立的岐邑（京当古城）迁徙至沣河两岸的丰、镐京（史称"文王作丰、武王都镐"）。固然有"为的便是缩小与商的距离，为翦商做好准备"[12]的政治策略因素。况且，岐邑所在的周原为黄土台塬和山前洪积扇平原地区，岐邑古城选建在七星河和美阳河洪积扇之间的顶部洼陷地带，此处依山、近水、面原，有利于农业发展，不失为选址建都的较佳地区。[14]但是，相比较而言，位于沣水两岸的丰、镐地区，南有秦岭阻隔，地处关中中部，属渭河盆地平原地区。此地一望无垠，气候温和，雨水适度，宜于农耕，加之关中被山带河，形势险要，于是周人"自岐下而徙都丰"，选择了地势低平、水源充足的地区作为都城所在地，较好地解决了城市供水。从自然环境分析对比来看，长安丰、镐比之周原岐邑的地理环境明显要优越。类似的，战国时期秦国都城自雍城逐步东迁至秦咸阳，有东出函谷、逐鹿中原的战略考虑，也是咸阳背原面水、形势险要、控制着关中东西水陆交通等优越的自然地理条件使然。

其次，西安地区主要的四座古代都城：西周丰镐，位于沣河两岸；秦都咸阳，横跨渭河两岸；汉都长安，在渭河以南；隋唐长安，位于渭河以南，灞河以西。从这四座都城位置的空间关系看，秦都咸阳相对于西周丰、镐京从支流沣河两岸北移至干流渭河两岸，西汉长安城相对于秦都咸阳南移至渭河南岸，隋（大兴）唐长安城相对于汉长安城东南移，距离渭河较远。不同时代都城城址的空间变迁同西安地区微观自然地理环境及其变化等因素密切相关。譬如，秦都城咸阳初建于渭水北岸（今咸阳市东西咸新区窑店街道办），具有"山水俱阳"的地理特点。且北依高原，南临渭水，又处于关中交通网的中心（枢纽），直接控制着东西向函谷道与渭北道以及南北向直道与武关道的交汇处，加之城市用水和渭河航运之便，其位置是相当优越的。然其天然的缺陷在于城市供水与纳污都要依赖渭河这一条河流。渭河两岸地形和支流水系的差异明显，北岸河流发源于黄土高原，支流少，且泥沙含量大，西安地区附近的泾河与石川河皆在下游入渭，加之河道常水量小，不利于引水利用。而南侧发源于秦岭山脉的支流较多，著名的有涝河、沣河、滈河、灞河、潏河、黑河、太平河、戏河、零河等，这些支流常水量较大、水质好、水流活力强，便于引水利用。因此，随着城市的发展，污水量的增加及附近植被的破坏，渭河水质下降，不堪供应，加之渭河河道北移，侵蚀北岸形成陡崖，伴生滑塌，不利于城市的发展。所以，秦咸阳后期向渭河南发展，呈"渭水贯都以象天汉，横桥南渡以法牵牛"的格局，以后的汉、隋、唐诸朝代都在渭河南岸选址建都。

　　西汉定都长安，主要是从政治军事上考虑，"夫关中左肴函，右陇蜀，沃野千里，南有巴蜀之饶，北有胡苑之利，阻三面而守，独以一面东制诸侯。诸侯安定，河渭漕挽天下，西给京师；诸侯有变，顺流而下，足以委输。此所谓金城千里，天府之国也"（《史记·留侯世家》），即关中地区进可攻、退可守。当然，还考虑到城市供排水与航运等因素，故汉长安城兴起于龙首原西北麓，城垣直抵渭滨。因受到渭水的制约，呈现"斗城"的形状。汉长安城如此靠近渭河，反映出对渭河漕运的依赖（事实上，汉代渭河在漕运方面并没有起到预想的作用）。而汉长安城供水利用的是渭河南侧的支流，先是引用城西的滈水，后来随着长安城的扩大和人口的增加，汉武帝时期又引潏水在地势低凹的城西南滈池南侧修建了昆明池，成为汉长安城的主要水源。城市污水则通过排水管道最后排入渭河。汉长安城"以渭河南侧发源于秦岭的支流为供水源，而以渭河为排水排污河"成为西汉及其以后西安附近中心城市的基本供排水模式。

　　由于渭河水质咸卤不适饮用、渭河水量无常而水患频发，城市容易遭受洪水的威胁和侵袭。隋唐长安城的选址建立向地势开阔的龙首原南部发展。隋唐时期人口增多，城市需用土地相应扩张。选择渭河南岸的二级阶地建立都城，其平原面积较大，能够满足城市用地的需要；隋唐长安城更靠近发源于南山的诸河流，城市周围河网密布，加之气候温暖湿润，河流水量较大，形成了所谓"八水绕长安"的景观。此后，西安作为区域中心城市因循隋唐长安城而盈缩发展。[①]

　　2. 关中自然地理环境对帝陵遗产资源的影响

　　关中地区的自然地理环境对古代帝王陵墓选址和分布影响较大。也就是说，被称誉

为"东方帝王谷"的关中地区（渭河盆地），之所以遗存有丰富的古代帝陵遗产资源，当与其区域地貌结构及河流水系特征密切相关。

首先，关中地区（渭河盆地）夹持于陕北高原与秦岭山脉之间，渭水贯中。地貌结构自渭河河床向两侧呈阶梯状分布有河流阶地（高河漫滩）、黄土台塬、山前洪积冲积扇（台地）和山地。渭河北岸的支流水系较为稀少，南岸的支流水系比较密集，这使渭河北岸的山前洪积台地（洪积扇）、黄土台塬和高阶地面相对完整、塬面连续且规模较大；渭河南岸因河流密集、地形切割比较破碎，塬面规模相对较小且连续性差。受此种南北不对称的地形和水文发育特征的影响，关中帝王陵寝在渭河两岸的分布极不对称，相对集中地分布在渭河北岸（表1-1）。譬如春秋战国时期的西周周原陵区、秦雍城陵区、秦咸阳原陵区、栎阳陵区，西汉10座帝陵（包括汉太上皇陵）、隋唐22座帝陵（包括唐永康陵、兴宁陵、顺陵和惠陵），前赵永垣陵、前秦苻坚墓、西魏原陵及偶陵、北周6陵及其数以千计的陪葬墓均分布在渭河北岸的黄土台地和山地。渭河南岸自东向西分布有骊山北麓的秦始皇陵、骊山西麓的秦东陵、白鹿原北端的西汉霸陵、少陵原（杜东原）上杜陵和明代13藩王陵墓、西安东郊青龙原韩森寨疑冢（秦庄襄王陵或秦孝文王陵）、神禾原秦夏太后陵、长安区毕原（可能葬有）西周王陵等。渭河北岸历代帝王陵墓及其陪葬墓分布的数量及其地域范围皆超过南岸。

表1-1　关中地区渭河南北岸地貌单元及古代帝陵遗产分布对比

岸　别	地貌单元	帝陵资源（包括帝陵及其陪葬墓）
渭河北岸	凤翔南原	秦雍城陵区（14座陵园，大型墓葬49座，小型墓葬数千座）
	岐山周原	西周王陵（？）
渭河北岸	咸阳原	秦毕陌陵区（3座陵园，亚字型大墓5座，陪葬墓数百座）；西汉九陵（各陵陪葬墓数量不等，阳陵最多为5 000余座，康陵无陪葬墓）；隋泰陵；唐兴宁陵和顺陵；北周五陵（陪葬墓若干座）
	三原徐木原	唐献陵（陪葬墓93座）、唐端陵（陪葬墓2座）
	三原荆原	唐庄陵（陪葬墓1座）、唐永康陵（陪葬墓12座）
	阎良荆山原	汉（太上皇）万年陵（后妃合葬墓1座，陪葬墓50多座）
渭河北岸	乾县北原	唐靖陵
	富平北原	北周文帝成陵
	富平华阳原	西魏文帝永陵
	彬州南原	前秦苻坚墓
	高陵奉政原	后秦原陵、偶陵
	白水大杨原	前赵永垣陵（前赵刘曜父墓）

续　表

岸　别	地貌单元	帝陵资源（包括帝陵及其陪葬墓）
渭河北岸	北山山地	唐十四陵（各陵陪葬墓数量不等，昭陵最多为 193 座，中晚唐诸陵 1 座或无陪葬墓）
渭河南岸	长安神禾原	秦夏太后墓（"亚"字形墓葬）
	长安毕原	西周王陵（？）
	长安少陵原	汉杜陵（含王皇后陵、许皇后陵及陪葬墓 140 座）
	灞桥区白鹿原	汉霸陵（含窦皇后陵、薄太后南陵及陪葬墓若干）
	骊山西麓台塬	秦东陵（含 4 座陵园，"亚"字形大墓 3 座、"中"字形墓葬 2 座、"甲"字形墓葬 5 座）
	西安东郊青龙原	韩森寨疑冢（"亚"字形大墓）
	骊山北麓台塬	秦始皇陵（含大型陪葬墓 20 多座）

其次，渭河两岸的黄土台塬、山前洪积扇（台地）与河流高阶地（一般也称为原）皆背山面水、地势高亢且水深土厚，成为古代都城和帝王陵墓选址建造的吉壤宝地。尤其是位处古代都邑附近且临近河流的黄土台塬，诸如西安地区周丰镐京、秦咸阳、汉长安、唐长安诸都城附近的咸阳（五陵）原、白鹿原、少陵原（杜东原）、神禾原、毕原（长安区）等，由于具有"城陵相依"的区位优势，这些黄土台塬和河流高阶地的海拔高度在 400 m ～ 500 m，地面平缓开阔，表覆数十米乃至百余米厚的黄土堆积地层，而且地下潜水埋深多在 30 m ～ 50 m。比如，武功、兴平、秦都、渭城诸县区北部的咸阳原（毕郢原），东西长达 100 km，南北宽度 20 km，塬面海拔 430 m ～ 700 m，分布有槽形洼地，其南部以数十米的陡坎与河流阶地相接，表层覆盖黄土堆积层厚度超过 80 m ～ 100 m，地下潜水埋深在 30 m ～ 50 m。阎良区北部的荆山原东西延亘 15 km，南北宽 1 km ～ 3 km，高出南部冲积平原近百米。渭河南岸的灞河与产河之间的白鹿原南北长 25 km，东西宽 6 km ～ 9 km，塬面海拔 600 m ～ 780 m，自东南向西北倾斜。东北侧高出灞河水面 240 m ～ 320 m，西北侧高出浐河水面 150 m ～ 200 m。下部为上新统地层及靠近南山段的下更新统冰碛、洪积层构成基底，上部覆盖厚 100 m ～ 150 m 的第四系黄土层，地下潜水埋深大于 50 m；少陵原呈西北—东南向展布，长 18 km，宽 6 km～10 km，塬面海拔 470 m～630 m，塬面开阔，确有一定的起伏，并发育较多洼地。下部地层为早、中更新统的洪积、湖积层，上部覆盖厚度 110 m 的黄土层。[6] 这些黄土台塬、河流高阶地与洪积冲积台地土厚水深、开阔平缓的地势地形特征，符合古代帝王陵选址营造时所追求的"故凡葬必于高陵之上，以避狐狸之患，水泉之湿（《吕氏春秋》）"和"因天性、据真土、处势高敞，旁近祖考"等务实原则和风水要求，故成为战国、秦汉乃至隋唐时期帝王陵墓的首选之地。

再次，秦陵北坡陡峭、山峰高峻，山体同山前洪积台地、洪积冲积扇高差较大，尤其是山水俱阴、坐南朝北的方位有悖传统风水思想及传统文化的精神诉求；北山山地南坡朝向滔滔渭水，其山体相对平缓，同山前洪积扇及黄土台塬相对高差较小，特别是山水俱阳、坐北朝南的方位符合古代风水理论和传统文化思想的诉求。因而，唐代"依山为陵"的堪舆术士和筑陵官员选择了渭北山地建造帝陵，而不是选择渭河南岸高耸的秦岭山脉。

参考文献：

[1] 杨金辉 . 历史时期关中平原的渭水河道变迁 [D]. 西安 : 陕西师范大学 , 2008.

[2] 中国科学院地理研究所渭河研究组 . 渭河下游河流地貌 [M]. 北京 : 科学出版社 , 1983.

[3] 史鉴 , 陈兆丰 , 邢大伟等 . 关中地区水资源合理开发与生态环境保护 [M]. 郑州 : 黄河水利出版社 , 2002.

[4] 史兴民 , 周峰 , 薛亮等 . 咸阳市城市地貌分析 [J]. 水土保持通报 , 2012, 32（4）: 229–231.

[5] 陕西师范大学地理系 . 西安市地理志 [M]. 西安 : 陕西人民出版社 , 1988.

[6] 陈云 , 童国榜 , 曹家栋等 . 渭河宝鸡段河谷地貌的构造气候响应 [J]. 地质力学学报 , 1999, 5（4）: 49–56.

[7] 常丕兴 , 王亨方 . 渭河盆地地貌特征水系格局与新构造活动 [J]. 西安地质学院学报 , 1992, 14（2）: 34–41.

[8] 韩恒悦 , 米丰收 , 刘海云 . 渭河盆地带地貌结构与新构造运动 [J]. 地震研究 , 2001, 24（3）: 51–57.

[9] 段鹏军 . 浅析关中区位环境对古代政治军事的影响 [EB/OL]. (2012–01–22). https://wenku.baidu.com/view/7a1b6924af45b307e871977d.html.

[10] 朱士光 , 肖爱玲 . 古都西安的发展变迁及其与历史文化嬗变之关系 [J]. 陕西师范大学学报 (哲学社会科学版), 2005, 34（4）: 83–89.

[11] 王建国 , 陈正奇 . 试论古都西安的地理环境优势 [J]. 渭南师范学院学报 , 2014, 29（2）: 47–54.

[12] 李舒 . 历史时期西安为都之地理因素探析 [J]. 哈尔滨学院学报 , 2016, 37（5）: 90–94.

[13] 殷淑燕 , 黄春长 . 论关中盆地古代城市选址与渭河水文和河道变迁的关系 [J]. 陕西师范大学学报 (哲学社会科学版), 2006, 35（1）: 58–65.

[14] 张洲 , 李昭淑 , 雷祥义 . 周原岐邑建都的环境条件及其迁移原因试探 [J]. 西北大学学报 (自然科学版), 1996, 26（4）: 363–366.

第二章　关中地区的人文历史背景

历史上的关中地区是华夏民族和中华文明的发祥之地、绵延千年之余的都城所在地、古代丝绸之路的东端起点，还是帝王将相辈出，造就历代精英的摇篮之地。因此，关中地区遗存着高度富集的帝王陵寝遗产资源，其帝陵及其陪葬墓数量之多，等级、价值之高，在全国乃至世界范围内实属罕见。此外，关中地区还遍布历代名人墓葬，亦成为不可忽视的文化遗产资源。关中地区的帝陵遗产和名人墓葬资源的形成，既与该地区特定的自然地理环境有关，又与其底蕴丰厚的人文历史背景密不可分。

一、华夏文明和华夏族的发祥之地

（一）华夏源脉地、华胥氏与华胥陵

1. 华夏源脉地

著名作家陈忠实在《关于一条河的记忆和想象》中写道："不过百余公里的灞河川道，竟然给现代人提供了一个完整的从猿进化到人的实证；100 多万年的进化史在地图上无法标识的一条小河上完成了。"[1]20 世纪 50 年代以来的考古勘查和文物普查在西安市东郊及蓝田县的灞河、浐河谷地先后发现了公王岭（灞河左岸 4 级阶地）蓝田猿人（人类头盖骨，距今 115 万年）、陈家窝猿人（人类下颌骨，灞河 4 级阶地，距今 65 万年）、横岭涝池河旧石器遗址人类肱骨化石（距今 40 万～50 万年）、公王陵桐花沟人类头骨碎片（距今 20 万～30 万年）、冯家村人类下颌骨化石（距今 2 万～3 万年）构成的"从早期猿人到后期智人完整的人类演化序列"。[2]另有灞河下游的半坡遗址、姜寨遗址、老牛坡遗址等新石器时代遗址 305 处（以仰韶文化和龙山文化为主）。[3]这些古人类化石和遗址的年代序列表明自蓝田猿人以后的 100 多万年，蓝田—骊山一带的浐、灞河谷地的人类活动从未灭绝中断。

此外，蓝田浐、灞河河谷一带的新石器时代遗址主要分布在两个相对密集区：一是以孟家崖（岩）村和宋家村为中心的浐、灞河二、三级阶地区，二是以李华村为中心的白鹿原地区。这两个新石器时代遗址密集分布区恰巧同"羲母陵（华胥陵）""三皇故居"（孟崖村）、华胥沟和"女娲村"（李华村）等华胥文化遗迹在地域分布上高度贴切，同远古传说和史载的原始文明社会华胥国（氏族团）及其首领华胥氏完全吻合。因此，华胥氏族作为母系社会中晚期一个部落族团应真实存在，其活动中心范围当在骊山、蓝田一线。故而，该地区（浐、灞河谷地）"是早期人类的摇篮和华夏族发祥地的起点"。[2][4]

沿灞河溯流而上，从西安半坡遗址到老牛坡遗址再到华胥古镇，前两者为考古发现的仰韶文化乃至夏商文化遗址，后者系远古传说的华胥古国。据《列子·黄帝篇》记述：

"其国无帅长，自然而已，其民无嗜欲，自然而已。不知乐生，不知恶死，故无夭殇。不知亲己，不知疏物，故无所爱憎。不知背逆，不知向顺，故无利害。都无所爱惜，都无所畏忌。入水不溺，入火不热，斫挞无伤痛，指摘无痟痒。乘空如履实，寝虚若处床。云雾不碍其视，雷霆不乱其听，美恶不滑其心，山谷不踬其前，神行而已。"这是关于黄帝梦游华胥国的生动图景。据考证，发祥于蓝田县的华胥是中国"造人主"伏羲、女娲的母亲，是至今能够找到的中国境内最早的、有名有姓的人类祖先[4]，其活动的时间范围大体在距今 8 000 年至 6 000 年之间。华胥国是我国母系氏族公社时期的部落之一。浐、灞河流域及其周边优美的自然环境成为华夏族与华夏文明诞生的摇篮。[1][5]

从地缘空间来看，以华胥古镇为中心，溯灞河而上不足 5 km，是曳湖镇陈家窝（蓝田猿人下颌骨，距今 65 万年）；再上溯灞河 20 km，便到公王岭蓝田猿人头盖骨遗址（距今 115 万年）。从华胥古镇向北沿华胥沟而上直抵骊山之巅的仁宗庙（"人祖庙"），是传说中伏羲氏、女娲氏兄妹成婚繁衍人类之地。由华胥古镇往西 10 km，可达西安半坡遗址（仰韶文化遗址）。这些丰富多彩的文化遗存形成了一个地缘文化圈，其圆心位于华胥镇与老牛坡之间，展现了中国人类百万年的历史画卷，也昭示出今西安市灞桥、蓝田、临潼三区县交界处是华夏族形成的核心地带，以灞河、浐河、渭河三川汇流为范围的 50 km 半径区域正是华夏源脉所在地。[5]

2. 华胥氏与华胥陵

华胥氏是中国上古时期母系氏族社会杰出的部落族团女首领，主要生活地在蓝田（华胥镇）及临潼骊山一带。相传华胥"履大人之迹于雷泽而孕"，生下伏羲和女娲。伏羲、女娲（兄妹成婚，繁衍人类）是炎帝和黄帝的远祖，华胥氏因此成为华夏子孙的繁衍之根，是民族之母。远在 8 000 多年前，华胥氏为了部族生存，带领远古先民不断游徙，足迹遍布黄河流域。据杨东晨考证，华胥氏的出生地有华胥之国、雷泽、九河与华胥之洲等说，地域涉及山东、山西、河南、陕西、甘肃、青海、四川、浙江、江苏、河北诸省，加之华胥氏曾西迁甘肃天水、东返陕西（陈仓），与燧人氏婚配于山西临汾，生伏羲于甘肃秦安，其后裔播迁到黄河下游和长江下游等。这表明华胥氏族代系很多，皆以"华胥"为名号。陕西蓝田"华胥之渚"是首代华胥氏故里（蓝田县华胥镇孟岩村）及逝世后的葬埋地。[6]

华胥氏族部落创造了以渔猎、农耕为主的华胥文化，对开创中华文明及人类历史文化发展贡献卓著。例如，制嫁娶之礼，使远古人类逐渐摆脱乱婚、群婚的状态；造网罟教民渔猎，发明渔网捕猎，成为畜牧文化的源头；做书契以带绳结，有了简单的文字；伏羲坐于方坛之上，听八方之气，乃画八卦，让人类可以从规律上认识大自然，后来被炎黄的后裔逐步发展成为《易经》；女娲做笙簧，产生了人类最早的乐器，成为中华音乐的起源；小麦的起源、发现和驯化亦与华胥氏相关。[7]

蓝田县华胥镇孟岩村的华胥陵是华夏族的始祖陵。[8]该村的黄土台地上有一座高约 20 m、方园约 200 m 的土丘，村民称作"羲母陵"。据有关地方志、《考古》杂志及 20 世纪 60 年代文物普查资料记载，华胥陵原封土堆南北长 110 m，东西宽 68 m，高 7 m，陵区古柏参天，林荫蔽日，鼓钟高悬，殿宇祭台雄伟，常年祭拜不断，二月二（农历）的祭祀场面更是恢宏。①《太平寰宇记》记载兰田"境内有华胥氏陵"。《陕西通志》云："三皇祠在蓝田县北三十里（15 km），祀华胥氏、伏羲氏、女娲氏。盖伏羲氏、女娲氏皆华胥氏所出，故祀于故里。"《蓝田县志》载："蓝田县内有华胥陵，是称三皇故居。"陵在今华胥镇北的孟岩村。"在紧靠村子西边也是华胥沟，而越过华胥沟就是宋家村（旧称宋家圪土劳）"，与"华胥渚"十分吻合。此地传说为华胥怀孕后的栖息之地。今华胥镇红河下游有娲氏村，而红河在史书上被称为女娲沟，白鹿原上的李华村原名女娲村。[5] 文献记载、民间传说及考古发现的新石器时期遗址密集分布的高度契合都为蓝田县华胥镇孟岩村一带为华胥氏故里及华胥陵的真实性做了充分的诠释和印证。

据《左传》昭公十七年（前525年）的托古书《三坟》（记述伏羲、神农、黄帝的故事）记载，远在8 000年前华胥氏去世后，袭号的子孙们就开始祭祀了。华胥陵墓的修建最早应是在春秋晚期或战国初期，后世的陵墓、祠庙屡修屡废，民间或官方祭祀不断。现存文献记载有北魏、宋代祭祀华胥，直至民国初年停止祭祀。[8] 自2006年开始，每年的农历二月初二相继举行隆重的全球华人祭祀华胥大典。若按我国人民的辈分传统，华胥陵是当之无愧的"中华第一陵"。

（二）炎帝、炎帝部落与炎帝陵

1.炎帝与炎帝部落

在距今约5 000～6 000年前，关中西部宝鸡渭水流域的姜水（清姜河）一带生息着古老的姜炎氏族部落，该部落首领即炎帝。相传，炎帝生于宝鸡天台山的蒙峪沟，长于姜水之岸（今陕西省宝鸡市境内）。炎帝及其姜炎族部落开创了原始农业、发明医药，并以火德王，故名炎帝，号神农氏。以姜城堡遗址为中心，天台山、常羊山、蒙峪沟、九龙泉、清姜河、炎帝陵、炎帝祠构成了一条完整的炎帝神农氏从出生到死后安葬的炎帝文化链条。

《国语·晋语》记载："昔少典氏娶于有蟜氏，生黄帝、炎帝。黄帝以姬水成，炎帝以姜水成。成而异德，故黄帝为姬，炎帝为姜，二帝用师以相济也。"这说明黄帝部落和炎帝部落同源，前者曾生活在渭河下游（武功县漆水河谷地），后迁移至陕北黄土高原南部和中原地区。炎帝部落生活在宝鸡一带，以经营农业著名，并沿渭河向四周扩展，向东发展到中原大地，此处土地平坦肥沃，气候湿润，原始农业得到较大发展。最初建都陈（今河南淮阳县），再东迁往鲁，建都曲阜。因与以蚩尤为首领的九黎部族（居住在今山东、江苏北部）发生战争（史称"九隅之战"），战败而"九隅无遗"，便与黄帝部落联盟，在涿鹿大败并擒杀蚩尤（即"涿鹿之战"），此后炎黄两部落联盟形成了华夏民族的主体。

《竹书纪年·前编》云：炎帝"于是南至交趾（今岭南），北至幽都（今河北北部），东至汤谷（今山东西部），西至三危（今甘肃敦煌），莫不服其化"。《淮南子》《通志》等书也有类似记述。可见，炎帝神农氏部族及其后裔族在繁衍发展中迁徙的范围极其广

---

① 首次全球华人丙戌年寻根祭祀——人类始主华胥.

泛，仅其南迁的裔族就足迹两湖，乃至岭南地区。[10]炎帝神农氏部族在长期的发展、迁徙中同黄帝游牧部落、东夷族部落和南方苗蛮部族融合发展，形成了颇具特色的姜炎文化，对推进中华农耕文明的发展做出了不可磨灭的贡献。

首先，创始和发明原始农业。譬如最早发明刀耕火种或火耕水耨的耕作方式，最早发明了农具（"祈木为耜，揉木为耒"），最早规定并身体力行男耕女织的劳动分工制度（"神农之世，男耕而食，妇织而衣，刑政不用而治，甲兵不起而王。"并"身亲耕，妻亲织"，为民谋利)，最早创设原始市场和。因此，炎帝部落集团的主要居住地关中平原乃至黄河流域成为中国原始农业中粟、黍等旱地作物的起源地。[11]

其次，中草医药的发明。《补史记·三皇本纪》：炎帝神农氏"于是作蜡祭，以赭鞭鞭草木。始尝百草，始有医药"。《淮南子·修务》："古者民茹草饮水，采树木之实，食赢蚌之肉，时多疾病毒伤之害。于是神农乃始教民播种五谷，相土地宜，燥湿肥烧高下，尝百草之滋味、水泉之甘苦，令民知所辟就。当此之时，一日而遇七十毒。"这说明炎帝神农氏尝百草而辨百药，是在冒着较大风险的情况下才发现了中草药。《太平御览》《搜神记》等亦有类似记载。《广博物志》卷二十二引《物原》："神农始究息脉，辨药性，制针灸，作巫方。"这表明中药、针灸的起源与炎帝关系密切。[12]

再次，制作琴瑟，发明音乐。《世本·作篇》："神农作琴。神农氏琴长三尺六寸六分，上有五弦，曰宫、商、角、徵、羽。"《广雅·释乐》："神农氏琴长三尺六寸六分，上有五弦，曰宫、商、角、徵、羽。"《路史·后纪三》："（神农）乃命刑天作《扶犁》之乐，制《丰年》之咏，以荐釐来，是曰《下谋》。"这些记载说明炎帝神农氏"削桐为琴，结丝为弦"，发明琴瑟（乐器），教民音乐和娱乐，形成了清正自然的生活习俗。此外，炎帝神农氏部族还织麻为布，民着衣裳；削木为弓，以威天下；制作陶器，改善生活；融合华夏，凝聚四方，奠定了始兴和统一的基础。[13]

2. 炎帝故里与炎帝陵（祠）

关中平原西部的宝鸡市境内（清姜河流域乃至岐山县沮河一带）是炎帝族的发源地①，是创业阶段（第一、二代）炎帝族部落生活繁衍之地和第一代炎帝神农氏逝世后的葬身地。[10]现宝鸡境内关于炎帝部族的遗址多集中于清姜河一带。譬如，相传炎帝诞生于姜城堡以东的蒙峪（沟），遗存有"神农坑"，其出生后沐浴的峪泉村的九龙泉迄今尚存"（浴圣）九龙泉"断碑一尊。传说炎帝当年在秦岭天台山采药，误食火焰子（断肠草）窒息而亡，山上今犹存停骨台残址。炎帝死后葬于秦岭陵谷，当地人称陵，附近还有得嘉禾、设日市等遗迹。这些历史遗存和宝鸡市区东西 20 km、南北 10 km 的狭长区域内分布的距今 8 000～4 000 年的新石器时期的 80 余处先民遗址，足以证明该时期在宝鸡生息着若干较大的原始先民群（炎帝神农氏部族等）。[14]

---

① 关于炎帝的出生地，郭沫若、徐旭若、周谷城、白寿彝等多数人持宝鸡姜水说（笔者同意此观点）；张国光、刘志一、戴逸等持随州厉山说，其依据是《帝王世纪》《水经·水注》《括地志》中的有关记载。参见：佳雨. 炎帝与姜炎文化研究述略 [J]. 寻根, 1997(1):18-20.

唐代在宝鸡境内天台山与姜水畔曾建有规模巨大的神农庙、炎帝殿寺，后均毁圮。
1993年，宝鸡市于此重建炎帝陵寝，以常羊山为主体，三面临空，气势磅礴，分为陵前
区、祭祀区、墓冢区三部分，总面积3 300 m²。陵前区包括十里神道和九龙泉遗址；祭
祀区设拜炎阁及祭祀广场；墓冢区在常羊山中峰顶，四周植松柏，树碑林。主要游览建
筑有神农门、羊脚亭、炎帝陵大门、炎帝行宫、羊首亭、神农城池、"华夏始祖"牌坊、
祭坛广场、炎帝大殿、炎帝塑像、大型彩绘、墓前石阶、陵墓等。

宝鸡炎帝陵①及炎帝祠是第一、二代炎帝神农氏的纪念性陵寝，自20世纪90年代
恢复重建以来，成为炎黄子孙拜祖寻根和当地百姓祭祀先祖炎帝的主要场所。宝鸡地区
的炎帝祭祀可追溯至黄帝时期。传说天台山遗存的烧香台遗址是黄帝祭祀炎帝之地。秦
灵公三年（前422年），秦人在吴山（原名岍山，今宝鸡市陈仓区境内）设上、下畤，分
别祭祀黄帝、炎帝，开创了我国官方祭祀炎帝的先例。西汉时期，汉高帝刘邦自称"赤
帝之子"，设"畤"，祭祀"五帝"。延至唐代，今神农镇浴泉村村民在九龙泉建神农庙
祭祀。清乾隆三十年（1765年），重修神农庙②，今存《重修神农庙九龙泉碑记》残碑一
通。此庙重建后，于民国二十年（1931年）前后和中华人民共和国成立前又修缮过两次。
另在现今台区神武路有神农庙一座，亦名"先农祠""先农坛"。清乾隆二十九年（1764
年）《重修宝鸡县志·建制》载："每年部颁日期，前期致斋三日。主祭官俱穿朝服，齐集
坛所"，举行"祭礼"。20世纪80年代，祭祀炎帝活动在民间复兴起来。经市政府组织
专家学者论证，于20世纪90年代初，在原河滨公园（现"炎帝园"）易地重修了炎帝祠；
渭滨区神农镇与宝鸡桥梁厂联合在常羊山重修了炎帝陵。自此，每年的清明节、炎帝忌
日，分别由市政府和渭滨区政府在炎帝祠、炎帝陵举行规模宏大的祭祀典礼。炎帝祭典
被列入陕西省非物质文化遗产第二批国家级保护项目。

（三）黄帝、黄帝部落与黄帝陵

1.黄帝与黄帝部落

轩辕黄帝是远古华夏部落联盟的首领，其和炎帝被共尊为华夏族的始祖。据《国
语·晋语》记载："昔少典娶于有蟜氏，生黄帝、炎帝。黄帝以姬水成，炎帝以姜水成。
成而异德，故黄帝为姬，炎帝为姜，二帝用师以相济也，异德之故也。"这一最早记载说
明距今约5 000年前的仰韶文化时期，约在姬水（今陕西武功县境的漆水河③）一带形成
及活动着较为先进的有熊氏族部落（黄帝部落）。黄帝部族和在姜水（今陕西宝鸡市境的
清姜河）一带的炎帝神农氏族世代互通婚姻。《史记·五帝本纪·黄帝》说黄帝"生而神
灵，弱而能言，幼而徇齐，长而敦敏，成而聪明"。[15]适逢"神农氏世衰。诸侯相侵伐，
暴虐百姓，而神农氏弗能征。于是轩辕乃习用干戈，以征不享，诸侯咸来宾从"。因"炎

---

① 全国著名炎帝陵还有湖南株洲炎陵县炎帝陵、山西高平炎帝陵和河南商丘炎帝陵等。按学界主流
观点，这些炎帝陵当为炎帝神农氏裔族迁徙后其部族首领的纪念性陵寝。

② 据《重修凤翔府志·卷三》载："神农庙：一在县东郊，一在县南九龙泉上。"

③ 又一说为发源于子午岭，经桥山自西北往东南汇入黄河的沮水（沮河）。

帝欲侵陵诸侯，诸侯咸归轩辕。轩辕乃修德振兵，治五气，艺五种，抚万民，度四方，教熊罴貔貅貙虎，以与炎帝战于阪泉之野。三战，然后得其志"。①遂形成炎黄部落联盟，并被推举为部落联盟首领。后因强暴的"蚩尤作乱，不用帝命。于是黄帝乃徵师诸侯，与蚩尤战于涿鹿之野，遂禽杀蚩尤"，吸附其余部。"天下有不顺者，黄帝从而征之"，"凡52战，而天下大服"。以致将疆域拓展到"东至于海""西至于崆峒""南至于江""北邑于涿鹿之野"，又"治五气，艺五种，抚万民，度四方"，最终缔造了伟大的华夏民族。

黄帝族长期居于部落联盟首领的地位，黄帝更被后世称为中华古代文明的肇造者和集大成者。据《易·系辞》《世本·作篇》等文献记载，黄帝时期的发明创造，既与古代人民的衣食住行密切相关，又体现在精神文化乃至国家制度的创立等方面。

在物质文明方面。首先是与古代人民的日常生活密切相关的发明：①黄帝"造火食"，发明锅、灶等炊具。《太平御览》记载："黄帝始造釜甑"，"黄帝作灶，死为灶神"。②教民育蚕治丝茧，制作衣裳。《易·系辞》：黄帝"垂衣裳而天下治"。相传养蚕抽丝创始于黄帝时代，后世以黄帝元妃西陵氏嫘祖为蚕神（《隋书·礼记》）。③创始房屋和居住文化。史载"黄帝作宫室以避寒湿"（《白虎通》），"轩辕氏始有堂室栋宇"（《春秋因事》）。这说明黄帝时代有了讲究的堂室建筑，并始立门神（《山海经》）顾及房屋居住的安全。④发明舟车。《纲鉴易知录》："帝命共鼓、化狐剜木为舟，剡木为楫，以济不通；邑夷法斗之周旋，作大辂以行四方，由是车制备。服牛乘马，引重致远，而天下利矣。"[16]车马和舟楫不但广泛使用于生产、生活（水陆交通），在轩辕氏战胜蚩尤的战争中，关键性武器——指南车发挥了重要作用。⑤发明掘井。《世本·作篇》说"黄帝见百物，始穿井"，《易经》引《周书》云"黄帝穿井"，等等。黄河流域距今约5 500～4 000年的龙山文化遗址普遍发现有水井，如河南洛阳裴李岗遗址和河南汤阴白营遗址发现古井，基本上与黄帝时代相符。⑥发明医药。《帝王世纪》："黄帝命雷公岐伯论经脉，旁通问难八十，为《难经》，教制九针，著内外《述经》十八卷……帝使岐伯尝味草木，典主医病经方，《本草》《素问》之书咸出焉。"《黄帝内经》被奉为中医经典。

其次是生产活动的创始和发展：①扩大农作物品种。炎帝神农氏仅能种植黍、稷，而黄帝部落可"艺五种"，即可种植"黍、稷、菽、麦、稻"，表明原始农业的进步和发展。②挖掘土地潜力，发展平原农业。"岁时熟而亡凶，天地休通，五行期化，故风雨时节，而日月精明，星辰不失其行"（《路史·疏仡纪·黄帝》），强调要广耕耘，勤播种，才能使人们丰衣足食，安居乐业。③发展畜牧业。黄帝部族"时播百谷草木"，并"淳化鸟兽昆虫，历离日月星辰；极畋土石金玉，劳心力耳目，节用水火材物"（《大戴礼记·五帝德》引孔子语），"九牧昌教"（《论语谶》）。④发明和改进生产工具。据考古资料，黄河中游龙山文化遗址发现精磨的石制生产工具、挖土工具木耒、石钺和三

---

① 据《五帝纪·黄帝有熊氏》记载："神农氏衰，诸侯相侵伐，炎帝榆罔弗能征。于是轩辕习用干戈，以征不享，诸侯咸来宾从。榆罔欲侵陵诸侯，诸侯益叛之。轩辕修德振兵，教熊、罴、貔、貅、貙、虎，以与榆罔战于阪泉之野。三战，然后得其志。"

角犁形器，以及穿孔石刀、石镰、蚌镰等收割工具等。这些改进的生产工具大大提高了开垦土地的能力，农业生产收获量有所增加。⑤实施井田制，强化土地资源管理。据唐代杜佑《通典·食货》载："昔黄帝始经土设井以塞争端，立步制亩以防不足，使八家为井，井开四道而分八宅，凿井于中。"⑥提高农业生产力水平，出现粮食储余。西安半坡遗址的房屋、窖穴（粮窖）和墓葬（随葬品）中曾发现粟遗存。①

在精神文明方面。一是音律和乐器的创造。《吕氏春秋·古乐篇》："昔黄帝令伶伦作为律。"伶伦以长短之竹"制十二简"，"听凤凰之鸣，以别十二律"。"黄帝又命伶伦与荣将，铸十二钟以和五音，以施英韶。"后世乐官皆称"伶官"，当始于此。二是文字、历律和算术等的发明。《世本·作篇》："黄帝使羲和作占日，常仪作占月，臾区占星气，伶伦造律吕，大挠作甲子，隶首作算数，容成综此六术，而著《调历》。"《周礼·外史疏》云："仓颉造文字。"《说文解字》："黄帝之史仓颉，见鸟兽蹄迒之迹，知分理之可相别异也，初造书契。"三是发明蹴鞠。刘向《别录》："蹴鞠者，传言黄帝所作。"蹴鞠（踢球游戏）具有体育锻炼和游艺娱乐双重价值。[19]

在军事文化方面。一是兵器的发明。《纲鉴易知录》：黄帝命"挥作弓，夷牟作矢，以威天下"，还制造刀、枪、弓矢、弩、六纛、旗帜、五方旗、号角、鼙、兵符、云梯、楼橹、炮、剑、射御等。二是创造和使用兵法。黄帝命风后作阵法图，今河南密县云岩宫山门里东墙根的一统碑，即记战蚩尤使用八阵图等事。注重练兵，今新郑市具茨山下传说为"黄帝四十五里（22.5 km）军马营"，存有观兵台遗迹。涿鹿之战胜蚩尤，轩辕氏采用"一跳火海，二摆刀山，三造指南车，安装记里鼓车，四造弓箭，五训猛兽，六摆八阵，七行军飞快，八爱护氏族人民"这八略。其中，指南车、记里鼓车是将科学成果应用于战争的先例。[17]

在政治文明方面。一是建立古国体制（分封诸侯国）。据《纲鉴合编·五帝记·黄帝有熊氏》记述："（黄帝）画野分州，得百里之国万区，命匠营国邑，置左右太监，监于万国，万国以和。"即将全国共分九州，分封诸侯国（万国），并设官司职，监于万国。二是设立国家政权机构。据史书记载，黄帝设立（左右）二监、三公（丞相）、四史（史官）、五官（天文气象、农业）、六相（部门官员）、七辅（地方选举的辅政官）、九士（思想道德建设）、十一将（地方军事将领）、二十官（行业官员）等官位管理国家，还从中央到地方设立"井、邻、朋、里、邑、师、都、州"等地方行政组织。三是对各级官员提出"六禁重"（声禁重、色禁重、衣禁重、香禁重、味禁重、室禁重），要求官员节俭朴素，反对奢靡，并提出以德治国，"修德振兵"，以"德"施天下的治国理政思想。[20]

---

① 浙江余姚河姆渡遗址发现稻遗存（考古学家在它的第一期文化堆积层中发现大量的稻壳、稻秆、稻叶以及炭化的稻谷等，总厚度达1 m以上，经过换算，稻谷总量达12 t之多），说明长江流域耜耕农业发展和农业生产水平较高。此种粮食——粟、稻遗存在新石器时代中期的磁山遗址和河南裴李岗文化遗址中也有发现，且数量巨大。

2.黄帝陵及黄帝祭典

《史记·五帝本纪第一》载："黄帝崩，葬桥山。"黄帝陵[①]位于陕西省黄陵县城北桥山，1961年国务院公布黄帝陵为全国第一批全国重点文物保护单位，编为"古墓葬第一号"，号称"天下第一陵"。黄帝陵古称"桥陵"，为中国历代帝王和著名人士祭祀黄帝的场所。据记载，祭祀黄帝始于公元前442年，汉武帝大祭更是将祭祀黄帝推向了历史的第一个高潮。自唐大历五年（770年）建庙祀典以来，黄帝陵一直是历代王朝举行国家大祭的场所。孙中山曾亲自书写祭文，国共合作时期毛泽东亲笔题写祭文，蒋介石题词，促成国共合作。黄帝陵每年的清明节祭祀黄帝大典已经成为"中华第一大典"，成为海内外炎黄子孙共同瞻仰和祭祀黄帝的场所。

位于陕西省黄陵县城附近的黄帝陵山体浑厚，气势雄伟，山下有沮水环绕，山上有8万多棵千年古柏，四季常青，郁郁葱葱。黄帝陵封土高3.5 m，周长48 m，环冢砌以青砖花墙，陵前有明嘉靖十五年（1536年）碑刻"桥山龙驭"，意为黄帝"驭龙升天"之处。在前为一祭亭，歇山顶，飞檐起翘，气宇轩昂。亭内立有郭沫若手书"黄帝陵"碑石，陵园区周围设置红墙围护，东南侧面为棂星门，两侧有仿制的汉代石阙。黄帝陵前正南，陵园围墙以外是土筑高台，即"汉武仙台"。《史记·封禅书》载："汉武帝北巡朔方，勒兵十余万还祭黄帝冢桥山。"汉武仙台是汉武帝为祭祀黄帝所筑，台高20 m以上，现已用块石砌筑并建有登台石阶、云板、护栏等。黄帝陵前区气势恢宏，有面积约15 000 m²的入口广场，广场地面选用5 000块秦岭天然河卵石铺砌，象征中华民族的五千年文明史（图2-1）。

图2-1　黄帝陵全景图

（四）女娲氏、帝喾与姜嫄

1.女娲氏与女娲墓

女娲氏是中国古代五氏（有巢氏、燧人氏、伏羲氏、女娲氏和神农氏）之一，是一位

---

① 全国其他地方传说的黄帝陵有河南灵宝市阳平镇荆山黄帝陵、甘肃正宁县五顷原乡黄帝冢、河北涿鹿县温泉屯乡桥山黄帝陵、山西沃曲县桥山黄帝陵、陕西子长县高柏山黄帝陵、北京市平谷区山东庄镇黄帝陵（轩辕台）等。（源于公祭轩辕黄帝网）

美丽的女神，身材像蛇一样苗条。传说在女娲时代，随着人类的繁衍，社会开始动荡。水神共工氏和火神祝融氏在不周山大战，结果共工氏大败而怒撞不周山，导致"天柱折，地维缺"，从而引出女娲用五彩石补天等一系列动人传说。

（1）女娲的传说。有关女娲的神话传说如下：①抟土造人。根据《世本·帝系篇》记载，"太昊伏羲氏（或称包羲、庖羲、疱牺、伏牺、宓牺、炮牺和伏戏等）"和女娲兄妹成婚、繁衍后代的传说由来已久，反映出传说时代华夏先民所经历的氏族内部兄妹相互婚配（"同辈婚"）的社会发展阶段。汉末学者高诱认为："女娲王天下者也，七十变造化。此言造化治世非一人之功也。"说明女娲是在"众神"的襄助下完成"造人"这一社会进化大业的，反映了伏羲和女娲时代的华夏先民正处于母系氏族社会的历史实体。《太平御览》引《风俗通》记载："俗说，天地开辟，未有人民，女娲抟黄土作人，剧务，力不暇供，乃引絙（草绳）于泥中，举以为人。"浪漫而生动地揭示了女娲用黄土孕育汉族，以神话的形式经典地反映了汉族与黄土地农耕文化有着与生俱来的、不可分离的历史根基关系。②炼石补天。《史记·三皇本纪》说："女娲氏亦风姓，蛇身人首，有神圣之德，代宓牺（伏羲）立，号曰女希氏。无革造，惟作笙簧……当其末年也，诸侯有共工氏。任智刑以强霸而不王，以水乘木，乃与祝融战，不胜而怒，乃头触不周，山崩，天柱折，地维缺。女娲乃炼五色石以补天，断鳌足以立四极，聚芦灰以止滔水，以济冀州，于是地平天成，不改旧物。"女娲炼石补天的场所，一说是在秦岭北麓的蓝田县东川的烟粉台——女娲补天台[2]；一说是在地处秦岭南端、大巴山北麓，位于陕、鄂、渝三省交界处的陕南平利县女娲山。

（2）女娲故里。陕西省西安市蓝田县华胥镇有一个阿氏庄（应为"娲氏庄"），白鹿原上有个李华村（汉代以前称"女娲村"），传说这些地方都是女娲氏及其部落曾经活动和栖息的地方。[2]此外，陕西省西康市平利县女娲山（山上建女娲庙及"滚磨为婚"的"磨沟"）、河北省邯郸市涉县（"中国女娲文化之乡"）、甘肃天水市秦安县（历史悠久的"女娲故里"）、山西晋城市泽州县（建有"华夏女娲文化园"）、河南周口市西华县（有女娲捏土造人的女娲城）等都被称为女娲故里，说明女娲氏族生活活动的范围较为广泛，涉及黄河流域陕、甘、晋、豫、冀诸省域。

（3）女娲墓。陕西临潼骊山有"女娲祠"，"相传女娲氏曾在此炼石补天。她死后，人们葬其于骊山之阳的白鹿原鲸鱼沟北坡，属蓝田县。又在骊山之阴筑女娲祠，俗名老母殿。"女娲祠在骊山西绣岭第二峰上，有山门、前殿、后殿等建筑，供奉女娲塑像，相传是女娲炼石补天的地方。

从古至今，临潼和蓝田民众崇敬女娲。每年农历六月，女娲祠举行庙会，祭祀女娲氏。每年正月二十日（女娲生日）过女皇节，家家做"补天饼"，抛到屋顶，象征补天，同时往地上、井里掷，象征补地。临潼、蓝田民间祭祀"女娲补天"的仪式须由女家长主持，还保留着上古母系氏族社会的遗风。

此外，地处山西永济市和陕西潼关县之间的风陵渡，因其有女娲陵（又称风陵）而得名。《陕西通志》皆记："上古风陵，即女娲氏陵，在潼关卫城北黄河中。"《新唐书·五行志》云："天宝十六年六月，虢州（今灵宝市）阌乡黄河中女娲墓，因大雨晦冥，失其所在，至乾元二年六月乙未夜……其墓涌出。"这里所记也即风陵渡女娲墓。在山西省赵县和山东济宁也有女娲陵墓的记载。

2. 帝喾与帝喾陵

帝喾，姓姬，名俊，号高辛氏，为"三皇五帝"中的第三位帝王，即黄帝的曾孙，前承炎黄，后启尧舜，奠定华夏基根，是商族的第一位先公。其祖父玄嚣是黄帝正妃嫘祖的长子。父名蟜极，帝颛顼是其伯父。帝喾从小德行高尚，聪明能干，15岁时，被帝颛顼选为助手，有功，被封于辛（今商丘市高辛镇）。帝颛顼死后，他继承帝位，时年30岁。帝喾继为天下共主后，以亳（今河南商丘）为都城，以木德为帝，深受百姓爱戴，死后葬于故地辛，建有帝喾陵。

陕西省合阳县洽川国家级风景名胜区遗存有帝喾陵，高大的墓冢巍然耸立，冢前有清代陕西巡抚毕沅亲笔书写的墓碑。《洽阳记略》引《广舆记》："帝喾墓在郃阳。"《同州府续志》："高辛氏陵在辛里村，乾隆中巡抚毕沅树碑。""喾陵暮雨"是洽川八景之一。据清代乾隆年间许秉简所撰《洽阳记略》中载，清代每年由藩司（省财政厅）拨白银六万两，以作春秋祭扫之用。抗日战争爆发后，洽川是河防前线，帝喾陵祭扫被迫中断。20世纪90年代，合阳县人民政府恢复了清明节祭扫帝喾陵活动，且规模逐年扩大，规格逐年提高。每年清明节，帝喾陵前人山人海，热闹非凡，各种民间艺术争奇斗艳，异彩纷呈。

3. 姜嫄与姜嫄墓

姜嫄（上古时代人），姓姜，原为炎帝后代有邰氏的女儿，后来成为黄帝曾孙帝喾的元妃。《史记》载，姜嫄为帝喾元妃，履巨人之足迹而生后稷，世人尊称姜嫄为圣母。

姜嫄墓位于陕西武功古城南侧小华山上，1990年被陕西省人民政府公布为重点文物保护单位。姜嫄墓墓地中高，两旁垂供如翼，故称"飞凤穴"。清代陕西督学使吴大徵篆书"姜嫄圣母之墓"的匾额牌坊已恢复原貌，蔚为壮观。清知县陈尔弗重修陵园围墙，约20 000 m²之大，树木葱茏，罩尽整个山头，历代铭碑林立其间，远远望去，十分巍峨。"姜嫄古墓小华山"为武功八景之一。2016年，在历史文化名镇武功镇城北建成总占地380 000 m²的姜嫄水乡，旨在将关中文化与江南风情巧妙融合，打造反地域特色旅游目的地——"关中第一江南"。

二、历经周秦汉唐，绵延数千年的京畿之地

（一）周人的起源及兴起、西周都城与西周王陵

1. 周人的起源与兴起

周朝建立以前，周人的历史可分为两个阶段，即周人的起源与初兴及周人的兴起与建国。

（1）周人的起源与初兴。周人始祖后稷之母出自姜姓有邰氏部落，有邰氏部落及后稷所居之邰在今陕西武功县境。据考古资料显示，陕西龙山文化（客省庄二期文化）主要分布在泾渭流域，与先周文化的分布重合，两者有承袭和发展的关系。先周文化目前

已知的分布：北界达甘肃省庆阳市；南界止于秦岭山脉北侧；西界在陇山及其主峰六盘山东侧；东界的北端在子午岭西侧，南端以泾河下游及今西安市东郊的浐水和灞水一带为界。先周文化的分布大致相当于今陕西省宝鸡、咸阳地区以及甘肃省的庆阳、平凉地区东半部。该地域范围的先周文化按年代分为三期：第一期稍早于古公亶父时期，以泾水上游陕西长武县碾子坡先周文化为代表；第二期以碾子坡先周晚期墓葬、岐邑刘家村先周墓葬及长武县下孟村先周遗址为代表，年代大致相当于古公亶父、季历时期；第三期以丰邑先周文化遗存及这一地区先周墓葬为代表，其年代约略相当于周文王、武王准备灭商时期。由此可以推断，古公亶父以前的周人活动范围集中于泾水上游。周先公在不窋及鞠的时期，处戎狄之间，从其俗，到公刘时期，虽仍处戎狄间，却大力发展农耕，并沿漆、沮二水南下，渡渭水获取木材及其他物资，积累财富，四周各氏族部落多来归附，"周道之兴自此始"。到庆节时正式立都于豳，已具有王朝前古国的规模。豳的地理位置在今陕西省泾水上游南部，包括今长武县、彬州市、旬邑县一带。据《括地志》记载，"不窋城"在今甘肃省庆阳市境，豳在今彬州市境，则在公刘、庆节时期，是从泾水上游北部迁徙到泾水上游南部的。在豳原经营了大约三个世纪，于是周先公进入了向周原发展而兴起立国的阶段。

（2）周人的兴起与建国。大约在公元前12世纪，古工亶父受到游牧部落戎狄熏育的攻击，在豳原不得宁居安业，于是率部族渡漆、沮两水，来到渭水中游，止于岐下，开发周原地区。不少其他部落也随周人迁到周原，壮大了周部族的势力。古公亶父在岐下大刀阔斧地革除戎狄习俗，发展农业，营筑城郭室屋，按地缘编定社会组织，设立五官，奠定了立国与翦商的基础。

周原位于关中平原西部，北倚岐山，南临渭河，西侧有汧河，东侧有漆水，地域范围包括今凤翔、岐山、扶风、武功四县的大部分及宝鸡市、眉县、乾县等的小部分，东西长约70 km，南北宽约20 km。先周时期，周原的渭水支流水系水源较丰富，便于航行与渔业，地下泉水丰沛，土地肥沃，灌溉方便，是一个发展农业十分有利的地区。古公亶父死后，由最小的儿子季历继承。季历（周文王之父）在商王武乙三十四年（前1114年）朝商，成为商朝的方国。季历一方面臣附于商，另一方面展开对周围戎狄部落的兼并与征伐。商王武乙三十五年（前1115年）季历伐西落鬼戎，俘虏十二翟王。太丁（文丁）二年，周人伐燕京（汾水发源处）之戎，周师大败。不久，季历被太丁所杀。

太丁死后，其子帝乙立，"殷益衰"。周文王昌继王季而立，成为商朝西伯（西方诸侯之长），与九侯、鄂侯同为商朝的三公。殷纣继位后，囚周文王于羑里，周以美女、名马献于纣，纣释放文王。周文王以德政与纣的暴虐形成对照，影响日大，解决了虞（今山西省平陆县）、芮（今陕西省大荔县）两国争端，两国附周，又伐犬戎，灭密须（今甘肃省灵台县西南）、黎（今山西省长治市上党区西南）、邘（今河南省泌阳县西北）、崇（今陕西省西安市鄠邑区）等国，建都丰邑（今西安市西郊之沣水西岸）。

周文王在位50年未及灭商而死，子武王发以吕尚为师尚父，弟周公旦等为辅，即位后九年大会诸侯于盟津（今河南省孟州市西南、孟津东北），相传诸侯800来会。武王十一年以戎车 300 乘、虎贲 3 000 人、甲士 40 000 人~50 000 人，并会集西土各族庸（今湖北省竹山县）、蜀（今川西、陕南）、羌（西陇山两侧）、髳（今山西省平陆县）、微（今陕西省眉县）、卢（今湖北省襄樊市西南）、彭（今湖北省房县）、濮（今川东、鄂西）伐纣，战于牧野，灭商，建立周朝。

2. 西周的都城体系及其变更

据考证，西周时期的主要都城有岐周、宗周（丰、镐）、成周和郑（槐里，今兴平市东南）。[21][22] 岐周是周族首领古公亶父设置政治中心、大置宫室、设立属官的地方，是周人立国并走向强盛的都城（位于今岐山县凤雏村一带）。岐周作为诸侯国都城，经历太王（古公亶父）、王季、文王三代约 100 年，是西周先王发迹之地、重要的祭祀中心和众多贵族居住之地，堪称西周的圣都。岐周之后所建的首都"宗周"位于今西安市西郊沣河两岸，文王作丰邑在河西，周武王作镐京在河东。周人在丰、镐建立都城，最初是将其作为东进灭商的前线指挥部。随着西周王朝建立，周王长居丰、镐处理政务，加之周族、祖先宗庙的建立，故被命名为"宗周"，成为主要都城。"成周"位于今洛阳附近，在西周青铜器铭文和《尚书》等文献中称为新邑或新邑洛，分为王城和城周两个城邑。"成周"是武王伐纣取得胜利，周人成为天下共主，基于"择中立都"的原则和"统制东方"的需要，于周成王时期建成的新都洛邑，标志着周朝大业已"成"，故称为成周。郑（西郑）即槐里，是周穆王建立的新都，属于西周中后期的游憩性陪都，其位置在今陕西兴平市东南。[21]

岐周、宗周与成周在地理位置上依次向东，分别构成西周的圣都、主都和新都（陪都），宗周居中，向东依赖成周洛邑统治商人的原势力范围，并对东夷和南夷进行征战，向西则有岐周的宫室、宗庙和手工业中心作为其精神支柱和经济支柱。然而，到西周中晚期，西北一带戎狄入侵、王室衰弱、诸侯强大等因素导致在西方的岐周与宗周政治地位逐渐下降。成周在西周中晚期军事、经济活动中的重要性迅速增加。这就导致西周的都城体系随之发生很大变化，岐周、宗周、成周的政治地位自然就出现了相应的调整。西周中晚期，随着周人对东方、南方各地方政权征战的胜利，周人在东方站稳了脚跟，陪都成周的地位逐渐重要起来，再加上中原政治、经济、文化的影响，周的政治中心逐渐东移。主都宗周随着建都时间的增长，已成为周人东进的根据地，加之宗周、成周祭祀设施的不断建设和完备，已不需要再到岐周祭祀先王先祖。[22]

3. 西周王陵

西周王朝（前 11 世纪—前 771 年）共历 11 世 12 王，历时 200 多年，长期定都于丰、镐两京。除昭王"南巡狩不返，卒于江上"，厉王因"国人暴动"而死于彘（今山西境内）外，其余诸王葬地在古代文献中虽有诸多记载，但众说纷纭，莫衷一是，至今仍是千古之谜。

（1）纪念性西周王陵——公刘陵、太王陵、王季陵。公刘是周人始祖后稷的第五代孙，后稷把"稷"（夏王朝农官）位传给儿子不窋。夏太康废除"稷"，不窋带领族人躲入以游牧为业的戎狄之地豳（今陕西彬州市至甘肃庆阳市一带），与戎狄杂居。公刘继位时，重修后稷务农之业，伐木筑城，颇有积畜，初创国家，周道之兴自此始。今彬州市龙高乡土陵村南有公刘墓，墓丘长 1 500 m，丘垄高约 50 m，略呈梯形平面，至顶平坦。墓周占地超 333 333 m²，是后人修筑的纪念陵。太王古公亶父率领族人从豳地迁徙到岐山南边广阔、肥沃的周原上，筑营城郭室屋，而别居之，并作五官有司，建立了国号称"周"的国家。周作为地方性的小国，疆域以岐山为中心，故称"岐周"。周武王灭商后追尊古公亶父为"太王"，今岐山县祝家庄乡岐阳村的周太王陵现存墓冢高 3.5 m，周长约 30 m，是后人添筑的纪念性陵冢。王季是岐周的第二代国君，被商王文丁所杀，埋在鄠邑区南的终南山北麓。今鄠邑区玉蝉乡陵头村西南，东距渼陂湖约 500 m 的周代王季陵，现存封土呈覆斗形，东西长 41.4 m，南北宽 31.8 m，高 12.21 m，陵园总面积为 7 000 m²，亦为纪念性陵墓。

（2）西周王陵今何在？古文献记载，周文王、周武王、周公葬在"毕"。因 3 000 多年来，不同时期的文献对"毕"位置的记载不同，加之西周时帝王墓葬"不封不树"，迄今对西周诸王的所葬地有咸阳"毕原"、丰镐附近"毕原"和岐周"毕"等说法。随着 2002 年咸阳原上"秦陵"的发现和确认[23]，西周王陵群在咸阳原之说基本被否定。古代帝王死后的葬俗：一是国君把自己的陵址选在都城附近，如秦汉帝王都是这样；二是叶落归根，归葬原籍或原都城附近的先祖陵区。以此为据，大多数学者认为西周王陵群可能在丰、镐附近的毕原，或葬在岐周"毕"的可能性极大。比如，周原黄堆村老堡子的大中型墓群中有一座深 22 m 的墓穴，2004 年至今，在周公庙大墓群中也发现规格仅次于周天子墓的巨大墓室，似乎对西周王陵的所在地有启示意义。

（二）秦人的起源及迁徙、秦都城体系与秦公王陵区

1. 秦人的起源及迁徙

（1）秦人的起源。秦人的世系可上溯至燧人氏（婚配华胥氏）—伏羲—少典—黄帝—少昊—蟜极—业父—大业—伯益—大廉—衍曾—衍祖—衍父—中衍—轩祖—轩父—戎胥轩—中潏—蜚廉—恶来—女防—旁皋—太几—大骆—秦非子（秦国首任国君）—秦侯—公伯—秦仲—秦庄公……秦始皇（嬴政，中国首位皇帝）。秦人的先祖伯益（大费）乃颛顼后裔①，本为古部落首领，舜帝赐姓"嬴"。至夏末，费昌（伯益次子若木之玄孙）当夏桀之时，去夏归商，为商汤御，败桀于鸣条，其后代嬴姓部族世代辅佐殷商，为殷商贵族（史载嬴姓多为显赫家族）。至商末，蜚廉（伯益九世孙中潏之子）、恶来（蜚廉长子）父子皆以材力侍纣，后周武王伐纣，败商军，武王亲射恶来之口以泄愤，蜚廉奔霍太山，嬴姓中衰。至周穆王，造父（蜚廉次子季胜曾孙）为周王御，千里平定徐国之乱，受封于赵城，其宗族乃为赵氏。故秦与赵本为同一先祖，一脉相承。后来，秦襄公救周（护送周平王东迁）有功，被封为诸侯。

---

① 据史记记载，黄帝正妃嫘祖生二子：长子玄嚣(少昊)、次子昌意。玄嚣生蟜极，蟜极生三子：帝喾、挥公、大业之父。昌意生一子名颛顼，颛顼有一女名为女修。大业之父娶颛顼之女女修，生大业。大业娶女华，生伯益(大费)。

（2）秦人的迁徙。秦人早期于殷商灭夏之际自东向西迁徙[24]：先是在青轩、中橘时代从山东西迁到山西（约居住150年），至大骆、非子时代因受封从山西再西迁陕西犬丘（今陕西省兴平市）。其后，从陕西犬丘向西迁至甘肃西犬丘（今甘肃省陇南市礼县）。周宣王时，秦庄公伐戎有功，于是得到甘肃西犬丘和陕西犬丘两块新封地，为西垂大夫。从此，秦族的势力便越来越大。后期秦人是由甘肃天水进入陕西境内，沿着渭河流域多次向东迁徙其政治中心：第一次，秦襄公徙居"汧"，故城在今陕西陇县南汧水右侧，建都时间14年（前776—前762年）；第二次，秦文公"卜居汧渭之会"，所营城邑当在今眉县西北的渭河之北，建都时间48年（前762—前714年）；第三次，秦献公徙居平阳，故城在今岐山西南，位于眉县、虢镇交界处，建都时间37年（前714—前677年）；第四次，秦德公卜居雍城，即今凤翔县南2 500米的南古城一带，建都时间294年（前677—前383年）；第五次，秦灵公"居泾阳"，故址在今泾阳县境；第六次，秦献公居栎阳，故址在今西安市阎良区阎良镇东南的武家屯附近，建都时间33年（前383—前350年）；第七次，秦孝公十二年（前350年）迁都咸阳，一直到秦统一乃至灭亡。咸阳作为都城的时间长达144年。建设规模不断扩大，由秦孝公时的渭北地区发展到昭王时的渭南地区，到秦始皇时更进行了大规模的建设，形成了"渭水贯都，以象天汉"的格局。

2. 秦都城体系与秦公王陵区

秦人从甘肃的陇东（南）发展到陕西关中地区，先后作为秦都城的有西垂（西犬丘）、秦、汧、汧渭之会、平阳、雍、泾阳、栎阳、咸阳"九都"。从礼制建筑的规模和规格看，秦的"九都"中雍城是秦的"圣都"，其余都城皆为秦的"俗都"。[27]从秦都城的发展看，大体可分为四个阶段，即秦德公以前的都城时期、雍城时期、泾阳和栎阳时期、咸阳时期。[26]秦德公以前的秦都城还处于探索过程中，为了达到扩张领土的目的，频繁地迁都，从秦邑到西垂，越过陇山后到汧、汧渭之会和平阳，采取的是步步为营、稳扎稳打的办法，都域的不断东扩导致都城不断东迁。雍城的宗庙和礼制建筑规模大、规格高，在秦人心目中具有崇高地位，为秦的"圣都"（政治中心）。泾阳和栎阳是临时性的都城，目的在于对付东方列国（魏国等），一旦目的达到，便迁移到地理位置、地形和交通环境都比较优越的咸阳为都。

古代有"城陵相依、陵随都移"的传统规律，秦亦无出其外。秦都城发展的四个阶段，伴随都城位置的不断东迁，主要都城的附近形成了相应的公王陵区。（表2-1）。

表2-1   秦都城体系及秦公王陵区

都　城	起止年代、时间	经历国君	都城性质	公王陵区
西垂	前821—前763年：58年	庄公、襄公、文公	早期圣都	西垂陵区
汧	前776—前766年：10年	襄公	俗都	
汧渭之会	前762—前714年：48年	文公、宁公	俗都	

续 表

都 城	起止年代、时间	经历国君	都城性质	公王陵区
平阳	前 714—前 678 年：36 年	宁公、出公、武公	俗都	
雍	前 677—前 207 年：470 年	德公、宣公、成公、穆公、康公、共公、桓公、景公、哀公、惠公、悼公、厉共公、躁公、怀公等	圣都	雍城陵区
泾阳	前 424—前 384 年：40 年	灵公、简公、惠公、出子	俗都	
栎阳	前 383—前 350 年：33 年	献公、孝公	俗都	栎阳陵区
咸阳	前 349—前 207 年：144 年	孝公、惠文王、武王、昭王、孝文王、庄襄王、秦王政、秦二世等		咸阳原陵区、秦东陵区、秦始皇陵等

注："圣都"是秦的大后方，规模宏大、规划整齐，且建都时间较长，是永久性都城；"俗都"是为军事目的而建的暂时性都城，其规模多较小，建都时间较短。参见：潘明娟，吴宏岐.秦的圣都制度与都城体系[J].考古与文物，2008（1）：62-69.

（三）西汉长安城与西汉帝陵

1.西汉定都长安

秦末，都城咸阳被战蠹焚毁。汉初，刘邦自汉中再定关中，于秦孝公以前的秦都栎阳（今陕西临潼北、阎良车站东南古城屯一带）定都。汉高帝五年（前 202 年），刘邦即帝位于定陶的汜水（今山东定陶县南）之阳，初都洛阳，后在定都问题上发生争论。刘邦的群臣多为关东（今河南崤山、函谷关以东广大地区）人，主张定都洛阳，娄敬、张良则建议建都关中（陕西省中部，包括西安、宝鸡、咸阳、渭南、铜川、杨凌五市一区）。因为关中土地肥沃，农业发达，号称"天府""陆海"，而且军事地理条件优越。所以，娄敬说："秦地被山带河，四塞以为固。"张良认为："关中左崤函，右陇蜀，沃野千里，南有巴蜀之饶，北有胡苑之利，阻三面而守，独以一面东制诸侯，诸侯安定，河渭漕挽天下，西给京师，诸侯有变，顺流而下，足以委输，此所谓金城千里，天府之国也。"加上关中地区为周、秦故都所在，又是刘邦平定全国的根据地。刘邦综合权衡，听从娄敬、张良的建议，西都关中。

从此，长安成为西汉一代两百余年的首都。刘邦还接受娄敬的建议，进一步采取"强本弱枝"的策略，徙移齐田氏、楚昭氏、屈氏、景氏及燕赵韩魏后代、豪杰、名家十余万人充实关中，以削弱地方势力，保证首都长安的安全。

2.汉长安城营建与规划布局

汉长安城在今西安市西北 10 km 的渭河南岸，位于西周丰、镐故都的东北，秦都城咸阳南郊的龙首原的西北麓。汉长安城的营建大体分为三个时期：高帝时兴建长乐宫和未央宫；惠帝元年至五年（前 194—前 190 年）修筑长安城墙；武帝时营造城内的北宫、桂宫和明光宫，在城外筑建章宫，并开凿昆明池，扩大秦旧上林苑。

汉长安城巍峨的宫殿占据全城的大部分用地，余下的被南北方向的"八街"和东西方向的"九陌"分割为160个巷里。城市平面布局由于随南部建筑物的位置和北部渭河的形势而曲折，呈不规则形，犹如天上的南北斗星群，故又称"斗城"。经实测，汉长安城周长25 100 m。由于先建宫殿后筑城墙，宽阔，布局整齐。大街与城门相连，各个城门有三个门道，每个门道各宽8 m（净宽6 m）。每个门道能容纳四辆车（当时车轨宽1.5 m），三个门道可容12辆车并行。中央大街南北长达5.5 km；商业区分东西两部，三市在城东，六市在城西，共有九市；居民区内有闾里一百六十，室居栉比，门巷修直。西汉长安是当时全国政治、经济和文化的中心，也是商周以来规模最大的城市。西汉末，更始军和赤眉军相继攻入长安，城市宫室遭到很大破坏。

3. 西汉帝陵

（1）西汉帝陵概况。西汉帝陵分布在都城长安的北郊及东郊。以沿渭水北岸的五陵原一带为主，西起兴平市豆马村，东到西安市西咸新区正阳街道办张家湾，依次排列着汉武帝刘彻茂陵、汉昭帝刘弗陵平陵、汉成帝刘骜延陵、汉平帝刘衎康陵、汉元帝刘奭渭陵、汉哀帝刘欣义陵、汉惠帝刘盈安陵、汉高帝刘邦长陵、汉景帝刘启阳陵。另在渭河以南西安市东郊的白鹿原北端及南郊的少陵原上分布汉文帝刘恒霸陵和汉宣帝刘询杜陵（表2-2）。各陵皆自成一区，除高帝与吕后二墓合葬长陵外，其余后陵皆依于帝陵旁侧。陵区平面皆为方形（帝陵陵垣每面长370 m～780 m，后陵陵垣每面长300 m～400 m），四面陵垣正中辟陵门，称为"司马门"，垣隅置包括角楼在内的曲尺形建筑。陵冢位于陵园内正中，通常呈覆斗形或多层台状。地下部分尚无发掘资料，据文献及相类似的王墓推知，可能与商、周以来之土圹木椁墓大致相仿。祭祀建筑在汉惠帝时已由都城内迁置于陵园之内，至景帝时又移至陵外另成一区，称寝园，但位置各陵不一。寝园包括门殿、走廊、正殿、寝殿、吏舍及庭院等，外周以围墙。为了管理及守护陵墓，汉依秦制设置陵邑。西汉帝陵在空间分布上形成对都城长安的拱卫，特别是前期7座陵邑的设置，构成了汉长安城的卫星城市群，这在古代中国乃至世界城市发展史上恐不多见。

表2-2　西汉帝陵一览表

帝　名	谥庙号	陵　号	在位时间	葬　地	陵　邑
刘邦	高帝	长陵	前202—前195年	秦汉新城正阳街办左排村北	长陵邑
刘盈	惠帝	安陵	前194—前188年	秦汉新城正阳街办白庙村南	安陵邑
刘恒	文帝	霸陵	前180—前157年	西安市灞桥区毛西乡毛窑院村	霸陵邑
刘启	景帝	阳陵	前157—前141年	秦汉新城正阳街办张家湾村北	阳陵邑
刘彻	武帝	茂陵	前141—前87年	秦汉新城南位镇策村	茂陵邑
刘弗陵	昭帝	平陵	前87—前74年	秦汉新城双照镇互助村	平陵邑

续　表

帝　名	谥庙号	陵　号	在位时间	葬　地	陵　邑
刘询	宣帝	杜陵	前 74—前 48 年	西安市雁塔区曲江乡三兆村南	杜陵邑
刘奭	元帝	渭陵	前 48—前 33 年	秦汉新城周陵街办新庄村南	
刘骜	成帝	延陵	前 33—前 7 年	秦汉新城周陵街办严家沟村北	
刘欣	哀帝	义陵	前 7—前 1 年	秦汉新城周陵街办南贺村南	
刘衎	平帝	康陵	前 1—6 年	秦汉新城周陵街办大寨村东	

（2）西汉帝陵的营建形制。西汉帝陵的筑造形制有两类：一类是汉文帝霸陵"因山为陵"的形式，其初衷是节俭和安全防盗掘，于是将墓葬开凿于山崖中，不另起坟丘。此种墓葬方式被称为唐代 14 座"依山陵"的滥觞（前已述及，近年的考古资料似对文帝霸陵为"崖墓"提出质疑）。另一类是西汉其他帝陵"堆土为陵"的方式。诸陵皆筑有高大的覆斗形夯土坟丘，一般为底部边长约 150 m ～ 170 m 的方形。汉代帝、后合葬，同茔而不同陵，后陵大多在帝陵的东面，坟丘亦较帝陵为小，只有吕后坟丘大小几乎与高帝长陵坟丘相等。从阳陵开始，在帝后坟丘的四周筑平面方形的夯土垣墙，每面垣墙的中央各辟一门，门外立双阙，并在帝、后陵园的外围间隔一定距离筑平面方形的外墙垣和壕沟形成双重陵垣。在内外陵垣之间，帝、后陵园之旁建寝殿、陪葬坑、祔葬墓园和陵庙等礼制建筑。西汉帝陵陵园内城面积介于 11.90 km² （康陵）～ 18.75 km² （杜陵），后陵陵园面积 20 400 m²（茂陵李夫人）～ 142 100 m²（渭陵王皇后）；外陵园面积 2.40 km²（康陵）～ 2.93 km²（平陵）。其中，长陵和安陵为单重陵园（帝、后共陵园），长陵陵园面积 780 000 m²，安陵陵园面积 850 000 m²。

（3）西汉帝陵的陪葬墓与陵邑。西汉 11 帝陵除末代的平帝康陵之外，诸陵皆有数量不等的陪葬墓（祔葬墓）。21 世纪以来的考古资料显示，汉景帝阳陵的陪葬墓数量最多，达 5 000 多座，茂陵和杜陵探明的有百余座（茂陵 113 座、杜陵 140 座），陪葬墓数量相对较少的"后四陵"也有数十或十数座陪葬墓（渭陵 57 座、延陵 54 座、义陵 16 座）。汉武帝至汉哀帝的高级嫔妃更是以墓园的形式规整地陪葬于帝陵内、外陵园间的东北、西北或西南。其中，最引人注目的是渭陵，位于陵园东北角、排列规整且独自成园。一般皇亲国戚、权臣列侯的陪葬墓主要分布在帝陵（外）陵园东侧，即东司马道的南、北两侧。在空间上越接近帝陵陵园和司马道的陪葬墓，其墓主身份地位越高，其封土丘规模和体量园相应越大；从封土丘形状看，也是覆斗形和像山形的陪葬墓墓主地位等级高于封土丘为园丘形者。比如，长陵陪葬墓中的萧何、曹参、周勃（周亚夫）之墓，安陵陪葬墓中的鲁元公主墓，茂陵陪葬墓中的卫青、霍去病墓，以及杜陵陪葬墓中的张安世、丙吉之墓等，即属于位置靠近帝陵陵园、封土丘覆斗形或像山形且规模体量较大的陪葬墓。这些数以百计、仍保存封土丘的陪葬墓，伴随 9 座西汉帝陵，在咸阳原上自东而西绵延百里。正如古诗所云："长陵高阙此安刘，附葬累累尽列侯。"尤其在秋冬季节，瞭望五陵原上，"西风残照，汉家陵阙"的景致曾使多少文人雅士怀古感怀、遐想不已。

西汉帝陵从长陵开始便置陵邑，并将齐、楚诸国的大姓和有功之臣都迁到长陵邑来。自此而后直至杜陵的"前七陵"以及追谥或号墓为陵的万年陵（太上皇墓）、云陵（钩弋夫人墓）和南陵（薄太后墓）等在陵墓附近都设置有陵邑。当时，皇帝常要求高官豪富之家迁到各陵邑中去，而将有实力的豪族控制在长安，达到"强本弱枝"的政治目的，以巩固汉朝的统治。直至汉元帝永光四年（前40年）下诏罢置陵邑，因为强迫移民而使百姓破产，引起社会上的动荡不安，设置陵邑对巩固政权已不起作用，所以从渭陵开始废置陵邑。

西汉帝陵陵邑中的高帝长陵邑、惠帝安陵邑、景帝阳陵邑、武帝茂陵邑、昭帝平陵邑设在咸阳原上，五陵原的得名由来恐在于此。这5座陵邑分布在东西长不足50 km，南北平均宽约13 km，面积517 km² 的地域范围内，构成对都城长安的牢固屏障。据研究估算，西汉末，五陵邑中人口最多的茂陵邑居住有近27万人（超过都城长安24万人的规模），长陵邑17万人，安陵邑、阳陵邑和平陵邑各有近10万人。这样至西汉末期，五陵原诸陵邑人口总量达70多万，其人口密度近1 400人/km²，加之入住五陵邑的人口构成多为关东豪富以及丞相、御史、将军、吏二千石者等。[28] 此种人口和城市高度密集、经济文化水平较高的地区，在当时堪称首屈一指。从司马迁在《史记·货殖列传》中："关中之地，于天下三分之一，而人众不过什三，然量其富，什居其六"的评价可见秦汉时期关中地区在全国经济上占有很重要的地位。

（四）十六国、北朝时期封建割据政权都城及其王陵

魏晋南北朝（222—589年）是中国历史上朝代更替频繁、多国并存的分裂割据时期。这个时期曾先后出现许多疆土大小悬殊、运祚长短不一的割据政权。例如，北方十六国的前赵、前秦、后秦和北朝的西魏、北周等少数民族割据政权，皆以关中地区的西汉旧都长安为首都，共137年。这些割据政权为时甚短，如前赵仅存11年，有的仅占关中部分地区，如前赵、后秦。因此，长安城虽为都城，却始终未能恢复昔日的繁荣。这些封建政权的王陵分布在都城长安的附近，如彬州市、西安市高陵区、富平县、白水县和咸阳原上。因基本属于少数民族建立的割据政权，其王陵墓葬及陵寝制度带有草原地区少数民族的色彩。例如，咸阳原上北周"五陵"皆为"不封不树"的葬埋形式。同时，诸封建割据政权的王陵在选址营造上更多地借鉴秦汉时期选择高亢开敞、土厚水深的黄土台塬作为葬地，多数循"堆土为陵"的形制而营造有形状和体量规模不尽一致的陵冢（表2-3）。

表2-3　十六国和北朝时期封建割据政权建都长安时间及其王陵

国名/民族	经历国君	建都时间（年）	王陵（关中地区）	
			陵名及葬地	形制
前赵（匈奴）	刘曜、刘熙	11（318—329年）	永垣陵（刘曜父墓）：白水县林皋镇赵尧村东	封土高40 m，南北长340 m。东西宽96 m，占地32 600 km²
前秦（氐族）	苻洪、苻健、苻生、苻坚、苻登、苻崇	44（350—394年）	苻坚墓（长角冢）：彬州市水口镇九田村	墓冢为斜长形，南端高3 m，宽7 m，北端高2 m，宽3 m，南北总长21 m，面积140 m²
后秦（羌族）	姚苌、姚兴、姚泓	34（384—417年）	原陵（姚苌墓）：高陵区通远镇灰堆坡村西南	积灰为墓，封土已无存
			偶陵（姚兴墓）：高陵区药惠乡麦张村	封土已平
西魏（鲜卑）	文帝元宝炬、元钦、恭帝元廓（拓跋廓）	21（535—556年）	永陵（元宝炬墓）：富平县东留古乡何家村东北	冢高13 m，周长230 m
北周（鲜卑）	文帝宇文泰、孝闵帝宇文觉、明帝宇文毓、武帝宇文邕、宣帝宇文赟、静帝宇文阐	24（557—581年）	文帝成陵：富平县宫里乡宫里小学院内	陵冢高12 m，周长142.8 m
			武帝孝陵：渭城区底张镇陈马村东南	地面无封土

注：根据发掘出土的北周武帝孝陵志石、墓室棺椁遗迹、武德皇后志石及天元皇太后金玺等可以判定北周武帝与皇后阿史那氏合葬的孝陵位于今陕西省咸阳市渭城区底张镇陈马村东南约1 000 m处，西距唐顺陵约1 500 m。按《北史》记载，北周五位皇帝，孝闵帝宇文觉葬静陵、明帝宇文毓葬昭陵、武帝宇文邕葬孝陵、宣帝宇文赟葬定陵、静帝宇文阐葬恭陵，但没有记载具体葬地。2000年，咸阳国际机场扩建工程实施过程中，在距离北周武帝孝陵不远处发现了三座北周皇室墓葬：北周冀国公宇文通（宇文邕弟，官拜大将军、大都督）墓、冀国太夫人（乌六浑氏、宇文通之母）墓和谯国太夫人（宇文泰的妃子）墓。这些似乎表明北周帝陵区应该位于咸阳市渭城区底张街道办陈马村至咸阳国际机场一带。

（五）唐长安城与隋唐帝陵

1. 从隋大兴城到唐长安城

历史上隋唐同秦汉有着惊人的相似之处，隋之短暂类似于秦，唐之兴盛并延绵280余年相像于西汉。"汉承秦制"为史家称道，但西汉都城长安是兴起于秦都城咸阳东南隅的龙首原西北麓。唐朝都城长安却是完全承袭隋朝都城大兴发展起来的。就唐长安城的发展和建设而言，隋大兴城是选址和初创阶段，唐长安城是修缮、扩建和完善阶段。

（1）隋都大兴城的选址。581年，隋文帝杨坚结束了东汉之后长达三个多世纪的分裂割据局面，建立了大一统的隋朝。隋初以西汉长安城为都，汉长安城因历时已久，城中宫宇朽蠹，供水、排水严重不畅，加之汉长安城北临渭水，都城受到河流洪水的威胁。据《隋唐嘉话》记载："隋文帝梦洪水没城，意恶之，乃移都大兴。"隋文帝决定另迁新都，将新都选在了汉长安城东南10 km的龙首原之南。

从地形条件看，由于秦岭山脉在今西安城南折向东北，造成西安地区的地形东南高而西北低。发源于秦岭山地的灞河、浐河和潏河等，均受到这种地形的制约，纵贯今西安东南地区，趋向西北入渭。这些河流切割了西安市区的平原，使其成为东南、西北向的长条形。相对而言，只有灞河、浐河、潏河之间的这块平原最为开阔，东西宽约17 km，南北长约40 km，以龙首原为分野，形成南北两个不同的地形单元。因此，隋文帝放弃汉都长安另择新址，首选龙首原南部平原区建新都。

龙首原南部平原即今天西安及其郊区所在地，相较北区的汉长安城，其地势起伏较大，愈向东南，地势愈高，但是原面开阔，面积更广。将其选作都城更有回旋的余地，更便于从东西两面引水入城，解决城市用水的问题。同时，龙首原南依靠山原，将都城与渭河远远隔开，避免了洪水淹没都城的威胁。就当时的情况来说，以隋朝幅员之大，地域之广，隋文帝把新都定在此地，的确是经过了缜密考虑的。隋大兴城较汉长安城面积大一倍以上，这和龙首原南开阔的地形环境有很大的关系。

（2）隋都大兴城的初创。隋文帝杨坚于开皇二年（582年）六月开始营建新都。第二年三月基本建成宫室。同月，隋文帝迁入新都。自决策建都到迁都，只用了10个月的时间。当时除外郭城垣还来不及建成外，宫城、皇城、宫殿、官署、坊里、住宅、两市、寺观及龙首、清明、永安等城市引水渠道多已建成，修建速度相当快。这一方面是因为新都规划完善，组织施工有方；另一方面是因为新都不少宫殿、官署是从汉长安故城迁建的。

（3）唐长安城的修缮与扩建。唐朝建立后，沿用隋大兴城作为都城，并改名为长安（后世称唐长安城）。唐王朝渐趋鼎盛，开始对都城进行修葺和扩建。都城长安的平面布局突破了原有格局。首先，唐太宗贞观八年（634年），在太极宫东侧郭城的北墙外修建大明宫。大明宫位于龙首原上，高爽清凉，弥补了太极宫地势比较低下的缺憾。唐高宗龙朔年间（661—663年）又加以扩充，规模与太极宫不相上下而气魄更加宏伟。高宗之后的唐朝帝王大多以大明宫为主要宫寝，只有遇重大典礼时，才在太极宫举行礼仪。由于大明宫建在长安郭城以外，它的宫城正门丹凤门就开在郭城北墙之上，南面恰对翊善坊，坊墙阻碍宫门。因此，为了开通丹凤门街，于是分翊善和永昌两坊，增置了光宅和来庭两坊。四坊中间打通了一条直通皇城延喜门与郭城通化门之间的东西街道上的南北向大道，朱雀街东比原来多出了两坊。

其次，修建兴庆宫。兴庆宫的位置本为隆庆坊所在，唐玄宗李隆基即位前与兄弟同居此坊。开元二年（714年），为避唐玄宗李隆基讳，改隆庆坊为兴庆坊，并建兴庆宫。开元十四年（726年）又将兴庆宫的规模加以扩大，于是侵占永水嘉坊半坊之地，西面的胜业坊的东墙也因兴庆门外街道加宽而向西退缩，使原来"畦分棋布"的街坊面貌又有所改变。因这些改动均集中于街东而使朱雀街两侧东西对称的形制也相应发生了一些变化。

总之，通过隋初创建与唐代增修的两个发展过程，唐长安城历经几次大规模的修建，人口逐渐增加，总人口近百万，成为当时世界上最大的城市，其建筑更加宏伟壮丽，城市规划日臻完善，成为中国古代和当时世界上最伟大的建筑工程之一。唐长安城的面积达83.1 km²，按中轴对称布局，由外郭城、宫城和皇城组成。城内街道纵横交错，划分出110座里坊。唐诗"百千家似围棋局，十二街如种菜畦"是其生动写照。此外，还有东市、西市等大型工商业区和芙蓉园等人工园林。城市总体规划整齐，布局严整，堪称中国古代都城的典范，并且对其他国家的都城（如日本的平城京、平安京等）规划产生了重要影响。

2. 隋唐帝陵

（1）隋代帝陵。隋代帝陵主要有隋文帝泰陵、隋炀帝陵和隋恭帝庄陵。隋文帝泰陵原名太陵，是隋文帝杨坚和文献皇后的合葬陵（602年始建），位于今陕西省杨凌示范区五泉镇（原扶风县）王上村、咸阳原西段。陵园占地宽敞，规模宏大。现存陵园基址东西长756 m，南北宽652 m，总面积达492 900 m²，四周还保存有阙楼遗迹。经历1 400多年的沧桑变化，园内地面建筑及文物已荡然无存，仅留高27.4 m的覆斗形陵冢。陵前有清代石碑一通，碑上镌刻"隋文帝泰陵"五个大字，系清乾隆时陕西巡抚毕沅手笔，扶风知县熊家振勒石立碑。隋文帝泰陵于1957年被陕西省政府公布为第二批"陕西省重点文物保护单位"，1996年被国务院公布为"全国重点文物保护单位"。

隋炀帝陵位于陕西省武功县武功镇西原上落杨村东，曾树有清乾隆时兵部侍郎、兼副都御使、陕西巡抚毕沅书"隋炀帝之陵"石碑，现已不存。陕西省政府1957年公布其为重点文物保护单位。据《武功县志》记载，隋炀帝杨广，大业十四年（618年）被缢弑于扬州。唐朝建立后，唐高祖李渊于武德五年（622年）八月下诏，令其子李世民迁葬炀帝于此，与隋文帝泰陵构成一脉之穴，遥遥相望。2013年在扬州发现和确定隋炀帝陵墓（扬州市西湖镇司徒村曹庄），省内外专家认为武功县的隋炀帝陵埋隋炀帝骨骸或为衣冠冢。据《武功县志》记载，武功镇罗家堡西的墓为唐殇帝（唐中宗第四子李重茂）陵，人们讹传为隋炀帝之墓。编撰者的依据是《新唐书》介绍武功时云："西原，殇帝所葬。"

隋恭帝（605—619年），名杨侑，隋炀帝孙，李渊攻入长安，立他为帝。在位半年，又为李渊所废，次年被杀，终年15岁，葬于庄陵。隋庄陵位于今陕西乾县阳洪乡乳台村南500 m处。其封土为覆斗形，形制规模较唐靖陵为大，夯土而筑，雄踞万顷碧野之中，庄严肃穆（此陵墓亦存争议，有专家认为是祭祀台或乾陵陪葬墓等[29]）。

（2）唐代十八陵。唐代从公元618年建国，至公元907年灭亡，历时289年，共21帝20陵（高宗李治与女皇武则天合葬乾陵）。除昭宗李晔和陵和哀帝李柷温陵分别在河南渑池和山东菏泽外，其余18座陵墓集中分布在陕西省乾县、礼泉、泾阳、三原、富平、蒲城（表2-4），几乎与渭水北岸西汉九陵成平行一线。清代陕西巡抚毕沅曾对18陵进行整修，树立题碑。

表2-4　关中唐十八陵一览表

陵　名	地　点	帝谥号名	在位时间
献陵	三原县徐木塬永合村	高祖李渊	618—626 年
昭陵	礼泉县烟霞镇的九嵕山	太宗李世民	626—649 年
乾陵	乾县北 6 km 梁山	高宗李治	649—683 年
		武则天	690—705 年
定陵	富平县西北 7.5 km 凤凰山	中宗李显	684 年，705—710 年
桥陵	蒲城县城西北 15 km 丰山	睿宗李旦	684—690 年，710—712 年
泰陵	蒲城县东北 7.5 km 金粟山	玄宗李隆基	712—756 年
建陵	礼泉县东北 7.5 km 武将山	肃宗李亨	756—762 年
元陵	富平县西北 7.5 km 檀山	代宗李豫	762—779 年
崇陵	泾阳县西北 20 km 嵯峨山	德宗李适	779—805 年
丰陵	富平县东北 20 km 金瓮山	顺宗李诵	805 年
景陵	蒲城县西北 7 km 金帜山	宪宗李纯	805—820 年
光陵	蒲城县北 13 km 辛子坡村北尧山	穆宗李恒	820—824 年
庄陵	三原县东北 15 km 陵前镇柴家窑村东	敬宗李湛	824—826 年
章陵	富平县西北 15.3 km 天乳山	文宗李昂	826—840 年
端陵	三原县东北 17 km 徐木塬桃沟村北	武宗李炎	840—846 年
贞陵	泾阳县西北白王乡崔黄村北仲山	宣宗李忱	846—859 年
简陵	富平县西北 20 km 长春乡虎头山	懿宗李漼	859—873 年
靖陵	乾县东北约 10 km 丘陵台地上	僖宗李儇	873—888 年

资料来源：360 百科：https://baike.so.com/doc/html/ 关中唐十八陵。

唐代帝陵的营筑形制有两种：一是以唐太宗昭陵为代表的 14 座帝陵，都构筑在北山的山丘上"依山为陵"；二是以唐高祖献陵为代表的 4 座帝陵，选择北山山前的黄土台地"封土为陵"。据数十年来，特别是 21 世纪以来的汉唐帝陵大遗址保护工程获取的考古勘探资料显示，唐代帝陵总体上形成了完整成熟且特色鲜明的陵寝制度，具体表现如下：

①"依山为陵"葬制的延续和创新。自唐太宗葬九嵕山（昭陵）开启"依山为陵"的先例，此后的乾、定、桥、泰、建、元、崇、丰、景、光、章、贞、简这 13 座帝陵均采用此种制度，并表现出两种典型形式：一是昭陵型。将绵延山脉、孤耸回绕的山体主峰九嵕山（海拔高度 1 188 m）作为陵体，玄宫凿造于陵山南坡腰间，从诞道至墓室进深

250 m，前后置 5 道石门。墓室内部"闲丽不异于人间，中为正寝，东西厢列石床"。二是乾陵型。将独立的山体梁山（海拔高度 1 069 m）作为陵体，玄宫位于陵山主峰南坡。隧道正南北向，斜及墓门，宽约 3.78 m，进深 65 m，全部用长约 1.25 m、厚约 0.50 m 的石条迭砌。石条之间以 5 kg ～ 10 kg 的铁栓嵌住，再将铁水灌注于石条和铁柱之间，上面夯土覆盖，固若金汤。

②陵寝建筑的扩大和分设。隋唐时期的"寝"比秦汉时期的寝殿、便殿和寝宫建筑有所扩大，并把传统的"寝园"分设三处。以昭陵为例，在玄宫的门顶上，建造供墓主灵魂游乐之用的神游殿，相当于汉代寝殿旁侧的便殿，还分别在陵丘之前、朱雀门以内建献殿（朝拜献祭的大殿）和在陵南山下建供墓主灵魂饮食起居生活的寝宫（"下宫"）。经考古测定，昭陵的寝宫遗址东西长 237 m，南北宽 334 m，呈长方形，占地面积为 7.25×10^4 m²。宫城内有 3 处大型建筑和多座中小型建筑，寝宫前有门阙。

③陵园制度的新发展。唐代陵园形制和布局创设于唐太宗昭陵，至唐高宗和武则天合葬的乾陵时基本定型。其陵园形制和布局模仿唐都长安城的建制设计：墓室设在山南的半腰处，高踞陵园北部，四周筑垣墙，为内城墙（内城象征长安城的宫城）；四面各辟一门，门各置石蹲狮 1 对，筑阙台 1 对。南面朱雀门外设神道，内城墙以外设外城墙，南面有三重门（门阙以南有乳台阙和鹊台阙），石刻群置于门阙和乳台之间的神道两侧（象征长安城的皇城）。乳台和鹊台间的轴线两侧外分布着皇族和文武大臣的陪葬墓以及下宫（寝宫）建筑（象征长安城的外郭城）。其中，乾陵为典型，有内外两重城墙。内城近方形，总面积约 2.3 km²。城垣四角建有角楼，四面城墙正中各开一门，门宽 2.7 m，为过殿式土木结构。门楼均为三出阙，属最高等级。门外各有石狮 1 对，北门加置 6 马。自朱雀门门阙至乳台阙的神道两侧，由南向北依次排列有石柱 1 对、翼马 1 对、驼鸟 1 对、石马和牵马人各 5 对、石人 10 对、述圣记碑和无字碑各 1 块、王宾像 61 尊。乳台阙与鹊台阙之间星罗棋布地分布着皇亲贵戚及功臣们的陪葬墓和下宫（寝宫）建筑。

④等级森严、分布集中、趋向家族化的陪葬墓制度。唐帝陵陪葬墓表现出如下特性：一是以昭陵为代表的布置严格、等级显明的陪葬墓群。昭陵已经确定的陪葬墓有 193 座，基本按照死者的身份、政治地位及其与皇帝的亲疏关系而周密布置和排列，而且陪葬墓的地上和地下构成要素的差异都反映了陪葬墓主的身份、地位和等级。比如，封土形状为覆斗形和像山形的陪葬墓主身份等级高于园丘形封土的陪葬墓，依山陪葬墓墓主的身份地位比封土陪葬墓墓主的高。又如，地下墓道长度、所带天井、过道和壁龛的数量、规模也反映了墓主的身份地位身份、地位等。[131] 二是在时间维度上，从乾陵开始，帝陵陪葬墓的数量急剧减少，唐太宗制定的以"君臣一体"为主要目的的陪葬制度发生质变，皇室宗亲成为主要的陪葬对象，以至于乾陵以后的定、桥、泰、建诸陵几乎纯粹为皇室成员陪葬（家族化）。三是在空间维度上，唐陵（以昭、乾、定、桥诸陵为代表）陪葬墓集中分布在陵山东南（献陵陪葬墓在陵丘东北部）。

⑤陵前列置艺术水平高、富含精品的陵墓石刻群。唐代陵墓石刻数量之大、种类之多、题材之广、技艺之精、气势之雄伟，可谓空前绝后，标志着中国古代的陵墓雕刻走

向高峰。首先，唐陵石刻自身演变的阶段性特征明显，如初唐雄浑古朴、盛唐威武大气、中唐精巧细腻、晚唐猥琐简陋，并成为唐王朝兴亡的"晴雨表"。其次，唐陵石刻制度完备规整。以乾陵石刻为典范：陵园四门外各有石狮1对，北门立石马3对，南门外立有61尊王宾像，述圣记碑、无字碑各1通，石人10对，石马及牵马人各5对，鸵鸟1对，翼马1对，石柱1对。乾陵后各陵石刻（基本无述圣记碑、无字碑）均仿乾陵模式，如顺陵石狮、桥陵獬豸等。这些精美绝伦的雕刻艺术珍品堪称陵墓雕刻史上的伟大杰作。

此外，隋唐"封土陵"借鉴和承袭了秦汉"封土为陵"以方形为贵的制度，前述提到的隋文帝泰陵、隋恭帝庄陵以及唐代的献陵、端陵、庄陵和靖陵，其封土丘皆为覆斗形。只是在陵台（封土丘）和陵园面积（230 400 m² ~ 492 900 m²）的规模体量较西汉帝陵逊色些。可是其帝、后同陵合葬（如已经探明的隋文帝泰陵、唐高祖献陵封土南侧皆有规模相当、平行布局的两条墓道，昭示出此葬制），陵园四门外置石狮（石虎），朱雀门外设置三重门阙（朱雀门阙、乳台阙和鹊台阙），神道两侧置石刻群、蕃酋殿（蕃酋石像）等陵寝制度在"封土为陵"的西汉帝陵中是看不到的。此外，晚唐的武宗端陵、敬宗庄陵和僖宗靖陵，晚唐的武宗端陵、敬宗庄陵和僖宗靖陵等带有天井、过洞和壁龛的长墓道、甬道的土洞墓，与西汉帝陵具有四条墓道的"亚"字形土圹墓明显不同，甚至同隋文帝泰陵和唐初献陵的墓室形制亦不尽一致。

三、帝王将相辈出，造就历代精英的摇篮

关中地区历史上有周、秦、汉、隋、唐等统一王朝建都立业，也有前赵、前秦、后秦和西魏、北周等封建割据政权在此立国。在氏族部落兴起和演变、国家建立、王朝更迭以及区域经济社会发展中，涌现出"又佐命功臣，义深舟楫，或定谋帷幄，或身摧行阵，同济艰危，克成鸿业（李世民诏令）"的帝王将相，还有撰写出的《史记》《汉书》等传世作品的文史大家，更有在古代名扬遐迩的医学名家、宗教名流以及封建科举制度下的地方名士等（表2-4）。这些古代名人将相的墓葬既为史家所称述，又为民间所传颂祭奠，不失为价值不菲的古代陵寝遗产，与关中地区的帝陵遗产资源相映生辉。

表2-4　关中地区古代主要将相名人墓葬

时　代	姓　名	葬地（庙祠）	名　号
远古	仓颉	白水县史官乡史官村	文化神、生育神等
西周	姬旦	岐山县凤凰山南麓周公庙	西周初期政治家、军事家、教育家
	姬奭	岐山县城西南几千米外的刘家塬村	西周初期政治家
	姜尚	宝鸡市陈仓区磻溪钓鱼台	商末周初政治家、军事家和谋略家

续　表

时　代	姓　名	葬地（庙祠）	名　号
春秋 战国	李耳	周至县大陵山吾老洞	著《道德经》，创立道家学派
	扁鹊	临潼区纸李乡南陈村东北	"国医之祖""针灸祖师"
	蔺相如	临潼区戏河之西，临马道北	赵国上卿，政治家、外交家
	白起	咸阳渭城区任家咀村北	"战国四将"之一，秦名将、军事家
	王翦	富平县到贤镇永和堡	"战国四将"之一，秦大将军、武成侯
	王贲	富平县美原镇千口千王堡北	秦代名将，通武侯
秦、 两汉	杜康②	白水县城西北杜康镇康家卫村	中国"酒祖"
	萧何	秦汉新城正阳街道办西史村南	西汉初相国、政治家
	曹参	秦汉新城正阳街道办西史村南③	西汉开国功臣、名将、第二任相国
	张良	秦汉新城正阳街道办徐家寨村南④	西汉初期谋略家和政治家
	周勃	秦汉新城正阳街办杨家湾村北⑤	西汉开国将领、太尉、丞相
	娄敬	永寿县店头镇娄敬山	西汉谋士
	扬雄	秦汉新城安陵陪葬墓区	西汉官吏、著名辞赋家
	张苍	秦汉新城安陵陪葬墓区	西汉丞相、数学家
	陈平	鄠邑区石井镇曹家堡村西北	西汉开国功臣、丞相、谋略家
	卫青	兴平市南位镇道常村西北	西汉名将、大司马大将军，军事家
	霍去病	兴平市南位镇道常村西北	西汉名将、大司马大将军，军事家
	公孙弘	茂陵陪葬墓区	西汉御史大夫、丞相
	董仲舒	兴平市南位镇策村东南⑥	汉代思想家、哲学家、政治家、教育家
	金日磾	兴平市南位镇道常村西北	西汉时期著名匈奴族政治家
	霍光	兴平市南位镇东陈阡村南	西汉武帝时大司马、大将军、政治家
	司马迁	韩城市芝川镇东南	西汉著名史学家、文学家和思想家
	苏武	武功县武功镇龙门村	持守民族气节的典范
	张安世	西安市长安区韦曲镇东原	西汉大司马卫将军、领尚书事
	邴吉	西安市长安区新庄村东北	西汉御史大夫、丞相
	冯奉世	渭陵（或杜陵）陪葬墓区	西汉将领、左将军、光禄勋

续　表

时　代	姓　名	葬地（庙祠）	名　号
秦、两汉	马援	扶风县伏波村	东汉初名将、伏波将军
	班固	扶风县太白乡浪店村	东汉著名史学家、文学家
	马融	兴平市汤坊镇汤坊村	东汉著名经学家、文学家、教育家、语言学家
	班昭	兴平市大姑村东北	女史学家
	蔡文姬	蓝田县三里镇乡蔡王庄村西北	汉末三国时期才女，擅长文学、音乐、书法
	杨震	潼关县高桥乡亭东村西北	东汉名臣、太尉
北魏	郦道元	西安市东郊⑦	北魏地理学家、文学家
隋、唐	法顺	西安市长安区樊川少陵原华严寺	华严始祖
	玄奘	西安市长安区樊川少陵原兴教寺	唐代著名高僧、法相宗创始人、佛教翻译家
	长孙无忌	礼泉县唐昭陵陪葬墓区⑧	唐代宰相、吏部尚书、尚书右仆射、司空等
	李勣	礼泉县东北约18 km烟霞新村	唐朝初期名将、兵部尚书、司空、宰相等
	魏征	礼泉县九嵕山西南凤凰山巅	唐朝政治家、思想家、文学家和史学家
	李靖	礼泉县烟霞镇官厅村西北	隋末唐初名将、军事家和军事理论家
	尉迟恭	礼泉县城东北烟霞新村	唐朝名将、右武候大将军
	侯君集	三水区东北鸡阜山巅	唐朝名将、兵部尚书
	李思摩	礼泉县唐昭陵陪葬墓区	右武候大将军、化州都督
	温彦博	礼泉县烟霞镇山底村南	唐初名相、尚书右仆射
	房玄龄	礼泉县唐昭陵陪葬墓区	唐初政治家、文学家、尚书左仆射、司空
	阎立德	礼泉县唐昭陵陪葬墓区	唐代建筑家、工艺美术家、画家
	阿史那忠	礼泉县西周村西	唐朝著名少数民族将领、右骁卫大将军
	秦琼	礼泉县唐昭陵陪葬墓区	唐朝开国将领、左武卫大将军
	程咬金	礼泉县唐昭陵陪葬墓区	唐朝开国大将、骠骑大将军

续　表

时　代	姓　名	葬地（庙祠）	名　号
隋、唐	崔敦礼	礼泉县唐昭陵陪葬墓区	唐宰相、兵部尚书、太子少师
	苏瑰	杨凌示范区薄村	唐宰相、尚书右丞、户部尚书、吏部尚书等
	豆卢钦望	乾陵陪葬墓区	唐代宰相、尚书左仆射
	第五琦	咸阳市旬邑县西南部	中唐著名理财家、户部侍郎、宰相
	郭子仪	礼泉县建陵西南坡阳村②	唐代政治家、军事家，太尉、中书令
	李寿	三原县陵前镇焦村、永康陵南	唐淮安靖王
	李光弼	富平县觅子乡别家村西北	唐朝名将、户部尚书、太尉兼中书令
	李思训	蒲城县桥陵陪葬墓区	唐代书画家、左武卫大将军
	高力士	蒲城县椿林镇山西村	唐代著名宦官、骠骑大将军
	柳宗元	西安市长安区樊川凤栖原（家族墓）	唐代文学家、哲学家、散文家和思想家
	柳公权	耀州区阿子乡让义村北	唐代著名书法家、诗人、太子少师
五代、两宋	鸠摩罗什	西安市鄠邑区城东南草堂寺（圆寂地）	佛教四大译经家首、翻译学鼻祖、语言学大师
	王重阳	西安市鄠邑区祖庵镇重阳宫	全真道始立者、道教北五祖之一
	陶谷	彬州城关镇刘家湾村东	北宋礼部尚书、刑部尚书及户部尚书
	范祥	旬邑县丈八寺镇王牌村东	北宋盐政改革家、太常博士
	张载	眉县横渠镇	北宋思想家、教育家、"关学"创始人
	赵莹	史载"葬于华阴"	五代时期政治家、史学家、后晋宰相
	寇准	渭南市临渭区官底镇左家村南	北宋政治家、诗人
	雷有终	合阳县杨家庄北太册村	北宋支盐铁副使、江南岭外茶盐制置使等
元、明、清	贺胜	西安市鄠邑区秦渡镇张良寨村	元代光禄大夫、左丞相、上柱国、秦国公
	贺仁杰	西安市鄠邑区秦渡镇张良寨村	元代光禄大夫、上都留守
	朱樉	安县少陵原	明代秦藩王③

续 表

时 代	姓 名	葬地（庙祠）	名 号
元、明、清	王九思	西安市鄠邑区甘亭镇六老庵村北	明代文学家、戏曲家
	马理	三原县新庄镇新立村	明代进士、著名学者、吏部稽勋主事
	吕楠	西安市高陵区鹿苑镇老屈庄村南	明代状元、翰林编修、礼部侍郎
	王恕	三原县城关镇从仁堡村	明代政治家、理学家、太子太保
	康海	武功县武功镇浒西庄村南	明代状元、文学家、戏曲家
	殷化行	空港新城北杜街道办靳里村	清康熙武进士、总兵、提督
	李麟	秦汉新城马泉街办程家堡西南处	清朝将领、山东总兵
	王杰	韩城市城东安居寨东北	清朝状元、名臣、翰林院修撰、太子太傅
	王鼎	蒲城县三合乡忽家村西北	翰林院编修、户部尚书、东阁大学士
	李颙	周至县二曲中学大门前	明清之际哲学家、"海内大儒"
	李柏	眉县汤峪镇屯庄村二组	明清之际关学领军人物、"关中三李"之一
	李因笃	富平县薛镇土木坊西南	明清之际思想家、教育家、音韵学家、诗人
	徐法绩	泾阳县枣园村西	太常寺少卿、翰林院编修

注：① 2003—2004 年，陕西省岐山县周公庙遗址考古发现了迄今最高等级的大型西周墓地，勘探和科学发掘出大型墓葬 19 座，其中带四条墓道者 10 座，三墓道者 4 座，两墓道者 4 座，单墓道者 2 座；另有陪葬坑 13 座。在墓地外围多处地点共发现卜甲与卜骨 700 余片，经初步辨识有甲骨文字 420 余字，其中有"周公"字样者 4 片，并有几片记载周王活动的刻辞。专家推测可能为周公姬旦的家族墓葬。

② 据东汉许慎《说文解字》载："古者少康初作箕帚、秫酒。少康，杜康也，葬长垣。"清《白水县志》记载："杜康，字仲宁，相传为县康家卫人，善造酒。"

③《东观汉记》："萧何墓在长陵东司马门道北百步。"另外，空港新城底张街道办瓦刘村东"双冢"，东侧的墓前有清代毕沅所立"汉相国鄹侯萧何墓"石碑，西侧的墓前有清代毕沅立的"汉平阳侯曹参墓"石碑。但此两座墓与史籍记载不符，也许为后世将相之墓。

④《长安志》记载："张良墓在（咸阳）县东北三十六里。留侯陪葬长陵，与高祖长陵相去五里。"另据《史记》记载和今人考证（赵海龙，2014）："张良墓的真实所在地是现今江苏沛县。"

⑤ 据《水经注》中记载，杨家湾汉墓是为周勃或周亚夫墓。

⑥ 西安南城墙和平门内西 600 m 处马道以北有董仲舒墓，墓冢封土周长 40 m、高 6 m（现残高 2 m），古称"下马陵"。

⑦据《魏书·郦道元传》记载，郦道元"为萧宝夤所害，死于阴盘驿亭（今西安市临潼区苗家村西）"，殡于长安城东。

⑧永寿县渠子乡永寿坊村有长孙无忌墓，墓为圆锥形，封土高 0.7 m，占地面积 1 840 m²，其真伪待考。

⑨西安市考古所 2011 年在长安区东兆余村发掘的郭子仪家族墓占地约 500 亩（约 0.33 km²），为自郭子仪到五代的郭氏家族墓地，绵延 9 代，约 200 年。（本表采用了 360 百科、百度百科等网络资料，恕未能逐一标注）

⑩明代秦藩王（自首代始）：秦愍王朱樉、秦隐王朱尚炳、秦僖王朱志堩、秦怀王朱志均、秦康王朱志𡒊志遵、秦惠王朱公锡、秦简王朱诚泳、秦昭王朱秉欆、秦定王朱惟焯、秦宣王朱怀埢、秦靖王朱敬镕、秦敬王朱谊澏和秦肃王朱谊漶等。

参考文献：

[1] 陈忠实 . 关于一条河的记忆：陈忠实散文精选集 [M]. 北京：中国社会出版社，2006: 189.

[2] 高兴学 . 关于华胥氏及其子女在蓝田地区活动传说的初探 [J]. 西北大学学报（哲学社会科学版），1992, 22（3）：64–69.

[3] 朱利民，朱昭 . 中国文明起源形成与黄帝华胥文化类型问题研究 [J]. 西北大学学报（哲学社会科学版），2014, 44（6）：77–82.

[4] 辛玉璞 . 女祖华胥 [J]. 华夏文化，1999（1）：13–25.

[5] 陈正奇，王建国 . 华夏源脉钩沉 [J]. 西北大学学报（哲学社会科学版），2014, 44（6）：69–76.

[6] 杨东晨 . 中华始祖母华胥考——太昊伏羲氏和女娲氏生母的主要史迹探寻 [J]. 西安文理学院学报（社会科学版），2008, 11（1）：1–6.

[7] 张佩琪 . 小麦的起源与华胥氏——中华文明的摇篮与白家文化 [J]. 农业考古，1993（3）：176–182.

[8] 任本命 . 蓝田华胥陵——中华民族的始祖陵 [J]. 唐都学刊，2002, 18（2）：62–65.

[9] 敬泽昊 . 华胥陵修复工作取得突破 今年将最后一次原址祭祀 [EB/OL].（2017–01–05）西部网（陕西新闻网）http://news.cnwest.com/bwyc/a/2017/01/05/14375070. html.

[10] 杨东晨 . 炎帝榆罔与帝舜何以葬在湖南 [J]. 寻根，2000（5）：81–85.

[11] 何星亮 . 炎帝与中华文明的起源 [J]. 社会科学研究，2004（2）：48–53.

[12] 张新斌 . 论伏羲与炎黄共为中华人文始祖 [J]. 中州学刊，2007（5）：181–185.

[13] 佳雨 . 炎帝与姜炎文化研究述略 [J]. 寻根，1997（1）：18–20.

[14] 张序民 . 宝鸡：炎帝族之源 [J]. 寻根，1997（1）：10–11.

[15] 汉·司马迁 . 史记·卷 1（五帝本纪）[M]. 北京：中华书局，2005:1.

[16] 清·吴乘权 . 纲鉴易知录 [M]. 北京：中华书局，1960:8.

[17] 段宝林 . 论轩辕黄帝的出生及其历史内涵 [J]. 中国文化研究，1994（1）：97–102.

[18] 蔡杰 . 黄帝何以被称作"人文初祖" [J]. 协商论坛，2008（4）：17–20.

[19] 刘文学 . 黄帝所建有熊国是中国历史上第一个封建制国家 [J]. 黄河科技大学学报，2013, 15（2）：25–30.

[20] 周宏伟. 西周都城诸问题试解 [J]. 中国历史地理论丛, 2014, 29（1）: 57–92.

[21] 潘明娟. 西周都城体系的演变与岐周的圣都地位 [J]. 陕西师范大学学报（哲学社会科学版）, 2008, 37（4）: 85–90.

[22] 刘卫鹏, 岳起, 邓攀, 等. 咸阳原上"秦陵"的发现和确认 [J]. 文物, 2008（4）: 62–72.

[23] 王玉哲. 秦人的族源及迁徙路线 [J]. 历史研究, 1991（3）: 32–39.

[24] 徐卫民. 秦都城研究琐议 [J]. 浙江学刊, 1999（6）: 140–144.

[25] 徐卫民. 秦都城概论 [J]. 洛阳工学院学报（社会科学版）, 1999, 17（1）: 25–34.

[26] 潘明娟. 秦咸阳的"俗都"地位 [J]. 唐都学刊, 2005, 21（5）: 146–150.

[27] 梁安和. 五陵原植被及其发展演变状况 [J]. 秦汉研究, 2014（0）: 32–42.

[28] 张永祥, 胡然. 乾陵考古五题 [J]. 文博, 1999（3）: 20–25.

第三章 关中地区古代陵墓的类型、地理分布及其影响因素分析[①]

陕西关中地区西起宝鸡峡、东迄潼关，北靠陕北高原，南邻秦岭山地，东西长约360 km，总面积39 000余km²。此地是中国古代建都最早、时间最长的地区。迄今遗存有自新石器时代以来为数众多的古墓葬群。其中，尤以西周至明清时期的帝王陵寝及高等级王侯将相墓葬最为著名。这些古墓葬群有哪些类型、其空间布局受哪些因素影响，本章拟就这些问题做些探讨。

一、关中地区古代陵墓的类型

根据文献记载和考古发现资料，依墓葬者身份，可将关中地区（西周以来）的古墓葬分为帝王陵及其陪葬墓、历代名人与王侯将相墓等类型。

（一）帝王陵

帝王陵是关中现存古墓葬群中规格最高、最引人注目的一类。

按帝王陵建造的时间跨度分为一是华夏始祖陵寝，如宝鸡炎帝陵、延安黄帝陵、合阳帝喾陵等；二是西周王陵、战国秦公陵等先秦王公陵墓；三是统一封建王朝的皇帝陵，如秦始皇陵、西汉11帝陵、隋泰陵与渭北唐18陵等；四是分裂割据时期封建政权王陵，如散布在咸阳原、彬州、富平、高陵、白水诸县区的十六国前赵刘曜之父的永垣陵（白水）、前秦苻坚墓（彬州）、后秦太祖原陵和高祖偶陵（高陵），北朝的西魏文帝永陵和北周文帝成陵（富平）、武帝孝陵（咸阳原）。

另有一些墓葬，墓主生前并未做过皇帝，但因追封之故，其墓仍以陵称。如汉高帝刘邦封其父为太上皇，号其墓为万年陵；汉昭帝追封其母汉钩弋夫人为皇太后，号其墓为云陵；北周宇文泰被追尊为文帝，号其墓为成陵；李虎在唐武德初，被追尊为景皇帝，庙号太祖，故号其墓为永康陵；李昞被追封为元皇帝，号其墓为兴宁陵；武则天称帝后，追封其母为孝明高皇后，其墓改称为顺陵；李宪因让位于弟李隆基，逝后被追谥"让皇帝"，故其墓为号惠陵；李琮因被唐肃宗尊号"奉天皇帝"，故墓称为齐陵。

帝王陵墓按营造形式分为"不封不树""封土为陵""因山为陵"等类型。

1. 不封不树

据对中国古代陵墓发展变迁的考证和研究，"中原地区殷周时代的墓葬是没有坟丘

① 本章曾与李世忠合作发表于《咸阳师范学院学报》（2012年第4期），录入本章时按最新考古资料对相关内容进行了修订和补充。

的"，"到战国时代，墓葬就普遍建筑坟丘，所有统治者的墓葬都有高大的坟丘，开始把坟丘的大小高低作为身份等级的标志"。[1] 因此，关中地区的西周王陵、先秦时期秦国诸公陵以及十六国、北朝时期部分少数民族割据政权的王陵，基本都属于"不封不树"（地面不封土丘、不植树和立碑石）的埋葬形式。现今存世的华夏民族始祖陵，如蓝田县华胥陵、潼关附近的女娲陵、宝鸡市炎帝陵、黄陵县黄帝陵与合阳县帝喾陵等，乃至先周时期的彬州公刘墓、扶风县周太王陵和鄠邑区周王季陵等，皆为后人筑造的纪念性陵寝。史籍明确记载"葬于毕"的西周诸王陵，因为"不封不树"，至今难觅其遗迹。20 世纪90 年代在咸阳原（空港新城底张街道办陈马村南）上抢救性发掘的北周武帝宇文邕孝陵，以及西安咸阳机场扩建工程建设中发掘的北周武帝时期的若干高级贵族墓葬，才使《北史》记载的"北周五陵"露出端倪。此外，由宝鸡市凤翔南缘发现和勘查出的秦雍城陵区的 14 座陵园、49 座大型墓葬和数千座小型墓葬[2] 证实，到战国中期以前的王公墓葬，其地面上没有封土丘，或者说采用"不封不树"的埋葬方式。

2. 封土为陵（积土为冢）

咸阳原的秦惠文王公陵和秦悼武王永陵，帝喾陵、秦始皇陵、西汉帝陵（文帝霸陵属"因山为陵"）、北朝、隋朝的帝陵，唐陵中永康陵、兴宁陵、献陵、庄陵、端陵、靖陵、惠陵等，这些帝王陵大多现存有外形呈覆斗状的高大封土丘，有的中腰有明显层台，封土之上无其他建筑。封土丘规模最为宏大者，有秦始皇陵、西汉茂陵与唐献陵。其中西汉茂陵修建历时 53 年，不但耗资巨大而且葬礼奢华。据史载："天下贡赋三分之，一供宗庙，一供宾客，一充山陵"，[1]"多藏金钱财物，鸟、兽、鱼、鳖、牛、马、虎、豹生禽。凡百九十物，尽瘗藏之，又皆以后宫女置于园陵。"[2] 秦始皇陵工程浩大，葬品奢侈，其陵园面积约为茂陵的 4.7 倍。[3]

3. 因山为陵

西汉文帝霸陵创其例。史载汉文帝遗诏："厚葬以破业，重服以伤生，吾甚不取"，"霸陵山川因其故，无有所改"。故霸陵陪葬品"皆瓦器"，陵亦"因其山，不起坟"。[2] 唐代十八陵中，昭陵开其端，有十四座唐陵沿袭"因山为陵"的营造形式。此法貌似可省去堆积巨大封土所需之经年苦役，且使帝陵外形显得博大雄峻，更主要者，防盗功能倍增。如乾陵，史载其玄阙门"以石闭塞，其石缝隙，铸铁以固其中"。[4] 故成为汉唐帝陵中迄今唯一未遭盗掘的陵墓。

此外，部分帝王陵无地面丘冢或山陵，却为考古发现确认或史载相传。如前述的秦公大墓、后秦太祖原陵和高祖偶陵、北周文帝成陵、武帝孝陵等都属于地面无封土丘而为考古发现确认。而史传的西周十三王中的文、武、成、康、穆、共、幽王，均应葬于关中（长安沣河中下游一带）。[5] 史载周第二代国君季历墓，亦位于关中。《战国策》：季历墓年久失修，"栾水齧其墓，见棺之前和。文王曰：'噫！先君必欲一见群臣百姓也。

① 杨宽. 中国古代陵寝制度的起源及其演变 [J] 复旦学报 (社会科学版),1981(5):59-68.
② 焦南峰，孙伟刚，杜林渊. 秦人的十个陵区 [J]. 文物,2014(6):64-76.

夫固使栾水见之.' 于是出而为之张朝，百姓皆见之，三日而后更葬。"[6] 又《吕氏春秋》：
"王季葬于涡山之尾，即扈山也。涡、扈相近。"《史记·周本纪》裴骃《集解》："皇甫谧
曰：'葬鄠县之南山'"。[7] 这些西周王陵，迄今尚未被发现和确认。

（二）帝王陵陪葬墓

关中地区帝王陵陪葬墓数量众多，主要以秦与汉唐时期的帝王陵陪葬墓为主。这些
陪葬墓可依照墓主身份、距离帝陵远近及墓丘规模大小分为帝后妃陵与陪葬墓群。

1. 帝后妃陵

帝后妃陵以封土丘规模较大、距离所属帝王陵最近在陪葬墓群中极为显眼，以汉唐
帝后妃陪葬墓尤为突出。

秦后妃陵墓可考者，一是秦昭王母宣太后，二是秦昭王妃唐八子。《史记·秦本纪》
载，秦昭王四十年（前 265 年），"宣太后薨，归葬芷阳"，"五十六年秋，昭襄王卒，子
孝文王立，尊唐八子为唐太后，而合其葬于先王。"[7] 秦悼太子、昭襄、庄襄俱葬芷阳，
以此知唐八子亦归葬芷阳陵区。另据推测，位于今咸阳市渭城区周陵镇的"周文王、周
武王陵"，可能是秦武悼文王及其夫人永陵。[8]

汉代初期，帝、后在同陵园内异穴合葬，从汉文帝开始，帝、后各建陵园。现今遗
存的西汉后妃陵多与帝陵贴近联立。如汉高帝吕后陵（长陵东），惠帝张皇后陵（安陵
西），文帝窦皇后陵（霸陵东南），文帝母薄太后南陵（霸陵西南），景帝王皇后陵（阳
陵东北），武帝后李夫人英陵（茂陵西北），昭帝上官皇后陵（平陵西北）、宣帝许皇后
"少陵"（杜陵正南）、王皇后陵（杜陵东南），元帝王皇后陵（渭陵西北）、傅皇后陵（渭
陵东北），成帝许皇后陵（延陵西），哀帝傅皇后陵（义陵东北）及平帝王皇后陵（康陵
东南）等。这些皇后（妃）陵墓距帝陵数百米或数千米不等，形制多同于帝陵而规模偏
小。[9]

唐代帝、后多同陵同穴合葬，如唐太宗与文德皇后、唐高宗与女皇武则天等皆是同
陵同穴合葬。有的皇后和嫔妃墓多为异穴陪葬形式，如楚国太妃万氏陪葬献陵，元献皇
后陪葬泰陵，章敬皇后陪葬建陵，庄宪皇后陪葬丰陵，孝明太后郑氏、懿安太后郭氏和
贤妃王氏陪葬景陵，恭僖太后王氏和贞献太后萧氏陪葬光陵等。[10]

2. 陪葬墓群

西汉帝陵陪葬墓的数量十分惊人，其空间分布：前期诸陵（长陵至杜陵）是在帝
陵东司马道的南北两侧，且数量较大；后期四陵（渭陵至康陵）散布在帝陵封土周围
数百米至数千米范围内，数量相对少些。这些陪葬墓群或南北排列，或东西成行，封
土大多为覆斗形、圆丘形或尖锥形，墓丘有单冢、双冢、三连冢乃至"七妃冢"等形
式，数量较为庞大。例如，据 2006 年起始的西汉帝陵大遗址考古调查、勘探与发掘
收获的资料①，长陵有陪葬墓 63 座，现地面残存封土的有 35 座，萧何、曹参、张耳、

---

① 参见陕西考古研究院 2008—2014 年公开发表在《考古与文物》上的年度考古调查新收获。茂陵至
义陵的袝葬墓数据和资料源自：焦南峰.西汉帝陵'夫人'葬制初探[J].考古,2014(1):77-83.

周勃、纪信和戚夫人等墓葬位列其中；安陵陪葬墓50座，现存封土的19座，鲁元公主、张敖、陈平、张苍、袁盎、扬雄和"商山四皓"等墓葬列其中；霸陵陪葬墓有馆陶公主（刘嫖）、陈阿娇（即汉武帝之孝武皇后，后被废）、董偃及西汉末更始帝刘玄等，但地面无封土存在；阳陵经始于1990年的考古勘探和发掘，其陪葬墓区总面积3.5 km²，在东司马道南北两侧排列有130多座陪葬墓园，各墓园探明陪葬墓数量达5 000余座。从发掘的280座汉墓来看，属于阳陵陪葬墓的墓园30多座（一座墓园包括1～5座墓葬），数量极其庞大，墓主以包括丞相李蔡、苏建在内的诸侯、公主和朝廷显贵为主[11][12]；茂陵陪葬墓有113座，尚存封土丘者26座，葬有卫青、霍去病、金日磾、霍光、上官桀、阳信长公主等，其中5座有独立墓园。[13]此外，茂陵陵园内发现有9座高级嫔妃（五官以上）的附葬墓；平陵陪葬墓有30座、高级嫔妃的附葬墓8座（陵园内），绝大部分封土已被平掉，现存封土者不到10座，葬有夏侯胜、朱云、窦婴、张禹和韦贤等[12][14]；杜陵探明陪葬墓140座，现存封土丘的有62座，葬有大司马车骑将军张安世、丞相邴吉、中山哀王刘竟和卫尉金安上等；渭陵探明陪葬墓57座，其中位于渭陵陵园东北角的高级嫔妃附葬墓园、俗称"二十八宿"（实际墓葬达31座，其中4座有独立墓园），现存封土丘的12座；其余陪葬墓散布在渭陵东部（如"七妃冢"，现存墓冢5座），以及渭陵南部和东南部原下零散分部的共计20余座，文献记载王凤、冯奉世、王莽妻（葬于渭陵长寿园西面）等葬此；延陵陪葬墓54座，其中位于封土西约600 m处的大型附葬墓园有19座高级嫔妃墓葬，地面现存封土的10座，其余陪葬墓分布在延陵东部和南部塬下一带，史载成帝许皇后、赵皇后（飞燕）和妃班婕妤墓列其中；义陵陪葬墓16座（陵园内嫔妃附葬墓7座），主要分布于陵园四周的司家庄、戚家山村和坡刘村等。[15]

　　唐代帝王陵墓中亦有数量不一的陪葬墓，有的数以百计，有的少至1～3座乃至缺失陪葬墓（表3-1，图3-1）。据近些年来实施的"唐陵大遗址保护"考古调查项目获得的考古资料和文献记载，唐陵陪葬墓表现出的特征：一是出现以昭陵为代表的空间分布规整、等级显明的陪葬墓群。昭陵陪葬墓基本按照死者的身份地位及其与皇帝的亲疏关系排列，陪葬墓的地上和地下构成要素，反映了陪葬墓主的身份地位和等级。例如，封土丘为覆斗形和像山形的陪葬墓主的身份等级高于园丘形封土的陪葬墓墓主的身份等级，依山陪葬墓的墓主身份地位高于封土陪葬墓墓主的身份等级，陪葬墓地下墓道所带天井、过道和壁龛的数量规模也反映了墓主的身份地位高低，等等。二是从乾陵开始，帝陵陪葬墓的数量急剧减少（图3-1），唐太宗制定的以"君臣一体"为主要目的的陪葬制度发生本质变化，皇室宗亲成为主要的陪葬对象，出现家族化趋势。[16-19]三是唐陵（昭、乾、定、桥诸陵为代表）陪葬墓主要分布在陵山东南，但献陵陪葬墓主要在陵丘东北部。

表 3-1　唐代帝陵陪葬墓一览表

帝　陵	文献记载（座）	考古发现（座）	可确定墓主的陪葬墓（数量）
献陵	23（长安志）、25（唐会要、文献通考、关中陵墓志等）	93	馆陶公主、河间王孝恭、襄邑王神符、清河王诞、韩王元嘉、鲁王灵夔、霍王元轨、荣国公樊兴、平原郡公王长楷、谭国公邱和、刑部尚书刘德威等（28）
昭陵	74（唐书）、155（唐会要）、166（长安志）、174（文献通考）130（关中陵墓志）、203（礼泉县志）	193	韦贵妃墓、燕妃墓、韦昭容墓、长乐公主墓、城阳公主墓、新城公主墓、魏征墓、薛𫖮墓、马周墓、房玄龄墓、李靖墓、孔颖达墓、杜君绰墓、李承乾墓、兰陵公主墓、程知节墓、尉迟敬德墓、李贞墓、张士贵墓、郑仁泰墓、安元寿墓等（65）
乾陵	16（唐会要）、6（长安志）、17（文献通考、关中陵墓志）、41（乾州志稿）	17	章怀太子李贤、懿德太子李重润、泽王李上金、许王李素节、义阳公主、新都公主、永泰公主、王及善、薛元超、刘审礼、卢钦望和杨再思（17）
定陵	6（唐会要、长安志）	10	节愍太子重俊、宜城公主、长宁公主、定安公主及驸马王同皎、永寿公主等（6）
桥陵	6（唐会要、长安志）、9（文献通考）、12（关中陵墓志）、13（蒲城县志）	12	惠宣太子业、金仙公主、梁国公主、息国公主及驸马李思训（6）
泰陵	1（唐会要等）	1	扬州大都督高力士（1）
建陵	3（唐会要等）	3	汾阳王郭子仪、章敬皇后墓和李怀让（3）
丰陵	1（新唐书）	1	庄宪皇后（1）
景陵	4（唐会要）	2	惠昭太子宁、孝明太后郑氏、懿安太后郭氏和贤妃王氏（1）
光陵	2（唐会要等）	1	墓主不定
庄陵	1（唐会要等）	1	悼怀太子李普（1）
端陵	1（唐会要等）	0	
贞陵	1（唐会要等）	0	

　　注：表中未列出的唐元、崇、章、简、靖诸陵，文献记载和考古发现皆无陪葬墓。

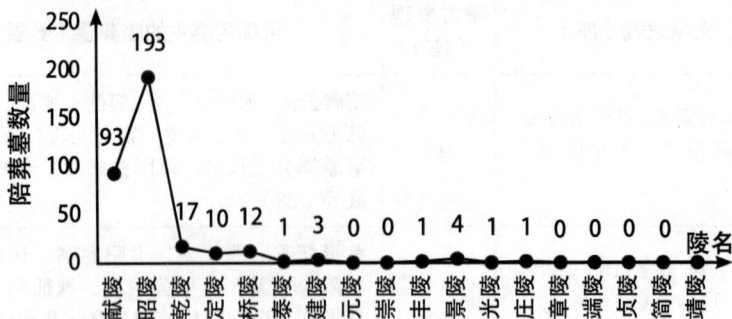

图3-1 唐代帝陵陪葬墓数量分布（图中为考古勘探确定的陪葬数量）

另外，汉唐后妃陵也有不附葬帝王陵园者。例如，现今保存较完好的汉钩弋夫人赵婕妤云陵，即是如此。钩弋夫人为汉武帝妃，葬云阳（咸阳淳化县铁王乡大圪塔村），史载汉昭帝追尊其为皇太后，起云陵邑于陵墓西北。[20] 云陵虽为后妃陵，却并不具有陪葬墓性质。

（三）历代将相名人墓葬

关中地区是周、秦、汉、唐等13个朝代建都之地，历经千余年，成为我国政治、文化中心，故遗存有大量不同历史时期的将相名人墓葬，其中大多被列为国家、省、市、县级文物重点保护单位。这些墓葬按所处的历史年代、地理位置与墓主身份表述，如表3-2所示。

二、关中地区古代陵墓的地理分布特征

据对关中古代陵墓的实地考察、参考文献记载和考古资料，其地理分布特征表现为：帝王陵及其陪葬墓的分布是带状、片状与散点状结合，相对集中，而历代将相名人墓葬基本是以散点状分布为主。

（一）关中帝王陵的地理分布

1. 带状分布

呈带状分布的关中帝王陵一是西汉帝陵的空间分布呈"勺柄形"带状，即沿咸阳五陵原原边展布的9座西汉帝陵（其中康陵略远离原边）、西安东南郊白鹿原原阶汉文帝霸陵与杜东原汉宣帝杜陵围绕汉长安城呈现为"勺柄形"带状分布；二是唐代帝陵空间上的弧线状分布。关中唐十八陵均位于渭北山地和台塬，具体地理范围是在东经108°13′～109°39′，北纬34°34′～35°03′的范围之内。大致以唐都长安为中心，东起泰陵，西迄乾陵，形成一个102°的扇面，东西长140 km，总面积将近3 000 km²。[21] 唐代十八帝陵基本沿着该扇形面的边缘，即关中俗称"北山"诸山峰南坡或山前台塬构成的弧线分布。

表3-2 关中历代将相名人墓葬

历史时期	墓葬名称	地理位置	备注	历史时期	墓葬名称	地理位置	备注
原始社会	女娲墓	蓝田县鲸鱼沟北坡	创世女神	唐朝	于志宁墓	三原县兴隆村	尚书左仆射
奴隶社会	姜嫄墓	武功县武功镇	圣母		令狐德棻墓	铜川市耀州区	太常卿
	杜康墓	白水县王家河村	酿酒始祖		长孙无忌墓	永寿县永太乡南	尚书仆射
	公刘墓	彬州陵滩村	周部落首领		李光弼墓	富平县觅子乡东	节度副使
春秋战国至秦汉代	老子墓	周至县大陵山	太上老君		杨贵妃墓	兴平市马嵬镇	贵妃
	扁鹊墓	临潼区南陈村	神医		杨珣墓	扶风县韩坡村	兵部尚书
	蔺相如墓	临潼区临马道北	赵上卿		李重俊墓	富平县南陵村	唐太子
	王翦墓	富平县巨贤村	秦名将		韦洞墓	西安市南里王村	卫尉卿
	王贲墓	富平县千王堡	秦名将		李淳风墓	岐山县凤鸣镇东	将仕郎
	秦二世墓	雁塔区西曲江池村	秦末帝		苏归墓	杨陵区西卜村	宰相
	陈平墓	鄠邑区（户县）曹家堡	丞相		柳公权墓	耀州区让义村	太子太师
	娄敬墓	永寿县娄敬山	关内侯		李茂贞墓	宝鸡市陵源村	唐秦王
	陆贾墓	永寿县边村	太中大夫	五代	冯晖墓	彬州二桥村	节度使
西汉	张安世墓	长安区韦曲镇	大司马	宋代	杨砺墓	鄠邑区（户县）杨家堡	状元
	司马迁祠墓	韩城市芝川镇	太史令		赵瞻墓	周至县新寺头村	进士
	苏武墓	武功县龙门村	中郎将		张载墓	眉县横渠镇	进士
	张耳墓	兴平市汤坊乡西	赵景王		陶谷墓	彬县刘家湾村	尚书
	公孙贺墓	彬州祁家崖村	丞相		王重阳墓	鄠邑区（户县）刘蒋村	道士

续　表

历史时期	墓葬名称	地理位置	备　注
东汉	杨震墓	华阴市吊桥亭东堡	太尉
	班昭墓	兴平市洛庄村东	女辞赋家
	马援墓	扶风县伏波村	伏波将军
	班固墓	扶风县张家沟村	中郎将
	蔡文姬墓	蓝田县蔡王庄村	女诗人
北朝		渭城区靳里村	骠骑大将军
隋朝	牛弘墓	长武县相公镇	礼部尚书
元代	杨文康墓	高陵区长卜乡西	关学大师
明代	马理墓	三原县新立村	进士
	王九思墓	鄠邑区（户县）甘亭镇北	戏曲家
	吕楠墓	高陵区老屈庄	状元
清代	李颙墓	周至县二曲镇	教育家
	刘古愚墓	秦都区天阁村	教育家

注：西安市南郊的明十三秦藩王陵墓，亦归入此类。

2. 片状分布

秦统一天下前的秦王（公）陵呈片状分布。目前所知，主要有西陲陵区、雍城陵区、栎阳陵区、毕陌陵区、芷阳陵区等。其中西陲陵区位于甘肃省礼县，总面积约 18 km²，已探出墓葬 14 座、车马坑 2 座、出土文物 300 多件，内有大量青铜器和金、玉器等。发掘的两座"中"字形和"目"字形墓规模宏大，总长度分别为 88 m 和 115 m，经考证墓主分别为秦襄公和秦文公[①]。雍城陵区位于凤翔县南原（三畤原），总面积约 21km²，是最大的秦国君陵墓区，已探出"丰"字形、"中"字形、"甲"字形、"凸"字形、刀把形、"目"字形、圆形等七个类型的大墓 49 座。[22] 史载，秦德公承其兄武公享国，后将秦之都城迁雍城。都雍期间，秦享国之君十九位。据《史记·秦本纪》："武公卒，葬雍平阳。初以人从死，从死者六十六人。"[7] 栎阳陵区位于栎阳到咸阳之间的黄土原上，为秦献公以后至战国中期的诸秦公陵园。《史记·秦始皇本纪》载"献公葬嚣圉"，"孝公葬弟圉"，学界疑其地当在栎阳附近。[22] 毕陌陵区（咸阳原）系秦迁都咸阳初期所选择的王公贵族墓地。今咸阳渭城区周陵镇存两座南北并列、号称"周陵"之墓冢，前有清陕西巡抚毕沅所立"周文王陵""周武王陵"碑[②]。然征之文献、考古钻探资料，此二陵实为秦悼武王及其王后永陵。另在西汉成帝延陵东北 500 m 左右、周陵镇严家沟村北存有两座所谓"汉成帝后妃陵墓"，经钻探调查证明，当为秦惠文王及其夫人的"公陵"。[12] 芷阳陵区（芷阳原）即战国中后期秦"东陵"[23]，位于今临潼区斜口镇韩峪乡骊山西麓。目前共发现 4 座陵园，内有"亚"字形、"中"字形大墓 10 座。考诸史料，可确定葬秦东陵的皇室宗亲有昭襄王与唐太后、庄襄王与帝太后、悼太子、宣太后等。[24]

3. 点状散布

呈点状散布的关中帝王陵主要是华夏始祖炎帝陵、帝喾陵，历时短暂的封建王朝帝陵，以及汉、唐之间处在分裂割据时期的王陵。例如，散布在咸阳原、彬县、富平、高陵、白水诸县区的十六国前赵刘曜之父的永垣陵（白水）、前秦苻坚墓（彬县）、后秦太祖原陵和高祖偶陵（高陵）、北朝的西魏文帝永陵和北周文帝成陵（富平）、武帝孝陵（咸阳原）及杨凌区隋文帝泰陵、临潼秦始皇陵、宝鸡市炎帝陵与合阳县帝喾陵。此外，不同朝代追封为太上皇、太后和皇帝而号墓为陵者，如前述刘邦父汉太上皇陵、汉勾弋夫人云陵、北周文帝宇文泰成陵、李渊祖父李虎墓、李渊父李昞墓、武则天母之墓顺陵及唐睿宗嫡长子李宪墓、玄宗长子李琮墓等，其空间分布亦呈散点状。

（二）帝王陵陪葬墓的地理分布

帝王陵陪葬墓的空间分布随不同朝代陵墓制度的不同而表现出差异性。以陪葬墓规模和数量较大的汉、唐时期来看，西汉皇帝与后（妃）异穴同陵或异陵而葬，二者相对位置呈"帝东后西"或"帝西后东"，一般相距 200 m～400 m（长陵、安陵、阳陵、渭

---

① 李朝远. 上海博物馆新获秦公器研究 [J]. 上海博物馆馆刊,1996(7):23-33.

② 成书于三国时的《皇览》指出："秦武王冢在扶风安陵（汉惠帝陵）县西北，毕陌中大冢是也。人以为周文王冢，非也。"成于唐初的《括地志》也指出此讹传。

陵、义陵及康陵）或 500 m ～ 700 m（茂陵、平陵、杜陵、延陵），窦皇后陵与霸陵相距
2 400 m，较为特殊。[12]

西汉帝陵基本是坐西面东的，其陪葬墓大多数分布在帝陵以东的司马道南北两侧，
且离帝陵越近的陪葬墓主人地位越高。[9] 受地形等因素影响 [12]，部分帝陵陪葬墓的空间
排布较为特殊。如长陵和安陵的陵园皆位处突出靠前的塬边，其东部紧邻沟湾，地形高
差悬殊，二者的陪葬墓基本分布在其东司马道北侧高亢平缓的台塬上。霸陵依山为陵，
其陪葬墓安排在帝陵的东南和南部。延陵东侧紧邻秦惠文王公陵陵区，陪葬墓多集中在
延陵西面的陪葬墓园，部分排布在其南、北两面。阳陵、茂陵、杜陵及渭陵等所处地形
平坦开阔，陪葬墓在陵园东司马道南北两侧分布，其中杜陵和渭陵等还布置有大型陪葬
墓园。平陵、义陵等陪葬墓在帝陵四周分散布局，显得松散灵活。整体上看，西汉帝陵
陪葬墓绝大多数是在具有一定范围的陪葬墓区呈现"大分散、小集中"的空间布局特征，
即整个陪葬墓区墓冢为散点状分布，但双冢、三连冢、五冢、"七妃冢"等组团式陪葬
墓，甚至"二十八宿"等空间排列有序的大型陪葬墓园亦有数处。

关中唐代"十八陵"中陪葬墓数量较多者有献陵、昭陵、乾陵，以及定陵和桥陵等。
其中献陵属于堆土陵，其陪葬墓主要分布在封土丘的东部和东北部，同多数西汉帝陵陪
葬墓的分布类似。昭陵、乾陵、定陵和桥陵等皆系"依山为陵"且坐北朝南，其陪葬墓
区基本是在陵山的东南方向。即使唐代后期陪葬墓数量极少（1 ～ 3 座）的诸陵，其寥若
晨星的陪葬墓的分布亦是如此。

历代将相名人墓葬的空间分布大体上呈散点状分布。但有明"十三秦藩王陵"（由
13 座明代秦藩王陵及 50 余座陪葬墓组成的墓群）呈片状分布在西安市长安区少陵、鸿
固、凤栖塬上。①

三、关中地区古代陵墓地理分布的影响因素

关中地区古代陵墓数量庞大、地理分布特征差异明显。帝王陵墓中，汉唐帝陵呈带
状分布，先秦时期的秦王（公）陵葬为片状分布，华夏始祖炎帝陵、帝喾陵，秦陵、隋
泰陵，汉、唐之间处在分裂割据时期的帝王陵及各代追封的帝（后）陵多为散点状分布；
陪葬墓群基本是在所附帝王陵封土的东面（包括东南、东北）或者其外围多个方位的一
定区域内，呈现"大分散、小集中"的分布特征，而历代将相王侯与名人墓葬基本是散
点状布局。推究关中古代陵墓地理空间分布的原委，其主要影响因素有以下几个方面。

（一）王朝都城区位影响王（公）陵墓选址和布局

先秦时期国君、王陵及其亲族近臣墓葬多呈片状聚集状态分布，如前述秦统一天下

---

① 据史载，明王朝建立后，从洪武四年(1371 年)起，太祖朱元璋建藩封王，将地位仅低于皇太子
的次子朱樉封为秦愍王，设西安府，镇守西北，号称"天下第一藩国"。在其后 200 多年中，共有 13
个秦藩王埋葬于此地。引自西安市长安档案局：长安区特色旅游景区——明十三藩王陵 (http://www.
cadaj.org.cn)。

之前的秦王（公）陵及西周王陵等，其共同特点为均依附王朝都城布局。

西周王陵"不封不树"，其确切墓址至今难觅。据相关文献所载，其聚葬性质及葬地接近王朝政治中心的情况却较为明确。《孟子·离娄》云："文王生於岐周，卒於毕郢。"焦循释云："毕，文王墓，近於酆、镐之地"。[25]《逸周书·作雒解》："（成王）九年夏六月，葬武王于毕"。[26]《史记》云："所谓'周公葬（於）毕'，毕，在镐东南杜中"。[7]这些文献都指出了文王、武王及周公葬地在"毕"。学界关于古"毕"地究竟在关中何处，尚有争议：一说在今西安市长安区，即古镐京东南之毕原[27]；一说在今宝鸡市扶风、岐山两县接壤处之周原①；还有认为是今咸阳市市区北郊的五陵原，史称毕郢原。[28]前两处都曾是周人政治活动中心。《史记·周本纪》："（古公亶父）乃与私属遂去豳，度漆、沮，逾梁山，止於岐下。豳人举国扶老携弱，尽复归古公於岐下。及他旁国闻古公仁，亦多归之。於是古公乃贬戎狄之俗，而营筑城郭室屋，而邑别居之。"至文王，再"自岐下而徙都丰"。[7]是故西周王陵无论位处岐山"毕"还是丰镐"毕"，周人贵族墓葬的位置均靠近其政治中心是不争的事实。

秦王（公）陵区的空间布局，清晰地展示着秦人政治上东进的历史进程。雍城地处关中西部，是秦人从甘肃东部入主关中后建立的第一座历时较长的都城。自"德公元年，初居雍城大郑宫"，至献公二年城栎阳止，秦都雍城294年。考古勘察表明，雍城"总体格局是由城址、陵区、国人墓地及效外离宫别馆四部分组成……雍水之南为国人墓地，再南便为秦公陵园，陵墓隔河与雍城相望。离宫别馆则分布在城之东、南、西三面，如同繁星拱月一样，拱卫着都城"。[23]显然，秦雍城陵区实质是其都城整体布局的重要组成部分。公元前383年，秦献公迁都栎阳；公元前350年，献公子孝公再徙都咸阳。栎阳"故城位于陕西临潼区武屯乡关庄、王宝屯一带"[23]，而秦咸阳宫遗址在今咸阳市渭城区窑店镇一带，两地近在咫尺。从献公迁都到秦二世胡亥亡秦（前207年）这170余年，秦政治中心从关中西东移至关中腹地，秦陵区亦随之东移。如献公、孝公向东迁都后，秦惠文王、悼武王父子及其后妃之葬地，均转移至今咸阳原[8]，而到雄谋大略的秦昭王继位后，他和他的子孙们却葬于更东面的芷阳陵区（今临潼）。这说明秦陵区之空间变动，确乎是追随其都城之转移的，亦完全适应其政治发展形势之需要。

（二）风水及对皇权威严和博大气势的追求影响了帝王陵寝的选址和布局

帝王陵及其庞大陪葬墓群的空间分布，既是遵循传统观念，在都城附近选址的结果，又是重视风水、追求皇权威严和博大气势的结果。

秦始皇陵南依骊山，北临渭水，符合《大汉原陵秘葬经》②中的"立冢安坟，须籍来山去水"之陵寝择址标准，可谓吉壤。

西汉11帝陵，有9座陵寝一字排布于都城长安北面的"咸阳北坂"（今咸阳兴平市

---

① 岳连建.周公庙西周大墓性质管见——兼谈西周王陵问题[J].文博,2004(5):19-20；郑红利.与西周王陵相关的几个问题[J].文博,2000(6):30-34.

② （明）解缙.永乐大典[M].北京:中华书局,1959:3823.

豆马村至渭城区正阳乡张家湾村的黄土台塬，史称五陵原）原边，文帝霸陵和宣帝杜陵位处都城长安东南的白鹿原和少陵原上。无论是"咸阳北坂"排布的9座帝陵，还是汉长安城东南黄土台塬上的2座帝陵，基本都是位于靠近原边的形胜之地。据考证，西汉帝陵的选址营建：一是模仿宫殿选址和布局，居高临下，俯视群庶，体现皇权的威严和高大。[29] 二是防止地下水对玄宫的侵蚀。据《吕氏春秋》："古之人有藏於广野深山而安者矣，非殊玉国宝之谓也，葬不可不藏也。藏浅则狐狸抇之，深则及於水泉。故凡葬必於高陵之上，以辟狐狸之患、水泉之湿，此则善也。"咸阳五陵原、西安白鹿原和少陵原（亦称杜东原）皆为黄土台塬，其地表覆盖的黄土层厚度达80 m～100 m（五陵原）[①] 或100 m以上（白鹿原、少陵原）。[②] 经测量，阳陵、长陵、安陵、康陵、平陵和茂陵所处原面地下潜水位埋深超过50 m，渭陵、杜陵、延陵和义陵等原面潜水位埋深30 m～50 m。[29] 如此水文地质条件极其适合于修建陵墓，故西汉帝陵选址汲取了秦始皇陵修建"下固三泉"之鉴，刻意讲求陵址地势的"自然高敞"。[30] 三是受到西周以来王陵多置于都城附近高地的传统以及汉代盛行的卜宅吉地风水（堪舆）思想的影响。西汉9座帝陵分布在"咸阳北阪"，2座帝陵分布在其东南的白鹿原和少陵原，两个陵墓区皆为距都城长安不远的宽敞、平坦和高亢之地，犹如张开的两翼，紧紧拱卫着都城长安。此外，咸阳原北依九嵕诸山，南临渭水，与终南山遥遥相望。尤其是五陵原东端为泾渭交汇之处，极其符合所谓"藏风聚气"的风水思想，成为西汉九朝皇帝心目中亡灵安息的风水宝地。四是交通和军事方面的因素。西汉首都长安通往西北地区的两条主要干道都要经过地势平坦的咸阳原。西汉早期，北方的匈奴经常南下侵扰，兵锋直指雍城和甘泉。为了保卫都城长安，加强京师地区的经济和军事实力，将陵墓区选在咸阳原，并在先期建造的5座帝陵（长陵、安陵、阳陵、茂陵、平陵）和霸陵、杜陵旁皆设置陵邑，迁徙天下豪富和中央官吏眷属于诸陵邑，使帝陵区相继出现人口密集、相距不远的"卫星城"，表面以奉山陵，实为"强干弱枝"策略。[30] 况且，咸阳原距离都城长安很近，便于当朝皇帝祭祀祖宗。五是皇帝个人喜好和心理因素。例如，汉文帝刘恒与汉宣帝刘询将陵墓选定在都城长安东南的山、原上，除了有汉文帝"因其山，不起坟"的追求简朴和汉宣帝"尤乐杜、鄠之间，率常在下杜"的喜好之外，还当与二人继承皇位时的非嫡系身份和由此导致的心理状态有关。[12]

关中唐十八陵均匀散布于西起乾县、东至蒲城县的渭北平原，群陵均背山面原展布在东经108°13′～109°39′，北纬34°34′～35°03′范围内，是为东西跨度约150余km的扇面，与唐长安城隔渭河相望，也形成一个从北面拱卫京城的形势。据研究，唐代帝陵的选址和布局主要受下列因素影响[10]：其一，遵循帝王陵墓置于都城附近且陵园规制模仿其都城空间格局的传统观念。[31-32] 由于唐长安城以北的高敞平缓原面已为西汉陵区，唐室陵区只能继续向渭北推移，选择龙脉较好的北山修建陵园。其二，地形因素影

---

①　咸阳市渭城区地方志编纂委员会.咸阳市渭城区志[M].西安:陕西人民出版社,1996:57.

②　陕西师范大学地理系.西安市地理志[M].西安:陕西人民出版社,1988:70-71.

响。渭北地区平原较少，除了咸阳原，基本是山前斜坡地带，诸如三原县的献陵、庄陵、端陵和乾县靖陵便利用了有限的平原地区"堆土成陵"。相反，东西绵延数百公里的北山，却为"因山为陵"提供了广阔空间和有利条件。其三，唐代帝王多追求皇权的威严和博大的气势。例如，贞观十八年（644年），唐太宗对侍臣讲："我看九嵕山孤耸回绕，因而旁凿，可置山陵处，朕有终焉之理。"①开元十七年（729年），唐玄宗至桥陵之东，见金粟山有龙盘凤翥之势，便对侍臣说："吾千秋后宜葬此地。"②因此，自唐太宗昭陵开其端，有14座唐陵选择了"因山为陵"的营造形式。其利用天然山丘，建筑在山岭顶峰之下，居高临下，形成"南面为立，北面为朝"的气势。其四，重视风水，以占卜确定陵址。古代风水理论认为，一国之君陵墓的风水，会影响整个国家的命运。故唐代帝陵十分重视选择陵址，以图皇权永固。史载唐高祖献陵、太宗昭陵、高宗乾陵等皆是通过占卜确定陵址。此外，唐代风水思想主要来源于魏晋时期的葬地理论，故唐陵选址注重龙脉大势，并以"藏风得水"为基本模式。[33] 唐十八陵分布在关中平原北部、横亘在黄土高原南侧的北山山脉。该山脉自东北向西南蜿蜒回环、若马驰、若水波，堪称"上地之山"，形成来龙之势。其中昭陵所因的九嵕山山势突兀，南隔关中平原，与太白、终南诸山峰遥相对峙。东西两侧，层峦起伏，沟壑纵横，加之泾水环绕其后，渭水萦带其前，山水俱佳。乾陵有山（梁山）有水（漠谷河），地形地貌结合完美。《葬书》云："葬者，乘生气也。藏风聚气，得水为上……故葬者以左为青龙，右为白虎，前为朱雀，后为玄武。"[34] 由此看来，昭陵、乾陵皆不失为风水宝地，堪称唐陵风水中的典范。

（三）循叶落归根理念，将相名人墓葬分布在乡梓故里

关中地区历史上将相名人辈出，其归葬地多选择其乡梓故里（表3-2）。例如，"圣母"姜嫄墓位于武功县武功镇，史传其为陕西武功人；王翦、王贲父子，秦频阳（今富平县）人，王翦墓位今富平县到贤镇纪贤村永和堡，王贲墓亦在富平美原镇千王堡；司马迁祠墓，位处今韩城市南十公里芝川镇南门外、黄河西岸梁山东麓，司马迁本人正是韩城龙门镇人；汉武帝时曾任丞相的公孙贺，汉北地义渠（甘肃庆阳）人，《彬志》载："汉公孙贺故宅，在县西二十五里，今呼孙村（水口乡）。"其墓亦在今毗邻庆阳的彬县水口乡祁家崖村；班固，汉扶风安陵人，墓在今宝鸡市扶风县太白乡浪店村；马援，汉扶风人，墓在今扶风县城西伏波村；隋朝尚书牛弘、唐代宰相苏归，其墓葬皆在其故里（长武县相公镇和杨凌区西卜村）；唐太宗十八学士之一于志宁，京兆高陵人，墓在今三原县陵前镇兴隆村；令狐德棻，宜州华原（铜川市耀州区）人，墓在今耀州区杨河村；柳公权，京兆华原（耀州区柳家原）人，墓在耀州区阿子乡让义村；宋代杨砺，今鄠邑区庞光镇杨家堡人，墓亦葬此处；寇准，华州下邽（渭南市）人，墓在今渭南市官底乡左家村；北宋思想家张载，关中眉县人，曾讲学于眉县横渠，墓亦在今眉县大镇谷迷狐岭，同地所葬还有其父张迪、弟张戬；北宋四世名臣赵瞻，今存其《赵枢密瞻神道碑》

---

① （宋）王溥. 唐会要 [M]. 上海：上海古籍出版社,2006:458.

② （宋）王溥. 唐会要 [M]. 上海：上海古籍出版社,2006:459.

系宋代名臣范祖禹撰文，蔡京书写并篆额，赵本人为周至县二曲镇辛头寺人，墓亦在今二曲镇辛头村；其他如明前七子之一王九思、著名学者吕楠、胡登洲等，分别为今西安市鄠邑区、高陵区及咸阳市渭城区人，他们的墓葬今也留存其地。

名人故里决定其墓葬在关中的分布，也可通过名人家族聚葬墓区之位处来考察。例如，西安市潼关区吊桥镇杨氏墓区，存东汉太尉杨震及其子孙墓7座，唐宋时，墓区仍存杨震、杨统、杨著、杨馥四人碑各一，欧阳修《集古录》、赵明诚《金石录》、洪适《隶释》等均有著录，而杨震墓、杨馥墓坟丘今仍存[35]；华阴市岳庙乡油巷村，有东汉司徒刘崎及其家族墓地，20世纪80年代初考古发掘，清理墓葬5座，出土了"刘崎之印"及"司徒之印章"[36]；唐代显要门阀之一韦氏，自北周以来世代显宦，势倾中外，其家族墓园位于今西安市长安区的韦曲原之南、北里王村，此处不仅有唐中宗李显韦皇后之弟韦洞墓，更发现了大诗人韦应物墓志。[37]至于苏武为西汉杜陵人，其墓在今武功县武功乡龙门村，稍稍远离杜陵（今杜东原），或另有缘故。

（四）重大历史事件发生地或墓主生前活动地决定名人墓葬空间布局

以重大历史事件发生地决定古代名人墓葬分布的，有女娲墓、扁鹊墓、蔺相如墓、秦二世墓、秦子婴墓、苻坚墓、杨贵妃墓等。以墓主生前活动地为归葬地者，有公刘墓、老子墓、陈平墓、陆贾墓、张载墓等。

扁鹊姓秦名越人，战国时期渤海郡莫州（河北任丘）人，入咸阳，"秦太医令李醯自知技不如鹊，使人刺杀之"[38]，其死地为临潼骊山脚下，故其墓亦存此处，国内他处虽称有扁鹊墓，然"当以临潼者为近是"[38]；秦二世被杀于秦咸阳之望夷宫（今泾阳县高庄镇），不得入葬秦陵区，而以庶人仪葬宜春苑，今西安市雁塔区曲江池村存其墓，并建有遗址公园，正与其死地南北相望；前秦苻坚公元383年攻东晋，淝水一战惨败，两年后被姚苌擒而缢杀新平（今彬县）大佛寺南，故其墓在今彬县水口镇一低洼土壕内；杨贵妃死于马嵬坡，今咸阳兴平市马嵬镇有其墓（或为衣冠冢）；等等。

有的墓主其故里不在关中，然因本人生前在关中地区活动累年，故其生前所在地也就成为葬地之所在。例如，公刘，西周早期部落首领，其生前活动范围主要在今旬邑、彬县、长武等地域，其墓位于今彬县龙高镇土陵村南的泾河北岸山谷；老子，本楚国苦县（河南周口鹿邑）人，晚年隐于终南山楼观台，其墓亦位于今西安市周至县楼观台西大陵山；汉初陈平，本阳武（河南原阳东南）人，晚年居住关中，其墓也在今西安市鄠邑区石井乡曹家堡西北；陆贾以吕后专权病免，卜居漆县（今永寿县），故其墓亦在今永寿县店头镇；李茂贞，深州博野（河北博野）人，唐末五代时久居凤翔自称岐王，卒于此，故亦葬于今宝鸡市金台区陵塬乡陵塬村[39]；冯晖，魏州（河北大名东北）人，史载其"至灵武，抚绥边部，凡十馀年，恩信大著。官至中书令，封陈留王"[40]，墓亦在今彬县。据史料记载，明太祖朱元璋将次子朱樉封为秦王，镇守西北，号称"天下第一藩国"，在其后200多年，共有13个藩王安葬于今西安市南郊的杜东原上。

综上所述，关中地区以周、秦、汉、唐为代表，历经千余载，成为我国历史上13朝古都所在地，遗存有数量巨大、文化蕴含丰富的古陵墓，是弥足珍贵的遗产资源。对于关中古代陵寝的保护、挖掘和整理研究，既要重视帝王陵寝及其陪葬墓群，又不可忽视历代将相名人的墓葬。本研究基于前人的研究积累，对关中古代陵墓的分类、地理分布特征及其影响因素做初步探讨，从历史遗产保护和利用的视角，试图就关中地区古代陵寝资源做系统整理研究的尝试。限于作者学识浅陋，对关中古代陵寝资源梳理的纰漏以及学术观点和认识的谬误在所难免。今后尚应在关中地区古代陵寝文化蕴涵与帝陵遗产资源的研究整理上继续耕耘，殷切期望有识之士、专家学者共同努力，以便使绚烂丰富的关中古代陵寝文化资源发挥出"古为今用"之效。

参考文献：

[1] 房玄龄.晋书[M].北京：中华书局，1974：1651.

[2] 班固.汉书[M].北京：中华书局，1962.

[3] 袁仲一.秦始皇陵与西汉帝陵异同的比较分析[M]//秦始皇兵马俑博物馆《论丛》编委会.秦文化论丛（第八辑）.西安：陕西人民出版社，2001：1-2.

[4] 刘昫.旧唐书[M].北京：中华书局，1975.

[5] 忠如.陕西扶风、岐山周代遗址和墓葬调查发掘报告[J].考古，1963（12）：654-658，682，7.

[6] 刘向.战国策[M].上海：上海古籍出版社，1985.

[7] 司马迁.史记[M].北京：中华书局，1959.

[8] 刘卫鹏，岳起.咸阳原上"秦陵"的发现和确认[J].文物，2008（4）：62-72.

[9] 刘庆柱，李毓芳.西汉十一陵[M].西安：陕西人民出版社，1987.

[10] 王双怀.唐陵陪葬墓的特点[J].陕西师范大学继续教育学报，2001，18（3）：67-68.

[11] 焦南峰，王保平，马永赢，等.汉景帝阳陵考古新发现[J].文博，1999（6）：3-11.

[12] 咸阳市文物考古研究所.西汉帝陵钻探调查报告[M].北京：文物出版社，2010.

[13] 张明惠，杨武站，葛西军，等.汉武帝茂陵考古调查、勘探简报[J].考古与文物，2011（2）：3-13.

[14] 咸阳市文物事业管理局编.咸阳市文物志[M].西安：三秦出版社，2008.

[15] 刘庆柱，李毓芳.西汉诸陵调查与研究[J].史学情报，1983（2）：71-73.

[16] 沈睿文.唐昭陵陪葬墓地布局研究[J].唐研究，1999（5）：421-452.

[17] 刘庆柱，李毓芳.陕西唐陵调查报告[J].考古学集刊（5）.北京：中国社会科学出版社，1987：216-263.

[18] 陕西省考古研究所.唐高力士墓发掘简报[J].考古与文物，2002（6）：21-32.

[19] 李昉.文苑英华[M].北京：中华书局，1966.

[20] 姚生民.汉云陵、云陵邑勘查记[J].考古与文物，1982（4）：39-44.

[21] 王双怀.关中唐陵的地理分布及其特征[J].西安联合大学学报，2001，4（1）：63-66.

[22]　陕西省考古研究院秦汉考古研究部.陕西秦汉考古五十年综述 [J].考古与文物,2008(6):96–160.

[23]　王学理.秦物质文化史 [M].西安:三秦出版社,1994.

[24]　赵化成.秦东陵刍议 [J].考古与文物,2000(3):56–63.

[25]　焦 循.孟子正义 [M].北京:中华书局,1987.

[26]　黄怀信.逸周书汇校集注 [M].上海:上海古籍出版社,1995.

[27]　岳连建.西周王陵位置初探 [J].文博,1998(2):42–45.

[28]　张鸿杰.毕原与周陵 [J].咸阳师范学院学报,2008,23(3):37–41.

[29]　焦南峰,马永赢.西汉帝陵无昭穆制度论 [J].文博,1999(5):51–59.

[30]　刘华祝.西汉帝陵营建礼俗述略 [J].咸阳师范学院学报,2005,20(1):12–20.

[31]　权东计.唐昭陵与长安城空间关系研究 [J].西北大学学报(哲社版),2004(1):63–67.

[32]　秦建明.唐初诸陵与大明宫的空间布局初探 [J].文博,2003(4):43–48.

[33]　韩养民.风水与唐陵 [M].西安:三秦出版社,2003.

[34]　郭璞.葬书 [M]// 四库全书.台北:台湾商务印书馆,1986.

[35]　陕西省文管会.潼关吊桥汉代杨氏墓群发掘简记 [J].文物,1961(1):56–66.

[36]　杜葆仁,夏振英,呼林贵.东汉司徒刘崎及其家族墓的清理 [J].考古与文物,1986(5):45–56.

[37]　马冀.新发现的唐韦应物夫妇及子韦庆复夫妇墓志考 [C] // 西安碑林博物馆.纪念西安碑林九百二十周年华诞国际学术研讨会论文集.北京:文物出版社,2008:293.

[38]　史传远.临潼县志 [M].台北:成文出版社,1976.

[39]　宝鸡市考古研究所.五代李茂贞夫妇墓 [M].北京:科学出版社,2008.

[40]　欧阳修.新五代史 [M].北京:中华书局,1974.

第四章 关中地区古代帝陵的选址和营建形制

关中地区古代帝王陵墓的建设是"国家项目工程"，一般由朝廷重臣领衔挂帅，由最优秀的建筑师、礼仪专家、艺术家和堪舆师团队负责选址和工程设计，并使用数量庞大的人力，耗费巨资完成帝陵的营建。

一、关中地区古代帝陵的选址因素

选址是营建帝王陵墓最先实施的项目，其过程较为复杂。从关中地区秦、西汉、隋、唐诸朝代帝王陵墓选址的情况来看，除了遵循"城陵相依"的传统和承袭前朝旧制外，最主要考虑的是风水，即周边的自然环境，包括地理、地质、土壤、水文、气候等，如背山面水、地形高敞是帝陵的首选因素。此外，兼顾对国家、民族的长远影响以及政治、军事、交通等因素，甚至皇帝个人的喜好和意愿都会影响到帝王陵墓选址。

(一) 承袭传统葬俗

据研究和考证[1-3]，原始社会的公共墓地就处在聚落（居住地）附近地势较高、地形开阔之地，以便安葬且长期使用。例如，仰韶文化时期的西安半坡村遗址，"成人多埋在围沟以北的公共墓地内，少数埋在沟外的东部和东南部……（小孩）多埋在居住区的房屋近旁"。[4]同期的临潼姜寨遗址"村东越过壕沟即是墓地"。[5]进入文明社会的商代晚期都城遗址——殷墟附近，发现有包括13座大墓、2 000多座陪葬墓和祭祀坑，总面积近133 333 m²的王陵区（公共墓地）。据文献记载和考证，建都关中地区的西周王陵（尤其是周文王、周武王和周公）极有可能在其国都丰镐京附近的"毕"原[7-9]或早期都邑岐周附近。[10][11]关中地区先秦时期秦国的先公王陵和秦始皇陵皆选址在王国或帝国都城附近，且"行营高敞地，令其旁可置万家"。例如，秦雍城陵区（葬有秦景公等22位先公）、咸阳原陵区（葬秦惠文王和秦悼武王等先王）、芷阳陵区（即秦东陵区，葬秦昭襄王、秦孝文王和秦庄襄王等先王）均分布在秦王国都城（雍城）和秦帝国都城咸阳附近。[12][13]西汉帝陵中有9座（自西向东分别是汉武帝茂陵、汉昭帝平陵、汉成帝延陵、汉平帝康陵、汉元帝渭陵、汉哀帝义陵、汉惠帝安陵、汉高祖长陵和汉景帝阳陵[6]）置于汉长安城北的咸阳原，都城东南的白鹿原置有汉文帝霸陵，杜东原置有汉宣帝杜陵，都是选址在西汉都城长安附近地势高敞的台塬之上。尤其是西汉帝陵集中分布的咸阳原"土厚水深"，地势开阔，地下潜水位埋深多在50 m以上，少部分在30 m～50 m，堪称西汉一代较为理想的"因天性，据真土，处势高敞，旁近祖考"的帝陵主陵区。[1]关中"唐十八陵"中献陵、端陵、庄陵和靖陵系"堆土为陵"，其余14座陵（自西向东依次为乾陵、建陵、昭陵、贞陵、崇陵、简陵、元陵、章陵、定陵、丰陵、桥陵、景陵、光陵、泰陵）均"依山为陵"。从地理环境看，唐十八陵主要集中于关中盆地北部，即渭北第二道黄土台塬和北山的主要山峰。[14]从西汉王朝的覆灭到隋王朝建立的近6个世纪，相继有前赵、前秦、后秦、西魏、北周等少数民族地方割据政权在关中建都。这些地方割据政权的王陵（墓）除了前秦苻坚"长角冢"（今彬县境内）因特殊缘故距离都城长安较远外，后秦武昭帝原陵、文桓帝偶陵和西魏文帝永陵以及北周文帝成陵、武帝孝陵等都选在都城长安城近郊的咸阳原、高陵区和富平县境内。建立隋朝的隋文帝杨坚的泰陵位于今杨凌示范区五泉镇王上村（渭河北岸二级阶地）[15]，距离其都城大兴（唐长安城前身）80 km～90 km。

由上述可见，无论是建都关中地区的统一王朝，如西周、秦、西汉、隋、唐朝，还是分裂时期在关中建都的地方割据政权抑或是先秦时期作为后周诸侯国和战国七雄之一的秦王国，其帝王陵墓几乎无一例外地选址在所建都城附近。这似乎印证了帝王陵墓选址首要考虑与都城的关系，遵循"古之葬者，并在国都之北"的传统规划与选择墓地的习俗，以及"城陵相依、陵随都移"的普遍规律。

（二）前朝旧制的继承和发展

关中帝王陵选址和分布还表现出对前朝旧制的继承和发展，如秦汉"独立陵园"基础上的"大墓区"选址布局是对商周"集中陵园制"的继承和发展，唐代帝陵是对汉魏陵墓选址分布的借鉴和突破。

据研究，商周时期，王及诸侯、方国国君（包括夫人、宗族成员在内）死后普遍实行多代集中埋葬于同一公共墓地的公墓制度。此种"集中公墓制"具体表现在三方面：一是以安阳殷墟侯家庄西北岗的商代后期王陵为代表的多代王墓集中埋葬的公墓墓地；二是以山西曲沃县北赵村晋侯墓地为典型的多代诸侯国君及其夫人并穴而葬的公墓墓地；三是以北京琉璃河镇黄土坡西周燕国公墓地为例证的国君及夫人、宗族成员共同埋葬的公墓地。这些公墓墓地的空间分布基本是在都城附近，而且在一国之内会因为都城迁移等因素有若干处。此外，多代国君（包括国君夫人和宗族成员）在一个陵墓区"聚族而葬"，单体王墓之间空间距离极为接近。[6]例如，安阳殷墟王陵在112 500 m²范围内集中分布有13座大墓、2 000多座陪葬墓和祭祀坑。其中，8座"亚"字形大墓皆属王墓，表明至少有8代商王葬在该公墓墓地。据考证，该公墓墓地没有兆沟（隍壕）或墙垣等界线标识，每一座王陵也没有单独名称。[6]

上述"集中公墓制"在先秦时期秦国国君陵墓区中得以继承和发展。例如，地处关中西部三畤原上的秦雍城陵区在约36 km²范围内，考古工作者发现了14个陵园，49座大墓，其中1座"丰"字形墓，21座"中"字形大墓，5座"甲"字形大墓。又例如，秦东陵区占地面积24 km²（又一说法为27.5 km²），发现有4座陵园，10座大型墓葬（"亚"字形、"中"字形、"甲"字形等）。同殷墟王陵区相比，秦雍城陵区规模明显增大，而且整个陵区的西侧、南侧、北侧有深2 m～7 m、宽2 m～6 m的外兆沟作为界沟和防护屏障；部分"中"字形大墓周围设有中兆沟和内兆沟，将陵园区分为双隍、单隍和复合三种类型。至于秦东陵的4座陵园，除了规模更大（单个陵园面积为50 400 m²～820 100 m²）、各陵园四周设有壕沟（修葺的天然冲沟或人工开凿壕沟）之外，陵园都有专用名，如昭襄王芷陵、庄襄王阳陵等。可见，秦雍城陵区和秦东陵区虽然明显地打上了"集中公墓区"的烙印，如多代国君（包括国君夫人和宗族成员）在一个陵墓区"聚族而葬"，但是出现了兆沟（界沟）环护的陵园单位（实为国君、国君夫人和宗族成员"族葬"的陵墓体系），单体陵园规模及其空间距离随时间推移而增大的趋势极为明显，陵区及陵园也都有各自的界沟（兆沟或隍壕），且战国晚期各陵园具有专用名称等，这些都可以看作对前朝旧制的发展。

如果说春秋战国时期秦公王陵的选址布局对商周"集中公墓制"有所发展，那么秦始皇陵和西汉帝陵的选址布局就是对前朝旧制（集中公墓制）的突破性发展，也就是说秦汉帝陵在空间上的选址布局以新的"独立陵园制"取代了前朝的"集中公墓制"。例如，秦始皇陵的选址，"因东陵而设"（追随其近祖）埋葬于"芷阳"（今骊山），或因芷阳陵区的昭穆序位于其（2号陵园）北侧，以及"晚辈居东"的礼制和地形条件的限制，选在距芷阳陵区10余千米的骊山北麓，"已经完全脱离芷阳陵区而构成独立的单元"。[17]秦始皇陵陵区范围超过56 km²[18]，相当于整个芷阳陵区（秦东陵）的数倍。秦始皇陵陵园（外城垣范围）占地2.13 km²，是秦东陵区最大陵园（1号陵园）面积的2.5倍多。[37]秦始皇陵不但规模巨大，而且功能完善，具有独立陵园名称和专门管理机构等。此种"一陵独尊"是对"集中公墓制"的突破性发展，标志着古代帝王陵墓制度史上"独立陵园制"的出现和确立。

西汉11帝陵中，文帝霸陵和宣帝杜陵因特殊原因，分别选址在都城长安东南的白鹿原北端和杜东原上，且各自成独立陵园。[19]其余9座帝陵在渭北咸阳原上沿西南—东北斜向绵延近50 km，每座陵墓之间相距近者数千米、远者十余千米；诸帝陵陵园占地面积大者79.84×10⁴ m²（惠帝安陵）、小者14.02×10⁴ m²（平帝康陵），整体分布的地域范围在517 km²以上。在如此广阔的地段，还有战国时期秦王陵、北周帝陵区和唐顺陵等不同时期的帝王陵寝，以及居民点和平民墓分处其间。显然，西汉帝陵分布区不属于所谓的"集中公墓区"了，只是因为"皇统传承"或"旁近祖考"的因素，绝大多数选址在渭北黄土台塬（咸阳原）。[19]这种将以一代皇帝为中心的"独立陵园"（涵盖帝、后陵和数量不等的陪葬墓，以及陵寝建筑和陵邑等体系）作为基本单元，共同组成一个松散的、事先未经规划的甚至是无序的"大墓地"形态[6]，同战国乃至商周时期的"集中公墓制"截然不同，或者说完全突破了那种"多代国君集中埋葬于同一墓地"的葬制，形成了相对成熟的"独立陵园制"。

唐代十八陵选址在陕西省关中盆地，渭河以北的黄土台塬（俗称二道原）和北山各山岭。陵区西起高宗乾陵，东至玄宗泰陵，分布于乾县、礼泉、泾阳、三原、富平、蒲城境内，绵延150多km。①据统计，关中唐十八陵具体分布在108°13′E（乾

---

① 笔者在百度地图上利用"测距"工具对乾陵—建陵—昭陵—贞陵—崇陵—庄陵—端陵—献陵（北侧为富平县境内的定陵、简陵和丰陵等5座唐陵）—桥陵—泰陵分段测量的直线距离之和为150.5 km。故一般所谓关中唐十八陵东西延绵300 km并非虚夸之词。

陵）～109°39′E（泰陵），34°27′N（建陵）～35°29′N（桥陵）的范围内。[20]其东西跨经度1°26′，南北跨纬度1°02′。其东西绵延约150 km，南北最大陵距（献陵—简陵）22.7 km。因此，关中唐十八陵的分布范围达到3 405 km²，是渭北西汉帝陵分布区范围的6倍多。不仅如此，其单个陵园面积小者（如"积土为陵"的献陵）20.02×10⁴ m²（相当于最小的西汉帝陵陵园的1.43倍），大者（"依山为陵"的桥陵）10.61 km²（相当于最大的西汉帝陵陵园面积的13.29倍）。[21]各帝陵之间相距近者3.5 km，远者达26 km。唐代这种陵园面积巨大、山陵（海拔750 m～1 200 m）气势恢宏的帝陵，显然是"斟酌汉魏"规制后的创新和突破，体现了唐王朝的博大气势。

（三）考虑政治、军事和交通因素

关中地区秦、汉、唐等王朝的帝陵选在都城附近的骊山北麓、咸阳原、白鹿原和杜东原等地势高亢的黄土台塬、山前冲积平原和北山山脉，还有着政治、军事和交通等因素的考虑。例如，秦始皇陵选址在西距都城咸阳约40 km的骊山北麓的山前冲积平原（渭河二级阶地）。《史记·秦始皇本纪》："十六年九月……魏献地于秦。秦置丽邑"。秦始皇十六年（前231年）在陵旁设置"丽邑"，"徙谪，实之初县"。[22]这种在陵园旁边设置陵邑的做法开创了我国古代帝王陵旁设县置邑的先河。[23]秦始皇三十五年（前212年）又从关中和全国各地迁徙三万户豪富及手工业者于丽邑，估计人口数量在十余万之多。此举的目的：一是驱使十余万人口奉守陵园，以壮声势，以助国威；二是汇集各地豪富和手工业工匠，以繁华陵园之地，客观上有利于技术、文化的交流；三是借此削弱六国旧贵族和地方豪强的势力。[24]这是秦立国初期，从政治上打击反秦势力，削弱其经济根基，对巩固秦王朝统治具有积极意义。

西汉11座帝陵选址在都城长安附近的咸阳原、白鹿原和杜东原（乐游原或少陵原），并且在咸阳原上的汉高祖长陵、汉惠帝安陵、汉景帝阳陵、汉武帝茂陵和汉昭帝平陵、白鹿原的汉文帝霸陵和杜东原的汉宣帝杜陵均建有陵邑，诸陵邑迁居官僚豪富与各地望族等。其中，惠帝安陵、文帝霸陵、景帝阳陵邑各万户，人口十万左右；平陵、杜陵三到五万户，人口不下十万。[25]《汉书·地理志》记载，长陵邑户口已多达50 057户，人口数达179 469。茂陵邑61 087户，人口数277 277。

诸陵邑保卫和供奉陵园，同时形成繁华异常、直属朝廷的若干准都市，成为京师长安周围起辅卫凭翼作用的卫星城。尤其是位于长安城西北的咸阳原上的五座陵邑，构成了西汉前期防御匈奴威胁的屏障，同时迁徙关东大族和各地豪杰、高官以及家产百万以上的"高訾"家族聚居陵邑，发挥了"充实京师，强干弱枝"的作用。

此外，秦、汉等朝的帝陵选址及其陵邑设置与交通因素有着密切联系。研究表明，关中古代帝陵陵地的选定追求临近交通大道，在通衢要道之侧（表4-1）。[26]例如，秦始皇陵位于都城咸阳以东，沿渭水经今临潼、华阴市境至潼关，继而东至洛阳的潼关道旁侧；汉长陵位于长安城正北，控制着北向甘泉宫的驰道，由甘泉宫再向北，有秦直道连接北边长城防线；汉阳陵扼制着长安东北方向经栎阳、夏阳通往河东的大道；汉霸陵踞临长安通向关东的大道——新丰驿道（即"走邯郸道也"），也是长安通往东南方向，过武关、沿丹水直指江汉平原的武关道的实际起点；汉茂陵地处由长安向西北交通大道的要冲，而且联结西南的褒斜道交通也曾经归结于此，成为长安地区通往西南和西北的重要交通枢纽；汉杜陵位于"直绝南山，径汉中"（《汉书·王莽传上》）的子午道的起点；唐乾陵位于梁山，史载周太王（古公亶父）逾梁山而载弘基、秦始皇筑宫梁山而御夷狄、汉张骞越梁山而通西域，以至唐代的"丝绸之路"都经过此山。不仅如此，秦汉帝陵陵区也是"驰道迳通"，陵园内具有较好的规划道路和通行条件。

表4-1　关中秦汉帝陵考古钻探与调查发现的道路遗迹

帝　陵	陵园门道宽度	陵邑及其他道路遗迹
秦始皇陵	内、外城垣东、西门均宽77 m；内城垣南门宽65.4 m；外城垣南门宽68 m	
汉高祖长陵	东门道宽22 m；西门道宽14 m；北门宽27 m；西南道宽12 m；中南道宽22 m	陵园北门道路面宽5 m，路土厚0.3 m～0.5 m。陵邑主干道路东西延伸，路土厚0.1 m～0.3 m
汉惠帝安陵	东门宽19 m；西门宽24 m；北门宽38 m；南门宽48 m[①]	陵园东墙有8 m宽的"绕陵路"，北门门址中路土直通陵园和陵邑
汉景帝阳陵	西门宽12.4 m；南门宽14 m[②]	陵邑内南北向街道31条，东西向街道11条，主街道宽度62 m（当时车宽1.3 m）
汉武帝茂陵	东门道宽10 m；南门道宽11 m～12 m；西门道宽9 m；北门道宽8 m	陵邑西北发现两条南北向道路，间距60 m；路宽6 m
汉昭帝平陵	东陵东门道宽6 m；南门道宽9 m；西门道宽8 m～10 m；北门道宽10 m	西陵东门道宽18 m；南门道宽26 m；西门道宽12 m；北门道宽17 m
汉宣帝杜陵	陵园四门大小、形制基本相同。其中东门道宽13.1 m；通道道宽6.3 m；北门道宽12.8 m	陵邑南墙以南有平行的路土遗迹，路宽约6 m；厚度0.2 m
汉元帝渭陵	东门道宽15 m；南门道宽12 m；西门道宽10 m；北门道宽13 m；外垣东门道宽10 m	后陵园东门道宽10 m；西门道宽12 m；南门道宽8 m；北门道宽9 m
汉成帝延陵	东门道宽8 m；西门道宽10 m；南门道宽9 m；北门道宽9 m	

---

① 汉高祖长陵陵园门宽与门道宽相差12 m，据此推断汉惠帝安陵园东门道宽7 m～8 m，西门道宽12 m，北门道宽26 m，南门道宽34 m。

② 王丕忠，张子波，孙德润.汉景帝阳陵调查简报 [J].考古与文物,1980(1): 34-38.

续　表

帝　陵	陵园门道宽度	陵邑及其他道路遗迹
汉哀帝义陵	东门道宽20 m；西门道宽10 m；南门道宽14 m；北门道宽12 m	各门道内外皆发现路土延伸，其垣墙外钻探发现7 m～8 m宽的绕陵路
汉平帝康陵	帝陵东门道宽10 m；西门道宽10 m；南门道宽12 m；北门道宽8 m	后陵东门道宽9 m；西门道宽9 m；南门道宽3 m；北门道宽12 m

资料来源：咸阳市文物考古研究所.西汉帝陵钻探调查报告[J].文物，2010（12）：100.

以上内容表明，帝陵选址及陵邑设置有着交通条件基础，而帝陵陵园及陵邑建设进而改变了旧有的交通状况，促使都城长安（咸阳）形成新的交通格局。[26]究其原委，既有适应规模大、频数高的陵寝祭祀礼仪的需要，又有便于追怀凭吊和筑陵工程施工的考量。

（四）帝王个人的喜好及意愿

关中古代帝王陵位置的具体确定还与帝王本人的喜好和意愿相关。有的帝王陵的葬地和位置或许是帝王本身选定的。例如，秦始皇陵选址固然是诸多因素综合作用的结果，但是据《汉旧仪》记载，丞相李斯冒死进谏，秦始皇令"旁行三百丈乃止"，说明最终的墓圹定位还是秦始皇本人修订的结果。又如，汉武帝茂陵葬地选定在渭北咸阳原主陵区的最西端，当与其宣扬威德，展示"文治武功"的主观愿望有关。西汉文帝、宣帝皆非正常继位，死后均未葬于渭北主陵区，而是分别选址在长安东南的白鹿原和杜东原，有学者认为是因为平辈冲突和代际缺环，其中奥妙或许要从陵墓主人的自身喜好和心理情感上去寻找缘由。

汉文帝刘恒对其生活多年的代国（今河北邯郸）怀有特殊感情，念"代"之情溢于言表。霸陵所处的白鹿原北端，是长安东北向去河东地区（今山西、河北等地）的交通干线（新丰故道）之要冲，也是文帝即位之初自晋阳启程来长安的道路。文帝情系故地，选择位处长安东郊、地势高亢，且能望见去代之路的白鹿原头作为"身后地"，可见其用心良苦。此外，霸陵选址的另一因素在于汉文帝崇尚节俭，认定因山为陵，不起封土，以节省人力和物力。据《史记·张释之冯唐传》记载，文帝曾到霸陵巡视，"……顾谓群臣曰：'嗟乎！以北山石为椁，用纻絮斫陈蔡漆其间，岂可动哉。'"①

汉宣帝刘询是汉武帝曾孙、汉昭帝侄孙，自幼因巫蛊之祸流落民间，后被霍光等辅政大臣迎回，登基称帝。《汉书·宣帝纪》载：宣帝微时"数上下诸陵，周遍三辅，尝困于莲勺卤中，尤乐杜、鄠之间，率常在下杜"。宣帝刘询念旧，将"杜、鄠之间"的杜东原（又名乐游原）作为"宜葬地"。另外，其曾祖母卫子夫、祖母史良娣以及母亲王翁须

---

① 《史记·张释之冯唐列传》："（张释之）从行至霸陵，居北临厕。是时慎夫人从，上指示慎夫人新丰道，曰：'此走邯郸道也。'使慎夫人鼓瑟，上自倚瑟而歌，意惨凄悲怀，顾谓群臣曰：'嗟乎！以北山石为椁，用纻絮斫陈蔡漆其间，岂可动哉。'"

等因"巫蛊之祸"被灭门后皆葬于长安城东南,"旁近祖考"也可能是其选择陵址的重要因素。[1]此外,还有一个实例,即汉成帝陵墓的选址和营建。据《汉书·成帝纪》记载:"(成帝)起初陵,数年后,乐霸陵曲亭南,更营之(昌陵)。"后因这一地带地势较低,不利于防盗,又劳民伤财,而"故陵(延陵)因天性,据真土,处势高敞,旁近祖考,前又已有十年功绪,宜还复故陵"(《汉书·陈汤传》)。最终选择营建延陵。

唐代帝陵陵址的选定,史载由皇帝本人生前选择陵址或按其生前意愿确定陵地的有三位:

一是唐太宗。他将昭陵选定在九嵕山。据《唐会要》卷二十《陵议》载:"昔汉家皆先造山陵,既达始终,身复亲见,又省子孙经营,不烦费人工。我(唐太宗)深以此为是。古者因山为坟,此诚便事。我看九嵕山孤耸回绕,因而傍凿,可置山陵处,朕实有终焉之理。"又据《唐鉴》卷二《太宗上》记载:"文德皇后崩,(贞观十年)十一月葬昭陵。及葬……(太宗)帝复为文(德皇后)刻之石,称"皇后节俭,遗言薄葬。以为'盗贼之心,止求珍货,既无珍货,复何所求'。朕之本志,亦复如是。"由这些记载可见,唐太宗选定昭陵,既有看中九嵕山"孤耸回绕"的龙脉大势,又有节俭薄葬、防盗安全的考虑。

二是唐高宗和武则天。他们将乾陵选在梁山。据文献记载,弘道元年(683年)唐高宗死于洛阳宫。遗诏太子枢前即位,"军国大事有不决者,取天后处分"(《旧唐书》卷五《高宗本纪》),武则天以皇太后的身份临朝称制,即着手为唐高宗修建陵寝。按照唐朝的礼制,帝王陵墓的具体位置要通过勘舆的办法来选择。唐高祖献陵和太宗昭陵皆在关中,加之高宗有"得还长安,死亦无恨"的遗愿,武则天派出卜陵使前往关中勘舆,最后选中梁山为唐高宗修建陵寝。22年后的神龙元年(705年),武则天病故。《旧唐书·则天皇后本纪》:"则天将大渐,遗制祔庙、归陵,令去帝号,称则天大圣皇后"。唐中宗李显为满足母亲的"归陵"遗愿,不顾众臣反对,将武则天合葬入乾陵玄宫。从此,乾陵成为中国古代陵墓中唯一一座一陵合葬两帝的陵园。[27]

三是唐玄宗。他选定金粟山为泰陵。《唐会要》卷二十《陵议》记载:"开元十七年(729年),元宗因拜桥陵至金粟山,观冈峦有龙盘凤翔之势,谓左右曰:'吾千秋后,宜葬于此地。'后遂追先旨葬焉。"显然,唐玄宗看中金粟山"龙盘凤翔之势",亲自选定了其身后宜葬地。[28]以上诸多实例表明,古代皇帝本人的喜好及其意愿影响或决定帝陵陵址的选择乃至陵园的规模、陵墓的形制及结构、礼制建筑设施和陪葬墓的内容等。

总而言之,帝王陵墓的选址和营建在各自所处的朝代均属于国家工程,往往表现为具有整体规划和严格管理机构的复杂系统工程,其影响因素包括诸多方面,如考虑陵址对国家、对民族的长远影响,靠近都城并模仿都城的形态结构,甚至表现出压胜前朝之意,来象征皇权的至高无上。可以说帝王陵墓的选址不仅是个人的智慧与能力的体现,还是民族的大智慧与国家大智慧的体现和展示。历史上有影响的帝王陵无不成为包括风水思想在内的规划、建设的典范,具有里程碑式的意义。

二、关中地区古代帝陵的营建形制

关中地区周、秦、汉、唐等时期帝王陵墓的建造形制分为三种类型："不封不树""堆土为陵""因山为陵"。"不封不树"的帝王陵以西周至战国中期的秦王公陵为代表，"堆土为陵"以秦始皇陵和西汉帝陵（文帝霸陵除外）为代表，"因山为陵"以大部分唐代帝陵为典型代表。

（一）不封不树

从我国古代陵寝制度的起源及其演变来看，中原地区殷周时代的墓葬是没有坟丘的。《易·系辞传下》："古之葬者，厚衣之以薪，藏之中野，不封不树。"坟丘式墓葬起始于春秋晚期，据称是孔子为了便于识别，将其父母亲的合葬墓筑为四尺高的坟丘。最早的君王"陵"墓当是赵肃侯十五年（公元前335年）建造的"寿陵"，其次是秦惠文王的坟墓，称为"公陵"。[29]

《汉书·楚元王传》记载："殷汤无葬处。文、武、周公葬于毕，秦穆公葬于雍橐泉宫祈年馆下，樗里子葬于武库，皆无丘陇之处。"从考古发掘和调查资料来看，春秋以前的墓葬是的，即墓葬之上既没有封土，又不种树。[16]例如，已经发现的我国目前已知最早、最完整的王陵墓葬群——殷墟王陵遗址，共发现有13座王陵大墓和2 500多座祭祀坑①，即属于"不封不树""皆无丘陇之处"的葬制形式。前已述及，关中地区的西周王陵（尤其是周文王、周武王和周公）可能位于其国都丰镐附近的毕原[7-9]或早期都邑岐邑（今宝鸡市岐山县和扶风县境内的周原一带）附近。[10][11]因为西周王陵墓而不坟、不封不树的埋葬形制，人们迄今还难觅其踪迹。

根据对甘肃省礼县大堡子山秦公陵园和陕西关中地区雍城秦公陵园的调查和发掘来看，从春秋中期到战国中期的秦国先公陵墓上亦均无封土。尤其是凤翔雍城秦公陵园，在东西长约12 km、南北宽近3 km的范围内发现了14个陵园，49座大墓，21座"中"字形大墓，5座"甲"字形大墓。所埋葬的21位秦君的墓葬均属于不封不树、墓而不坟的营建形制。此外，咸阳五陵原已经发掘的十六国时期的北周武帝孝陵以及可能分布于此地的其他4座北周帝陵也采用不封不树的埋葬形式。

（二）堆土为陵

《睡虎地秦墓竹简·法律答问》记载："可（何）谓甸人？守孝公、献公冢者也。"说明秦献公和孝公墓是最早出现封土丘（墓冢）的秦国王公陵墓。[13][30]《汉书·楚元王传》记载："（周）文、武、周公葬于毕……皆无丘垅之处……及秦惠文、武、昭、孝、庄襄五王，皆大作丘陇，多所瘗藏。"这说明至少到秦惠文王时期，建筑坟丘已成为定制且普遍流行。[32]咸阳市文物考古研究所2004年对处在汉成帝延陵和汉平帝康陵附近的三处"秦陵"（编为Ⅰ、Ⅱ、Ⅲ号陵园）进行了初步调查钻探，2007年陕西省考古研究院会同咸阳市文物考古研究所对Ⅱ号陵园又做了全面复探。此外，咸阳市文物考古研究所在汉哀帝义

---

① 安阳网：殷墟王陵遗址 http://www.ayrbs.com/anyang/2012-10-15。

陵的钻探中，发现和认定该陵北 900 m 处的一座墓冢为"战国秦陵"（编为Ⅳ号陵园），从而将秦咸阳早期的陵墓区（咸阳原陵区）圈定在今西咸新区秦汉新城周陵街道办事处附近。[30][31] 这四处"秦陵"长期以来被混作西周王陵和西汉帝陵的陪葬墓。经钻探调查，并根据陵园、封土、外葬坑、陪葬墓及遗物的分析研究，考订为战国晚期秦陵。[32] 关于咸阳原秦陵性质（陵墓主人）的考订，专家、学者的意见却不尽一致。咸阳原战国时期秦陵的建造形制均属于"堆土为陵"的形式，同凤翔三畤塬秦雍城陵区和芷阳（今临潼）秦东陵区诸秦公王陵比较，这四处秦陵具有承上启下的关系。其中，被考订为秦惠文王公陵（Ⅰ号陵）和武悼王永陵（Ⅱ号陵）的墓葬形制相对于雍城陵区诸秦公陵具有两条墓道的"中"字形大墓及其陵园四周单壕沟围绕，演变为具有四条墓道的"亚"字形大墓和陵园四周双重壕沟环绕，并且开创了古代帝王陵墓帝后"同茔异穴"合葬的先例 [30][32]，为嗣后的秦汉帝陵所承袭。

1986 年发现的"秦东陵区"（或称"芷阳陵区"）有 4 个陵园，并勘查出"亚"字形墓葬 3 座，"中"字形墓葬 4 座，"甲"字形墓葬 8 座。据钻探调查资料，这些陵墓基本都属于封土陵。其中，1 号陵园呈南北向长方形，南北长 1 180 m，东西宽 695 m，陵园面积 82.42×10⁴ m²，其中两座"亚"字形墓冢封土残高 2 m～4 m。2 号陵园的中字形墓冢底面积 400 m²，封土高 11 m。3 号陵园的中字形墓冢封土残高 6 m（因后期破坏，底面积不详）。4 号陵园最初发现两座"甲"字形墓冢：西土冢底面积 361 m²，封土高 7 m；东土冢底面积 289 m²，封土高 5 m。据史籍记载，葬于秦东陵的秦王公贵族有昭襄王与唐太后、庄襄王与帝太后、悼太子、宣太后等。[33-35] 这里需要说明的是，秦东陵迄今所发现的秦王陵（包括高级贵族墓）的封土基本都是残高，加之受被切割的山前洪积扇倾斜地形影响，其"大作丘陇"的外观不是十分明显。此外，秦东陵 4 个陵园皆发现数量不等的陵寝建筑，表明蔡邕《独断》所云"古不墓祭，至秦始皇出寝"并不确切，事实上在陵旁建立寝殿应始于咸阳原秦陵或秦东陵的陵园。[34]

关中地区帝王陵墓"堆土为陵"的建造形制及其陵墓制度发展到极致和成熟的是秦始皇陵和西汉帝陵。两者的封土规模及陵园形制的比较（表 4-2）如下。

表4-2 秦汉帝陵封土规模及陵园形制

陵 名	封土规模		陵 园		
	底面积 /10⁴m²	高度 /m	形状	城垣	内城面积 /10⁴m²
秦始皇陵	12.25	52.5	长方形	双重	79.0
西汉长陵	2.14	32.8	近正方形	单重	78.0
西汉安陵	2.33	28.0	近方形	单重	85.0
西汉阳陵	2.82	32.3	正方形	双重	17.48
西汉茂陵	5.81	46.5	正方形	双重	18.62
西汉平陵	2.53	33.0	近方形	双重	17.81

续　表

陵　名	封土规模		陵　园		
	底面积 /10⁴m²	高度 /m	形状	城垣	内城面积 /10⁴m²
西汉杜陵	2.96	29.0	正方形	双重	18.75
西汉渭陵	3.06	29.0	正方形	双重	16.40
西汉延陵	2.99	31.0	长方形	双重	15.28
西汉义陵	2.84	30.0	近方形	双重	17.43
西汉康陵	4.51	26.6	正方形	双重	17.64

资料来源：焦南峰，张仲立，段清波，等.陕西秦汉考古五十年综述 [J].考古与文物，2008（6）：96-160.

从以上表格可以看出：首先，秦始皇陵的封土规模、陵园面积在秦汉"堆土为陵"的帝陵陵园，乃至在中国历代帝王陵园中，都是无与伦比的。其次，秦汉帝王陵园"堆土为陵"的营造形制蕴含着古代帝王陵墓制度的承袭、发展。例如，封土形制，以秦始皇陵为代表的秦汉帝陵既超越了战国秦公王陵封土体量，又为后世（如东汉、北宋等）同形制帝王陵所不及如，陵邑制度的创设堪称空前绝后。再次，陵园的"双重"或"单重"城垣都可看作对商周乃至春秋战国帝王陵墓"兆沟"（隍壕、围沟）的发展和创新。其数量不等的陪葬坑、陪葬墓制度及帝后"同茔异穴"合葬制都给后世立下了典范。

隋唐帝陵中，隋文帝泰陵和唐高祖献陵、敬宗庄陵、武宗端陵、僖宗靖陵皆承袭西汉帝陵"堆土为陵"的葬制。其覆斗形封土底面为正方形，陵园正方形或长方形，四面陵垣各开神门、设门阙，陵垣四角建阙楼。献陵、端陵和靖陵保存有乳台阙。献陵下宫遗址位于乳阙西南 1.2 km 处，端陵下宫距陵 2 km。通过将这 5 座隋唐帝陵的封土及陵园规模（表 4-3）与上述西汉封土陵作比较，可以看出：隋文帝泰陵的陵园形制和封土规模与西汉封土陵极为相近。4 座唐代封土陵较西汉封土陵的封土体量小，陵园面积小于西汉初期的长陵和安陵的陵园规模，却大于汉景帝阳陵及其之后的帝陵陵园（帝、后分设陵园）。以封土体量最大的唐高祖献陵来看，其封土低于汉武帝茂陵封土 27.5 m，封土底面积小于茂陵 4.28×10⁴ m²，比高度最低的汉平帝康陵的封土低 7.6 m，比封土占地面积最小的汉高祖长陵还差 0.54×10⁴ m²；其陵园占地面积不及长陵和安陵陵园面积的三分之一，却大于阳陵、茂陵、平陵、杜陵等 8 座西汉帝陵的陵园面积。其他 3 座唐代封土陵的高度还不及大多数西汉帝后（妃）陪葬墓的高度。

表4-3　隋唐堆土陵陵园与封土规模

陵名	陵园面积 /10⁴m²	封土底面积 /10⁴m²	封土高度 /m
隋文帝泰陵	49.29	2.37	27.4

续　表

陵名	陵园面积 /10⁴m²	封土底面积 /10⁴m²	封土高度 /m
唐高祖献陵	21.95	1.53	19.0
唐敬宗庄陵	23.52	0.32	17
唐武宗端陵	32.02	0.35	15
唐僖宗靖陵	23.04	0.16	8.6

注：资料源于 360 百科隋泰陵和唐献陵、庄陵、端陵、靖陵诸词条释文。

（三）因山为陵

"因山为陵，凿山为藏"是我国古代葬制的一种，是将墓葬埋在自然山体中，形成背依大山的恢宏气势。据考证，最早记载"依山为陵"葬制的是《汉书·文帝纪》，上载："治霸陵皆瓦器，不得以金、银、铜、锡为饰，因其山，不起坟。"这表明现存于西安市东郊灞桥区白鹿原北端凤凰嘴一带的汉文帝霸陵是中国古代帝王陵墓演化史上最早采用"依山为陵"营建形制的帝陵。但考古资料显示，汉文帝霸陵是从平地挖坑，再用条石砌筑墓室[①]，既不是纯粹的"平地起坟"，也不是成熟的"因山为陵"，实际是远古在山岩中开凿竖穴墓与后世横穴"依山为陵"墓葬之间的过渡形制。[21]

关中地区唐代帝陵的营建形制及构造方式除了前述献陵、端陵、庄陵、靖陵 4 座"封土陵"以外，昭陵、乾陵、定陵、桥陵、泰陵等 14 座帝陵均属于"依（因）山为陵"（简称"依山陵"）。这些"依山陵"西起乾县北部梁山（乾陵），沿北山山脉跨越礼泉、泾阳、三原和富平诸县境，迄于蒲城县东北的金粟山（泰陵），其连线形成一个以唐长安城（今西安）为基点的扇面。每一座帝陵都选择了该陵区范围内的"岛状山丘"作为陵山（冢）。其营建和构造除昭陵因南临悬崖峭壁，故"缘山傍岩，架梁为栈道"，通至墓门之外，其他各陵则完全由山下凿成阶梯式的墓道，达于墓门。埋葬之后，一无形迹，"欲使易代之后不知其处"。[37] 因此，该 14 座依山为陵的帝陵代表了帝王陵墓形制演化中较为成熟的"横穴"依山陵。其所依山体海拔 743 m ～ 1 188 m。陵山海拔 ≥ 1 000 m 的有昭陵（九嵕山，1 188 m）、乾陵（梁山，1 069 m）、光陵（尧山，1 091 m）、贞陵（北仲山，1 003 m）4 座帝陵；陵山海拔 ≤ 800 m 的有定陵（凤凰山，751 m）、桥陵（丰山，743 m）、建陵（武将山，783 m）、崇陵（嵯峨山，797 m）、章陵（天乳山，783 m）5 座帝陵；陵山海拔 800 m ～ 900 m 的有泰陵（金粟山，852 m）、元陵（檀山，853 m）、丰陵（金翁山，851 m）、景陵（金帜山，872 m）、简陵（紫金山，889 m）。昭陵最大（200 km²），其余诸陵陵园面积 1.33 km²（泰陵）～ 10.33 km²（贞陵）。陵园一般建四角阙，辟四神门，门外双阙（三出阙），

---

① 参见狮子山楚王陵考古发掘队：狮子山楚王陵出土文物座谈会纪要；王恺等编著《2000 天和两千年——廿世纪徐州最大的考古发现》（徐州市汉兵马俑博物馆内部资料，1999 年）。

神门有过殿式、阙楼式和过洞式等，存有蕃酋殿、乳台、鹊台遗址等（表4-4）。

表4-4　唐代帝陵"依山陵"陵园形制及规模

陵名	陵山/海拔（m）	形状	面积/km²
昭陵	九嵕山/1 188	无陵垣	200
乾陵	梁山/1 069	正方形	2.15
定陵	凤凰山/751	长方形	6.0
桥陵	丰山/743	不规则正方形	8.52
泰陵	金粟山/852	不规则五边形	1.33
建陵	武将山/783	不规则长方形	1.40
元陵	檀山/853	近正方形	6.75
崇陵	嵯峨山/797	不规则梯形	2.65
丰陵	金瓮山/851	不详	不详
景陵	金帜山/872	不规则长方形	6.51
光陵	尧山/1 091	长方形	6.82
章陵	天乳山/783	近正方形	1.76
贞陵	北仲山/1 003	不规则多边形	10.13
简陵	紫金山/889	正方形	4.41

注：表中昭陵、乾陵、桥陵、泰陵、崇陵和贞陵数据来源于参考文献，元陵数据来源于百度贴吧/富平历史文化吧，其余诸陵的数据来源于百度百科关中十八唐帝陵的解释。

与秦汉帝陵比较，唐代帝陵的明显特征[38]：

（1）陵墓构筑方法与封土形制的关系。西汉文帝霸陵"因山为陵"的构筑形制堪称唐代14座"依山陵"的滥觞，但在具体修筑方法上，西汉霸陵是"从平地挖坑，再用条石砌筑墓室"，与唐昭陵"在九嵕山南面悬崖开凿玄宫"和乾陵"环绕陵山修筑方形城垣，四面辟四门，门外置双阙、列戟廊和双石蹲狮，南门外三重门阙（鹊台阙、乳台阙和门阙），神道西侧建下宫、东侧分布陪葬墓，以及神道两侧对称排列石刻群、蕃酋石像"的修筑方法截然不同。西汉10座"堆土陵"的封土体量和形制是唐代4座"封土陵"无法比拟的。前者封土高度26.6 m～46.5 m、其底面积2.07×10⁴ m²～5.81×10⁴ m²，后者封土高度8.6 m～19 m，其底面积0.16×10⁴ m²～1.53×10⁴ m²。

（2）唐代帝陵尤其是依山陵的气势较汉代封土帝陵更为雄伟恢宏，这主要体现在汉代封土型陵冢（陵山）与其所在地平面的高差不超过50 m（茂陵最高，为

46.5 m），唐代依山陵所在山峰与山麓洪积扇或黄土台塬的相对高差达数百米。例如，乾陵所依梁山与山前靖陵所在台塬相对高差 260 m，礼泉县境内建陵和昭陵所依的武将山、九嵕山高出山前洪积扇 200 m～230 m，泾阳县境内的贞陵和崇陵所在山峰与山前台塬相对高差 210 m～420 m，富平县境内的定陵和简陵等 4 座依山陵与山前洪积扇高差 110 m～250 m，蒲城县桥陵和泰陵等 5 座依山陵，与山前黄土台塬高差 100 m～190 m。[①] 此外，西汉帝陵陵园占地面积 0.14 km²～0.80 km²，唐代依山陵陵园占地面积 1.33 km²～10.13 km²（未包括昭陵）。显然，无论是平面范围，还是立体高度，汉代堆土陵与唐代依山陵都不可同日而语。

　　整个汉、唐时期的所有大项目，如宏大规模的都城长安城城中恢宏雄伟的宫殿、极为宽阔的主干街道等除了具有实际的功能外，还有重要的精神价值。例如，汉初丞相萧何主持建造的壮丽恢宏的未央宫，其实际功能为君臣朝会之处，其精神价值在于"天子四海为家，（宫室）非壮丽无以重威"；唐诗"九天阊阖开宫殿，万国衣冠拜冕旒"道出了唐长安城大明宫使一个国家有了傲视群雄的气度，令世界各国纷纷前来进行贸易和文化交流的景象，可谓万国来朝，德化远播。帝王陵这样的实际功能与精神需求并重的特殊项目更是有着超乎寻常的精神因素。西汉选择地势高亢、开阔的黄土台塬建筑高度达数十米的陵冢，唐代依山而建的帝陵以巍峨的山峰作为墓冢，以高耸的山梁为神道，其俯览大地、傲视苍穹的"高山仰止"的雄伟气势为后世至多十余米高的土筑陵丘所望尘莫及。唐代帝王以大山为陵，而不是筑小丘为冢，追求的是一种理想境界、一种恢宏气势，并非单纯建一个死后的栖息地。

参考文献：

[1] 焦南峰, 马永嬴. 西汉帝陵选址研究 [J]. 考古, 2011(11):76–83.

[2] 沈睿文. 西汉帝陵陵地秩序 [J]. 文博, 2001(3):17–23.

[3] 张燕军. 风水思想与汉唐帝陵选址研究 [J]. 兰台世界, 2013(21):155–156.

[4] 巩启明. 仰韶文化 [M]. 北京：文物出版社, 2002.

[5] 半坡博物馆, 陕西省考古研究所, 临潼区博物馆. 姜寨——新石器时代遗址发掘报告 [M]. 北京：文物出版社, 1988.

[6] 赵化成. 从商周"集中公墓制"到秦汉"独立陵园制"的演化轨迹 [J]. 文物, 2006(7):41–48.

[7] 岳连建. 西周王陵位置初探 [J]. 文博, 1998(2):42–45.

[8] 郑红利. 与西周王陵相关的几个问题 [J]. 文博, 2000(6):30–34.

[9] 赵丛苍. 周公庙墓地性质管窥 [J]. 西北大学学报 (哲社版),2004,34(6):21–23.

[10]　罗西章. 西周王陵何处觅 [J]. 文博, 1997(2):68–73.

---

① 唐代 14 座"依山陵"所在山峰与山前洪积扇或黄土台塬的相对高差为其所在山峰的海拔高度与山前地形平均标高值的差值。

[11]　辛玉璞.西周王陵今何在 [J].陕西教育学院学报,2007,23(2):50–54.

[12]　焦南峰,孙伟刚,杜林渊.秦人的十个陵区 [J].文物,2014(6):64–74.

[13]　徐卫民.秦公帝王陵发展演变的特点及其在历史上的地位 [J].文博,2001（6）:18–26.

[14]　韩养民.风水与唐陵 [M].西安：三秦出版社,2003.

[15]　李健超.关中汉唐帝王陵 [J].中国历史地理论丛,1989,4（4）:131–146.

[16]　徐卫民.秦帝王陵墓制度研究 [J].唐都学刊,2010,26（1）:43–51.

[17]　张卫星,付建.秦始皇陵的选址、规划与范围 [J].文博,2013（5）:40–45.

[18]　王学理.秦始皇陵研究 [M].上海：上海人民出版社,1994.

[19]　崔建华.论皇权传承规范对西汉帝陵布局的制约 [J].考古与文物,2012（2）:60–64.

[20]　王双怀.关中唐陵的地理分布及其特征 [J].西安联合大学学报,2001,4（1）:63–66.

[21]　张建林.唐代帝陵陵园形制的发展和演变 [J].考古与文物,2013（5）:82–90.

[22]　陈益民.秦汉陵邑考 [J].中国社会经济史研究,1996（1）:77–78.

[23]　朱学文.秦始皇陵园设计规划问题之研究 [J].文博,2009（5）:44–48.

[24]　刘炜.秦始皇陵布局浅谈 [J].文博,1985（2）:20–24.

[25]　曾晓丽,郭风平,赵长兴.西汉陵邑设置刍议 [J].西北农林科技大学学报 (社科版),2005,5（3）:120–123.

[26]　王子今.西汉帝陵的方位与长按地区的交通形势 [J].唐都学刊,1995,11(3):29–33.

[27]　樊英峰.乾陵历史地理初探 [J].中国历史地理论丛,2000（3）:183–196.

[28]　沈睿文.唐陵的布局：空间与秩序 [M].北京：北京大学出版社,2009.

[29]　杨宽.中国古代陵寝制度的起源及其演变 [J].复旦学报 (社科版),1981(5):59–68.

[30]　王学理.咸阳原秦陵的定位 [J].文博,2012（4）:11–18.

[31]　刘卫鹏,岳起,邓攀,等.咸阳原上 "秦陵" 的发现和确定 [J].文物,2008(4):62–72.

[32]　焦南峰,杨武站,曹龙,等.咸阳 "周王陵" 为战国秦陵补证 [J].文物与考古,2011（11）:53–57.

[33]　张海云,骆希哲.秦东陵勘查记 [J].文博,1987(3):16–19.

[34]　徐卫民.秦东陵考论 [J].咸阳师范学院学报,2002,17（5）:13–17.

[35]　赵化成.秦东陵刍议 [J].考古与文物,2000(3):56–63.

[36]　周学鹰."因山为陵"葬制探源 [J].中原文物,2005（1）:62–68.

[37]　周明.陕西关中唐十八陵陵寝建筑形制初探 [J].文博,1994（1）:64–77.

[38]　刘根良.汉唐陵寝制度之异同 [J].南昌职业技术师范学院学报,1996(2):36–39.

第五章 关中地区古代帝陵的结构

古代帝王陵墓的结构可分为地上和地下两大部分。由于陕西关中地区古代帝王陵墓发掘得极少，帝王陵墓的结构（尤其地下部分）多不能详知。根据文献记载和考古研究资料，可以对关中地区古代不同历史时期帝陵的结构情况进行概括性了解和推测。

一、西周到战国中晚期王公陵的结构

西周到战国中期的丧葬是"不封不树""墓而不坟"，因而关中地区战国中期以前的西周王陵和战国秦公陵的地面上没有封土丘和树木。

有关西周王陵的葬制，至今缺乏直接的考古实证资料。近些年来，考古工作者在岐山县周公庙遗址经过调查和钻探发现商周时期墓地6处，探明37座墓葬，其中有四条墓道者（"亚"字形）10座，有三条、两条（"中"字形）和一条（"甲"字形）墓道各4座，另有长方形竖穴土圹墓或车马坑15座。其后，考古工作者发掘了其中的"亚"字形（编号为M18）和"中"字形（编号为M32）大墓各1座。"亚"字形大墓位于墓地中部偏东，墓室长6.8 m、宽6.4 m，东墓道长12.4 m、宽0.9 m，西墓道长7.5 m、宽1.3 m，南墓道长17.6 m、宽4.2 m，北墓道长17.7 m、宽0.9 m。南墓道为斜坡式，其他三条墓道均为阶梯式，墓底四周有宽近1 m的生土二层台。因盗扰严重，考古工作者只在盗洞填土中发现青铜车马器、小件玉器、石磬、原始瓷器等。"中"字形大墓位于墓地南端，系方形竖穴土坑墓室，阶梯式北墓道残长9 m、宽1.9 m～2.1 m，斜坡式南墓道残长13.3 m、宽约5 m，此墓亦多次被盗扰，墓室内随葬器物被洗劫一空，盗洞填土中有700多片原始瓷片（可辨识出豆、尊等10余种器类）、残铜鼎耳、铜泡、蚌泡、象牙器等。[1]比照殷商王陵葬制，"亚"字形（四条墓道）和"中"字形（两条墓道）大墓应属王陵和高等级贵族墓葬。因此，被多数专家考证为"周公家族墓"的周公庙遗址墓葬[2]无疑为西周王陵地下结构状况提供了参照。

多年来，考古工作者在凤翔秦雍城陵区发现了21座"级别高，无疑为秦公墓"的"中"字形墓，其墓室之上均有建筑遗迹，应为享堂建筑。[3]此外，雍城秦公陵园中还有外、中、内三重隍壕，即整个陵地的外围沟（外隍壕）、若干座陵墓组成的陵园围沟（中隍）、陵墓自身的围沟（内隍）。[4]

凤翔雍城陵区秦公陵墓葬的地下部分结构由已发掘的秦公一号大墓（根据墓中出土的石磬刻文，基本确定其为春秋晚期的秦景公墓）可见一斑。该墓平面为"中"字形（图5-1），全长300 m，面积约5 334 m²，深24.5 m，是已发掘的先秦墓葬中最大的一座。墓室由主椁室、副椁室、72具箱殉、94具匣殉等组成（另在填土中发现20具殉人骨骼）。

该墓虽然屡经盗扰，但仍出土铜、铁、金、陶、玉、漆器及纺织品等各类文物3 500 多件。该墓为土圹竖穴墓，由底到顶有三层台阶，台阶环绕墓壁，宽2 m～6 m，第三台阶中部为椁室，长14.4 m、宽5.6 m、高5.6 m，面积约90 m²。紧靠主椁室西南有一个副椁室，长7 m、宽4 m、高2.6 m。椁室全部由一根根四方木头构成，木头两端还有榫头伸出，凑成长方体的木屋，初步认为是我国古代最早的一套"黄肠题凑"葬具。考古工作者在墓葬中发现"目"字形车马坑两座，发掘的1 座坑长17.5 m、宽3.1 m、距地表12.5 m，坑底东西向依次放置5 组车，每组车前分别有挽马两具。[5]

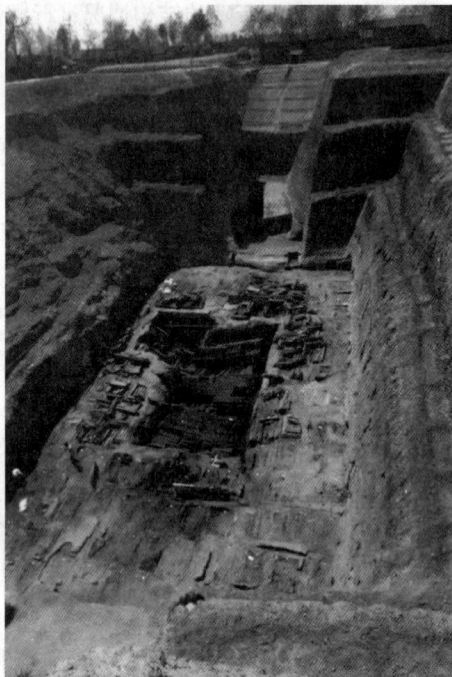

图 5-1　凤翔雍城秦公一号大墓（陕西考古研究院）

据考古调查和钻探，咸阳原发现的战国中后期的诸秦王陵园位于秦汉新城周陵街道办事处附近，形制和规模颇具代表性的Ⅱ号陵园是由内、外两重垣墙及内、外两重围沟组成的双重陵园。该陵园的两座"亚"字形大墓（一直被认作"周王陵"）中的南墓（可能是秦悼武王陵）覆斗形封土高14 m，底面积9 500 m²；封土四面各伸出一条墓道，东墓道长74 m、宽24 m～42 m，西墓道长63 m、宽26 m～45 m，南墓道长42 m、宽25 m～40 m，北墓道长89 m、宽25 m～42 m。墓道填土均为夯土，两壁大多设有台阶。东墓道有两级台阶，第一级台阶宽1.5 m、距地表3.5 m，第二级台阶宽2 m、距地表5.5 m。封土周围地层深1.2 m～2.2 m。北墓道北部东边紧连墓道发现一个长方形陪葬坑，坑南北长12 m、东西宽7 m、距地表7.5 m。北墓（王后陵）封土高17.5 m，底面积3 500 m²。其封土四面各探出墓道一条，东墓道长70 m、宽11 m～30 m，西墓道长52 m、宽11 m～28 m，南墓道长45 m、宽17 m～23 m，北墓道长36 m、宽12 m～26 m。四周地层深2 m。墓道两壁有生土台阶，南墓道西壁台阶发现3级台阶，宽1.8 m、高3 m。第一级台阶距地表4 m，第二级台阶距地表7 m，第三级台阶距地表10 m。墓道填土均为夯土，比较坚硬。东墓道南部和南墓道西部各有一个陪葬坑。其中，东墓道的陪葬坑东西长11 m、南北宽8 m、距地表7 m，探孔内发现有绿色铜锈和红色的漆皮。南墓道上的陪葬坑平面呈五边形，南北长10 m、东西宽4 m～7 m、距地表5.5 m，探孔内发现有木灰痕迹。[6]

考古工作者在该陵园还发现外葬坑27座（其中内陵园9座，外陵园18座），其平面形制呈长条形、曲尺形等，长3.7 m～117.1 m、宽2.4 m～12 m、深8 m；其位置、排列凌乱无章。考古工作者又在内、外垣城发现3处小型陪葬墓群，共168座，其中详细钻探的120座墓葬中，洞室墓占83.3 %，竖穴土坑墓占16.7 %。[4]

自1986年以来，考古工作者在秦东陵先后发现4个陵园，勘查出"亚"字形墓葬3座，"中"字形墓葬4座，"甲"字形墓葬8座。其中，Ⅰ号陵园最具代表性，陵园隍壕由东面人工壕沟和南西北三面天然围沟组成，园内有性质和大小相若、东西并列的两座"亚"字形大墓（已确定为秦昭襄王及唐太后的陵），其封土残高2 m～5 m，底面积37 500 m²。据现场勘查，1号"亚"字形墓（南墓）墓室为"黄肠题凑"结构，保存状况较佳。考古工作者还勘查出建筑遗址4处、陪葬坑14座（钻探出马骨、木迹、漆皮和骨饰等[7]）、陪葬墓161座、陵园道路（"王路"）2条。其他陵园类似，周围围沟环绕，以"亚"字形或"中"字形大墓为主，具有数量、规格不等的陪葬墓、陪葬坑和建筑遗址等。[8]

二、秦始皇陵的结构

（一）秦始皇陵的地上部分结构

秦始皇陵的地上部分结构复杂、内涵丰富（图5-2）。帝陵现存封土呈3层阶梯的方形台体，底面积120 800 m²，高52.5 m。封土下围绕墓室筑成9级台阶式夯土建筑，可能是历史文献记述的"中成观游"之类的庞大建筑物。[9]陵园内、外两重城垣均呈长方形，内城东北角用两条隔墙形成小城，内城垣辟6门（北垣上有2门，其余三面各1门，内城中部东西向隔墙上有1门），外城垣辟3门（东、西、南三侧城墙各辟1门）。陵园内城有寝殿、便殿遗址2处（封土北侧），内外城之间西侧的东西轴线北发现园寺吏舍遗址和丽山飤官遗址2处。陵园外有鱼池建筑遗址、防洪大堤遗址和石料加工场遗址等。陵园北侧设有奉守陵园的"骊邑"（陵邑）。[5]

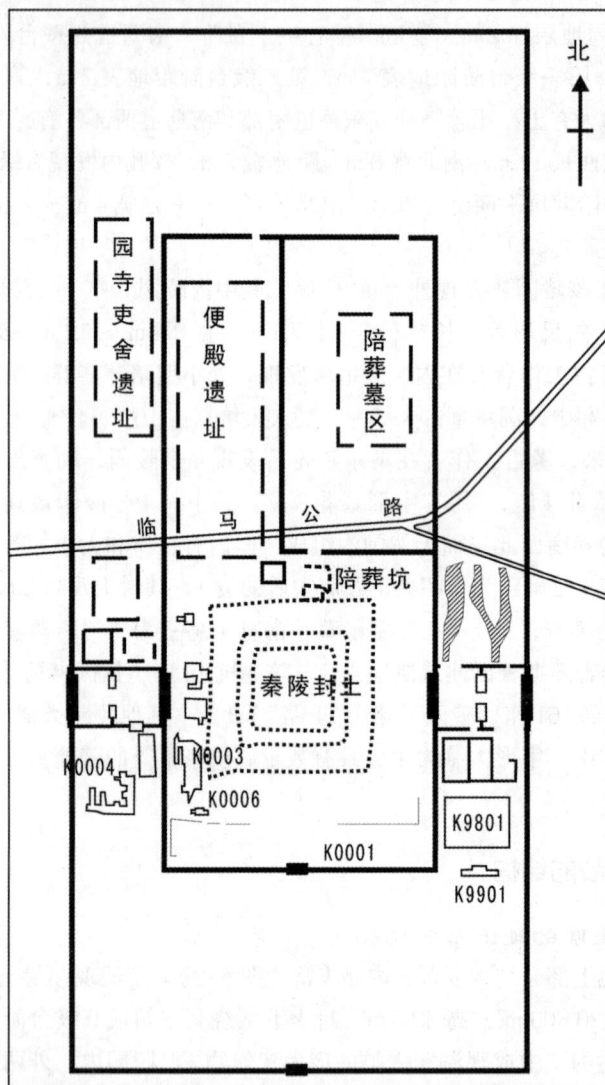

图 5-2　秦始皇陵园平面布局图（陕西省考古研究院）

（二）秦始皇陵的地下部分结构

　　秦始皇陵的地下部分包括地宫（墓室）、陪葬坑、陪葬墓和地下阻排水系统等。其中，地宫墓圹当初开挖主体东西长 170 m、南北宽 145 m，在墓室的四周这一开挖范围内为精细夯筑的夯土宫墙，墙的主体范围东西长 145 m、南北宽 125 m。墓室东西长 80 m、南北宽 50 m，空间高度 15 m。据《史记·秦本纪》记载："（秦始皇陵地宫）穿三泉，下铜而致椁，宫观百官，奇器珍怪徙藏满之，令匠作机弩矢，有所穿近者辄射之，以水银为百川江河大海，机相灌输，上具天文，下具地理，以人鱼膏为烛，度不灭者久之。"《汉书·楚元王传》也载："石椁为游馆，人膏为灯烛，水银为江海，黄金为凫雁。珍宝之藏,机械之变,棺椁之丽,宫馆之盛,不可胜原。"物探勘测探明地宫距地面深约 34 m,并验证"封土堆中部发现了明显的高汞异常现象""有可能地宫中以汞造就的'江河''大海'到现在还没有干涸"。[9] 地宫的东、西部各有一条墓道,地宫南、北两边尚未发现类似东西墓道的结构。围绕着地宫分布着一些大型陪葬坑,西侧有铜车马坑等 3 座,东、南侧各 3 座,北侧 7 座,共 16 座。有些陪葬坑原被封土的边沿覆盖,是地宫周围的外藏椁。[5]

考古工作者在陵墓周围勘探出一组大型地下阻排水系统,现已探明长度为 1 303 m,其中阻水渠长 778 m、最深处 39.4 m,排水渠长 525 m。阻水渠下层由厚 17 m 的青膏泥夯层组成,上层为 21 m 厚的夯土层。阻水渠始于陵墓封土东侧东西轴线的偏北处,向南至封土东南角折向西,至封土西南部折向北,在封土西侧正中含铜车马陪葬坑下折向西。排水渠由 8 段明井、7 处暗渠构成,最深处 23 m,从封土西侧向西穿过内城西门,沿内城西墙折向北。阻排水系统的作用是阻挡地宫以外的潜水进入,从而达到永久性地保证地宫安全的目的,它是秦代大地勘测技术、地质学应用技术、"坎儿井"技术综合应用的体现。[10]

陵园西侧内外城垣之间以司马道为界分为南、北两区。南区有大、中型马厩坑各 1 座,小型府藏坑 16 座,珍禽异兽及踞坐俑坑 31 座;北区贴近司马道有后宫人员陪葬墓区 1 处,其余部分为饲官遗址及园寺吏舍遗址。东侧内外城垣之间在司马道的南侧有百戏俑坑、石铠甲坑及 1 座大型府藏坑。司马道北侧的情况不明。外城垣以外东侧有上焦村陪葬墓 17 座、马厩坑 101 座、兵马俑陪葬坑 1 组,北侧有储藏肉食类的府藏坑 1 座、青铜水禽陪葬坑 1 座。[5]

震惊中外的秦兵马俑坑有 3 个(另有一个是尚未建成的空坑),均为地下土木结构坑道式建筑,其构筑包括开挖土圹、处理地基(包括抄平、夯筑)、夯筑隔墙、铺地砖、等。隔墙区隔出一个个坑道式空间——过洞,过洞内放置陶俑、陶马、木质战车等,覆土前棚木上还要铺以苇席,最后再用泥土覆盖起来。

一号坑呈东西向长方形,长 230 m、宽 62 m,面积 14 300 m²。俑坑东、西两端各有一条南北向长廊,中间有 10 道东西向的夯土隔墙,分割出 11 条东西向的过洞。过洞长约 180 m、宽 3.25 m,过洞和长廊内放置兵马俑。东、西长廊分置前锋和后卫,南、北两侧过洞各置侧翼,中间 9 个过洞则置 36 路纵队,成为有前锋、后卫、侧翼,并且以步兵和战车混合编组的大型军阵。一号兵马俑坑只发掘了一部分,据排列密度估算,整个俑坑内有武士俑和军吏俑约 6 000 件,四马战车 40 乘,陶马 160 匹。[11]

二号坑平面呈曲尺形(东北角突出),东西通长 124 m,南北通宽 98 m,面积约 6 000 m²,东、西、北三面共有门道 11 条。俑坑由 4 个单元构成:东北部为弩兵阵,由 300 多件跪射俑和立射俑组成;北部三个过洞为骑兵俑阵,有 6 辆战车和 108 名骑兵;骑兵俑群南部 3 个过洞是步兵、战车混编的俑阵;俑坑南部 8 个过洞则为纯粹的驷马战车编组。整个二号俑坑共计有弩、车步、骑俑 939 件,陶马 472 匹,战车 89 乘。[12]

三号坑平面呈"凹"字形,东西长 28.8 m,南北宽 24.57 m,面积约 520 m²,东面正中有斜坡门道。其平面布局分南、中、北三区，坐西面东，该坑已全部揭露。由于三号坑面积较小，加之特有的"凹"字形结构，故中间不设承重墙，只是在坑周筑夯土二层台，以搭建棚木。中区置驷马华盖车1乘，车前驾有陶马4匹，车后有陶俑4件；南区有铠甲武士俑42件，北区有铠甲武士俑22件，皆作夹道式排列。三号坑出土铜殳30件，这表明卫士手中所持兵器主要是铜殳。[13]

三、西汉帝陵的结构

（一）西汉帝陵的地上部分结构

西汉帝陵的地上部分类似于秦始皇陵，如双重陵垣、高大的覆斗形封土丘、礼制建筑（寝殿、献殿和便殿）、陪葬墓等。此外，西汉帝陵陵园帝后"同茔异穴"合葬，前期的汉高帝长陵至汉宣帝杜陵等7座帝陵陵园附近设置有陵邑。比如，汉武帝茂陵陵园（图5-3）为内、外双重城垣。其外围墙、外壕沟组成的外城垣及其以内的区域是整个陵区的核心区，包含帝陵陵园、李夫人墓园、11处建筑遗址、244座外藏坑（不包括武帝陵园和李夫人墓园内的外葬坑）及9座（"中"字形1座、"甲"字形8座）陪葬墓等。帝陵陵园呈方形，四周垣墙（内城垣）各设1门，建四角阙（楼）。帝陵覆斗形封土位于陵园中心，底面积58 100 m²，高48.5 m。墓室四周呈放射状分布有150座外藏坑。李夫人墓园四周围垣呈长方形，封土呈覆斗形（带二层台），底面积13 800 m²，高28 m。封土北侧有建筑遗址1处，墓园内还有外葬坑6座、祭祀坑7座。此外，茂陵陵园（外城垣）东侧380 m处四周有壕沟的长方形陵邑的占地面积约2.81 km²，该陵邑内被"三纵七横"的主干路划分为30多个里坊。陵园四周有陪葬墓113座（其中大中型墓葬51座），以及长（1760 m～3120 m）、宽（32 m～80 m）不等的4条司马门道。[14]

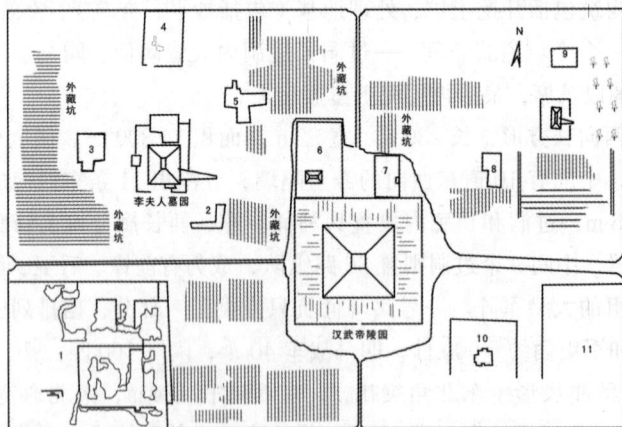

图5-3　汉茂陵陵区遗迹平面图（陕西考古研究院）

自20世纪90年代起，考古工作者对汉景帝阳陵进行了大规模的考古钻探和发掘，基本了解了陵园的整体布局、规模和帝陵的形制，发现了大量的从葬坑和陪葬墓园。阳陵陵区平面呈不规则葫芦形，东西长近6 km、南北宽1 km～3 km，面积约12 km²，由帝陵、后陵陵园[①]，南北区从葬坑、刑徒墓地、陵庙等礼制建筑，陪葬墓及阳陵邑等部分组成。帝陵坐西面东，居于陵园的中部偏西；后陵、南北区从葬坑、一号建筑基址等分布于帝陵四角；北区陪葬墓和罗经石遗址位于帝陵南北两侧，左右对称；刑徒墓地及三处建筑遗址在帝陵西侧，南北一字排列；东区陪葬墓园棋盘状分布于帝陵东侧的司马道两侧；阳陵邑则设置在陵园的东端。整个陵园以帝陵为中心，四角拱卫，南北对称，东西相连，布局规整，结构严谨。[5]

（二）西汉帝陵的地下部分结构

从对西汉帝陵的勘探发掘来看，西汉帝陵陵墓皆为"亚"字形，坐西面东。例如，汉景帝阳陵帝陵陵墓四侧各有一条墓道，东墓道长69m，南墓道长17m，西墓道长21m，北墓道长23.1m。考古工作者在帝陵陵园四门以内封土以外，发现从葬坑86座。各坑间距一般在4m左右，坑的宽度在3m～4m。坑深3m左右，坑底部距现地表8m～14m（图5-4）。后陵墓葬形制亦为"亚"字形，坐西朝东。东、南、西、北各有一条墓道，东墓道最长、最宽。其封土外围亦发现从葬坑28座。此外，考古工作者在帝陵东南约500m（南区）和西北约500m（北区）处各发现从葬坑24座，在阳陵园北区陪葬墓园发现从葬坑30座，又在阳陵东区陪葬墓园先后发现从葬坑3座。因此，阳陵陵园内外共发现195座从葬坑。[5]

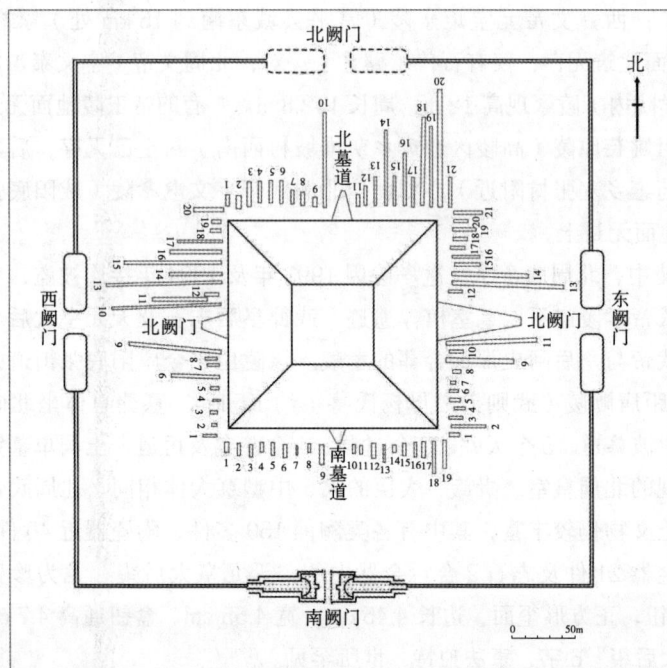

图5-4 汉阳陵帝陵从葬坑分布图（焦南峰，2007）

---

① 据焦南峰的观点，阳陵帝陵陵园仅指汉景帝陵园，后陵陵园指王皇后陵园，阳陵陵园代表除陪葬墓区、阳陵邑和刑徒墓地之外的外城以内的汉阳陵中心区，陵区是指以上所有部分。

汉阳陵帝陵封土以外、陵园之内分布的86座从葬坑主要出土了不同身份（官吏、武士和侍从等）陶俑、陶塑家畜（猪、狗、羊、牛和鸡等）、生活器皿、兵器、粮食、纺织品以及车马、印章、封泥等，代表或象征西汉王朝的宗正、少府等官署机构；帝后陵封土外的28座从葬坑象征和代表后宫系统的机构；其他33座从葬坑分属4座陪葬墓，其数量和规格反映墓主生前的等级、职务及其所属机构（象征墓主与皇家关系的密切性）。[15]

四、南北朝时期帝陵的结构

汉、隋之间的"十六国"及南北朝时期，关中地区相继有前赵、前秦、后秦、西魏和北周等封建政权以长安为都城，长安及其周围的关中地区仍保持中国北方政治中心的地位，从而遗留有这一历史时期的帝王陵墓，如散布在咸阳原、彬县、富平、高陵、白水诸县区的"十六国"前赵刘曜之父的永垣陵（白水）、前秦宣帝苻坚墓（彬县）、后秦太祖原陵和高祖偶陵（高陵）、西魏文帝永陵、北周文帝成陵（富平）和武帝孝陵（咸阳原）等。[16]有点帝王陵地面有封土和其他遗迹，如前赵刘曜之父的永垣陵封土高40 m，南北长340 m，东西宽96 m，占地面积32 600 m²；前秦宣帝苻坚墓（彬县水口镇九田村），墓冢为斜长角锥形，南端高3 m、宽7 m，北端高2 m、宽3 m，南北总长21 m，俗称"长角冢"；西魏文帝元宝炬永陵（富平县城东南约15 km处）冢高15 m，周长230 m，陵园地面建筑无存，仅有石兽（獬豸）一对；北周文帝（宇文泰）成陵（富平县宫里乡宫里小学院内）陵冢现高12 m，周长142.8 m。①有的帝王陵地面无封土和其他遗迹，如后秦太祖姚苌原陵（高陵区通远乡灰堆坡村西南）封土已无存，后秦高祖姚兴偶陵（高陵区东药惠乡麦张村附近）亦如此，北周武帝宇文邕孝陵（咸阳底张街道办陈马村东南）也是地面无封土。

在以上诸陵中，北周武帝宇文邕孝陵因1993年及1994年接连被盗，考古部门正式发掘，出土了武帝孝陵志石、墓室棺椁遗迹、武德皇后志石及天元皇太后金玺等，判定此墓确为北周武帝与皇后阿史那氏合葬的孝陵。该陵位于今咸阳底张街道办陈马村东南约1 km处，西距唐顺陵（武则天之母杨氏墓）约1.5 km。墓葬总体坐北向南，墓道全长68.4 m，由斜坡墓道、5个天井、5个过洞、4个壁龛及甬道、土洞单墓室组成。这样的形制与已发现的北周皇室、贵族、大臣的大、中型墓大体相同。北周武帝孝陵虽经多次盗掘，但出土文物仍较丰富，其中有各类陶俑150多件、陶瓷器近40件、玉器8件、铜带具1套、金器21件及志石2合。金器中的"天元皇太后玺"尤为珍贵，纯金，重802.56 g，獬豸钮，正方形玺面，边长4.45 cm、宽4.55 cm、盒钮通高4.7 cm。玺面篆书阳刻"天元皇太后玺"6字，章法独特，世所罕见。[17]

据《北史》《周书》记载，孝闵帝葬静陵，明帝葬昭陵，武帝葬孝陵，宣帝葬定陵，静帝葬恭陵，但这5座帝陵究竟位于何处，史书语焉不详。加之北周帝陵"不封不树"，

---

① 诸少数民族割据政权王陵资料源自360百科的相关词条释文。

地面没有封土及其他标识物，后世全不知其所在。孝陵的发掘不仅确定了北周武帝的埋葬之地，还为探寻其他几座北周帝陵提供了重要线索。孝陵所在的陈马村至底张镇一带地势高亢开阔，东有孝陵，西南有谯王宇文俭、骠骑大将军叱罗协等皇族、勋贵之墓，是迄今发现北周大、中型墓葬最多的区域，显然是北周皇室及贵族的重要墓葬区。此外，孝陵的发掘还为了解南北朝时期帝陵结构提供了重要参照。

五、唐代帝陵的结构

（一）唐代帝陵的地上部分结构

关中唐十八陵的建造形制分为"依山为陵"（依山陵）和"堆土为陵"（封土陵）两大类。在 14 座依山陵中，昭陵建造时间最早，开创了"依山为陵"的先河。其地面结昭陵依九嵕山建造玄宫，未发现环绕陵山的垣墙，只是建造了南、北司马门，并将"昭陵刻石文"碑、"昭陵六骏"和"十四国蕃君长"等石像群设置在北司马门。寝宫建筑群（由 3 组大型建筑和多座中小型建筑组成，其中大型建筑含寝殿）在陵山西南缓坡处，193 座陪葬墓分布在九嵕山南侧和东侧的山坡及山下东、南部的开阔平原地带。唐高宗与武则天合葬的乾陵（图 5-5）依梁山凿建玄宫，具有双重城垣（唐陵中唯一的），内外城垣相距约 220 m。内城垣环绕陵山构成近方形陵园，四角建角阙，城垣辟四神门（东青龙、南朱雀、西白虎、北玄武），殿堂式门外建双阙、立石蹲狮 1 对。北神门（玄武门）阙外置石虎、石兽各 1 对，仗马及牵马人组合 3 对。南神门（朱雀门）内为寝宫，门外由门阙、乳（台）阙和鹊台（阙）各 1 对构成三重阙。乳阙与门阙间的神道两侧自南而北设立华表、翼马、鸵鸟（朱雀）各 1 对，仗马及牵马人 5 对，翁仲 10 对，碑 1 对（东为无字碑，西为述圣记碑），门阙内左右排列蕃酋石像 61 座。鹊台与乳阙之间的神道西侧置方形下宫（双重城垣，外城占地面积 145 200 m²）建筑群；东侧分布 17 座陪葬墓，其中皇子墓 5 座、公主墓 4 座、大臣墓 8 座，这些墓均具有围沟或围墙的墓园建筑遗迹。[18] 后来的依山陵基本循沿"乾陵"模式，不同之处有以下几点：①迄今尚未发现诸依山陵有双重陵垣，基本为单重城垣；②神道石刻群的种类和数量的微调变化，如蕃酋石像数量不一，泰陵陵园出现 12 生肖石像，贞陵陵园南门（朱雀门）外有 4 个守门武士雕像等；③诸陵北门外均未发现石虎与石兽雕像；④自泰陵及其后的唐陵石刻体量变小、雕刻粗糙（建陵石刻体量虽不大，但雕刻精细）；⑤陵园规模越接近唐朝末期越小（贞陵例外，其陵园面积在唐陵中仅次于昭陵）。在唐代 4 座封土陵中，唐高祖献陵构筑时间最早，其地面建方形陵园，占地面积 202 000 m²。夯筑的陵垣四角建曲尺形角楼，陵垣四面辟四神门，各门形制、规格相同，均由殿堂式门、门外三出阙 1 对、石虎 1 对构成。南门石虎以南神道两侧置石犀牛 1 对、石柱 1 对。寝宫建筑群在陵园东北 200 m 处，下宫建在陵园西南 1 260 m 处。陪葬墓分布在陵园东北 10 km² 范围内，探明 93 座，保存封土的有 28 座。[19] 唐代的其他封土陵地面陵园多为方形，占地面积 230 000 m² ～ 320 000 m²；夯筑陵垣的四角建角阙，四面辟四神门，门外均有门阙 1 对、石蹲狮 1 对。陵墓封土（陵台）底面积 1 600 m² ～ 3 500 m²，高 8.6 m ～ 17 m。寝宫建在南神门内，下宫建在陵园西南；陵园石刻群沿袭"乾陵"模式，但体量变小，雕刻粗糙。[18][20]

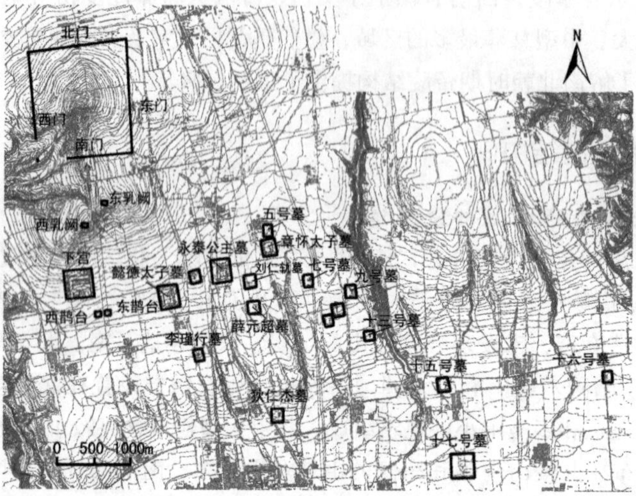

图 5-5　唐乾陵陪葬墓分布图（张建林，2013）

（二）唐代帝陵的地下部分结构

唐代帝陵的地下部分结构因缺乏考古发掘资料而难知其详。不过，可借助历史文献记载和已经发掘的高等级陪葬墓的地下结构揣摩其端倪。例如，《唐会要》记载昭陵是"因九嵕层峰，凿山南面，深七十五丈，为玄宫。缘山傍岩，架梁为栈道，悬绝百仞，绕山二百三十步，始达远宫门。顶上亦起游殿"。《新五代史·温韬传》（卷四十）记载："韬在镇七年，唐诸陵在其境内者，悉发掘之，取其所藏金宝。而昭陵最固，韬从埏道下，见宫室制度闳丽，不异人间。中为正寝，东西厢列石床，床上石函中为铁匣，悉藏前世图书。钟、王纸墨，笔迹如新。韬悉取之，遂传民间。惟乾陵风雨不可发。"综合文献记载和近些年来先后发掘的韦贵妃墓、长乐公主墓等较高等级的昭陵陪葬墓的墓道及其玄宫的状况，推断唐昭陵的地下玄宫结构如下：①依山凿石为玄宫（墓室），从墓道口至墓室深约 230 m，前后安置了 5 道石门。墓室内富丽堂皇，不异于长安城的九重宫阙。墓道东、西两侧有许多大型壁龛，壁龛内列置石床，石床上放置大量石函，石函内装有铁匣，匣内装着无数的奇珍异宝。根据已发掘的 40 余座昭陵陪葬墓来看，当时的墓道都是斜坡土（石）洞式，墓道两侧设置有若干组壁龛，壁龛内放置着陪葬器物，墓室皆为弧方形穹隆顶式，穹隆顶高约 4 m～5 m，边长 4 m～5 m。昭陵墓道地宫形制应与昭陵陪葬墓墓道地宫形制相似，不过规模要更大一些，并有前、后两个墓室。②《唐会要·陵议》载，昭陵因墓道口山势陡峭，故而沿山体分别架设两条栈道，直达玄宫门。一条自寝宫建筑群侧后，从山体西南脚下沿山体盘曲而上，直达山体顶部正南面的玄宫门；一条自北司马院建筑群侧后方起，从山体北面脚下蜿蜒而上，经山体东面再向西绕，直达玄宫门。在接近陵山顶部的地方，又凿石扩地，修建了房舍游殿，供墓主人的灵魂游乐，用一条石阶与墓道口连接。唐代最著名的绘画艺术大师阎立本的传世作品仅有《步辇图》和《历代帝王图》而已，而对对昭陵陪葬墓中韦贵妃墓发掘清理出的部分壁画的研究发现《给使图》《韦贵妃图》《唐太宗图》等作品的笔法、布局和人物造型与阎立本的《步辇图》如出一辙。据此，专家推断在昭陵墓道地宫极有可能保留着数百幅阎立本的壁画作品。[21]

据史料记载和考古工作者 1960 年的试掘发现，乾陵墓道口位于梁山主峰中腰部，墓室由墓道、过道、天井、前后通道、左右宫殿组成。墓道为南北向，呈斜坡形，全长631 m，全部由刨凿的天然石头砌成。当时试掘出的隧道呈斜坡形，全长 63.1 m，南宽北窄，宽处达 3.9 m，窄处仅为 2.8 m。在棺椁放进去之后，便用长方形或正方形石条粘砌堵住，由南到北共 39 层，410 块。石条与石条上下、左右之间分别以铁棍、细腰铁栓板固定，然后在其缝隙之间浇灌锡铁浆，从而使石条之间不能移动，成为一体。隧道石条上面全用石块、石灰、黄褐色和赭色的夯土打成，质地坚硬。通过隧道进入宫门，便抵达墓室。墓室结构为上圆下方，顶部为穹窿式，底部是四方形，且至少是前、中、后三室，墓室的大小可能要比已发掘的永泰公主、懿德太子墓室大得多。前后通道的两侧又各有四间石洞，洞里装满了盛唐时最值钱的宝贝。在通向金刚墙的近百米过道两旁摆满了各种金银祭器，而最让世人感兴趣的就是那件顶尖级国宝——王羲之的真迹《兰亭集序》。

以上所述昭陵和乾陵的地宫工程及其结构堪称唐代依山陵的代表。至于封土陵，可以从已发掘的唐僖宗靖陵和"让皇帝"（李宪）惠陵的地下部分结构窥其概貌。

"让皇帝"李宪惠陵地面封土呈覆斗形，边长约 60 m，高约 14 m。据发掘和钻探[22]，其陵园建筑包括阙台、神道、石刻、门阙、围墙及角楼等。神道石刻仅存一件残华表和一件残翼马。惠陵坐北向南，最深处距现地表约 6.5 m；墓室平面为正方形，四壁高约4 m，穹窿顶最高处 10 m。墓室西部置石椁，通高 2.2 m，长 3.96 m，宽 2.35 m。石椁顶盖由 6 块雕刻成庑殿式顶的石块组成，周壁由 10 个方形石柱和 10 块壁板组成，石椁上雕刻着精美的线刻画。该墓墓道宽 2.45 m，长约 60 m，有 6 个天井、6 个壁龛。墓道、过洞、天井、甬道及墓室的墙壁上绘有颜色鲜艳、线条流畅的壁画，壁画主要反映的是宫廷生活，走进墓道就可以看到东、西两壁各绘有一幅由两位仙人引导的青龙和白虎壁画（均长约 5.6 m），如此大面幅且保存尚好的壁画在唐墓壁画中十分罕见。

惠陵出土的文物有 860 余件，主要为各类彩陶俑，出土陶俑特点是形体较大，其中天王俑高达 1.6 m，大立俑高约 0.74 m，立马近 0.7 m，立驼高 0.8 m 以上。另外，该墓还出土了哀册残片、银饰等。根据哀册残片可知，惠陵是让皇帝和恭皇后的合葬墓，但低于帝陵规格，这说明该墓是在李宪生前营建的，死后他被追赠为"让皇帝"后，地下部分已经无法改动，只在地面建筑的营建上参照了帝陵的陵园建制。[23]

唐靖陵（封土陵）在 1995 年被发掘，其地宫由墓道、甬道、墓室三部分组成，出土文物 100 余件，主要有石碑、石函、龙凤玉璧、玉佩、哀册玉残片、鎏金铜锁、鎏金宝石铜花等。该陵经多次盗扰，墓内壁画仅存原来的三分之一，壁画的艺术水平远不能和盛唐墓壁画相比。靖陵墓室的石棺床是用乾陵陪葬墓、尚书左仆射豆卢钦望和左仆射杨再思的墓碑改做成的。这也是考古工作者第一次发现乾陵陪葬墓碑，对研究当时的情况相当重要。靖陵还出土了一批文物，具有较高的研究和利用价值，如在出土的"玉哀册"残片中，有证明靖陵主人身份的文字。

参考文献：

[1] 徐天进.周公庙遗址的考古所获及所思 [J].文物, 2006(8): 55-63.

[2] 赵丛苍.周公庙墓地性质管窥 [J].西北大学学报 (哲社版), 2004, 34(6): 21-23.

[3] 徐卫民.秦帝王陵墓制度研究 [J].唐都学刊, 2010, 26(1): 43-51.

[4] 刘卫鹏, 岳起, 邓攀, 等.咸阳原上"秦陵"的发现和确定 [J].文物, 2008(4): 62-72.

[5] 焦南峰, 张仲立, 段清波, 等.陕西秦汉考古五十年综述 [J].考古与文物, 2008(6): 96-160.

[6] 焦南峰, 杨武站, 曹龙, 等.咸阳"周王陵"为战国秦陵补证 [J].文物与考古, 2011(11): 53-57.

[7] 赵化成.秦东陵刍议 [J].考古与文物, 2000 (3): 56-63.

[8] 徐卫民.秦东陵考论 [J].咸阳师范学院学报, 2002, 17 (5): 13-17.

[9] 段清波.秦始皇帝陵的物探考古调查——"863"计划秦始皇陵物探考古进展情况的报告 [J].西北大学学报 (哲学社会科学版), 2005, 35 (1): 80-86.

[10] 陕西省考古研究所, 秦始皇兵马俑博物馆.秦始皇帝陵园考古报告 (2000)[M].北京：文物出版社, 2006.

[11] 陕西省考古研究所, 始皇陵秦俑坑考古发掘队.秦始皇陵兵马俑坑一号坑发掘报告 [M].北京：文物出版社, 1988.

[12] 王玉清.秦始皇帝陵东侧第二号兵马俑坑钻探试掘简报 [J].文物, 1978 (5): 1-19.

[13] 秦俑坑考古队.秦始皇帝陵东侧第三号兵马俑坑清理简报 [J].文物, 1979 (12): 1-12.

[14] 岳起, 马永赢, 赵旭阳, 等.汉武帝茂陵考古调查、勘探简报 [J].考古与文物, 2011 (2): 3-14.

[15] 焦南峰.汉阳陵从葬坑初探 [J].文物, 2006 (7): 51-57.

[16] 国家文物局.中国文物地图集·陕西分册 (上)[M].西安：西安地图出版社, 1998.

[17] 张建林, 孙铁山, 刘呆运.北周武帝孝陵发掘简报 [J].考古与文物, 1997 (2): 8-28.

[18] 张建林.唐代帝陵陵园形制的发展和演变 [J].考古与文物, 2013 (5): 82-90.

[19] 张建林, 张博, 胡春勃, 等.唐高祖献陵陵园遗址考古勘探与发掘简报 [J].考古与文物, 2013 (5): 31-44.

[20] 周明.陕西关中唐十八陵陵寝建筑形制初探 [J].文博, 1994 (1): 64-77.

[21] 胡元超.昭陵地宫之谜 [EB/OL].(2012-07-07) [2013-07-28]. http://blog.sina.com.cn/s/blog_57da783f010173g3.html.

[22]　马志军, 张蕴, 王文阁. 唐惠陵发掘取得重大考古成果 [EB/OL]. (2000-08-08) [2002-05-23]. http://www.people.com.cn/GB/channel4/972/20000808/177933. html.

[23]　蒲城县文物旅游局. 唐让帝李宪惠陵 [EB/OL]. (2016-12-22) [2017-03-21]. http://www.pucheng.gov.cn/cyfz/ll/jgjd/22044.htm.

第六章　关中地区古代帝陵制度的嬗变及影响

从西周始，先后有秦、西汉、隋、唐等10多个王朝建都于关中平原，历时千余年。按照古代"陵随都移、城陵相依"的普遍规律，关中地区遗存和分布着西周王陵、秦国先公王陵以及秦、西汉和隋、唐等王朝的帝王陵墓。这些帝王陵墓制度有其自身的嬗变规律，在中国古代帝陵发展演化史上具有一定的历史地位和影响。

一、先秦时期秦公王陵对商周帝陵制度的继承和发展

商周时期，王及诸侯方国国君（或包括夫人、宗族成员在内）死后普遍实行多代集中埋葬于同一公共墓地的公墓制度，如以安阳殷墟侯家庄西北岗的商代后期王陵为代表的多代王墓集中埋葬的公墓墓地，以山西省曲沃县北赵晋侯墓等为代表的多代诸侯国君及其夫人并穴而葬的公墓墓地，以北京琉璃河镇西周燕国公墓为代表的国君及夫人、宗族成员共同埋葬的公墓地。此种"集中公墓制"的特征：一是因迁都或重大事变，同一国家可以有几处"多代国君集中埋葬于同一墓地"的公墓地；二是公墓地多数没有兆沟或围墙以显示墓地范围和界限；三是每处公墓地具有统一的地理名称，每位国君陵墓却无独立名称。[1]

考古工作者在陕西凤翔县春秋时期秦雍城陵区勘探和发掘出14个陵园，49座大墓。该14座陵园平面多为长方形，墓葬集中于陵园南部，根据陵园内"中"字形墓葬的数量，可分为三种类型：第一种只有一个陵园，陵园内有3座"中"字形墓，埋葬的国君在两位以上；第二种陵园内只有1座"中"字形墓，即只埋葬一位国君；第三种陵园内有两座"中"字形墓和车马坑，应是国君和其夫人并穴合葬。这些秦公陵园出现外、中、内三重的隍壕（兆沟），可分为双兆型、单兆型、组合型三种。双兆型是以马蹄形的内兆围绕"中"字形主墓，再以中兆环绕主墓、附葬墓及车马坑等；单兆型是有中兆而无内兆；组合型为共用中兆及兆中套陵的特殊类型。外壕（兆沟）是整个雍城秦公陵区的外围保护设施和界沟。经钻探发现，凤翔县南指挥乡境内有北、西、南三条外兆，由地势最高处的西南角向北、向东展开，即西兆、南兆。西兆全长2170 m，北至太尉村又东折形成北兆，北兆全长1530 m。南兆绕过8号、12号陵园的部分兆沟，向东折而南行至塬楞，全长3320 m。[2]该墓地某些陵园拥有隍壕（甚至单独的陵园兆沟）是新出现的情况，可将其视为从商周的"集中公墓制"向秦汉"独立陵园制"过渡的一种中间形态或是后来典型"独立陵园制"的萌芽，其出现意义较为重大。[1]

战国时期秦国国君王陵的分布与秦雍城陵区多代国君集中葬于一地的情形不同，开始出现分散的状况。例如，葬于咸阳原毕陌陵区的秦惠文王公陵、秦悼武王永陵（长期

被误作"周王陵"），经调查和勘探[3][4]，两者相距 3 800 m，且各自有独立的陵园兆沟（其中被确定为秦悼武王永陵的Ⅱ号陵园具有内、外双重围沟和内、外双重垣墙）。考古工作者在秦惠文王公陵陵园（Ⅰ号陵）钻探出"中"字形陪葬墓 1 座、3 座可能是园寺吏舍或寝殿类建筑遗址；在秦悼武王永陵陵园勘探出建筑遗址 4 处、从葬坑 27 座（长方形或曲尺形等）、小型陪葬墓 168 座。另外，Ⅱ号陵封土东部 440 m 处有一座"甲"字形墓葬，其东北 1 300 m 处（贺家村北部）还探明高级贵族墓两座。秦公陵、秦永陵以及贺家村北部的两座墓葬均采用这一时期流行的夫妇异穴合葬形式，而且有较为高大的封土。王陵（夫陵）的封土呈覆斗形，后陵（妇陵）的封土多为圆丘形。据《汉书·楚元王传第六》记载："及秦惠文、武、昭、严、襄五王，皆大作丘陇，多其瘞藏。"这表明最晚从秦惠文王开始，墓葬上覆盖封土成为趋势和流行，封土的高低、大小已成为墓主身份、等级的标志之一。此外，秦公陵和秦永陵修筑的覆斗形和圆丘形封土成为后世最为流行的封土形式，对中国古代帝陵封土的演变影响极大。[5]

同凤翔春秋秦公陵相比，秦公陵和秦永陵表现出新的特点[3]：①秦公陵和秦永陵陵园平面呈南北向的长方形，陵墓位于陵园的中央，南北向排列。而凤翔秦公陵园除了南北向的长方形外，东西向的长方形、梯形也占有一定的比例。其陵墓大多数位于陵园的南半部，均为东西向排列。②秦公陵和秦永陵皆有高大的封土，凤翔雍城陵区秦公陵未发现封土。③秦公陵和秦永陵皆为带有四出墓道的"亚"字形墓，凤翔秦公陵基本是带有东、西墓道的"中"字形墓。

秦公陵和秦永陵的这些特点在后继的芷阳陵区（秦东陵）诸秦王陵园得以延续和体现。考古工作者在秦东陵钻探出 4 座陵园和若干座带封土的大墓。该 4 座陵园彼此相连，但每座陵园周围都有人工开凿或是利用自然沟壑修整而成的"兆沟"。陵园内有主墓、附葬墓、陪葬墓、地面建筑设施等。其中的Ⅰ号陵园呈南北向长方形，陵园面积824 200 m²。陵园内居中的两座"亚"字形大墓（确定为秦昭襄王及唐太后的"芷陵"）四面有壕沟，并有 14 个陪葬墓、11 处建筑遗址及 161 座小型陪葬墓。①

尤其值得注意的是，陵寝作为帝王及后妃的坟墓及墓地的宫殿建筑，据东汉蔡邕所著《独断》记载："古不墓祭，至秦始皇出寝，起之于墓侧，汉因而不改，故今陵上称寝殿，有起居衣冠象生之备，皆古寝之意也。"由此有人推断，陵园设置陵寝的制度是从秦始皇时期开始的。但是，在咸阳原陵区的秦惠文王公陵和秦悼武王永陵以及秦东陵Ⅰ号陵园考古勘探中，考古工作者都发现了陵寝建筑的踪迹，这便意味着陵寝制度可能在秦始皇陵之前就出现了。

二、秦始皇陵对古代帝陵制度的影响

秦始皇陵是中国历史上第一个中央集权制的封建大帝国创造的奇迹和第一座带有统一标志的历史丰碑，在中国古代陵墓制度演化史中具有划时代的意义。多年来的考古发现所揭示出的秦始皇陵园的地面布局及其墓葬的地下结构表明，秦始皇陵既是集战国各诸侯王陵墓制度之大成，又参考了秦国都城的布局，尤其是以秦先公的陵墓制度为基础，并将三者融为一体，建造了中国历史上最大的帝王陵墓——秦始皇陵园。[6][7]

在中国古代帝王陵墓制度的发展演变史上，秦公帝王陵墓制度代表了中国古代陵墓制度从发生到定型的整个阶段，其所开创定型而成熟的陵寝制度对后代帝王陵墓制度产生了深远的影响。

（一）秦始皇陵对秦先公王陵墓和战国诸侯王陵墓制度的继承、发展与创新

从时空维度考察秦始皇陵对秦先公王陵墓和战国诸侯王陵墓制度的继承、发展与创新，主要表现在下列方面[2][8]：

1. 从"集中公墓制"到"独立陵园制"的出现

前已述及，秦国早期国君（公）陵园的分布带有商周时期"集中公墓制"的烙印。例如，考古工作者在春秋中期的雍城陵区钻探出49座大墓，根据形制、布局和隍壕设施分成基本坐西向东的14座陵园。这些陵园的典型特征是整个陵区外部以隍壕为界标和防护设施，内部以中、内壕沟分隔成相对独立的区域（陵园），具有明显的公墓制特征。至战国中晚期的咸阳原毕陌陵区和秦东陵（芷阳陵区），其陵园建制开始出现分散迹象和以一个国君为中心的陵墓。例如，咸阳原陵区的秦惠文王公陵和秦悼武王永陵两者相距3 800 m，且各自有独立的陵园兆沟（垣墙）；考古工作者在秦东陵发现和勘探出4座陵园（共发现"亚"字形墓3座、"中"字形墓2座、"甲"字形墓5座），各自以人工壕沟和天然冲（河）沟环绕，形成独立陵园，陵园之间间隔距离为1 500 m～2 500 m。

秦始皇吞并六国，建立了中国历史上第一个中央集权的封建王朝，成为天下至尊的始皇帝，具有至高无上的权威，反映在其陵园布局上，便是陵园之内"一冢独尊"。春秋战国时期，诸侯王陵（如平山中山王陵、辉县魏国王室墓以及咸阳原陵区、芷阳陵区的秦先王陵等）都是陵园内并列有两座或两座以上形制基本相同的陵墓，属于国君及其夫人的异穴合葬形式，而秦始皇陵则是建成独立的陵园，陵园之内"一冢独尊"。秦始皇墓冢高大如山，又名"丽山园"。这一切充分体现了"帝陵独尊"的思想，也是独立陵园制度出现的标志。

2. 从围沟到垣墙

春秋时期的西垂陵区（甘肃礼县）和雍城陵区（陕西凤翔）开创了陵墓周围建筑隍壕（兆沟）的先例，春秋战国时期东方诸侯王陵（如河北省平山县中山王陵"兆域图"、河南辉县固围村的魏王陵等）均为双重垣墙构成的"回"字形陵园（可能模仿其都邑城墙而作）。① 与这些做法不同的是，秦始皇陵园的周围建造了双重垣墙及其角楼等附属设施。[9] 显然，秦始皇陵园的双重墙垣正是对秦先公王陵传统的继承和发展，陵园垣墙强

---

① 张守中,郑名桢,刘来成.河北省平山县战国时期中山国墓葬发掘简报[J].文物,1979(1):1-31；中国科学院考古研究所.辉县发掘报告[M].北京:科学出版社,1956.

化了围墓壕沟的功能，并与坟丘墓几乎同步而流行。从形制和功能来看，秦始皇陵陵垣融合了春秋战国时期陵墓周围的壕沟和垣墙，并形成了定制，进而影响了后代帝王陵园的垣墙形制。

3. 从"不封不树"到高大墓冢

春秋中期到战国中期的秦公陵墓均没有封土[10]，秦国君王陵墓堆筑封土最早应为咸阳原陵区的秦惠文王公陵（Ⅰ号陵园）和秦悼武王永陵（Ⅱ号陵园）陵园的4座"亚"字形大墓，其封土高度14.5 m～17.5 m（其中Ⅰ号陵园南墓残高2 m～5 m），封土底面积3 739 m²～9 506 m²。[3]芷阳陵区（秦东陵）发现的10座大型秦王室贵族墓上都有封土，残高2 m～10 m[8]，即史书所说的"皆大作丘垅"。

秦始皇陵将我国古代封土墓发展到极致，其封土呈覆斗形，底面南北长350 m，东西宽345 m，高52.5 m。[9]经磁法探测，封土堆下墓室周围有高出地表的精细夯土墙（宫墙）。宫墙东西长170 m，内墙长约145 m；南北宽约145 m，内墙宽125 m。这同考古勘探出的台阶式墙状夯土台顶部（内侧东西长124 m，南北宽107 m；外侧东西长168 m，南北宽142 m；南墙顶宽16 m，北墙顶宽19 m，东西墙顶宽22 m）的探测数据几乎一致。考古勘探还证实秦始皇陵封土内的墓圹周围地面以上有一周高30 m的台阶式墙状夯土台，该夯土台顶部有体量巨大、以瓦铺设的木构屋面建筑。试想在没有被封土覆压之前，从远处看，该九级高台建筑正可谓"高台榭，美宫室"，是战国诸侯国竞相建造高台建筑的另类写照。[11]这种墓圹周围的高出地面的台阶式精细夯土墙及台阶式高台建筑是前所未有的考古发现和崭新的墓葬形制，它的出现对中国古代陵墓制度的研究起到了巨大的推进作用。[12]

4. 从墓上建筑到陵寝的发展

春秋中期至战国中期的秦雍城陵区所发现的14个陵园中的21座"中"字形墓室之上均有建筑遗迹（发现春秋时的筒瓦、板瓦等）。这些建筑遗迹是目前有关先秦墓建筑的最可靠的资料。[2]战国中晚期的秦惠文王公陵和秦悼武王永陵的陵园也都发现若干处建筑遗迹。[4]4座秦公陵园内均发现有地面建筑遗迹。其中，Ⅰ号陵园主墓西北发现一组建筑范围较大的建筑遗存，其结构可能与秦始皇陵园封土西北部发现的陵寝建筑遗址形制相同，可象征陵寝建筑的起源。Ⅳ号陵园发现的礼制建筑平面呈"凹"字形，东西长55 m，南北宽40.5 m，夯筑墙体宽4.8 m，总面积约为2 230 m²。这些地面建筑的空间分布尚无规律性，可能依照墓地的地理环境及各种设施的整体布局来安排，其建筑规模相当壮观。[8]秦始皇陵封土西北部约50 m处及内城北部的西区勘探出了大型礼制建筑——寝殿和便殿[13]，其中寝殿位置正合"秦始皇出寝起于墓侧"（东汉蔡邕《独断》）的记载。基址平面略呈长方形，中部为高台殿基，周围环绕有回廊。寝殿之北排列便殿建筑基址。寝殿和便殿是陵园进行祭祀的重要场所，正所谓"日祭于寝""时祭于便殿"（《汉书·韦贤传》）。尤其是寝殿，其是陵园的主体建筑，为陵的"正殿"。[7]很明显，秦始皇陵园内的陵寝建筑沿袭了战国中晚期咸阳原陵区和芷阳陵区各陵园在墓侧建立地面建筑的做法，并使其成为定制，对西汉及其以后帝王陵园的建制产生了较大影响。

5. 地宫（墓室）形制、规模及其结构的演变与发展

考古勘探证明，秦始皇陵地宫位于整个陵园的西南部，同雍城陵区绝大多数秦公陵主墓位于陵园的西南部（即使同一陵园有两座以上相同规格的陵墓，也要把地位较高的一座放在陵园的西南部），毕陌陵区 I 、II 号陵园中的王陵（南墓）以及芷阳陵区 4 个陵园的主墓（如 I 号陵园的 M1 和 M2、II 号陵园的 M3、III 号陵园的 M6 及 IV 号陵园的 M8）皆位于整个陵园的南部或西南部，一脉相承，沿袭着以"南向北向、西方为上"（《礼记·曲礼上》）的礼制文化。

在秦公帝王陵墓的地宫（墓室）形制、规模及其结构的嬗变中，秦始皇陵的突破性发展体现在三方面：一是地宫形制。春秋早期至战国中期的西垂陵区和雍城陵区发现的秦公大墓均为两条墓道的"中"字形墓。战国中晚期的咸阳原陵区和芷阳陵区勘探出的秦君王陵墓基本为四条墓道的"亚"字形墓（其中陪葬墓或高级贵族墓为"中"字形和"甲"字形），秦始皇陵地宫四面设置墓道，封土东侧开五条墓道，西侧开"巾"字形墓道，北侧开两排斜坡状多条墓道，南侧因淤土过厚未探明。[14]二是地宫规模（墓室深度和面积）。春秋早期秦西垂陵区（礼县大堡子山墓地）探明"中"字形大墓两座、瓦刀形车马坑两座以及中小型墓葬 200 多座。发掘清理两座"中"字形墓（M2、M3），其中 M2 墓室呈斗状，长 6.8 m～12.1 m，宽 5 m～11.7 m，深 15.1 m；M3 墓室呈斗状，长 6.75 m～24.65 m，宽 3.35 m～9.8 m，深 16.5 m。[17]春秋中期至战国中期的雍城陵区发现 21 座"中"字形大墓，其深度多在 20 m 左右，超过 20 m 的占 63.6%，最深的可达 25.5 m。[15]其中，唯一被发掘的秦公一号大墓的墓室面积约为 2 296 m²（东西长 59.4 m，南北宽 38.45 m～38.8 m），深 24。芷阳陵区发现 3 座"亚"字形墓，其中 I 号陵园的 M1 墓室深达 26 m，M2 墓室深 23 m～26 m，墓室面积分别为 3 306 m²（东西长 58 m，南北宽 57 m）和 3 248 m²（东西长 58 m，南北宽 56 m）；IV 号陵园的 M8 墓室深 27 m，墓室面积 3 080 m²（东西长 56 m，南北宽 55 m）。[2][7]近年来的物探成果揭示，秦始皇陵地宫开挖范围 2.47×10⁴ m²（东西长 170 m，南北宽 145 m），墓室面积约 4 000 m²（东西长约 80 m，南北宽约 50 m），地宫深约 30 m。[11]显然，秦始皇陵继承了秦公王陵的惯例并有所突破。三是地宫结构（墓室葬具与随葬品等）。从已发掘的几座秦公墓来看，西垂陵区（甘肃礼县）秦公墓葬均为木椁和漆棺，均朽。棺周围残留有金箔片，表明漆棺上原来镶有金箔棺饰。虽屡经盗掘，但还出土有青铜器等贵重物品。凤翔雍城陵区的秦公一号大墓的椁室分主、副两部分，主椁室位于墓室中部，副椁室位于主椁室西南。主、副椁室中各有柏木椁具一套。主椁形同一座长方体的木屋，用截面边长 21 cm 的仿木叠筑而成，副椁亦用边长 21 cm 的仿木叠筑。副椁四壁及底和盖均为单层，仿木两端无榫头，与主椁室有门洞相通。此种用仿木叠筑而成的椁室是汉代实行的"黄肠题凑"的早期形态。[8]该大墓至少经过 270 多次盗扰，但仍出土文物 3 500 余件，且文物质地高贵，造型精美。芷阳陵区1 号陵园南侧"亚"字形大墓被盗掘后追缴一件"八年造"漆木高足豆、三件"大官"铭漆木高足豆座、七件长 48 cm 的螭龙纹竹笥（造型同竹简）等保存完好的漆木器，并

现场勘查出墓室椁具为方木砌筑的黄肠题凑结构，保存状况较佳。

近年来，多种物探方法与传统勘探结合的综合成果证实，秦始皇陵地宫位于封土堆下，墓室周围的宫墙东西长 170 m，内墙长约 145 m，南北宽约 145 m，内墙宽 125 m。该墓室宫墙实为一周夯层厚 6 cm～8 cm 的细夯土台，台的顶面高出秦代地面达 30 m（前述的九级台阶式高台建筑）。地宫内存在石质墓室或石质宫墙（位居台阶式墙状夯土台之下，东西长约 145 m，南北宽约 125 m，高约 14 m，墙厚 8 m），墓圹外围还存在规模巨大的地下阻排水系统。该阻排水系统将地宫以东、以南、以西区域与地宫全部隔断，使不同深度的外围潜水不能进入地宫，验证了历史文献记载的"穿三泉"和"下锢三泉"。此外，《史记》还记载秦始皇陵地宫"以水银为百川、江河、大海，机相灌输"，不同年份的化探测量成果证明，在封土堆中部发现了明显的高汞异常现象，而且东南部汞异常强，北西侧最弱。这表明地宫内存在大量的水银，也许地宫中以汞造就的"江河""大海"现在还没有干涸。[11]《汉书·楚元王传》记载，秦始皇陵墓"石椁为游馆，人膏为灯烛，水银为江海，黄金为凫雁，珍宝之藏，机械之变，棺椁之丽，宫馆之盛，不可胜原"[16]，联系到《史记》中"下铜而致椁，宫观百官奇器珍怪徙藏满之"的记载，加之陪葬坑出土了造型精美绝伦的铜车马（通体彩绘，装饰豪华，金银饰件重量达 15 kg），可见秦始皇陵地下宫殿埋藏的金银财宝应有尽有，其富丽豪华的程度当空前绝后。

6. 外葬坑

外葬坑最早为车马坑，属于"外藏椁"的范畴。商周时期车马坑多为长方形，春秋早期西垂陵区秦公墓的两座车马坑为刀把形，已发掘的 K1 全长 6.5 m，共有殉车 4 排，每排并列 3 乘，共计 12 乘，每车两服两骖 4 匹马，共计 48 匹马。在凤翔秦公陵园发现的 14 座陵园内，每座都随葬有 1～4 座"凸"字形或"目"字形车马坑，排列在主墓的右前方。其中，最大的 M16 墓室长 106.4 m，宽 24.1 m～24.7 m；最小的 M32 墓室长 9.7 m，宽 4.2 m，深 11 m。[14]咸阳原陵区Ⅱ号陵园共发现外葬坑 27 座，其中内陵园发现有 9 座，外陵园 18 座。其平面形制呈长条形、曲尺形等，长度 3.7 m～117.7 m，宽 2.4 m～12 m，深一般 8 m 左右。其位置、排列无规律。[4]芷阳陵区（秦东陵）Ⅰ号陵园勘探发现 14 座陪葬坑，Ⅳ号陵园亦发现长方形车马坑（外葬坑的位置不固定，主陵墓之东、西皆有分布）。长安神禾原战国秦陵园（夏太后陵）发现外葬坑 10 余座，均位于内陵园主墓四侧，多为长方形，长度不等，宽约 4 m。[21]秦始皇陵发现外葬坑 180 余座，内陵园、外陵园及外陵园之外均有分布，形状有"巾"字形、曲尺形、正方形、长方形等，面积、规模不等。除大型兵马俑坑外，还包括铜车马坑、石铠甲坑、文官俑坑、百戏俑坑、马厩坑、珍禽异兽坑和青铜水禽坑等。[9]这些外葬坑有的在陵墓封土周围，有的在陵园内、外城之间，有的在陵园外墙之外，对墓冢而言，其北、南、西、东皆有，有的近，有的远，远的在陵园 1.5 km 以外，近的就在封土四周。这种分布状况大大突破了雍城陵区及芷阳陵区的格局，呈现出前所未有的结构形式，并为汉代帝王陵所承袭。

7. 陪葬墓

据考古资料，春秋时期西垂（礼县）陵区秦公墓旁边出现数以百计的中小型陪葬墓。

雍城陵区（战国中期以前）陵园中的"中"字形大墓（主墓）居右，其余的"中"字形、"甲"字形陪葬墓依次向左下方排列。[2] 战国中晚期的咸阳原陵区和芷阳陵区陪葬墓由点向面发展，不仅有一两个大型墓葬，还有成片的陪葬墓群。例如，咸阳原陵区Ⅱ号陵园的外陵园内和东侧外围墙、外围沟之间共发现小型墓葬 168 座，集中分布在三个片区：外陵园西北部（73 座）、外陵园东北部（34 座）、东侧外围墙和外围沟之间（61 座）。[4] 芷阳陵区Ⅰ号陵园（秦昭襄王芷陵）亦勘探发现 3 处小型陪葬墓区（共计 161 座）。[1] 秦始皇陵园的陪葬墓群发现 7 处，即陵墓封土西北角的"甲"字形大墓 1 座；陵园内城东北部"小城内"墓区中小型墓 33 座；西侧内外城之间墓葬 61 座，有"甲"字形、长方形、曲尺形、刀形（似为预先选好空墓）；东侧内、外城之间小型墓葬 3 座；兵马俑坑附近"甲"字形墓 1 座；上焦村西陪葬墓 17 座（可能是秦王室宗族成员被杀害后陪葬）；砖房村陪葬墓数十座，勘探出级别较高的墓葬 6 座，其中"中"字形墓葬 1 座，呈南北向，总面积 1 685 m²，深 15.5 m，大型"甲"字形墓葬 5 座，墓道皆居北，南北通长 47 m～71.6 m。这些是迄今为止秦陵地区发现的为数不多的级别较高的贵族墓葬，对陵园的陵寝制度研究有重要的学术价值。此外，还发现刑徒墓与修陵工匠墓多处。比如，秦始皇陵西赵背户村西探出墓葬 114 座（清理 32 座，出土的瓦志刻文表明是来自关东六国地区的刑徒墓）；姚池头村南修陵刑徒墓地（发现上下叠压、骨骼凌乱的大量人骨）；第五砂轮厂东侧墓地数百座小型秦代墓葬（发掘 19 座，可能为修陵工匠的墓葬）；秦始皇兵马俑博物馆东北秦代窑址及窑场，清理出层层叠压、摆放凌乱的人骨架 121 具（可能是修陵人中的自由人或刑徒）。[9]

8. 从人殉到人俑的殉葬制度

据《史记》记载，秦武公"初以人从死，从死者六十六人"及"穆公卒，葬雍，从死者百七十七人"。[2] 这是秦人殉制度的最早记载。但从考古发掘资料看，春秋早期的礼县大堡子山（西垂陵区）发现的秦公墓已有殉人（其中两座"中"字形墓分别清理出殉人 19 具和 10 具）。[17] 秦雍城陵区及其附近发现几座殉人墓，其中秦公一号大墓共清理出殉人 186 具。殉人秦墓在关中地区的鄠邑区和咸阳也有发现。凤翔秦都雍城附近则是发现殉人最多的地区，这也与《史记》中记载的秦国人殉制度主要发生于定都雍城（今陕西宝鸡凤翔境内）时相符。

秦献公时明令"止从死"，于是"俑"应运而生，用来殉葬。目前发现的秦俑有铜川枣庙秦墓中的小泥俑以及咸阳战国秦墓中的骑马俑。到秦始皇时，用陶俑陪葬发展到极致，如著名的秦兵马俑大型陪葬坑（包括一号坑、二号坑和三号坑），三个俑坑成"品"字形排列，总面积达两万多平方米，拥有各类栩栩如生的陶俑近 8 000 件，战车百余乘，陶马 600 余件，兵器数万件。[18] 用近 8 000 多件陶俑和 600 余件陶马作为军事性质的殉葬，且完全写实，与真人、真马一样大，这确实是一种进步。除此之外，在秦始皇陵园中还

---

① 杨永林，张哲浩. 秦东陵考古新发现大量遗迹 [N]，光明日报，2013-01-06(3).

② 司马迁. 史记 [M]. 北京：中华书局,1959.

发现有生活性质的陶俑和陶马，如养马的跪坐俑、圉人俑等。

（二）秦始皇陵对古代帝王陵墓制度的创设性贡献

从文献记载和考古资料来看，秦始皇陵园的规划布局呈现出了有别于先祖陵园建制的新特征，对中国古代帝陵制度做出了创设性的贡献。

1.改"陵"为"山"

《水经·渭水注》中记载："秦名天子冢曰山，汉曰陵。"秦始皇陵园没有沿用战国时期将君王陵墓称"陵"的礼制，而是把坟墓及其陵园称为"丽山园"。这从出土的铜钟铭文作"丽山园"和出土的陶壶盖的陶文作"丽山飤官"可以得到证明。之所以不称"陵"而称"山"，可能是因为要表示皇帝陵墓的等级高出战国时代各君王陵墓。[18]

2.确立"独立陵园"制度

我国古代帝陵的"独立陵园制"萌芽于春秋，创立于战国，其全面确立则以秦始皇陵园为标志，主要体现在三个方面[1]：①秦始皇陵园与芷阳陵区相距 10 km 以上，完全脱离后者而构成独立的单元。秦始皇陵占地面积相当于芷阳陵区的数倍，并有独立的陵园名称和独立的管理机构；秦始皇陵"一陵独尊"，其选址营建并未考虑继任者陵地位置的安排问题。②秦始皇陵陵区占地面积近 60 km²，陵园占地面积为 2.13 km²，呈南北长方形，坐西面东，内城占地面积近 785 900 m²。陵冢封土为覆斗形台体（封土表层下覆盖高出地面 30 m 左右的九级台阶式木构建筑[11]），其设计高度约 167 m，现存封土底面积约 120 800 m²（底边南北长 350 m，东西宽 345 m，高 52.5 m）。地宫开挖的主体东西长 170 m，南北宽 145 m；墓室四周为精细夯筑的宫墙，墙的主体范围东西长 145 m，南北宽 125 m；墓室东西长 80 m，南北宽 50 m，底面积 4 000 m²，空间高度 15 m。[9]这些数据所反映的秦始皇陵园的建造规模在战国中期至秦汉的封土陵中显然是空前绝后的。③秦始皇陵园内外遗迹众多，数以百计的地下从葬坑模拟"宫观百官"，其功能齐全，象征意义很明显。另外，秦始皇陵把原来置于墓上的寝殿移至墓侧，并有便殿、"丽山飤官"寺园吏舍、陵邑等。这些使作为"独立陵园制"所应具备的管理功能趋于完善。

3.规范陵寝制度

秦雍城陵区发现的 21 座"中"字形大墓上均发现有建筑遗迹，应是享堂。[19]在咸阳原陵墓区的秦惠文王、秦悼武王的陵园中主墓封土周围皆探明有陵园建筑遗迹。比如，秦惠文王与惠文后合葬陵，两座覆斗形陵冢南北并列，王陵在南，后陵居北。陵园西围沟内侧、两座覆斗形陵冢西侧自北而南分布着 3 处建筑遗迹。秦武悼王及其王后合葬陵陵园探明建筑遗迹 5 处，陵园内城北陵的西北和东南各 1 处，外城北部和东部分布 3 处。[3]这表明早先雍城陵区秦公陵墓上的享堂至此时已移至墓侧。在位于临潼骊山西麓芷阳陵区的战国后期秦国国君的 4 座陵园中，Ⅰ号陵园内有秦昭襄王和王后两座残高 2 m～4 m 的"亚"字形墓冢南北并列，陵侧地面上有建筑遗址 11 处。此墓侧的建筑遗址应当是进行墓祭的场所，即陵寝。秦始皇陵继承了咸阳原陵区和芷阳陵区陵墓的特点，把原来建于墓上的享堂移于墓侧，正式成为寝殿、便殿。其中，主体建筑遗迹在封土的北侧，南距封土 53 m，基址的平面近似方形，南北长 65 m，东西宽 55 m，面积为 3 575 km²。这证实了东汉蔡邕《独断》中"古不墓祭，至秦始皇出寝，起之于墓侧"的记载，也标志着中国古代帝陵陵园的陵寝制度至此时基本形成。

4. 创新陪葬制度

陪葬制度在战国诸王陵普遍存在。比如，秦东陵的1号陵园两座主墓各在东墓道右前方有一较大的陪葬坑；中山国王陵的M1墓室周围有6座陪葬墓、2处陪葬坑，车马坑、杂殉坑和葬船坑各1处，并有东、西两库；河北邯郸的赵王陵也发现有殉葬坑和车马坑。[22]秦始皇陵的陪葬制度在内容和形式上都有较强的创新性。

首先，秦始皇陵园迄今所发现的180多座陪葬坑按距离陵墓地宫的远近依次划分出四个层次[23]：①地宫之内的陪葬坑。《史记·秦本纪》载"奇器珍怪徙藏满之"，可证明其随葬有高等级、高规格的陪葬品。②内城之内的陪葬坑。即陵园内城之内、地宫外圹之外的陪葬坑，以铜车马坑闻名，涵盖象征着"百官"（廷尉机构）的K0006坑等。③内、外城之间的陪葬坑。集中在内、外城之间的西部和东部，包括马厩坑、葬仪坑、珍禽异兽坑、石铠甲坑和百戏俑坑等。④外城之外的陪葬坑。主要发现有兵马俑坑、马厩坑、动物府藏坑及青铜水禽陪葬坑等。

其次，秦始皇陵园陪葬坑（外藏系统）特征鲜明。①形制多样，不拘一格。秦始皇陵园陪葬坑在空间分布上呈现四个层次，形制上表现出明显的个性特点，呈现多样化格局。其既突破了先秦时期单一外藏系统设置的束缚，又无两汉时期外藏系统制度化的限制，表现出一种非程式化的特点。②规模宏大，内容丰富。秦始皇陵园陪葬坑规模宏大。据统计，在已经发掘清理的55座陪葬坑中，平面面积大于10 000 m²的有2座（Ⅰ号兵马俑坑1.43×10⁴ m²及石铠甲坑1.37×10⁴ m²），5 000~10 000 m²的有2座（K0003坑6 024 m²和Ⅱ号兵马俑6 000 m²），1 000~5 000 m²的有7座，600~1 000 m²的有4座，大于500 m²的有40座。特别是秦兵马俑坑组合总面积大于20 000 m²，石铠甲坑面积达13 689 m²，地宫北、西侧铜车马坑组合面积达8 025 m²。秦始皇陵园的陪葬坑既有象征宿卫军队的兵马俑坑，也有代表中央官署机构的陪葬坑（如K0006以及马厩坑等），其规模之宏大、设置内容之丰富，是先秦帝王陵墓外藏系统中的车马坑、器物坑等难以比及的。③同20世纪90年代以来的考古勘探和发掘所揭示出的汉代陵墓制度较明显的规范化特征相比，秦始皇陵园表现出更多的不成熟性。例如，汉阳陵的帝陵周围发现81座陪葬坑，皇后陵周围也有28座陪葬坑，分别代表或象征西汉王朝的宗正、少府等官署机构和后宫系统的机构设施。在皇帝陵园的西北（北区）和帝后陵园之南（南区）各有24座从葬坑，代表和象征西汉军队，即"北军的左、右两翼"。这种规范化的分布特征在秦始皇陵园似乎看不到。

最后，秦始皇陵园陪葬坑（外藏系统）的象征意义。秦始皇陵园陪葬坑（外藏系统）是将施行于人世间的封建管理体制及宫廷规格缩置在陵园之内、模仿布设于地下，因而多数陪葬坑所反映的是秦帝国的三公九卿（政权中枢机构）"百官"，由此开创了一个以陪葬坑来表现帝国政权机构的先例。[23]比如，内城之内、封土西南角的文官俑坑（K0006）象征执掌杀伐的司法权，模拟九卿中的廷尉；铜车马陪葬坑模拟九卿中的太仆，执掌皇帝出行的车马。内城、外城之间的双门道"马厩坑"、葬仪坑、珍禽异兽坑、石铠甲坑和百戏俑坑等象征府库、武库、宫廷厩苑、供人娱乐的百戏和皇家园囿等。外城垣以外，其东侧有象征守卫京师宿卫军的兵马俑坑、象征京师厩苑的百余座小型马厩坑，北侧有象征府库的大型动物府藏坑、象征珍禽苑的青铜水禽坑等。[9]

5. 创设陵邑制度

陵邑的设置始于秦始皇陵园的"丽邑"。《史记·秦始皇本纪》记载，秦始皇十六年（公元前231年），"秦置丽邑"；秦始皇二十六年（公元前221年）统一全国后，即"徙天下豪富于咸阳十二万户"。这里的咸阳似应包括秦陵在内，故"因徙三万家丽邑……皆复不事十岁"。秦始皇三十五年（公元前212年），"隐宫徒刑者七十余万人，乃分作阿房宫，或作丽山"。如此大规模的动用人力，组织、管理便是一个问题，丽邑的设置主要是服务于陵园的修建工程，以减少因大量的人口流动而带来的社会问题，更方便地组织和管理修陵人员。另外，将一部分豪富迁于丽邑，既充实了丽邑，促进了丽邑的发展，也在客观上起到了强干弱枝的政治目的。[8]此记载被考古发掘资料所证实，在秦始皇陵园内多次发现刻有"丽邑"陶文的陶器和砖瓦。其遗址位于秦始皇陵园北侧约2.5 km的刘家村东，地面上堆积着大量的残砖瓦片、红绕土，许多陶片上有陶文印记。[2]

（三）秦始皇陵对后世帝王陵墓制度的影响

"百代皆行秦政制""汉承秦制"是后代对秦制度延续的总结性概括。秦陵墓制度对后世产生了广泛而深刻的影响，主要体现在独立陵园制及其陵园布局结构、陵寝制度、陪葬制度、陵园仿照都邑设计和"一陵独尊"格局等方面。

1. 独立陵园制及其陵园布局结构的影响

在我国古代帝陵制度的演变中，秦始皇陵是从先秦时期"集中公墓制"演变为"独立陵园制"的标志。秦始皇陵远离秦东陵而自成独立单元，并有了独立的陵园名称及其管理机构，其陵区、陵园、封土和墓室面积与高度等规模空前绝后，陵园内外遗迹众多、功能齐全，可以说秦始皇陵在"悉纳六国""采择其善"（《史记·礼书》）、集战国各国陵墓制度之大成的基础上，经过精心规划营建，呈现出了一种新的陵园建筑格局。比如，陵园的内、外两重城垣建有角楼类防卫性建筑，平面呈南北向"回"字形，内、外城垣四面辟门；覆斗形墓冢位居陵园中心，封土下的地宫宫墙四面设门，正对内、外城四面城门；寝殿和便殿位于封土西北部约50 m处（"墓侧起寝"）；陵园内、外城西垣之间设寺吏舍（"丽山飤官"）；秦公子、公主及秦始皇的旧臣陪葬墓设在陵园东门大道的南侧；兵马俑坑、马厩坑、铜车马、珍禽异兽坑等陪葬坑遍布陵园内外；等等。这些基本组成单位作为有机的整体布局在秦始皇陵陵园，呈现出一种新格局：陵园坐西朝东，墓冢居于城垣内右部，寝殿位于墓冢左侧，整个陵园以墓冢为中心，形成了一个贯通陵园东西的中轴线，以该轴线为基准，陵园城垣内外的陪葬墓、陪葬坑等错落分布于南北两侧。秦始皇陵园所奠定的基本布局结构一直影响着后世封建帝王陵园的建造。比如，汉、唐、宋等王朝的帝陵陵园布局结构不论是在基本组成单位以及这些单位的构筑形制方面，还是在总体格局上，都表现出了与秦始皇陵的一致性或相似性，这充分说明了秦始皇陵对后代帝陵产生的深远影响，即使是在陵园布局结构上有重大改革的明、清两代帝陵也受到一些影响。[7]

2. 陵寝制度的影响

自汉唐开始，直到明清时期的帝王陵都实行秦始皇陵确立的陵寝制度。比如，西汉帝陵的寝殿在初期也像秦始皇陵那样建在墓冢的北面，到汉景帝阳陵时，寝殿则由陵园内移到陵园外，并建成以寝殿为中心、包括便殿在内的寝园。考古工作者对汉宣帝杜陵的寝殿进行了发掘，证实其寝园位于陵园之东南，寝园内寝殿在西、便殿在东。唐代帝陵的寝殿建筑分设：陵园的朱雀门内、陵山前面设寝宫（献殿）和陵园西南数公里处建下宫（便殿）等。

3. 陪葬制度的影响

秦始皇陵的陪葬制度遍及陵园内外，分为陪葬墓和陪葬坑两类。陪葬墓主要有内城东北部的后宫妃嫔墓葬及陵园西北部的一座"甲"字形大墓，内城、外城间中部地区的后宫人员墓葬（空墓），陵园外上焦村一带的非正常死亡的公子、公主及大臣的墓葬，陵园西侧赵背户村的刑徒墓地，等等。陪葬坑则相当丰富，包括陵园东部的兵马俑坑和马厩坑、东北侧的动物府藏坑及青铜水禽坑，内城、外城间的双门道"马厩坑"、葬仪坑、珍禽异兽坑、石铠甲坑和百戏俑坑等。这种陪葬制度对后世帝王陵墓的建造具有深远影响，尤其是关中地区的汉、唐帝陵陪葬制度从内容和形式上都可以视为对秦始皇陵陪葬制度的继承和发展。

4. 陵园仿照都邑设计思想的影响

陵园仿照都邑建造在先秦时期已见端倪。到秦始皇时期，陵园的布局建造基本仿照都城咸阳规划设计。其陵园布局有象征京师宿卫军的兵马俑坑、象征宫廷厩苑的马厩坑、象征宫廷乘舆的铜车马坑、象征宫廷苑囿的珍禽异兽坑等。象征宫城的双重城垣在整个陵区范围内（包括城垣范围以外的陵园设施在内）位置偏西，模仿都城咸阳的小城（宫城）建在大城西边的格局。①

秦始皇陵仿照都邑设计陵园的思想为后代帝陵所效仿。[7] 首先，西汉帝陵实行帝、后"同茔异穴"的合葬制度。在茔域内，帝陵和后陵呈"帝西后东"（长陵等）布局，与汉长安城内未央宫（皇帝居）在西、长乐宫（太后居）在东极为相像。至于长陵为帝、后共用一座陵园，其是西汉初年汉高帝一直以长乐宫为皇宫，且病死在该宫殿，而吕后身为太后仍居住长乐宫的皇宫布局的缩影。比如，汉景帝阳陵的帝陵、后陵、"罗经石"遗址、外城分别是汉长安城的未央宫、长乐宫、礼制建筑、城垣在陵区的地下再现，其陵园内外的各种陪葬坑代表和象征"宫观及百官位次"，反映不同的政府机构及设施（包括军队在内）。阳陵诸侯王的墓园代表其管辖的王国，诸侯的墓园象征侯国，公主和郡太守的墓园是其管理的邑和郡的地下微缩。因此，汉阳陵是模仿现实中的西汉帝国建设而成的。[24] 早于阳陵的长陵、安陵、霸陵和晚于阳陵的茂陵、平陵、杜陵、

① 李自智. 试论秦始皇陵园布局对后代帝陵的影响 [J]. 文博, 1990(5):151–157.

延陵、渭陵、义陵诸陵大致都采用了"阳陵模式"[23]，都体现出了帝陵对宫城形制和布局的模拟。

其次，唐代帝陵陵园南面的乳台、鹊台和陵园（内城）朱雀门构成三重门阙，并将陵园分为三个区域：城垣范围内的陵寝象征着皇帝生前的皇宫，代表长安城内的宫城；陵园朱雀门相当于长安城宫城的承天门；陵园朱雀门与乳台间神道两侧对列众多石刻，象征皇帝的仪卫以及三省、九寺等百官衙署，乳台宛若长安城皇城的朱雀门，乳台与鹊台间是埋藏皇亲皇族、达官显宦的陪葬墓区，相当于长安城的外郭城。这些陪葬墓星罗棋布，犹如外郭城里坊中达官显宦的宅第，鹊台如同外郭城的明德门。[25]显然，唐代帝陵也是仿照都城长安的布局而设计的。

最后，北京故宫（宫城）从天安门、端门至午门进入宫城，沿南北中轴线布局有多重宫门和宫殿。明清帝陵从大红门经神道、陵门进入陵园的多重院落，所有主体建筑（包括享殿、方城、明楼和宝顶等）都布局在南北中轴线上。显而易见，明、清两代帝陵陵园也是仿照都城中的宫殿建筑布局而设计的。

5. "一陵独尊"格局的影响

春秋战国时期的国君陵园一般是陵园内并列有两座或两座以上形制相同（近）、大小相若的陵墓，属于国君及其夫人的异穴合葬形式。平山中山王陵、辉县魏国王室墓以及雍城陵区、咸阳原陵区、芷阳陵区的秦先公王陵等都是如此。秦始皇陵则是建成独立陵园，陵园之内"一陵独尊"。比如，墓冢高大如山，史书记载封土高度为"五十丈"（约167 m），陵区占地60 km²，陵园面积2.13 km²，内城面积0.79 km²。陵冢现存封土底面积0.12 km²，高52.5 m。地宫（墓圹）面积2.47×10^4 m²，墓室底面积4 000 m²。[9]此种陵园之内"帝陵独尊"的格局为后代帝陵所效法。西汉帝陵帝、后同茔不同陵，不仅多数皇帝为独立陵园，皇后也是独立陵园，但后者比前者规模要小。唐代帝、后同穴合葬于帝陵，其附葬性质更明显。另外，后代帝陵封土罕有超过秦皇陵之高大者，但帝陵墓冢位居陵园中心几乎一脉相承。即使在称谓上也如秦始皇陵一样称为"山"或泛称为"山陵"，如汉高帝长陵就称作"长山"等。汉唐帝陵更有直接"因山为陵"的，显示出了帝陵独尊于天下。比如，汉唐帝陵的陵园建筑中都将"三出阙"作为不可僭越的"天子之制"，帝陵前规模庞大的石刻群显示着"帝陵独尊"的思想。

三、西汉帝陵对秦公帝王陵墓制度的继承与革新

西汉时期，中国古代帝王陵墓制度历经商、周、秦一千多年的发展演变，进入一个新的、较为成熟完善的阶段。该时期，帝陵完全摆脱了商周"多代国君集中埋葬于同一墓地"带有原始"氏族遗痕"的"集中公墓制"，继承了秦始皇陵的布局结构而有所发展，形成了一座座"陵园独立化、陵区规模化、设施复杂化、功能完善化"的独立陵园[1]，从而确立和完善了"独立陵园制"。

（一）西汉帝陵形制构成及其特征

根据历史文献和田野考古资料，西汉帝陵建筑形制的基本组成要素包括陵园、封土、

墓穴、门阙、寝园、陵庙、外藏坑、道路、陪葬墓、附葬墓、陵邑、刑徒墓地及园寺吏舍、修陵人居址等。[26]

1. 陵园

陵园是陵墓结构的主体，一般作为圈定陵墓、界划陵区的重要标志。西汉帝陵陵园被称为"园陵"或"园"。考古勘探资料证实，西汉帝陵中早期的长陵、安陵采用帝、后同陵园的单重陵垣制，汉景帝阳陵及其之后的7座帝陵均已发现了较为完整的双重陵垣，且帝、后各设陵园（表6-1）。比如，汉武帝茂陵有两重陵园，外垣墙、外壕沟环围的区域为茂陵陵园，是整个陵区的核心区。其平面呈东西向长方形，长2 080 m，宽1 390 m，面积约2.89 km²。其内含汉武帝陵园、李夫人墓园、11处建筑遗址、244座外藏坑及9座中型附葬墓；帝陵陵园平面近方形，帝陵陵园围墙东西425.5 m～433 m、南北433.8 m～435.5 m，四周围墙各设一门；帝陵封土位于陵园的中心，呈覆斗形，底部边长东243 m、南238 m、西243.2 m、北240 m，顶部边长东36 m、南41.6 m、西39.2 m、北41.7 m；现距地表高度46.5 m。墓穴压在封土之下，在墓室四周呈放射状分布有150座外藏坑；李夫人墓（英陵）园位于陵园内西北部，平面呈南北向长方形，长218 m～228 m、宽170 m～180 m；陵墓封土呈带二层台的覆斗形，底部边长东126.8 m、南105.6 m、西127.6 m、北110.8 m，顶部边长东33.5 m、南15 m、西36.3 m、北14.7 m，高28 m。[27]

表6-1　西汉帝陵陵园规模、结构与形制

陵　名	陵园/km²	帝陵陵园/m²	后陵陵园/m²	建筑遗址/处	形　制
长陵①	无外陵园	780 000		6	帝、后同陵园，单重陵垣，帝西后东

① 陕西省考古研究院.2011年陕西省考古研究院考古发掘新收获[J].考古与文物,2012(2):3-13.

② 咸阳市文物考古研究所.西汉帝陵钻探调查报告[M].北京:文物出版社,2010.

③ 岳志勇.西风残照,汉家陵阙——汉景帝阳陵考古新成果[J].文物世界,2000(1):32-34.

④ 陕西省考古研究院,咸阳市文物考古研究所,茂陵博物馆.汉武帝茂陵考古调查、勘探简报[J],考古与文物,2011(2):3-13.

⑤ 陕西省考古研究院.2013年陕西省考古研究院考古发掘新收获[J].考古与文物,2014(2):3-23.

⑥ 陕西省考古研究院,咸阳市文物考古研究所.汉元帝渭陵考古调查、勘探简报[J].考古,2013(11):22-34.

⑦ 刘卫鹏,岳起.陕西咸阳市西汉成帝延陵调查记[J].华夏考古,2009(1):65-72.

⑧ 陕西省考古研究院,咸阳市文物考古研究所.汉哀帝义陵考古调查、勘探简报[J].考古与文物,2012(5):18-27.

⑨ 陕西省考古研究院,咸阳市文物考古研究所.汉平帝康陵考古调查、勘探简报[J].文物,2014(6):50-63.

续 表

陵 名	陵园/km²	帝陵陵园/m²	后陵陵园/m²	建筑遗址/处	形 制
安陵②	无外陵园	850 000		18	帝、后同陵园，单重陵垣，帝东后西
霸陵	不详				文帝依山为陵，孝文窦皇后独立陵园
阳陵③	2.60	174 800	122 500	5	帝、后异陵园，双重陵垣，帝西后东
茂陵④	2.91	186 200	20 400	14	帝、后异陵园，双重陵垣，帝东后西
平陵⑤	2.93	178 100	141 400	7	帝、后异陵园，双重陵垣，帝东后西
杜陵⑥	不详	187 500	112 200	12	帝、后异陵园，双重陵垣，帝西后东
渭陵⑦	2.87	174 300	142 100	6	帝、后异陵园，双重陵垣，帝东后西
延陵⑧	2.79	211 500	37 900	16	帝、后异陵园，双重陵垣，帝东后西
义陵⑨	2.86	174 700	29 400	9	帝、后异陵园，双重陵垣，帝西后东
康陵	2.40	119 000	133 400(内)	19	帝、后异陵园，双重陵垣，帝西后东

又如，汉元帝渭陵亦为双重陵园，由外垣墙、外壕沟所环围的渭陵陵园呈东西向长方形，东西长 1 775.7 m、南北宽 1 617.7 m。外垣墙四面共辟七门，仅东墙辟一门，与汉元帝陵园东门相对，其余三面各辟两门，分别与汉元帝、王皇后陵园门址相对。园内有帝陵陵园、王皇后陵园、傅昭仪墓园、陵园内建筑遗址、陪葬墓园（含 31 座附葬墓）等。[28]

2. 墓穴

墓穴是放置墓主尸身及其棺椁葬具的地下空间。据《后汉书·礼仪下》①记载："天子即位明年，将作大匠营陵地，用地七顷②，方中用地一顷，深十三丈③。堂坛高三丈，坟高十二丈。武帝坟高二十丈，明中高一丈七尺④，四周二丈，内梓棺柏黄肠题凑，以次百官藏毕。"西汉帝陵的墓穴：①称为"方中"（墓圹、墓穴），位于陵园的正中，平面为方形。②"方中"百步或用地一顷，深十二或十三丈。③"穿筑为方城"，开四门，四通。[29] 考古调查勘探资料和相关历史文献证实，在西汉帝陵中，帝、后的墓圹（"方中"）大多为平面方形，有四条墓道，东墓道最长，是坐西面东的大型竖穴土圹，即天子级别的"亚"字形大墓。例如，已经探明的汉宣帝杜陵帝陵、汉景帝阳陵帝陵和后陵、汉武帝茂陵帝陵、汉哀帝义陵帝陵、汉元帝渭陵帝陵和后陵、汉平帝康陵帝陵和后陵等均为"亚"

---

① 范晔. 后汉书·礼仪下 [M]. 北京：中华书局,1965.

② 旧制面积单位，1 顷相当于 66 666.7 m²。

③ 旧制长度单位，1 丈相当于 3.33 m。

④ 旧制长度单位，1 尺相当于 33.33 cm。

字形墓穴形制（汉高帝父亲刘太公"太上皇陵"墓穴亦呈"亚"字形）。另外，从《后汉书·刘盆子传》"……乃复还，发掘诸陵，取其宝货，遂污辱吕后尸体，凡贼所发，有玉匣殓者率皆如生，故赤眉得多行淫秽"，结合《汉书·霍光传》所记载"光薨，……赐金钱、缯絮、绣被百领，衣五十箧，璧珠玑玉衣，梓宫、便房、黄肠题凑各一具，枞木外藏椁十五具"[①]以及汉长陵陪葬墓——杨家湾汉墓曾出土银缕玉衣片等来看，西汉帝陵墓穴应具备"玉匣（棺）"、金缕玉衣、黄肠题凑等天子级别的葬具和随葬品。

　　3. 封土（陵冢）

　　西汉帝陵覆盖方形墓穴之上的覆斗形封土古称"方上"（坟）。据历史文献记载："关中地区的秦、西汉帝王陵历史上遭到多次盗扰，经过多次修复，加之两千余年农林生产活动及风霜雨雪的侵蚀，故现存的封土与始建原貌必然会有所差异。"[30]虽如此，西汉帝王陵及其后（妃）陵封土的现存规模仍不失壮观雄伟（表6-2）。

表6-2　西汉帝、后陵封土规模实测数据

陵 名		陵底 /m		陵顶 /m		陵高 /m	封土底面积 /m²
		东西	南北	东西	南北		
长陵[①]	帝陵	160	134	50	17	30	21 400
	吕后陵	160	136	46	18	30	21 400
安陵[②]	帝陵	141	165	60	30	28	23 300
	张皇后陵	69	68	31	33	10.6	4 700
霸陵	帝陵	依山为陵，不起坟					
	窦皇后陵	137	143	30	35	19.5	19 600
阳陵	帝陵	167.5	168.5	63.5	56	32.3	28 200
	王皇后陵	156.5	159.5	63	50	26.5	25 000
茂陵[③]	帝陵	243	239	37.6	41.7	46.5	58 100
	李夫人陵	127	108	35	15	28	13 700
平陵[④]	帝陵	159	159	28	30	33	25 300
	上官皇后陵	145	145	48	48	29	21 000
杜陵	帝陵	172	172	50	50	29	29 600
	王皇后陵	148	148	45	45	24	21 900

①　刘振东.中国古代陵墓中的外藏椁——汉代王、侯墓制研究之二 [J].考古与文物,1999(4):75-85.

续　表

陵　名		陵底 /m		陵顶 /m		陵高 /m	封土底面积 /m²
		东西	南北	东西	南北		
渭陵⑤	帝陵	168	168	38	40	29	28 200
	王皇后陵	85	79	32	34	17.5	6 700
延陵⑥	帝陵	166	161	56	53	25.7	26 700
	许皇后陵	84	83	25	26	18	7 000
义陵⑦	帝陵	164	173	55	57.5	30	28 400
	傅皇后陵	78.3	72.3	20.3	18	19.3	5 700
康陵⑧	帝陵	234	219	55	59	36	51 200
	王皇后陵	81	80	29	32	11	6 500

数据来源：陕西省考古研究所秦汉考古研究部.陕西秦汉考古五十年综述[J]，考古与文物，2008（6）：96-160.

4.门阙

西汉帝陵的门阙在历史文献中称之为"阙""门阙""阙门""三出阙"以及"司马门"等。从考古资料来看，西汉帝陵均设有门阙。例如，自 20 世纪 80 年代以来，考古工作者调查、勘探了几乎所有汉陵门阙，并先后发掘了汉宣帝帝陵东门遗址、汉宣帝后陵东门遗址和汉景帝阳陵帝陵南门遗址、汉景帝阳陵后陵东门遗址等，取得了较多资料，证明其结构一般由门道、阙台、门塾及回廊、散水组成。[26]

5.寝园

寝园（或称园寝）是西汉帝陵建筑构造中最基本、最重要且使用时间最长的祭祀性建筑。寝园由寝殿和便殿组成，其中寝殿是寝园的正殿。《后汉书·祭祀下》中记载："寝有衣冠几杖象生之具，以荐新物。秦始出寝，起于墓侧，汉因而弗改，故陵上称寝殿，起居衣服象生人之具，古寝之意也。"便殿是寝园的别殿、侧殿。《后汉书·肃宗孝章帝纪》中记载："便殿，寝侧之别殿，即更衣也。"西汉帝陵皆有寝园，已经发掘和确认的寝园有汉宣帝陵寝园及其后陵寝园，考古调查、勘探发现并推测为寝园或寝园的组成部分（寝殿、便殿）的有汉景帝阳陵帝陵东南的三号建筑遗址，汉武帝茂陵北侧的 8 号、9 号建筑遗址，汉元帝渭陵帝陵北侧的 4 号、5 号遗址，汉元帝后陵北侧的 1 号、3 号遗址，汉哀帝义陵帝陵北侧的 1 号、2 号建筑遗址，等等。[26]

6.陵庙

西汉帝陵最早建设陵庙，汉惠帝四年（公元前 191 年）"诏有司立原庙"[31]，开创了陵庙建设的先河。据文献和考古资料记载，从汉高帝长陵到汉成帝延陵，西汉前 8 座帝陵都修建有陵庙。[26]西汉陵庙一般独立成园，故又称"庙园"；因与寝园同为礼制性建筑，所以又合称"十二月乙酉，毁太上皇、孝惠皇帝寝庙园""三月癸未，复孝惠皇帝寝庙园"。[32]迄今已发掘和勘探认定的西汉帝陵的陵庙有汉景帝阳陵的德阳庙与汉武帝茂陵帝陵东南的10号建筑遗址。[33][34]

7. 外藏坑

截至目前，经考古勘探和发掘证实，所有西汉帝陵均发现数量不等的外藏坑。从空间分布来看，西汉帝陵的外藏坑主要分布在帝陵陵园外的独立陪葬坑区、帝陵封土周围（放射状）和后陵封土周围或附近。从数量、规模来看，西汉前中期明显大于后期，如西汉后期四陵（汉元帝渭陵、汉成帝延陵、汉哀帝义陵和汉平帝康陵）的陪葬坑数量较前期六陵（汉文帝霸陵之外的长陵、安陵、阳陵、茂陵、平陵和杜陵）明显减少（表6-3）。

表6-3　西汉帝陵陪葬坑分布

陵　名	陪葬坑/座	帝陵冢周围/座	后陵冢周围/座	陵园外独立陪葬坑区/座
长陵	285	275	10	不详
安陵	168	168		
霸陵	47		47	
阳陵	162	86	28	48
茂陵	400	150	6	244
平陵	1288	46	8	1234
杜陵	98	38	3	57
渭陵	26	8	2	16
延陵	20	3		17
义陵	17			17
康陵	7	无	7	无

注：①此表数据主要依据陕西省考古研究院等2009、2010、2011、2012、2013年度考古发掘新收获以及公开发表的汉武帝茂陵、汉元帝渭陵、汉哀帝义陵、汉平帝康陵考古调查、勘探简报；

②独立陪葬坑区位于内、外陵垣之间；

③霸陵陪葬坑数量包括窦皇后陵园西侧47座、薄太后南陵陵园西侧20座。

从种类上分为车马坑、兵马俑坑、动物俑坑、粮食（仓）坑、钱物坑和珍禽异兽坑等。

8. 陵邑

陵邑作为帝陵的组成部分，起始于秦始皇陵的"丽邑"。西汉继承秦始皇陵的做法，陵邑同所属的帝陵同步营建。据相关文献记载与考古勘探发掘资料，"西汉时代，总共置陵邑 11 座"（表 6-4）。陵邑集帝陵修建、保护、供奉、管理诸项功能于一体，并借此实现"迁徙关东大族、达官巨富，消除不安定因素，巩固中央统治，繁荣陵邑附近地区的经济和文化"的政治目的。[38] 此外，西汉都城长安附近的陵邑形成了环围长安城的卫星城市群，这对现代城市发展及城镇体系规划具有参考价值。

表6-4　西汉帝陵陵邑设置状况

陵　邑	位　置	面积 /km²	人口 / 万人	设　置	废　弃
长陵邑	长陵陵园北侧	2.95	17.95	汉高帝十二年（公元前 195 年）	东汉
安陵邑	安陵陵园北侧	1.19	10.0	汉惠帝置	晋代
霸陵邑	霸陵以北 5 km	不详	3.59 ~ 4.54	汉文帝九年（公元前 171 年）	不详
阳陵邑	阳陵陵园东部	4.50	10.0	汉景帝五年（公元前 152 年）	不详
茂陵邑	茂陵东北 1.1 km	2.81	27.73	汉武帝建元二年（公元前 139 年）	东晋
平陵邑	平陵陵园东北部	12.15（7.44）	10.0	本始元年（公元前 73 年）	魏晋
杜陵邑	杜陵陵园北 2.5 km	1.56	12.30 ~ 20.5	元康元年（公元前 65 年）	不详
万年邑	万年陵西约 0.5 km	不详	0.41	汉高帝十年（公元前 197 年）	北魏
南陵邑	陵园西南 3 km	不详	不详	汉文帝七年（公元前 173 年）	不详
云陵邑	云陵西北 0.5 km	0.26	1.23	汉昭帝元年(公元前 86 年）	东汉
奉明邑	奉明园附近	不详	0.66	元康元年（公元前 65 年）	东汉

注：《汉书·地理志》中记载"西汉末长陵县有户五万五十七，口十七万九千四百六十九"，汉末茂陵县"户六万一千一百八十七，口二十七万七千二百七十七"，由此可推算出西汉陵邑每户平均 3.59 ~ 4.54 人（或 4.1人）。《文献通考·卷一百二十四王礼考十九》中记载："惠帝安陵，文帝霸陵，景帝阳陵，邑各万户，徙民与长陵等。"葛剑雄、梁安和估测西汉末安陵邑、平陵邑和阳陵邑人口近 10 万人，其中含《关中记》："徙关东倡优乐人五千户以为（安）陵邑。"《汉旧仪》中记载："武帝治茂陵，昭帝平陵，邑皆取二千石将相守陵，故三陵（含杜陵）多贵，皆三万户至五万户。"由此可知，杜陵人口 12.30 万 ~ 20.50 万人。《汉书·外戚传》中记载"昭帝即位，追尊钩弋婕妤为皇太后，发卒二万人起云陵，邑三千户"，故云陵邑人口约 1.23 万人。《汉旧仪》中记载："太上皇万年邑千户。徙天下民赀三百万以上，与田宅，守陵"，故万年邑人口约 0.41 万人。《文献通考·卷九十五宗庙考五》中记载"益奉园民满千六百家，以为奉明县"，故奉明县人口约 0.66 万人。

西汉诸帝陵的陵邑经过调查、勘探基本确认位置、范围与形制的有汉高帝长陵邑、汉惠帝安陵邑、汉景帝阳陵邑、汉武帝茂陵邑、汉武帝钩弋夫人云陵邑、汉昭帝平陵邑和汉宣帝杜陵邑等，其中汉景帝阳陵邑曾局部发掘。[26]

9. 陪葬墓与祔葬墓

西汉 11 帝陵区除安葬有各代皇帝、皇后之外，绝大多数陵园内外还发现有数量不等、与帝陵有一定从属关系的墓葬，即陪葬墓。"西汉时期能够入葬诸帝陵、陪葬茔域的均属统治集团内的上层人物，其政治身份不尽相同，有开国元勋、鼎柱之臣以及皇亲国戚、妃嫔宫人。"[36] 根据考古资料及相关研究，西汉帝陵的陪葬墓可分为两类：一类埋葬在帝陵（外）陵园以外，呈朝列参拜状，称为陪葬墓，其墓主为开国元勋、鼎柱之臣和皇亲国戚，级别大致相当于"列侯、公主和郡太守"；[37] 另一类是西汉帝陵外陵园内的高级嫔妃墓葬，称为祔葬墓。[26] 前者多见于西汉帝陵外陵园东司马门道南北两侧，中后期帝陵亦见于外陵园外西、南、北侧附近；后者多见于帝陵外陵园内东北部、西北部或西南部（表 6-5）。

表6-5　西汉帝陵的陪葬墓与祔葬墓

陵　名	陪葬墓		祔葬墓	
	数量	分布及封土形状	数量	形制与分布
长陵	63	东司马道南北两侧，东西成行，南北成列。35 座保留封土，呈覆斗形、园丘形和尖锥形等，部分残缺		
安陵	50	东司马道南北两侧。19 座保存封土，以覆斗形为主（个别园丘形），多数残缺		
霸陵	不详			
阳陵	5 000	东司马道南北两侧，130 余座陪葬墓园		
茂陵	113	茂陵陵园外大中型墓葬东侧 26 座、南侧 8 座、西侧 12 座、北侧 5 座，封土形状有覆斗、山形和园丘形	9	茂陵陵园内东北部，M2 覆斗形封土，其余 8 座无封土，墓型皆为"甲"字形
平陵	30	平陵陵园四周皆有分布，北侧、东侧较集中，以覆斗形和园丘形封土为主	8	平陵陵园东北部，墓皆为"甲"字形
杜陵	140	杜陵陵园东司马门道两侧，南侧（东南部）大中型墓葬集中，北侧多小型墓葬，其中 62 座保留封土，以覆斗形和园丘形为主	不详	不详
渭陵	57	陵园的西南、东南和南部，东侧和西北角零星分布着一些墓葬，以覆斗形和园丘形封土为主	31	渭陵陵园内东北角独立墓园，墓葬排列整齐，南北 5 排，其中 4 座有墓园，12 座保留封土，墓皆为"甲"字形

续　表

陵　名	陪葬墓		袝葬墓	
	数量	分布及封土形状	数量	形制与分布
延陵	54	陵园外东、南、西三面，分布散乱，以覆斗形和园丘形封土为主	19	延陵陵园内西北部，呈排列整齐的独立小墓园，10座保留覆斗形封土，墓皆为"甲"字形
义陵	16	陵园外东、南部，共发现16座，其中12座保留封土，均为园丘形	7	义陵陵园内东北角独立墓园4座，西南角3座，仅一座保留封土，墓皆为"甲"字形
康陵	无	无		无

注：此表资料数据来源同表6-3。

10.其他形制要素

西汉帝陵的构成要素还包括道路、园寺吏舍和夫人居址等。据历史文献记载，西汉帝陵的道路有神道（与羡道对应的帝陵四侧到外城司马门之间的道路）、徼道（陵垣内、外侧的环城路）、司马门道（司马门以外横贯陪葬墓园的道路）、衣冠道（由寝园至陵庙的专用道路，又称宗庙道或游道）。田野考古资料证实了西汉帝陵内道路是存在的，如汉景帝阳陵勘探发现了神道、徼道、司马门道和衣冠道齐备、规整有序的道路交通系统。另外，汉武帝茂陵、汉昭帝平陵、汉宣帝杜陵、汉元帝渭陵、汉哀帝义陵、汉平帝康陵等也均勘探发现有数量不一、保存状况不等的道路遗迹。[39]见于文献记载的西汉帝陵的园寺吏舍（管理用建筑）和夫人居址（嫔妃宫人居所）还有待考古发掘的甄别和确认。

根据上述西汉帝陵形制构成要素，结合考古勘察和发掘资料，可以看出西汉帝陵的特点[40]：①西汉11陵除霸陵"依山为陵"外，其余帝陵均系"堆土为陵"，其封土多为覆斗形、平面为方形。②帝陵、后陵墓室均为"亚"字形，东、南、西、北四条墓道。前期帝陵坐西面东，以东墓道为主道；后四陵（汉元帝、汉成帝、汉哀帝、汉平帝）有坐北面南的趋向，以南墓道为主道。③帝、后实行"同茔异穴"的合葬制，帝陵居中，后陵多在其东北（西北）；帝陵较大，后陵略小。④西汉前期，帝陵、后陵在同一个陵园，一般为长方形，面积较大。阳陵以后，帝、后各置陵园，间距一般在450 m～700 m。平面方形，帝陵陵园边长400 m左右，后陵陵园边长约350 m。陵园四周夯筑垣墙，每面垣墙中央各辟一门。阳陵帝陵四门为三出阙式，杜陵四门为两出台式。⑤帝陵、后陵陵园的封土与垣墙之间有大量的从葬坑（最多的是汉武帝陵封土四周有150座从葬坑，最少的是汉平帝陵封土周围无从葬坑）；帝、后陵园的外围也分布有数量不等的从葬坑（最多的是汉昭帝平陵帝、后陵园外围从葬坑1 234座，最少的是汉平帝康陵帝、后陵园的外围无从葬坑）。⑥陵区内均有陵庙、寝殿、便殿等礼制建筑，寝殿和便殿一般在陵园内或陵园附近。⑦西汉早中期（汉高帝—汉宣帝）诸帝陵均置陵邑，一般在帝陵的东侧或北侧，汉元帝及其后的西汉帝陵罢置陵邑。⑧西汉帝陵陪葬墓规模大，分布规整，多数在陵东司马道的南北两侧，东西成排，南北成列，其间有壕沟分隔。陪葬墓冢外形分覆斗形、馒头形和山形。部分大型陪葬墓的周围也有数量不等的附葬墓和陪葬坑。⑨大约从汉武帝起至汉哀帝，其内、外陵园间出现了数量不等的高级嫔妃的墓葬（祔葬墓）。此种附葬墓多数分布在外陵园的东北部，最多的是渭陵陵园有 31 座祔葬墓构成的独立墓园。⑩大多数西汉帝陵附近有大片的刑徒墓地。例如，阳陵的刑徒墓地在帝陵西北约 1 500 m 处，茂陵的刑徒墓地在茂陵陵园西围墙西南约 3.8 km 处，等等。

（二）西汉帝陵对秦公帝王陵墓制度的继承与革新

帝陵制度的变化有其自身的规律和原因，是受社会发展和历史环境等因素影响的结果。将关中地区的秦雍城陵区、秦毕陌陵区、秦东陵、秦始皇陵、西汉帝陵（乃至嗣后的隋唐帝陵）进行时间维度上的考察和比较分析不难发现，在帝陵制度的发展演变上，西汉帝陵既有"汉承秦制"的表现，也有制度上的创新和变化。主要表现在以下几个方面：

1. 西汉帝陵同秦公帝王陵建造时间、陵墓及陵园形制的异同

（1）陵墓营建的起始时间。据《史记·秦始皇本纪》载"（秦始皇）年十三岁，庄襄王死，政代立为秦王"，推断嬴政在公元前 247 年登基之时就开始了骊山陵墓的营建，直至秦二世"复土"，前后长达三十七八年。西汉皇帝即位不久，就为自己营筑陵墓。据《汉书》记载，汉景帝于"五年，作陵邑"，武帝即位第二年"初置茂陵邑"，昭帝"初作寿陵"，元帝第八年"为初陵"，成帝二年"以渭城延陵亭部为初陵"，等等。[41]诚如《文献通考·王礼考》所言："汉法，天子即位一年而为陵。天下贡赋三分之一供宗庙，一供宾客，一供山陵。"这种生前起"寿陵"至死方休的做法，秦汉是一脉相承的。

（2）陵墓形制与规模。从秦的先公（王）到秦始皇，后至西汉诸帝的墓室都是竖穴式土圹。经探测，咸阳原毕陌陵区的秦先王陵墓、秦东陵一号陵园内的 M1 和 M2 大墓均呈"亚"字形（四条墓道），秦始皇陵墓室也应有四出墓道，西汉帝陵皆为四出墓道的"亚"字形。就陵墓封土和地宫规模来看，秦始皇陵经多种物探考古方法综合探测，封土底面积 122 500 m²（底边为 350 m×345 m）、封土高 52.5 m；地宫（墓圹）底面积 24 700 m²，地宫深 34 m；近些年探明西汉帝陵封土底面积介于长陵 21 400 m²（底边为 160 m×134 m）和茂陵 58 100 m²（底边为 243 m×239 m）之间，封土高度介于延陵的 25.7 m 和茂陵的 46.5 m 之间；西汉帝陵"'方中（墓圹）'百步或用地一顷，深十二或十三丈"（《汉旧仪》）①。显然，除地宫深度相近之外，西汉帝陵的陵墓封土、地宫（墓圹）规模明显逊色于秦始皇陵，亦不如秦陵的奢华与壮观。

---

① 西汉一尺约 23.1 cm，十尺为一丈，六尺为一步，一百步为 138.68 m，由此可推算西汉帝陵墓圹底面积为 19 200 m²，墓穴深 27.72 m～30.03 m。

（3）陵园形制及结构。秦始皇陵园由双重陵垣组成"三城"的建制，是将先祖的地下"重兆"变革为地上之"城"。汉陵修筑陵园时，高帝长陵与惠帝安陵为单重墙垣，文帝霸陵"因山为陵"，未发现陵垣，其余西汉帝陵均发现双重垣墙和外围沟（陪葬墓园及其陪葬墓也有双重垣墙和外围沟）组成双重陵园，并形成定制。秦始皇陵陵区占地面积 56.25 km²，其陵园外城面积 2.13 km²，内城面积 0.79 km²，且平面呈南北向的长方形。而西汉帝陵陵区（包括陵园、陵邑和陪葬墓区）规模在 12 km² ～ 13 km²，陵园多为东西向长方形（后四陵陵园趋近方形）。长陵和安陵（单重陵垣）的陵园面积各为 0.78 km² 和 0.85 km²，同秦始皇陵内城面积相若。其余帝陵（霸陵"依山为陵"除外）双重陵园，其帝陵陵园面积介于 0.12 km²（康陵）和 0.21 km²（延陵）之间，外陵园面积介于 2.40 km²（康陵）和 2.93 km²（平陵）之间。西汉帝陵的外陵园略大于秦始皇陵外城面积，内陵园（帝陵陵园）却远小于秦始皇陵园的内城。此外，秦始皇陵陵园东西内外城之间各发现一组南北对称、独立的三出阙，这两组三出阙为迄今国内发现最早的三出阙。从汉景帝阳陵起，西汉帝陵陵园四门外各竖立南北对称的三出阙（仅杜陵四门为两出台式）[9]，增加了陵园外观的气势。

2. 礼制建筑的扬弃

帝王陵的礼制性建筑主要是寝殿、便殿和陵庙。秦始皇陵北侧 53 m 偏西处有面积达 3 534 m² 的建筑基址，被确认为"形似先秦时期方形'享堂'式"的寝殿，在陵冢北和西北部分布着便殿、食官和园寺吏舍遗址。西汉帝陵探明的寝园和陵庙：阳陵的寝园（3号建筑）和陵庙（2号建筑、罗经石遗址）分别位于帝陵陵园外的西南和东南，杜陵帝陵的寝园（由寝殿和便殿组成）位于其陵园东南，后陵的寝园位于陵园的西南。陵庙位于帝陵东北 400 m 处。[42] 近年来的西汉帝陵考古调查和勘探资料表明，茂陵、平陵、渭陵、延陵和义陵的寝园遗址皆位于帝陵陵园北神道两侧（康陵不详）。汉武帝陵庙（龙渊宫）位于帝陵陵园西南的"瓦渣沟"遗址，汉昭帝陵庙（徘徊庙）位于帝陵陵园东南的二道塬上，汉元帝陵庙（文献记载）位于帝陵陵园西北（孝元王皇后陵园北侧）的"长寿宫"遗址（汉成帝、汉哀帝和汉平帝陵庙遗址不详）。[5][43] 可见，西汉帝陵的寝园和庙园自汉景帝开始被移至陵园之外，且多数是寝殿与便殿组合为整体的寝园。

3. 陪（外）葬坑的演变

秦始皇陵发现外藏坑（陪葬坑）近 180 座，其中内陵园（地宫四周）16 座，内外陵垣间 53 座，外陵园之外 107 座。陪葬坑形状有"巾"字形、曲尺形、正方形、长方形等，面积、规模不等（平面面积大于 1 000 m² 的 11 座，1 000 m² 以下的 169 座）。除大型兵马俑坑外，还包括铜车马坑、石铠甲坑、文官俑坑、百戏俑坑、府藏坑、马厩坑、珍禽异兽坑和青铜水禽坑等。西汉帝陵的陪葬坑平陵最多，有 1 288 座，康陵最少，仅有 7 座。陪葬坑主要分布在帝、后陵墓封土四周和内、外陵园之间的独立陪葬坑区（长陵、安陵为单重陵园，主要分布在帝、后陵冢周围）。陪葬坑从种类上分为车马坑、兵马俑坑、动物俑坑、粮食（仓）坑、钱物坑和珍禽异兽坑等。已勘探出的西汉帝陵陪葬坑单体规模（面积）：长陵 19 m² ～ 882 m²，安陵 22.8 m² ～ 720 m²，霸陵的窦皇后陵 0.7 m² ～ 3.31 m²，阳陵 16 m² ～ 3 056 m²，茂陵 42 m² ～ 1 196 m²，平陵 10.8 m² ~ 1 695 m²，杜陵 44 m² ~ 125 m²，渭陵 144 m² ~ 585 m²，延陵 40 m²，义陵 17.6 m² ~ 512 m²，康陵 5 m² ~ 59.4 m²。此外，秦始皇陵外藏坑中的埋藏品既有代表军事力量的各种原大军吏陶俑，也有反映帝国政权体系的文官陶俑，还有反映皇宫娱乐生活的百戏陶俑、在皇宫与官府中看护和饲养各类动物的原大踞坐俑以及仿真制作的青铜水禽；既有实用的木车马，也有按二分之一比例制作的铜车马和铜俑；既有各类实用的长短兵器，也有仿真的石铠甲等。[20]西汉阳陵陪葬坑的汉代陶俑既有威严壮观的送葬军队，也有端庄娴熟的宫廷侍女，还有数量众多的供家居享乐的侍从舞俑以及马、牛、羊、鸡、鸭、猪等牲畜家禽形象。现实生活中的各种人和事，汉俑都有表现。与军阵森严的秦俑相比，汉俑更富有现实生活情趣。在形体方面，秦俑形体高大，身高一般在 1.75 m ~ 2.0 m，而阳陵兵马俑一般身高在 60 cm 左右；秦俑雕塑手法凝练、棱角分明，汉俑则形神兼备，刻画细腻；秦俑悲壮、严峻，汉俑则充满了浪漫、天真的生活气息；秦俑表现题材单一，汉俑题材丰富，格调多样。[44]

4. 陪葬墓的变化

秦始皇陵的陪葬墓群发现有 7 处，包括秦陵封土西北角"甲"字形墓 1 座，内城东北部"小城内"墓园探查出中小型"甲"字形墓 33 座（秦始皇后宫妃嫔从葬墓），西内外城之间有"甲"字形、长方形、曲尺形、刀形等墓葬 61 座（空墓），东内外城之间有小型墓葬 3 座，兵马俑坑附近有"甲"字形墓 1 座，上焦村西侧有"甲"字形墓葬 17 座（秦王室宗族成员陪葬墓），砖房村陪葬墓数十座（探明"中"字形墓葬 1 座，大型"甲"字形墓葬 5 座）。[9]其分布较为散乱，陪葬者以王室宗亲为主。西汉帝陵的陪葬墓从高帝长陵开始，皆分布在陵园之外，相对较为集中，并且有一定的规律。例如，高帝长陵、惠帝安陵、景帝阳陵、武帝茂陵、宣帝杜陵等基本以帝陵的东司马道为中轴线，整齐排列于司马道两侧。其中，景帝阳陵陪葬墓制度更为规范：陪葬墓区东、西两端各有南北向壕沟一条，作为两边的界限，墓区内分布 110 余处墓园，南北成排，东西成列。司马道北侧分为 3 排，约 20 处；南侧分 10 排，有 90 余处。昭帝平陵、元帝渭陵、成帝延陵、哀帝义陵的陪葬墓在帝陵外陵园的周围都有分布。

西汉诸陵已发现的陪葬墓以阳陵最多，有 5 000 余座，义陵最少，仅 16 座。整体上西汉早中期陪葬墓数量多且规模较大，西汉晚期元帝至哀帝诸陵的陪葬墓数量及规模明显减少、变小。从陪葬墓主的身份来看，高帝长陵陪葬者身份多为开国元勋，其后大多为朝廷重（宠）臣、皇亲国戚、嫔妃等。武帝时期一大批良将贤臣陪葬茂陵。元帝及其后陪葬帝陵者大多是得势的外戚和有功的重臣。陪葬墓主身份的等级差异表现为[45]，一是以距离帝陵陵园及东司马道的远近来显示陪葬者身份的高低。例如，西汉开国丞相萧何葬于长陵陪葬区内最显要的位置——长陵东司马门道北边（今徐家寨双冢），西邻长陵。茂陵陪葬墓中带封土的墓葬基本分布于东司马道两侧。其中，卫青墓、霍去病墓位于陵园与陵邑之间，是陪葬墓中距离帝陵最近的墓葬。霍光墓与上官桀墓虽然也位于东司马道附近，但是距离稍远，位于陵邑的东侧。二是墓园及墓葬形制等存在等级差异。墓园及墓葬规模越大，墓主人身份等级越高。例如，阳陵陪葬墓区大型墓园的面积在 4 000 m² ～ 13 000 m²，中小型墓园面积多在 3 000 m² ～ 5 000 m²。三是陪葬墓封土的形状和规模体现了陪葬者身份高低。西汉陪葬墓封土的规模在当时法律中上至列侯、关内侯，下至庶人，都有明文规定。目前所见的陪葬墓封土的规模体现了墓葬本身体量大小的差异。此外，覆斗形和像山形封土的墓主身份等级较高，如茂陵陪葬墓中卫青墓和霍去病墓封土皆为像山形。四是陪葬墓的形制规模、随葬品种类和数量亦存在区别。比如，已发掘的阳陵东司马道两侧的陪葬墓园中规模比较大的皇帝重臣、近臣墓葬，其中M797、M740 等（多为甲字形长斜坡墓道土圹墓）的陪葬坑内出土了着衣式裸体陶俑及彩绘动物俑，与阳陵帝陵外藏坑出土的同类陶俑形制相差无几，表明了陪葬阳陵的 M797、M740 墓主人身份之尊贵。长陵陪葬墓—杨家湾汉墓（周勃或周亚夫墓）曾出土 3 000 余件陶俑，皆为塑衣式。周勃诛诸吕，迎立文帝，官至太尉，周亚夫官至太尉、丞相。其墓葬中还出土了玉衣片，其权位如此显赫却未有随葬塑衣式陶俑，从而反衬出了阳陵帝陵陪葬制度的某些变化。五是汉武帝至汉哀帝的高级嫔妃以墓园的形式规整地陪葬在帝陵内、外陵园间的东北部或西北乃至西南部。

5. 陵邑的兴废

秦始皇"置丽邑"主要是为了保障陵墓工程的进行，在行政上具有独立性（大致在陵北 4 km 的临潼县新丰镇刘家寨一带）。西汉帝陵设陵邑的有长陵、安陵、霸陵、阳陵、茂陵、平陵、杜陵等，且以陵名邑。西汉陵邑的人口数量和空间范围较大，如汉末时茂陵邑近 28 万人，长陵邑、平陵邑和杜陵邑 10 万～ 18 万人，平陵邑、茂陵邑的面积分别为 12.15 km² 和 4.50 km²。西汉帝陵设置的陵邑基本在陵墓的北部或东北，其中长陵邑与安陵邑位于陵园北侧，且陵邑同陵园连为一体。霸陵邑（据文献记载推测）距离文帝陵 5 km（具体位置和范围不详）。自阳陵开始，陵邑同陵园分离，考古勘探出的茂陵邑距茂陵 1.1 km，杜陵邑距杜陵 2.5 km，阳陵邑和平陵邑都在各自帝陵（陵园）的附近。西汉诸陵的陵邑是为修建帝陵工程的需要而设置的，并有一些适应时代变化的功能和作用：一是为了便于供奉祭祀皇帝和安排管理陵园的吏员；二是为了安置迁徙关中的关东大族及达官巨富，以加强西汉统治者的权力；三是具有拱卫京师的作用。[①]

汉元帝永光四年（公元前 40 年），诏罢陵邑。《汉书·元帝纪》记载："安土重迁，黎民之性；骨肉相附，人情所愿也。顷者有司缘臣子之义，秦徙郡国民以奉园陵，令百姓远弃先祖坟墓，破业失产，亲戚别离，人怀思慕之心，家有不安之意。是以东垂被虚耗之害，关中有无聊之民，非长久之策也。《诗》不云乎？'民亦劳止，迄可小康，惠此中国，以绥四方。'今所为初陵者，勿置县邑，使天下咸安土乐业，亡有动摇之心。布告天下，令明知之。"该诏书先指斥了过去徙民起邑使百姓背井离乡的状况，表明诏罢陵邑的目的是使民安居乐业。其真实原因：第一，武帝以后，官僚地主和富商大贾的势力发展起来，徙民起邑，致使其"破产失业"，引起骚动，造成"东垂被虚耗之害"；第二，陵邑地小人众，五方杂错，官僚、地主、富商大贾和游侠上干王法，下乱吏治。徙民起

---

① 梁安和.浅谈西汉帝陵的修建过程 [J].秦汉研究（第九辑）,2015(00):53-72.

邑以强干弱枝的政策已适得其反。可见，西汉帝陵置陵邑是为了强干弱枝，非独为奉山园；元帝罢陵邑也是为了强干弱枝。[38]

6. "一陵独尊"与帝、后"同茔异穴"合葬制度

战国中晚期秦先王夫妇异穴合葬的陵园，如咸阳原毕陌陵区1号陵园（秦惠文王与王后合葬）、2号陵园（秦悼武王与王后合葬），芷阳陵区的1号陵园（秦昭襄王与王后合葬）等，都是同一陵园内王、后两座大墓南北排列异穴合葬，秦始皇陵园内未发现帝后陵。有人推测，因为秦始皇死得突然，皇后还健在，随即秦王朝又灭亡，所以皇后未能葬在秦陵内。考古勘探证明：秦陵的布局似乎没有预留帝后陵的位置，在帝陵制度上形成了"一陵独尊"的形制；西汉诸陵均为帝、后"同茔异穴"的合葬，除长陵和安陵分别是汉高帝和吕后、汉惠帝和张皇后共用同一陵园外，其他的汉陵都是帝、后各设陵园，而且帝陵在陵园内居于中心位置，后陵（陵园）处于帝陵（陵园）的东南、东北或西北，形成了"帝西后东"和"帝东后西"两种格局。

（三）西汉帝陵制度对后世帝王陵的影响

1. "大墓地"形态的影响

西汉有9座帝陵埋葬在汉长安城以北的渭北黄土台塬上，文帝霸陵、宣帝杜陵位于渭河以南汉长安城东南一带的黄土台塬上。渭北9座帝陵自东向西一线排开，延绵50余千米，每座帝陵之间，近者相聚2.61 km（渭陵—义陵），远者达7.49 km（安陵—义陵），表现为一种松散的、事先未经规划的甚至无序的"大墓地"形态，与商周那种"集中公墓制"有着本质的区别。[1]这种"大墓地"被嗣后的历代帝陵所沿袭，并逐步发展为按照某种风水思想来安排墓位的新的"大墓地"形态。比如，东汉12帝陵（仅汉献帝禅陵位于河南省焦作修武县）分布在洛阳北兆域邙山5陵、洛阳南兆域万安山6陵。唐代十八陵分布在关中地区渭北西起乾县梁山（乾陵）、东至蒲城县金粟山（泰陵）"北山"山脉及其山前黄土台塬上的东西绵延约150 km、南北宽约20 km地域范围内。北宋"七帝八陵"位于河南省巩县（今巩义市），以芝田镇（宋永安县治）为中心，南北约15 km，东西约10 km，约150 km²的范围内。①嗣后的明十三陵、清东陵、清西陵等不同时代帝陵群的陵区地域选择受不同的风水思想影响，其陵区空间均表现出类似西汉渭北9陵的"大墓地"形态。

2. 完全"独立陵园制"的影响

西汉帝陵的陵园形制承袭了秦始皇陵园的布局结构而又有所发展，形成相对完善的"独立陵园制"。其主要特点如下：①每位国君都拥有独立的陵园，每座陵园都有垣墙（或兆沟）以表示墓域。一些重要遗迹（陵邑和陵庙等）布局在陵园垣墙外，构成独立的陵区。②各独立陵园之间相距较远，形成独立的单元，在空间上呈现为一种松散的甚至

---

① 北宋"七帝八陵"，即宣祖（追封赵弘殷）永安陵、太祖（赵匡胤）永昌陵、太宗（赵光义）永熙陵、真宗（赵恒）永定陵、仁宗（赵祯）永昭陵、英宗（赵曙）永厚陵、神宗（赵顼）永裕陵、哲宗（赵煦）永泰陵，均葬此地。

无序的排列关系。③每座陵园都拥有独立的陵园名，如高帝长陵、文帝霸陵、武帝茂陵等。④陵墓及陵园规模宏大，各种设施完善，并实行独立而专门化的管理。除了帝、后的陵墓外，还有附属的寝殿、便殿、陪葬坑、陵邑以及为数众多的陪葬墓等。[1]西汉以后，历代帝陵陵园基本承袭了秦汉的独立陵园制，尤其以关中地区唐十八陵为典型。

3.陪葬制度的影响

西汉帝陵的陪葬系统分为陪葬坑和陪葬墓。西汉诸陵的陪葬坑（西汉前中期较盛）在空间分布上分为陵墓外独立的陪葬坑区、围绕陵墓及封土的陪葬坑、陵墓内的陪葬坑三类。陵墓外独立的陪葬坑区象征着西汉拱卫宫城的苑囿、卫戍部队等，围绕陵墓及封土的陪葬坑象征着宫观百官等，陵墓内的陪葬坑象征着宫内侍从及其衙署仪卫等。[35]西汉帝陵（尤其是长陵、安陵、阳陵、茂陵和杜陵等）的陪葬墓集中分布于帝陵东司马门道的南北两侧，一改秦始皇陵陪葬墓那种散乱的分布状态，变为有纵深布局的陪葬墓区，形成由东向西朝拜至尊的场面。此外，西汉帝陵陪葬制度属于特赐行为及荣耀的象征。例如，陪葬高帝长陵的多为开国元勋，其后大多为朝廷重（宠）臣、皇亲国戚、嫔妃等；武帝时期一大批良将贤臣陪葬茂陵；到西汉晚期，元帝至哀帝诸陵的陪葬墓数量及规模明显减少、变小，陪葬帝陵者大多是得势的外戚家族成员和有功的重臣。自汉武帝至汉哀帝，皇帝的高级嫔妃以墓园的形式规整地陪葬于帝陵外陵园的东北部或西北乃至西南部。

西汉帝陵陪葬墓（坑）的确立及演变对后世帝陵陪葬制度有着深远的影响。后来的东汉、隋唐乃至明清时期帝王陵墓的陪葬形式发生了一些大的变化，但从其陪葬墓区的设置、陪葬墓的形制、陪葬者的身份等来看，皆受到西汉帝陵陪葬制度的影响。因此，西汉帝陵陪葬制度奠定了中国古代帝陵陪葬制度的基础。[45]

4.帝陵建设理念及其丧葬思想的影响

西汉帝陵是模仿现实中的西汉帝国建设而成的。例如，汉阳陵的帝陵、后陵、"罗经石"遗址、外城分别是长安城的未央宫、长乐宫、礼制建筑、城垣在陵区的地下再现；其不同陪葬坑象征宫观及百官位次，代表不同的官府机构；其陪葬墓中的诸侯王墓园象征侯国，公主和郡太守墓园是其管理的邑和郡的地下微缩。显然，整个西汉帝陵以阳陵为建设模本。[23]由此推断，早于阳陵的长陵、安陵、霸陵，晚于阳陵的茂陵、平陵、杜陵、延陵、渭陵、义陵诸陵大致都采用了"阳陵模式"。

此外，西汉帝陵还反映出"事死如事生、升仙、厚葬与薄葬"等丧葬思想。[46]①西汉帝陵陵园的设计与规划、墓外设施的设置等模仿现实的特征；帝、后陵皆为四出墓道的"亚"字形土圹竖穴墓象征现实中的宫城，体现出了帝王统治四方及古代"择中立国（宫）"的观念；帝王陵墓陪葬大量食品（粮食、酒、水果、酱等）体现了"事死如事生"的观念。②帝王陵园中陵庙、寝园和陪葬坑等的祭祀功能与活动，帝陵陪葬坑出土四驾羊车，诸侯王陵墓出土的"御龙图""乘龙升仙图""鹿车升仙图"等体现出升仙思想。③汉武帝茂陵"多藏金钱财物，鸟、兽、鱼、鳖、牛、马、虎、豹、生禽，凡百九十物，尽瘗藏之"（《汉书·贡禹传》卷七二）。景帝阳陵、昭帝平陵、宣帝杜陵等帝陵的陪葬坑数量大、种类多，均有大量陪葬品出土（如平陵陪葬坑有珍禽异兽等）。汉末平帝康陵陵园也发现数量可观的陪葬坑。西汉帝陵均有规模可观的陵园，包括陵邑、陵庙及寝园，帝陵的修建耗费全国三分之一的贡赋。帝、后陵墓内置有"梓宫""便房""黄肠题凑"及相关器物的储藏室等，棺椁为高级的梓木制造，尸身着金缕玉衣，并配有很多殓葬器物，充分体现了厚葬思想及奢侈之风。④西汉文帝主张"治霸陵皆以瓦器，不得以金、银、铜、锡为饰，不治坟，欲为省，毋烦民"。考古资料证实了霸陵无封土，在一定程度上确实推行了薄葬①，文帝霸陵薄葬得到了后世人们的肯定和褒扬。

西汉帝陵模仿现实西汉帝国建设的理念上承战国时期王陵象征生前所居宫城、宫域以及秦始皇陵"上具天文，下具地理"模仿"象"宇宙的结构，成为后世唐代帝陵陵园模仿唐长安城建设，明、清帝陵模仿北京故宫格局建设的滥觞。其"事死如事生、升仙、厚葬与薄葬"等丧葬思想对东汉、魏晋以及隋唐等帝王陵墓建设都有深刻的影响。

四、隋唐帝陵制度及其创新和影响

东汉定都洛阳之后，陕西关中地区一度失去全国政治、经济、文化中心的地位。此后的汉唐之间，北方的前赵、前秦、后秦、西魏、北周等分裂割据政权又在长安（今西安）建都，长安及周围的关中地区多数情况下仍然保持着中国北方政治中心的地位。与此同时，南方存在孙吴、东晋、（刘）宋、（萧）齐、（萧）梁、陈"六朝"。至581年，隋文帝结束近三个世纪的分裂割据局面，建立统一的中央集权的隋朝，建都大兴城（唐长安城的前身）。618年，唐朝建立，此后的近三个世纪，关中地区的唐朝都城长安不仅是全国的政治、经济中心，还是当时东西方文化交流的国际化、世界性大都市。因此，唐朝上承秦汉，融合魏晋南北朝时期以汉族为主的丧葬文化及少数民族葬俗，发展形成了具有唐代特色的帝陵制度和丧葬礼仪文化。

（一）隋唐帝陵的形制及演变

隋朝、唐朝是中国封建社会的鼎盛时期。唐朝（618—907年）共有21个皇帝，建有20座皇陵（高宗与武则天合葬乾陵），其中18座皇陵建在陕西省关中平原（或渭河盆地）的北山山脉或山前台塬上，号称"关中十八陵"。隋唐帝陵的营造形式有两种：一种是继承秦汉以来"封（堆）土为陵"的形式（简称"封土陵"），采用这种形式的有隋文帝泰陵、唐高祖献陵、唐敬宗庄陵、唐武宗端陵和唐僖宗靖陵等；另一种是沿用魏晋南北朝以来穿凿山峰，在山的中部开辟墓室，"依（因）山为陵"的形式（简称"依山陵"）。采用这种形式的有唐太宗昭陵、唐高宗和武则天合葬的乾陵、唐中宗定陵、唐睿宗桥陵、唐玄宗泰陵、唐肃宗建陵、唐代宗元陵、唐顺宗丰陵、唐宪宗景陵、唐穆宗光陵、唐德宗崇陵、唐文宗章陵、唐宣宗贞陵和唐懿宗简陵。

据多年来的考古调查、发掘和对文献记载的研究分析，逐步弄清了隋唐帝陵不同时期的陵园建筑布局和结构。尤其是2006年开始，已经实施10余年的"唐陵大遗址保护"

---

① 杨武站，曹龙.汉霸陵帝陵的墓葬形制探讨 [J].考古，2015(8): 113-119.

考古调查项目，进一步揭示出了唐代帝陵陵园形制的发展演变特征及其陵园的规划设计理念等。

1. 隋唐帝陵陵园的形制构成

关中地区隋唐帝陵陵区由陵园形制、下宫建筑、陵园石刻和陪葬墓区等构成（表6-6、表6-7）。其中，"依山陵"陵园形制结构包括[47]：

（1）陵垣（行墙）。唐陵的陵园（乾陵发现双重陵园，其余多为单重陵园）大体上呈方形，各陵基本坐北朝南。其中，依山陵的陵垣环绕陵山而建，南墙平直，其余三面多顺山势而建，故陵园大体呈方形或不规则的多边形。

（2）神门及门阙。唐陵陵墙四面开神门，分别为南神门（朱雀门）、北神门（玄武门）、东神门（青龙门）、西神门（白虎门）。各门外均有石狮一对和土阙（三出阙）一对，并列戟。唐陵神门的类型包括阙楼式、过殿式和过洞式等。

（3）角阙。唐陵陵园四隅均建有角阙，上建楼阁建筑，象征封建帝王生前所居宫城城墙四角的角楼。

（4）寝宫。唐乾陵之后南神门内均有一组规模庞大、殿宇考究的建筑群，是用来举行朝拜、祭献仪式的寝宫（或献殿），其与南神门之间距离各陵不等，现存遗址范围呈正方形或东西向长方形。

（5）下宫。唐陵下宫是一组规模庞大的建筑群，其遗址范围以墙垣包围，南北各开一门，而无东西门。自唐昭陵"寝"因火灾移至山下后，多数唐陵均将"寝"建于山下陵的西南，距陵山多数为五里①左右，也有的距离三四里、十里不等。下宫满足上陵朝拜祭祀和日常供奉起居饮食的需要。

（6）石刻群。唐帝陵石刻包括陵园四神门外设置的石狮（石虎）、北神门外的仗马和牵马人石像（昭陵北门石刻为"昭陵六骏"和"十四国蕃酋像"等）以及朱雀门外神道两侧对称分布的石马、犀牛、蕃像、石碑、石人、仗马、鸵鸟、翼马、天鹿（独角兽）、华表、石羊等石刻群。

（7）陪葬墓。唐代以宗室密戚、佐命功臣陪葬帝陵作为帝陵葬制的重要组成部分。唐初高祖献陵的陪葬墓布置在陵园东北方向，昭陵之后各陵陪葬墓基本分布在帝陵东南方向。唐陵陪葬墓极少数为依山墓，大多数为封土墓，其外形有覆斗形、圆锥形和像山形。陪葬墓墓主身份等级随封土形状、体量规模及距离帝陵的远近而不同。

（8）墓道、玄宫。唐依山陵墓道均凿于山南面，向下延伸数十米，始达玄宫石门。墓道中安置石门数重。墓道均用石条砌筑，上下两层，中间铺黄土，石条间缝隙以石灰灌注。乾陵墓道石条上还凿有凹槽，用铁细腰嵌住，并用铁浆灌注，上覆夯土，极为坚硬。墓道宽度一般4m左右，深度一般20m左右。帝陵墓道两边石壁上绘有大量壁画，其内容当为帝王生前生活情景的再现。至于玄宫，根据已发掘的南唐二主陵和前蜀王建永陵都为前、中、后三室的形制，唐陵至少为三室，每室左右均有便房。[9]此外，隋唐

---

① 旧制长度单位，1里相当于500m。

时期遗存的封土型帝陵包括隋文帝泰陵、唐高祖献陵、唐敬宗庄陵、唐武宗端陵和唐僖宗靖陵等。其中，隋文帝泰陵封土底边长 160 m～166 m，高 27.4 m，与汉陵封土规模相当。唐代封土陵陵园建筑形制同依山陵大同小异。例如，陵垣、四神门及门外三出阙、陵园四隅角阙均类似依山陵，只是陵园面积、门阙等体量变小；陵冢为正方形覆斗形，底边长一般 40 m～60 m，献陵较大。封土高度 8.6 m～18 m，与宋陵相近，小于汉陵。隋唐封土陵亦应将寝殿建于南神门内（隋泰陵和唐献陵例外），下宫设在陵西南。此外，封土陵的地宫由墓道、甬道、墓室三部分组成。

表6-6　唐代帝陵"依山陵"陵园形制及布局结构

陵　名	陵园形制	下宫建筑	陪葬墓
昭陵	未发现陵垣，占地 200 km²。建南、北司马门。北司马门建筑群遗址含三出阙、列戟廊、殿堂式门址、偏殿、石像长廊及廊房等	长方形，占地 72 500 m²，位于九嵕山南麓。宫城内 3 处大型建筑和多座中小型建筑	193 座，分布在陵南、东南方向
乾陵	正方形，双重陵垣，建四角阙，内陵园 2.15 km²。辟四神门，均由 1 对三出阙、1 对列戟廊和殿堂式大门组成，门外蹲狮 1 对，存乳台、鹊台遗址	正方形，双重城垣，位于陵园中轴线西侧、西乳阙与西鹊台之间，占地 145 200 m²。内城西北侧建筑遗迹密集	17 座，分布在陵东南台塬
定陵	陵垣长方形，建四角阙，占地 2.63 km²。辟四神门，门外双阙，蹲狮 1 对，存乳台、鹊台遗址	位于陵山东南 2.0 km 处，其他不详	陵园东南存 10 座陪葬墓
桥陵	不规则正方形陵垣，建四角阙，占地 8.52 km²，辟四神门，门外建双阙，南门殿堂式、三出阙，存蕃酋殿、乳台、鹊台遗址	长方形，占地 206 500 m²，内城 2 组大型建筑遗迹，内城北侧 1 组建筑遗迹	陵园东南 12 座陪葬墓
泰陵	不规则五边形陵垣，建四角阙，占地 1.33 km²。辟四门，门外建双阙。存蕃酋殿、乳台阙址	长方形，双重城垣，占地 23 200 m²，位于西乳阙西南 990 m 处。宫城内 16 处夯土基址，最大 1 处在宫城北部中间	陵园东南 1 座陪葬墓
建陵	不规则长方形陵垣，建四角阙，占地 1.40 km²。辟四门，门外建双阙。存献殿、乳台阙址	长方形，占地 7 700 m²，位于陵园西南 2.2 km 处	陵园南偏西原有封土墓 3 座，现存 1 座
元陵	陵垣近正方形，建四角阙，占地 6.75 km²。辟四神门、门外双阙。存乳台、鹊台阙址	存下宫遗址，位于陵西南 3.0 km 处	无陪葬墓
丰陵	陵垣周长 20 km，辟四神门	不详	1 座陪葬墓

续　表

陵　名	陵园形制	下宫建筑	陪葬墓
景陵	不规则长方形陵垣，建四角阙（存三个角阙），占地 6.51 km²。辟四门、门外建双阙。存献殿、乳台、鹊台阙址	长方形，占地 70 000 m²，位于陵园西南 2.3 km 处	陪葬墓 4座，陵南现存封土 2 座
光陵	长方形陵垣，占地 6.82 km²。辟四神门，由 1 对三出阙、1 对列戟廊和殿堂式门组成（存东门址和南、北门阙址）。存乳台阙、西南角阙遗址	献殿长方形，占地 45 000 m²，位于南神门北 20 m	陵南陪葬墓 1 座
崇陵	不规则梯形陵垣，建四角阙，占地 2.65 km²。辟四神门。存蕃酋殿、乳台阙址	长方形，占地 60 800 m²，位于西乳阙西南 1 824 m 处。宫城内 9 处夯土基址，具寝殿遗迹	无陪葬墓
章陵	近正方形陵垣，占地 1.76 km²。内城辟四神门、建四角阙。存乳台阙址遗址 1 对	不详	无陪葬墓
贞陵	不规则多边形陵垣，建四角阙，占地 10.13 km²。辟四神门。存蕃酋殿、乳台、鹊台遗址	长方形，占地 42 800 m²，位于西鹊台西北 299 m 处。宫城内 2 处夯土基址，分别位于宫城中部和南门内	无陪葬墓
简陵	正方形陵垣，占地 4.41 km²。内城辟四神门，建四角阙。存乳台阙址 1 对	不详	无陪葬墓

表6-7　隋唐帝陵"封土陵"陵园形制及布局结构

陵名	陵园形制、封土规模及下宫建筑	陪葬墓
隋泰陵	长方形陵园，占地 0.37 km²。四面辟门，门外 1 对门阙，门阙平面呈梯形。陵垣外环绕围沟。帝、后"同茔异穴"陵墓，覆斗状封土位于陵园中部偏东南，封土底部呈方形，占地 23 700 m²；封土南侧有两条墓道，相距 23.8 m，均为 7 个天井、7 个过洞，西侧墓道（包括天井、过洞）南北长 78.7 m，东侧墓道略短且稍窄。陵庙位于陵东南塬下 1.25 km 处台地上，占地 150 000 m²	不详
唐献陵	陵园呈正方形，占地 0.20 km²。四周墙垣、四隅建角阙；四面辟门，各门外设石虎 1 对、三出（门）阙 1 对；陵园南门外神道两侧列置石犀牛和石柱各 1 对。覆斗形封土位于陵园中部偏东，底部呈长方形，面积 15 400 m²，高约 18 m。封土南部发现 2 条东西并列的墓道（帝、后"同茔异穴"），长度均为 61 m，两墓道间距为 10.7 m。西侧墓道略宽，4.9 m ～ 5.5 m。东侧墓道略窄，勘探出 3 处天井。下宫位于陵园西南约 1.21 km。陵园北门外 180 m 发现建筑群遗址（寝殿）	陪葬墓区位于陵园东北，确认 93 座，其中 28 座有封土

续 表

陵名	陵园形制、封土规模及下宫建筑	陪葬墓
唐庄陵	陵园呈正方形，占地 0.235 km²。陵垣四隅建角阙（底呈曲尺形），四神门外各石狮 1 对（体量不尽相同，造型肥硕）。封土呈覆斗形，陵台底呈正方形，底面积 3 200 m²，高 17 m。遗存乳台、鹊台阙址。下宫离陵 4 km，坐北朝南	陪葬墓 1 座，位于陵北
唐端陵	南北向长方形陵园，占地 0.32 km²。四隅建角阙，四神门外各有石狮 1 对。陵台呈覆斗形，位于陵园中央，底面积 3 500 m²，高 15 m。下宫离陵 2 km	未发现陪葬墓
唐靖陵	陵园呈正方形，占地 0.23 km²。四神门外双阙、双石蹲狮，陵垣四隅建角阙；陵台在陵园东西居中偏北，封土呈覆斗形，底呈正方形，底面积 1 600 m²，高 8.6 m。遗存角阙、门阙及乳台阙遗址。该陵地宫由墓道、甬道、墓室三部分组成，出土文物 100 余件，主要有石碑、石函、龙凤玉璧、玉佩、哀册玉残片、鎏金铜锁、鎏金宝石铜花等，是我国目前唯一科学发掘的唐代帝陵	无陪葬墓

2.隋唐帝陵陵园形制的发展和演变

据近年来的隋唐帝陵考古调查，特别是"唐陵大遗址保护"考古调查项目先后对 10 余座唐代帝陵进行地面调查、考古钻探、局部发掘和全面测绘①，不仅弄清了隋唐帝陵陵园形制及陵区结构，还揭示了隋唐帝王陵寝发展演变的阶段性特征 [48]：

（1）隋、初唐创设期（包括隋泰陵、唐献陵和唐昭陵）。本阶段借鉴汉魏及南北朝时期的帝陵制度，探索隋、唐帝陵的新形制。例如，隋文帝泰陵四周陵垣和外围沟、封土体量规模及陵庙设置等均与西汉帝陵相近，但是其帝、后"同茔异穴"及未见陪葬坑、陪葬墓却又表现出明显不同；唐献陵的正方形陵园，四门外设石虎，南门神道石刻（石犀和石柱）、下宫位于陵西南，陪葬墓分布在陵园东北方向；唐昭陵开创"因山为陵"的先例，下宫（寝宫）设在陵山西南，北司马门置"昭陵六骏"和"十四国蕃君长"石像等，皆为后来的帝陵所借鉴和采用。唐献陵南神道石刻和唐昭陵北司马门石刻堪称此后历代唐陵陵园中置"蕃酋石像"、神道石刻群及"北门石马"的先例。

（2）盛唐定型期（包括唐乾陵、定陵和桥陵）。此阶段帝陵陵园平面布局呈正方形（或近正方形），陵垣（乾陵为双重陵垣）具四角阙，辟四神门，门外建双阙（三出阙），立石蹲狮 1 对。神道向南设置三重阙（南门阙、乳台阙、鹊台阙），下宫布置在鹊台阙北的神道西侧，陪葬墓分布在神道东侧。陵园石刻组合形成定制，种类、数量增加，形体高大，排列有序，雕刻精细。继承创设期石刻体量较大的特点，南门石狮一般高 2.7 m～3 m，石人通常高 4 m 左右。乾陵是唐帝陵形制变化的标志，形成"乾陵模式"（如陵园石刻：四门外各立石蹲狮 1 对，北门阙以外立石马和牵马人各 3 对等；南门阙以外神道两侧由南向北依次立石柱

---

① 指对唐高宗乾陵、唐肃宗建陵、杨氏顺陵、唐德宗崇陵、唐宣宗贞陵、唐睿宗桥陵、唐玄宗泰陵、唐宪宗景陵、唐穆宗光陵、唐高祖献陵等进行了地面调查、考古钻探和全面测绘，唐中宗定陵、唐武宗端陵的考古钻探和测绘也已完成。

1对、翼马1对、鸵鸟1对、仗马和牵马人各5对、石人10对以及蕃酋石像61件），对后来诸帝陵影响深远，为此后诸唐陵设计所效仿。桥陵石刻遵循"乾陵模式"，但是其体量大，雕刻艺术精湛，以天禄（獬豸）替代翼马，大有超越乾陵石刻之感，被誉为"桥陵石刻甲天下"，体现了唐陵石刻的最高水平。定陵陵山形态选择中玄宫（穴）所在的山峰后部沿左右两侧向南伸出岔梁，直至陵园南神墙两端附近，使陵园形成一种天然的闭锁性空间，形成左右山势连贯、有辅翼环抱之势的"定陵模式"，其陪葬墓的家族化为其后的唐陵所遵循。[46]

（3）中唐变化期（包括唐泰陵、建陵、元陵、崇陵、丰陵、景陵和光陵7陵）。本阶段陵园形制基本沿袭"乾陵模式"，并发生调整和变化。例如，从泰陵开始，其后诸依山陵的陵园平面因地势调整，呈不规则形状，神道两侧石人分为左文右武，石刻个体变小，如门外石狮高1.5 m～1.7 m，石人高度多在2.5 m～2.9 m，雕刻技艺粗糙。陵园及其下宫规模减小，陪葬墓数量减少。泰陵是唐代帝陵形制由盛转衰的"拐点"。建陵石刻艺术的精致细腻堪称唐陵石刻一绝。

（4）晚唐衰微期（包括庄陵、章陵、端陵、贞陵、简陵和靖陵6陵）。本阶段诸陵的陵园规模逐渐变小，门阙等阙台不再使用三出阙形式。石刻组合基本稳定，石刻体量更趋变小，至靖陵时，石狮高度不足1 m，石人高度不足2 m。陪葬制度基本消失。贞陵例外，其陵园面积规模较大，甚至超过除昭陵之外的其他依山陵的陵园面积。

（二）隋唐帝陵制度与西汉帝陵制度的异同及其创新

将关中地区的汉（西汉）、隋唐帝陵的陵寝制度进行比较，会发现两者的异同，进而认识到后者对前者在承袭的基础上，有更多方面的创新。[49]

1.陵墓构筑方法与陵冢形制规模的异同

西汉文帝霸陵"因山为陵，不复起坟"，堪称唐代14座依山陵的滥觞，但在具体修筑方法上，西汉霸陵"从平地挖坑，再用条石砌筑墓室"，而且迄今未发现陵园遗迹，同唐昭陵"在九嵕山南面悬崖开凿玄宫"截然不同。西汉10座帝陵采取"堆土为陵"（地宫为竖穴土圹墓）的封土体量和形制是隋唐时期5座"封土陵"（多为长斜坡墓道洞室墓）无法比拟的。前者封土高度25.7 m～46.5 m，其底面积20 700 ㎡～58 100 ㎡，后者封土高度8.6 m～27.4 m，其底面积1 600 ㎡～23 700 ㎡。唐代依山陵的气势却较汉代封土型帝陵更为雄伟恢宏。例如，汉代封土型陵冢与其所在地平面的高差不超过50 m（茂陵最高为46.5 m），唐代依山陵所在山峰与山麓洪积扇或黄土台塬的相对高差达百余米至数百米。乾陵所依梁山与山前台塬相对高差260 m，礼泉县建陵和昭陵所依的武将山、九嵕山高出山前洪积扇200 m～230 m，泾阳县的贞陵和崇陵所在的北仲山和嵯峨山同山前台塬相对高差210 m～420 m，富平县的定陵和简陵等5座依山陵与山前洪积扇相对高差110 m～250 m，蒲城县桥陵和泰陵等4座依山陵与山前黄土台塬相对高差100 m～190 m。① 此外，西汉帝陵陵园（外陵园）占地面积0.78 km²～2.93 km²，唐代

---

① 14座唐代依山陵所在山峰与山前洪积扇或黄土台塬的相对高差按其所在山峰的海拔高度与山前地形平均标高值计算得出。

依山陵陵园占地面积 1.33 km² ~ 10.13 km²（昭陵陵园 200 km²）。显然，无论是平面范围，还是立体高度，汉代堆土陵与唐代依山陵的规模气势不可同日而语。

2. 汉、唐帝陵地宫（墓室）形式和结构比较

西汉帝陵承袭战国后期秦国王陵及秦始皇陵的墓室形制，均为竖穴式土圹、四出墓道的"亚"字形，并在封土（地宫）四周构筑数量不等的陪葬坑，如汉景帝阳陵封土周围有 86 座陪葬坑，汉武帝茂陵周围有 150 座。唐代帝陵地宫（墓室）形制应为两种类型：封土陵和依山陵。据已发掘的唐僖宗靖陵和"让皇帝"（李宪）惠陵的葬制来看，封土陵的墓室为带天井的长斜坡墓道洞式墓，通常由墓道、过洞、天井、壁龛、门、甬道、墓室等组成，如惠陵有天井 7 个、过洞 3 个和壁龛 6 个，墓室为外弧方形，边长5.70 m，四角攒尖顶，高 10.08 m，靖陵墓室为单室，东、西、南壁对称开八龛。依山陵墓室为石洞墓，墓道凿于陵山南面，向下延伸数十米，始达玄宫石门，墓道中安置石门数重。玄宫为三室，每室左右均有便房。如前所述的史料记载，唐昭陵依山凿石为玄宫（墓室），从墓道至墓室山约 250 m，前后安置了 5 道石门，中室为正寝，是停放棺椁的地方。墓室内富丽堂皇，不异于长安城的九重宫阙。墓道东西两厢列置着许多石函，石函内装着铁匣，匣内盛放着珍贵的陪葬品。

3. 汉、隋唐帝陵设计理念与陵园形制比较

汉、唐帝陵陵园模仿都城或皇宫设计的理念基本相同，也符合中国古代帝王陵墓建造"若都邑"的传统。但是，两者的陵园形制、布局结构及其葬制存在明显差异。西汉帝、后"同茔异穴"合葬，汉初高帝长陵和惠帝安陵是帝、后同陵园，自汉文帝霸陵、汉景帝阳陵及其以后的帝陵皆为帝、后各建陵园。隋唐帝陵中隋泰陵和唐献陵为帝、后"同茔异穴"合葬的封土陵（靖陵为帝、后"同茔同穴"合葬，其余封土陵应雷同），依山陵基本是帝、后同陵同穴（玄宫）合葬。此外，西汉帝陵陵园多为"坐西向东"（以东墓道和东司马道为主，"后四陵"出现"坐北朝南"的倾向），隋唐帝陵陵园"坐北朝南"（以南墓道和南门外神道为主）。从陵区布局和陵园结构来看，西汉帝陵陵区由陵园（包括帝陵园和皇后陵园等）、陪葬墓区、陵邑（渭陵等"后四陵"缺失）和修陵人墓地等构成。陵园是整个陵区的核心，由外围沟、外墙垣构成外城垣，其对应帝陵墓道的位置设四门，垣内包含帝陵陵园（居中，四面城垣对应墓道设四门，建门阙及四隅角阙）、后陵陵园、多座建筑遗址、多座陪葬坑和若干中型附葬墓（园）。帝陵陵园中心为竖穴墓圹及封土丘（冢），四周分布数量不等的陪葬坑。后陵陵园结构类同，只是规模较小，陪葬坑数量较少。建筑遗址包括寝园、陵庙、园寺吏舍和修陵人居址等。唐代依山陵陵园环绕陵山修筑方形城垣（仅乾陵发现双重陵垣），四面辟四门，门外置双阙、列戟廊和双石蹲狮，南门外三重门阙（鹊台阙、乳阙和门阙），神道两侧对称排列石刻群、蕃酋石像，神道西侧建下宫，东侧分布陪葬墓（4 座封土陵陵园结构与依山陵类似）。

4. 汉、唐帝陵陪葬墓数量、性质与空间分布比较

（1）在陪葬墓的数量变化上，两者都是前期帝陵陪葬墓多，后期帝陵陪葬墓少甚至消失。例如，汉代前期诸陵中高帝长陵陪葬墓 63 座（存封土的 35 座）、惠帝安陵陪葬

墓50座（存封土的19座）、景帝阳陵陪葬墓5 000座（发掘280座）、武帝茂陵陪葬墓113座（存封土的26座）、昭帝平陵陪葬墓30座、宣帝杜陵陪葬墓140座（存封土的62座），后期4陵中元帝渭陵陪葬墓57座、成帝延陵陪葬墓54座、哀帝义陵陪葬墓16座、平帝康陵无陪葬墓。唐初高祖献陵探明陪葬墓93座（存封土28座），太宗昭陵陪葬墓确认193座；盛唐3陵中乾陵陪葬墓17座、定陵陪葬墓10座、桥陵陪葬墓12座；中、晚唐13座帝陵中，建陵有陪葬墓3座（现存封土的1座），景陵有陪葬墓4座（现存封土的2座），有4座唐陵（泰陵、丰陵、光陵和庄陵）各有1座陪葬墓，其余8座唐陵（元陵、崇陵、景陵、章陵、端陵、贞陵、简陵和靖陵）皆无陪葬墓。值得注意的是，汉景帝阳陵陪葬墓数千座，唐太宗昭陵陪葬墓193座，在各自所处的朝代都是空前绝后的，反映了他们所处的时代政治开明、君臣同心同德。

（2）汉、唐帝陵陪葬墓的性质，前期诸陵陪葬者主要是皇室宗亲和文武大臣且以后者为主，后期诸陵陪葬者为皇室宗亲（家族化）。例如，汉高帝长陵至汉宣帝杜陵诸西汉帝陵的陪葬者为皇室宗亲和文武重臣，后者比重一般高于前者；汉元帝渭陵等后四陵的陪葬者中皇室宗亲与外戚宠臣的比重剧增。汉武帝之后的多数帝陵陵园内出现数量不等的高级嫔妃附葬墓园。唐代初期高祖献陵93座陪葬墓中仅有皇族宗亲墓18座，太宗昭陵已确认身份的62座陪葬墓中有皇族宗亲墓16座，高宗与武则天合葬的乾陵的17座陪葬墓中有皇族宗亲墓9座，中宗定陵陪葬者10人中皇室宗亲占90%，睿宗桥陵确定身份的12座陪葬墓全为皇室宗亲墓。中晚唐时期13个帝陵中，肃宗建陵3座陪葬墓中有1座为皇室宗亲墓，宪宗景陵陪葬者4人全为皇室宗亲。泰陵、丰陵、光陵和庄陵各有1座陪葬墓，基本都是宗亲墓或宠臣墓。从盛唐以前以功臣密戚为主逐渐发展为功臣与皇族对等，盛唐以后已全为皇族陪葬（家族化）。[50-53]

（3）汉、唐帝陵陪葬墓的空间分布。西汉帝陵陪葬墓主要分布在帝陵东侧或东北区，唐陵陪葬墓主要在帝陵东南区。汉代帝陵以长陵、安陵、阳陵、茂陵和杜陵等为代表，陪葬墓主要分布在帝陵东司马道两侧（帝陵东北或东南区）；唐代先期5座帝陵的陪葬墓基本都在南门外神道东侧（东南区域），只有唐高祖献陵陪葬墓分布在其东北部。

5. 汉、唐帝陵陪葬墓的形制比较

（1）汉、唐帝陵陪葬墓封土形状。汉、唐帝陵陪葬墓的封土形状均表现出覆斗形、（像）山形和园丘形等，而且陪葬墓封土的不同形状的象征意义基本相同。一般覆斗形和（像）山形封土陪葬墓的墓主身份等级较园丘形封土陪葬墓的墓主身份等级高。

（2）汉、唐帝陵陪葬墓墓葬形制比较。西汉帝陵陪葬墓（较高等级）的墓葬形制有竖穴土圹墓和洞室墓两种，均为单一墓道的"甲"字形。唐代帝陵陪葬墓已发掘30余座，基本为带天井的长斜坡墓道洞室墓，分单洞室和双洞室两大类。唐陵陪葬墓的墓道两侧（天井或过洞两壁等处）对称设有壁龛（存放陪葬器物），替代了汉代帝陵陪葬墓的陪葬坑。

6. 汉、唐帝陵陵园石刻群的差异

汉代帝陵陵墓石刻群数量较少，空间分布无序，且仅见于汉武帝茂陵陪葬墓霍去病墓的石雕群。① 唐代陵园石刻群创设于初唐时期的献陵和昭陵，至盛唐时期乾陵形成固定制度，即陵园四门外置石蹲狮 1 对，南门神道两侧自南向北置石柱（华表）、翼马（或獬豸）、鸵鸟各 1 对，仗马及牵马人组合 5 对，石人（翁仲）10 对，蕃酋石像若干，北门外有仗马和牵马人组合 3 对。此种陵园置石刻群的方式称"乾陵模式"，并为乾陵之后的所有唐帝陵所承袭。"号墓为陵"的唐先祖陵（永康陵、兴宁陵）、高等级陪葬墓（惠陵、彰怀太子墓、懿德太子墓等）、重臣墓（李靖墓、李勣墓等）以及顺陵（武则天母亲杨氏墓）陵园或墓前都置有数量和规格不等的石刻群。

7. 汉、唐帝陵陵地（山）形态选择的风水模式

西汉 11 帝陵分别选择汉长安城附近咸阳原、白鹿原、杜东原等黄土台塬作为陵地，其土厚、水深（地表覆盖黄土沉积层厚度 80 m ～ 100 m，地下潜水埋深 30 m ～ 50 m）等地形、水文因素符合古代"凡葬必于高陵之上，以避狐狸之患、水泉之湿"的葬地选择要求，表现出重视"高敞"、陵地处于地势高亢之地的风水要求，也凸显出防水以保证墓主、地下居室及器物安全的实用性。[54] 唐代帝陵整体布局在渭北郊咸阳原地势更高的黄土台塬和北山的"岛状"陵山中，陵墓群所在地势北高南低，依山（塬）面水，地下水埋藏深，适合修筑陵墓。尤其是依山为陵的埋葬方式，充分利用了周围山势和水系等自然条件。各陵均注重从陵山两侧延伸出来的山脉，将陵域囊括在相对封闭的空间环境，陵前以宽阔的空地（有水流经过）为宜。此种选择陵山形态的理想风水格局以中宗定陵所在凤凰山为典型（或称"定陵模式"[46]），并在睿宗桥陵、玄宗泰陵和肃宗建陵等唐陵陵山都有体现。显然，唐代选择帝陵陵域环境所考虑的风水要求体现出一定的封闭性（陵墓置于以山梁为自然屏障的封闭空间）。西汉选择"高敞"的帝陵陵地更多表现出开放性的风水思想（四周空旷、居高临下、彰显威严）。

五、唐代帝陵制度对后世帝陵的影响

唐代开创和建立的一系列帝陵制度对后世各个朝代的帝王陵墓制度产生了较为深刻的影响。

（一）"依山为陵"营建方式的影响

唐代帝陵"依山为陵"的埋葬形式及其制度以唐太宗昭陵为先例，至高宗和武则天合葬的乾陵基本成熟，形成"乾陵模式"。此种帝陵葬制不仅为唐代乾陵之后的 12 座唐陵所效仿，也奠定了后世帝王陵墓"依山为陵"埋葬形式的基础。

（二）陵园石刻群的影响

唐代开创性地在帝陵陵园（尤其是盛唐时期的乾陵、定陵和桥陵陵园）内设置各类大型精美的石雕群像（如乾陵石雕群多达 120 件），其形制和雕刻艺术上承六朝（南朝）

---

① 霍去病墓石雕群共 16 件，其中人和动物造型的石雕为"马踏匈奴""跃马""卧牛""卧马""伏虎""野猪""怪兽吃羊""人与熊""石人""卧象""蛙""鱼""蟾"等 14 件，石刻文字"左司空""平原乐陵宿伯牙霍巨益"两通。

而有所发展，从乾陵形成定制和模式（"乾陵模式"），为后来的唐代帝陵所沿袭，而且后世的北宋、明、清帝王陵前列置石刻，无论是数量还是种类、安放位置和序列布设等，都有对唐陵模式的承袭。例如，北宋帝陵石刻群中的番邦客使石像是对唐陵蕃酋石像的效仿；唐陵石刻中的望柱（华表）、狮、虎、獬豸、翼马、仗马及牵马人等在北宋、明、清帝王陵前石刻中都有体现。

（三）陵域选择及其风水观的影响

唐代自太宗始，有 14 座帝陵将渭北山山系中孤峰耸立、挺拔俊丽的山峰选作陵体（陵山），如"昭陵之因九嵕，乾陵之因梁山，泰陵之因金粟，唯中峰特起，上摩烟霄，岗阜环抱，有龙蟠凤翥之状"[①]。这些依山陵的选址顺应地势地形，以便取自然之形胜，并遵循风水之说，经过术士的八卦勘舆而定，因循"以山川精气，上为星象，若葬得其所，则神安后昌，若葬失其宜，则神危后损"的思想；在地形格局上均选取向阳之高地，背倚岗阜，左右山势连属，前临平野开阔之地；符合风水理念中青龙、白虎左右山势连贯，且有辅翼环抱之势的陵山形态选择模式，深刻影响到宋、明、清帝陵的选址和建设；堪称明十三陵、清东陵和清西陵依山而建，并在风水思想及堪舆术主导下选取陵山、规划陵区布局的滥觞。

（四）陵园形制及建筑群体布局的影响

首先，唐陵将寝殿从"寝"中独立出来，放在了更加突出的位置（朱雀门内、陵丘前），陵寝的祭祀功能得以强化。这种将祭祀活动场所（献殿或上宫）和日常供奉场所（寝宫或下宫）分割开来的做法为以后明清皇家陵寝制度的确立奠定了基础。其次，唐帝陵在营建上体现出整体性原则，将山陵、建筑群体有机结合，即将山体作为陵园建筑的背景体系，建筑依山就势，最主要的建筑群体形成轴线序列和群体景观。最后，唐陵的陵体（陵山主峰）处于渭北平原的北部边缘山区，各陵的神道俱向南延伸入广袤的平原地区。作为陵体核心的玄宫选在有左右两山脊夹峙的主峰山体中，使玄宫至南门之间形成一个大体封闭的空间，既强调陵墙以内空间作为"宫城"属性的内倾性，又将外围陪葬区的广袤平原纳入体系中，体现出陵区整体布局上封闭性与开放性有机结合。[55] 唐代帝陵的整体性建造方法以及封闭性与开放性结合的布局为后世明清皇陵的陵园建筑和布局所借鉴。

（五）唐代帝陵葬制对域外的影响

唐代是中国封建社会的鼎盛时期，尤其是盛唐时的国力和国际影响力达到古代中国的巅峰，同时丝绸之路也达到兴盛时期。唐太宗昭陵北司马门石刻中设置的 14 国蕃君石像，唐乾陵石刻群中的 61 尊宾王像、石狮、鸵鸟和具有犍陀螺风格的翼马，乾陵之后诸唐陵均设置蕃酋殿（立蕃酋石像），唐陵陪葬墓中出土的壁画《客使图》《马球图》和三彩胡俑等皆反映出东西方经济、文化交流呈现出的繁荣景象。[56] 唐代帝陵制度被视作中国帝王陵墓建制的转折点，其规划和设计思想不仅对后世历代王朝帝王陵墓的规划建设

---

① （元）李好文. 长安志图 [M]. 西安：三秦出版社,2013.

产生了影响，还影响了我国周边的朝鲜、日本、越南等国的陵墓制度。例如，日本平安时代嵯峨天皇的遣唐使者曾在关中地区渭北的嵯峨山参与修筑唐德宗崇陵，日本天皇因此取名为嵯峨天皇，并将京都的一座山改名为嵯峨山，嵯峨天皇的陵墓嵯峨山陵（円丘）位于京都市右京区北嵯峨朝原山町。

　　此外，帝陵陪葬墓的家族化趋势、祭祀大殿（献殿）的扩展及功能的强化以及陵园布局模仿都城（宫城）形制等均为后世宋、明、清等朝帝陵陵寝制度所承袭。

参考文献：

[1]　赵化成 . 从商周"集中公墓制"到秦汉"独立陵园制"的演化轨迹 [J]. 文物 , 2006(7): 41-48.

[2]　徐卫民 . 秦帝王陵墓制度研究 [J]. 唐都学刊 , 2010, 26(1): 43-51.

[3]　刘卫鹏 , 岳起 , 邓攀 , 等 . 咸阳原上"秦陵"的发现和确定 [J]. 文物 , 2008(4): 62-72.

[4]　焦南峰 , 杨武站 , 曹龙 , 等 . 咸阳"周王陵"为战国秦陵补证 [J]. 文物与考古 , 2011(11): 53-57.

[5]　咸阳市文物考古研究所 . 西汉帝陵钻探调查报告 [M]. 北京 : 文物出版社 , 2010.

[6]　尚志儒 . 秦始皇陵园布局结构渊源浅谈 [J]. 文博 , 1987(1): 14-17.

[7]　李自智 . 试论秦始皇陵园布局对后代帝陵的影响 [J]. 文博 , 1990(5): 151-157.

[8]　田有前 . 试论秦陵墓制度的演变特征 [J]. 秦汉研究 (第五辑), 2011(00): 139-149.

[9]　陕西省考古研究所秦汉考古研究部 . 陕西秦汉考古五十年综述 [J]. 考古与文物 , 2008(6): 96-160.

[10]　徐卫民 . 秦公帝王陵发展演变的特点及其在历史上的地位 [J]. 文博 , 2001(6): 18-26.

[11]　段清波 . 秦始皇帝陵的物探考古调查——"863"计划秦始皇陵物探考古进展情况的报告 [J]. 西北大学学报 (哲学社会科学版), 2005, 35(1): 80-86.

[12]　段清波 . 秦始皇陵封土建筑探讨——兼释"中成观游" [J]. 考古 , 2006(5): 70-76.

[13]　王学理 . 秦始皇陵研究 [M]. 上海 : 上海人民出版社 , 1994.

[14]　尚志儒 . 秦陵及其陵寝制度浅论 [J]. 文博 , 1994(6): 7-14.

[15]　朱学文 . 秦始皇陵园设计规划问题之研究 [J]. 文博 , 2009(5): 44-48.

[16]　班固 . 汉书 [M]. 北京 : 中华书局 , 1962.

[17]　戴春阳 . 礼县大堡子山秦公墓地及有关问题 [J]. 文物 , 2000(5): 74-80.

[18]　朱学文 . 试论秦始皇陵园选址的相关问题 [J]. 考古与文物 , 2010(6): 50-5, 72.

[19]　高崇文 . 试论先秦两汉丧葬礼俗的演变 [J]. 考古学报 , 2006(4): 447-472.

[20]　段清波 , 张颖岚 . 秦始皇帝陵的外藏系统 [J]. 考古 , 2003(11): 67-74.

[21]　焦南峰 , 孙伟刚 , 杜林渊 . 秦人的十个陵区 [J]. 文物 , 2014(6): 64-74.

[22]　赵海洲 , 试析秦始皇陵墓葬制的渊源 [J]. 华北水利水电学院学报（社科版）, 2011, 27(6): 22-24.

[23] 焦南峰.试论西汉帝陵的建设理念 [J].考古,2007,(11): 78-87.

[24] 焦南峰.汉阳陵丛葬坑初探 [J].文物,2006(7): 51-57.

[25] 刘向阳.唐乾陵文化景观的内涵与特性研究 [J].文博,2011(5): 45-51.

[26] 焦南峰.西汉帝陵形制要素的分析与推定 [J].考古与文物,2013(5): 72-81.

[27] 陕西省考古研究院,咸阳市文物考古研究所,茂陵博物馆.汉武帝茂陵考古调查、勘探简报 [J].考古与文物,2011(2): 3-13.

[28] 陕西省考古研究院,咸阳市文物考古研究所.汉元帝渭陵考古调查、勘探简报 [J].考古,2013(11): 22-34.

[29] 焦南峰.西汉帝陵“夫人”葬制初探 [J].考古,2014(1): 77-83.

[30] 焦南峰.秦、西汉帝王陵封土研究的新认识 [J].文物,2012(12): 5-58.

[31] 班固.汉书·叔孙通传 [M].北京:中华书局,1962.

[32] 班固.汉书·元帝纪 [M].北京:中华书局,1962.

[33] 王学理.太社乎?陵庙乎?——对汉阳陵罗经石为“男性生殖器座”论驳议 [J].文博,2001(5): 54-61.

[34] 马永赢.汉武帝茂陵陵园布局的几点认识 [J].考古与文物,2011(2): 70-75.

[35] 刘卫鹏.西汉帝陵的陪葬坑 [J].秦汉研究(第四辑),2010(00): 148-58.

[36] 刘庆柱,李毓芳.西汉十一陵 [M].西安:陕西人民出版社,1987.

[37] 孙尧奎,周光亮.西汉陵邑制度考略 [J].临沂师专学报,1998,20(4): 27-29.

[38] a.焦南峰.神道、徼道、司马门道——西汉帝陵道路探索 [J].文物,2008(12): 52-70. b.焦南峰.宗庙道、游道、衣冠道——西汉帝陵道路再探 [J].文物,2010(1): 73-77, 96.

[39] 焦南峰.西汉帝陵考古发掘研究的历史及收获 [J].西部考古·第一辑,2006(00): 289-303.

[40] 王学理.秦汉相承帝王同制—略论秦汉皇帝和汉诸侯王陵园制度的继承与演变 [J].考古与文物,2000(6): 60-66, 79.

[41] a.刘庆柱,李毓芳.1982—1983 年西汉杜陵的考古工作收获 [J].考古,1984(10): 887-894. b.刘庆柱,李毓芳.1984—1985 年西汉宣帝杜陵的考古工作收获 [J].考古,1991(12): 1071-1083.

[42] a.陕西省考古研究院,咸阳市文物考古研究所,茂陵博物馆.汉武帝茂陵考古调查、勘探简报 [J].考古与文物,2011(2): 3-13. b.陕西省考古研究院.2013 年陕西省考古研究院考古发掘新收获 [J].考古与文物,2014(2): 3-23. c.陕西省考古研究院,咸阳市文物考古研究所.汉元帝渭陵考古调查、勘探简报 [J].考古,2013(11): 22-34. d.刘卫鹏,岳起.陕西咸阳市西汉成帝延陵调查记 [J].华夏考古,2009(1): 65-2, 101. e.陕西省考古研究院,咸阳市文物考古研究所.汉哀帝义陵考古调查、勘探简报 [J].考古与文物,2012(5): 18-27. f.陕西省考古研究院,咸阳市文物考古研究所.汉平帝康陵考古调查、勘探简报 [J].文物,2014(6): 50-63.

[43]　雷依群 . 秦汉兵马俑文化比较研究——以秦始皇陵和汉景帝阳陵为中心 [J]. 咸阳师范
　　　 学院学报 , 2002, 17(1): 5–7.

[44]　曹 龙 . 西汉帝陵陪葬制度初探 [J]. 考古与文物 , 2012(5): 82–85.

[45]　姜 捷 . 关于定陵陵制的几个新因素 [J]. 考古与文物 , 2003(1): 69–4, 82.

[46]　周明 . 陕西关中唐十八陵陵寝建筑形制初探 [J]. 文博 , 1994(1): 64–77.

[47]　张建林 . 唐代帝陵陵园形制的发展和演变 [J]. 考古与文物 , 2013(5): 82–90.

[48]　刘根良 . 汉唐陵寝制度之异同 [J]. 南昌职业技术师范学院学报 , 1996(2): 36–39.

[49]　王双怀 . 唐陵陪葬墓的分布特征 [J]. 陕西师范大学继续教育学报（西安）, 2001, 18(1):
　　　 67–68.

[50]　姜宝莲 . 试论唐代帝陵的陪葬墓 [J]. 考古与文物 , 1994(6): 74–80.

[51]　沈春文 . 桥陵陪葬墓地研究 [J]. 文博 , 2000(5): 63–70.

[52]　程义 . 唐代帝陵陪葬墓的分布及其规律 [J]. 乾陵文化研究 , 2010(00): 80–95.

[53]　王子今 . 说 "高敞" ：西汉帝陵选址的防水因素 [J]. 考古与文物 , 2005(1): 33–7.

[54]　兰英姿 . 唐代帝王陵墓建筑制度研究——昭陵北司马门复原探讨 [D]. 西安 : 西安建筑
　　　 科技大学 , 2006.

[55]　韩学山 . 从乾陵文物看唐代对外文化交流 [J]. 乾陵文化研究 , 2006(00):21–213.

第七章　关中地区古代帝陵的主题思想与文化价值

关中地区古代帝陵的主题思想和文化价值是一个迄今很少有人论及的话题。现在我们能看到的事实是，只要不是在兵荒马乱时期或者在社稷动摇、山河残破的情况下被仓促建造的，帝陵一般都有其特殊的主题思想。其主题思想是营建帝陵时人们最关注、最想表达的想法，或者是一些特别重要的帝王陵所表征和传达给后人的意欲诉求，又或者是后人所能概括出的帝陵的历史文化意蕴及其价值和影响。

一、始祖陵：炎帝陵与黄帝陵

（一）炎帝陵、黄帝陵的主题思想及其文明启蒙功绩

关中地区最早的帝陵当属位于宝鸡市渭滨区神农镇常羊山上的炎帝陵（神农炎帝的陵寝）和地处延安市南部黄陵县的黄帝陵。这两座始祖陵是炎黄子孙拜祖、祭祀的主要场所。因此，炎帝陵、黄帝陵的主题思想就是祭祀华夏始祖的人格形象。

史传炎帝神农氏在长期的实践中有一系列的创造。例如，炎帝首创农耕制，教民稼穑，被尊为"神农""田祖""先农"；遍尝百草，以疗民疾，被尊为"医王""药王"；日中为市，首辟市场，被尊为商贸之祖；削桐为琴，以通天下，被尊为音乐之祖；发明茶叶，创造"国饮"，被尊为"茶祖"。此外，炎帝神农氏的治麻为布、弧矢宣威、制陶冶斧、煮海为盐、分时立节、度地经土、明堂吉礼等伟大功绩都对中华文明起到了启蒙的作用。[1] 传说黄帝时代，人们"治五气"，改造自然环境；"艺五种""佐五谷，养民人"，发展农业生产；立礼法文度，"别男女，异雌雄，明上下，等贵贱"，建立社会秩序；"兴事创业"，创造器物文明。黄帝时代发明的器物有衣裳、水井、杵臼、釜甑、宫室、牛车、舟楫、弓箭、墓葬、书契等。[2]

（二）炎帝陵、黄帝陵祭祀及其文化价值

据《国语·鲁语》记载，"有虞氏禘黄帝而祖颛顼，郊尧而宗舜，夏后氏禘黄帝而祖颛顼，郊鲧而宗禹；商人禘舜而祖契，郊冥而宗汤；周人禘喾而郊稷，祖文王而宗武王"，说明先秦时期最早祭祀黄帝的是虞舜。最早记载炎帝祭祀的是司马迁的《史记》：秦灵公三年（前423年）在吴阳"作下畤，祭炎帝"。综观史籍记载及现代考古资料，炎帝和黄帝祭祀大致源于虞舜、沿于夏商周秦、始兴于汉唐、盛于宋、频于明清。值得注意的是，经过数千年来的历史传承，直至今天，这种古老而传统的文化形式，无论是在规模、周期还是在形式、载体上，都越来越焕发出与时俱进的时代生机。

数千年来，炎帝陵、黄帝陵祭祀持续不断，并随着时间推移彰显出旺盛的生命力。其历史意蕴和文化价值主要表现在以下五个方面。[3]

1.炎帝陵、黄帝陵祭祀体现了华夏族的血脉认同

千百年来，华夏族一直尊奉炎帝、黄帝为共同始祖，以身为炎黄子孙而自豪，形成了底蕴深厚的炎黄文化及敬祖爱国的精神。在敬祖爱国的精神主导下，一切认同炎黄始祖的爱国人士和华人都可以超越阶级、阶层、党派的差别，因为同一祖先的血脉相连，生发出血浓于水的民族情感，激发和增进对祖国的忠诚和热爱，共同为民族振兴而努力。

2.炎帝陵、黄帝陵祭祀反映了中华民族共同的英雄崇拜

炎帝神农"奠农工基础，开医药先河""首创八功"①，是中华农耕文明的开创者和缔造者。黄帝时代人们驯养和使用牛马，发明车、船，学会打井、养蚕和缫丝，制造和使用铜兵器，发明文字，制造历法和甲子，发展原始农业，发展美术、音乐乃至舞蹈创作，发明冠冕衣裳，开启设区治民。因此，千百年来，经过历代的发掘、整合、提炼和重铸，炎帝和黄帝成为"圣帝""明君"的化身，受到历朝历代人们的推崇。炎帝陵、黄帝陵的祭祀使中华民族的英雄崇拜情结得以不断强化，进而生发出实现民族复兴和国家强盛的目标的巨大精神动力。

3.炎帝陵、黄帝陵祭祀折射出人类的文化寻根行为和文化自觉

炎帝和黄帝是华夏族的"人文初祖"，更是一种历史文化符号。炎帝陵和黄帝陵是华夏民族"初始文明的时代地标、创新图强的精神丰碑、民族融合的情感纽带"，长期的祭祀不仅反映出人们寻根谒祖的血脉认同，也在更高、更广的层面上反映出人们的文化认同与文化寻根的行为，这就大大拓展和丰富了炎帝陵、黄帝陵祭祀的历史意义和时代内涵。炎帝陵、黄帝陵祭祀之所以千百年来延续不断，而且不断得以丰富、发展和创新，这种文化寻根行为和文化自觉是重要的原因。

4.炎帝陵、黄帝陵祭祀表现出民族寻根与价值追求的融合

炎帝陵、黄帝陵祭祀活动不仅具有缅怀祖先与弘扬道德的意义，还可以让不同历史时期的祭祀者在民族寻根的仪式活动中表达当时人们的价值追求。炎帝、黄帝祭祀活动源远流长，在漫长的历史过程中无论官祭还是民祭、公祭还是私祭，人们都在祭词、祭文中一方面追述炎帝、黄帝的伟大历史功绩，赞颂炎帝、黄帝的崇高人格，另一方面则表达自己当时的某种价值追求和价值理想。例如，抗日战争时期，在中华民族面临生死存亡的历史关头，国民政府、地方政府和国民党中央、共产党中央的祭文中表现的是"秉弓剑之威灵，靖烽烟于海甸""复我疆园，保我族类""金瓯无缺，光华复旦""民族复兴，国维孔固"的争取抗日战争胜利的信念，以及中国共产党"各党各界，团结坚固""……民族阵线，救国良方；四万万众，坚决抵抗……亿兆一心，战则必胜。还我河山，卫我国权"的抗日民族统一战线的主张。

---

① 炎帝在中华文明发展史上的贡献："首创农耕，发明种植；始作耒耜，教民耕耘；遍尝百草，发明医药；治麻为布，纺织制衣；搭木为架，建屋而居；削桐为琴，练丝为弦；作陶为器，冶制刀斧；日中为市，首倡交易。"

5.炎帝陵、黄帝陵祭祀满足了人们的精神需求

在现实生活中，由于种种生活压力，人们难免会有空虚、浮躁、焦虑、无奈和恐慌的情绪，常常渴求心理的解脱和精神的抚慰。炎帝、黄帝祭祀提供给人们一种与先祖或神明的虚拟沟通，在一定程度上满足了人们的精神需求，这对促进人类社会致和达顺有着重要的现实意义。

总之，炎帝陵、黄帝陵祭祀是对华夏族繁衍历程进行探索、研究的历史认识活动，也是"慎终追远"的祖宗寻根及祖先认同活动，还是一种寄托民族美好理想、崇尚民族文明创造、弘扬民族优秀传统、表达民族发展理念的价值追求活动。炎帝、黄帝祭祀的意义从根本上说，在于用历史关注现实、借先祖激励后代。炎帝陵、黄帝陵祭祀延续着华夏族的血脉，凝聚着民族情感，锻铸和培育着民族精神。

二、秦始皇陵（兵马俑坑）

（一）秦始皇陵（兵马俑坑）的主题思想

秦始皇陵是我国历史上第一个皇帝陵园，也是中国古代帝王陵墓中规模最大、内涵最丰富的一座大型陵园。其地下丰富的文物是秦代政治、经济、军事、科技、社会、文化等各个领域最具代表性的重要实物资料。数十年来，考古工作者从陵园内发掘出了兵马俑坑、铜车马坑、马厩坑、珍兽坑、陪葬墓、寝殿、献殿等遗址建筑或文物。其中，兵马俑坑规模最大，内涵相当丰富，为研究秦始皇陵和秦代的历史提供了宝贵的资料。[4]秦始皇陵兵马俑还以其宏伟的气势和非凡的魅力征服了中国和世界，被誉为"世界第八大奇迹"。

秦始皇陵兵马俑坑表现的主题是胜利之师和守卫之师。兵马俑以严阵以待的战斗队形排列，并未因胜利而有丝毫懈怠。从现在的发掘情况看，秦始皇陵周围有多个陪葬坑，除兵马俑坑外，还有文官、百戏、珍禽异兽坑等。但其他坑的总和也无法同兵马俑坑相比。气势宏大的秦兵马俑给人最突出的感觉是无比雄浑壮观、气势逼人。秦兵马俑不仅体现了高超的雕塑艺术，还展示了当时秦人的气质风范与时代精神。秦兵马俑是典型的群体艺术，数千人马组成了庞大军阵，其中每一个人、每一匹马都有自己的固定位置和作用，它们共同存在，互相依赖和陪衬，好比万里长城上的一块块砖石，合成整体才能展示出宏大气势和高昂精神。秦兵马俑昭示着中华民族勇于自我牺牲、以服从整体需要为荣的个体意识和"天下兴亡，匹夫有责"的民族共识。因而，秦兵马俑更多、更深刻地体现了一个民族共同体的心理和精神状态。

（二）秦始皇陵（兵马俑坑）的核心价值

在中华文明发展史上，兵马俑坑是古代帝王陵最庞大的陪葬坑，以其场面大、数量多、兵俑塑造精美传神而著称，尤其反映了秦军事、政治状况；在中国古代殉葬史上，秦始皇陵首次大规模采用陶土塑品代替真人陪葬，相对于夏商至春秋时期的真人殉葬具有鲜明的历史进步意义；秦兵马俑与古希腊、罗马的艺术品相比，体现了典型的军事战略思想和传统的东方特征，堪称世界艺术精品。秦兵马俑的核心价值体现在以下几个方面。[5]

1. 中华文明发展的一个重要标志

秦始皇陵展示了战国至秦政治、军事乃至整个社会的发展与变化：诸侯兼并战争促使社会变革，铁器与牛耕推广，手工业发展，商品经济繁荣，城市兴起，形成以个体小农经济为基础的社会结构；郡县制和新的中央集权的官僚制度替代分封制和世卿世禄制度。思想文化方面是诸子百家争鸣和战国学术繁荣等的"缩影"。

2. 中华文明发展史上极具思想性、科技性并体现礼俗的文化典范

（1）秦兵马俑的思想性。随着经济的发展和政治变革，战国时期各国的军事制度和战术、战略方式发生了变革，步兵、骑兵的灵活作战代替了车战，筑城与攻城成为相当重要的防御与进攻手段。军队的选拔和训练更加严格，高标准奖赏使军队作战能力和将士的积极性得到空前提升。这一切都促使战国时期的战术和战略思想进入一个更高的阶段。

（2）秦兵马俑的科技性。这种科技性突出表现在出土文物所反映的冶金工艺、机械加工技术、兵器制造技术、古陶烧制工艺、古代颜料技术、古代编织技术等方面。以兵马俑坑出土的青铜兵器为例，剑、戈、铍、铤、弩机等实心铸件采用了相同标准的"双合范"，其制作规正对称，反映出加工工艺标准化程度高、工艺标准化水平高。战车大样尺码的规格划一，其同类零部件是标准化的通用件，可以互相替换。这有利于实行专业化的大生产，严格工序、坚持标准、勒名刻记、层层督责、规定任务、制定限额、刻记标识、检验把关、开展评比、有奖有罚。总之，秦兵马俑反映出秦朝在科学技术和科学管理方面都达到很高的水平，这推动了中华文明的进步与发展。

（3）秦兵马俑所体现的礼俗。其主要表现在秦始皇陵园的营建开创历史先河。首先，墓葬的形制由商周时期的"墓而不坟"变为如山陵般高大的封土丘，被称为陵或骊山陵园。其次，陵园的布局模仿都邑建制，以墓为中心，由城垣、寝殿、便殿、园寺吏舍、随葬坑、陪葬墓等构成。各部分被有机地组合布列在一个50多平方千米的区域内，与周围的自然环境融为一体，气势宏大壮观。再次，城垣分内、外城。内城占地780 000 m²。北面开两门，东、南、西各开一门。外城2.03 km²，四面各有一门。在陵墓封土上以北的内城垣内，相继建造寝殿和便殿，供墓主日常居住、饮食、休息、闲宴之用。在内外城西垣之间，建有园寺吏舍，供掌管陵寝日常祭祀的食官休息。陵园内陪葬坑包括铜车马坑、马厩坑、珍禽异兽坑和兵马俑坑等。[6]最后，据《史记》记载，地宫墓室"穿三泉，下铜而致椁，宫观百官奇器珍怪徙藏满之。作机弩矢，有所穿近者辄射之。以水银为百川江河大海，机相灌输，上具天文，下具地理。以人鱼膏为烛，度不灭者久之"，是说墓室造有宫殿模型并排设百官位次，上绘天文图，下设自然景象，用水银制成可以流动的百川、江河、大海，装有触发自动式暗弩和长明灯，埋藏大量珍奇异宝，其豪华程度可想而知。[7]

3. 当今中国最具代表性的世界文化遗产

秦始皇陵及兵马俑是我国首批被列入联合国教科文组织《世界遗产名录》、最具代表性的世界文化遗产，其中的铜车马宏大精美、组合协调、装饰华贵、形制壮观、科技

价值高，在古代车辆中无与伦比。秦陵出土的两乘铜车马共重 23 t，比司母戊大方鼎重约 3 倍多，是其体积的 10 多倍，重量和体积都达到了前所未有的程度。从仰韶文化的陶塑至殷周时期的器物造型和装饰雕塑，乃至战国早期的造型艺术，罕见大型铜器。嗣后，河北平山县中山国战国墓出土的虎噬鹿器座、嵌错龙凤方案以及湖北随县曾侯乙墓的钟虡铜人和建鼓底座虽然都表现出青铜器艺术的进步，但都难以比得上秦陵铜车马的造型宏大和艺术精美。山西长治市分水岭出土的战国铜牺立人擎盘、河南洛阳出土的战国玩鸟铜女俑不失为该时期青铜铸像的杰作，但其形象和体型都难与秦陵铜车马相匹敌。三星堆青铜大立人通高 2.6 m，造型还显单调；西汉茂陵陪葬墓外葬坑出土的鎏金铜立马身长 0.76 m，身高 0.62 m，神态俊秀、造型逼真，体型却不如秦陵铜车马高大；甘肃武威雷台出土的汉末时期的一套由 14 辆铜车、39 匹铜马和 45 座铜俑组成的仪仗出行群体铜像气势极为壮观，但其单体仍比不上秦陵铜车马的高大壮观。所以，秦陵铜车马体型之高大、气势之壮观皆执青铜器之牛耳。

三、西汉帝陵：阳陵与茂陵

（一）西汉（典型）帝陵的主题思想

关中地区的 11 座西汉帝陵时代明确，部分遗迹尚存，格局基本完好，是我国帝王陵墓遗址中的优秀代表。西汉帝陵的规划建设表现出建造时间较长、耗费人力和财力巨大、陵园模仿都城宫殿等共性。其主题思想却各有其内涵特征。

1. 汉景帝阳陵的主题思想

汉景帝阳陵的主题思想是对经济发展、社会财富与军事力量给予高度重视和特别关注。汉景帝阳陵封土四周陪葬坑中埋藏有大量的骑兵、步兵武士俑，各式动物陶俑，陶器、铜器、漆器等生活用具以及兵器、车马、印章、封泥等。南区 14 座陪葬坑发掘出排列密集的武士俑群，堆放粮食的仓库，牛、羊、猪、狗、鸡等陶质动物俑，成组的陶器、铁质和铜质生活用具，展现了西汉"南军""北军"的军旅场景。[8] 这些家畜家禽俑和武士俑的总数量达数十万，堪称中国数量最大的陶俑群，在帝陵陪葬坑中实属罕见。汉阳陵出土有金银玉器等奢侈品，然而其所占比例很小，同数量巨大的象征社会一般财富的陶俑群相比，显得微不足道。汉景帝刘启（阳陵的墓主）实现了中国历史上有名的"文景之治"，这是古代中国封建社会发展的第一个高峰。汉景帝以恪守节俭著称，所以重视一般社会财富也与其个性特点密不可分。

2. 汉武帝茂陵的主题思想

汉武帝茂陵的主题思想是击败强敌匈奴、消除边患、保持警惕和展示强大的西汉王朝。该主题思想在茂陵陪葬墓霍去病墓前的"三马"（马踏匈奴、卧马和跃马）等大型石雕中被表现得淋漓尽致。"马踏匈奴"石雕（图 7-1）以一匹威武雄健的战马将一龇牙咧嘴、仍手持弓箭垂死挣扎的匈奴将士踩踏于蹄下为形象，透射出为霍去病建冢刻石乃至营建茂陵的主题；象征着霍去病六次率军出击匈奴，屡建奇功。例如，著名的祁连山之战扭转了汉匈双方政治、军事的局势，保卫了边境安宁，并为开辟"丝绸之路"、加强中原和西域各国的经济和文化交流打开了门户、铺平了道路。"马踏匈奴"浓缩了霍去病"六出六胜"的整个过程，只是以战争结果简捷地诠释了其一生的赫赫战功和"为冢像祁连山"的渊源；以威武雄健的战马象征年轻有为的汉骠骑大将军霍去病及强大的西汉军队，甚至代表西汉王朝和汉民族。"兵民是胜利之本"，战争最深刻的根源存在于民众之中。汉武帝作为一代雄君明主，深刻认识到反击匈奴胜利的最根本原因在于对匈奴既憎且恨的广大百姓长达十几年的流血流汗、全力支持。所以，"马踏匈奴"通过一个石雕形象表现了反击强敌匈奴、取得胜利的精神力量，以马的威武、豪迈充分表现出反击匈奴胜利后西汉王朝举国上下的自豪、喜悦和扬眉吐气。"卧马"卧在地上犹十分警觉，并没有因为"卧"而失去气魄。其象征意义在于，虽然击败强敌匈奴，但仍然居安思危，保持高度警惕。"跃马"极其豪壮，神态也生动无比，展现的是战马正准备从地上一跃而起的那一瞬间的动态。它既完美表达了人们对马的动态熟悉的程度和对动物战友的情感，又表现出西汉将士随时准备出击，痛击来犯之敌的精神状态。

图7-1 茂陵马踏匈奴石雕

茂陵的主要文化标志是霍去病墓前的石刻。茂陵石刻既有大写意的艺术风格，又有刚健质朴、粗犷豪放、恢宏大气的特性。采用夸张手法的石蟾和石蛙具有超过它们原形数十倍的庞大躯体，反映了西汉时期发生数次螟、蝗等灾害致使粮食歉收和无收之际，专食庄稼害虫的蟾、蛙在大自然生态平衡法则中所起的巨大作用和消灭虫害的不凡作为；两条庞大的石鱼象征着汉王朝的强大、富庶，也寄托着霍去病本人的愿望；身高近5 m的石人仿佛巨人虔诚祈祷，象征着汉武帝祈愿汉朝更加强大，表达了"树大汉天威、显大汉雄风"的主题思想；"人与熊"展现了殊死搏斗的胆略、气魄、力量以及必胜的信念，艺术地再现了远征将士既要与剽悍凶顽的敌人拼杀，还要与猛禽怪兽、风沙雪雨、饥渴伤痛等种种困难做斗争，也象征着后方百姓为支持战争开山启林、辛勤劳作，与各种灾害斗，又要与出没的野兽斗。正是因为全国百姓的努力和牺牲，战争才得以长期坚持。

野熊力大、凶恶，石刻"人与熊"充分说明了胜利来之不易，表现出汉军高昂的士气和强大的实力以及汉民族饱满的精神。

（二）西汉帝陵的文化遗产价值

从文化遗产的角度看，西汉帝陵在当代社会体现出丰富的价值和作用，具体表现在历史价值、科技价值和艺术价值等方面。[9]

1.西汉帝陵的历史价值

（1）西汉帝陵蕴含着西汉时期珍贵的历史信息。据《晋书·索琳传》记载，汉天子即位一年而为陵，天下贡赋的三分之一"充山陵"。西汉11座帝陵中，建造所用时间最短的是5年（汉平帝康陵）、最长的是53年（汉武帝茂陵）。因此，西汉帝陵建造时间较长、耗用国家税赋量大，映射出西汉王朝国力强盛的状况。帝陵的营建布局与长安城关系密切，其宗庙的设置等反映了西汉时期的人们所秉承的丧葬哲学及家族宗法等思想。帝陵的陵邑是帝国最高规格的聚落社区，也是研究西汉时期聚落部局及城市规划的极好材料。帝陵中精美的陪葬品体现了当时手工业的最高水平，凝聚着古代劳动人民的智慧。

（2）西汉帝陵是我国汉文化研究的重要载体。西汉帝陵依照古代风水与堪舆思想选址建造，是中国古代早期风水文化的实践结果。西汉帝陵陵园的布局模仿都城长安的方位、街道以及宫殿官署等结构，陪葬墓区朝廷重臣和高级贵族的墓葬排列体现着墓主的身份地位及其与帝王关系的差别。已发掘的汉阳陵陪葬坑出土的数量众多、排列有序的官印、封泥和仕官陶俑象征着帝王生前所支配和控制的官署机构，甚至在阳陵首次发现宦官俑。这表明皇帝带到地下的不仅有享受不尽的荣华富贵，还有生前所统帝国的机构及与其相应的制度。整个帝陵陵区的空间形态映射着西汉王朝统治的政治版图。[10]

2.西汉帝陵的科技价值

（1）西汉帝陵的选址、分布、建造方法等体现了西汉时期地理测绘、建筑学、工学等领域的发展水平。比如，帝陵封土（陵冢）、陵园门阙和垣墙遗址等反映出当时夯土版筑技术比较成熟，可以用来建造巨大的帝陵封土以及陵园周边的垣墙，其夯筑高度和密度都较前代有较大的提高，是研究我国古代建筑技术发展的难得例证。又如，通过Google Earth电子地图读取渭北西汉诸陵的地理坐标，发现除平帝康陵的纬度大于其东边的元帝渭陵，位置显偏北以外，其余8座西汉帝陵的纬度按照从西向东的顺序，呈现逐渐递增的趋势。其中，茂陵—平陵—延陵—渭陵—义陵—安陵—长陵的纬度递增幅度为35″～1′30″。异穴合葬的帝、后陵（如平陵东、西陵和长陵东、西陵等）在纬度上的差距仅为3″～5″。渭北西汉诸帝陵经度上的差距通常为1′30″～3′30″，最多不超过4′40″，从而构成一条布局相对匀称、大致呈西南—东北（或东北—西南）走向的西汉帝、后陵分布带（表7-1）。更确切地说，渭北西汉诸陵分布在靠近咸阳原的二道原南部边缘地带。该西汉帝、后陵分布带揭示出一条超长距离的西汉帝陵布局设计基线：茂陵、安陵的封土顶部中心点连线的延长线从长陵东、西陵封土之间穿过。该设计基线与东西向纬度线之间形成21°左右的夹角。其中，平陵东陵、延陵、渭陵、义陵的封土均分布在该连线上或者在其附近，只有康陵、阳陵离该连线稍远些。依据该基线所经过的咸阳原南部地区的地理特征，其设计者十分熟悉咸阳原的地形和地貌，并经过精确测量才确定出这条基线。此外，汉武帝时期兴修的成国渠也是利用咸阳原上二道原与头道原之间的过渡地带，自西向东循着等高线递减，恰好从上述西汉帝、后陵分布带的南侧经过。这说明在西汉中期，对咸阳原地形、地貌的了解以及在帝陵和成国渠修建中应用的测量技术已经达到十分精准的程度。[11]

表7-1　渭北西汉诸陵相关信息表

陵　名	东　经	北　纬	相邻陵间距/m
茂陵	108° 34′ 12″	34° 20′ 18″	—
平陵西陵	108° 37′ 49″	34° 21′ 47″	6 211
平陵东陵	108° 38′ 24″	34° 21′ 42″	889
延陵	108° 41′ 53″	34° 22′ 30″	5 534
康陵	108° 42′ 45″	34° 23′ 53″	2 868
元帝王皇后陵	108° 44′ 03″	34° 23′ 56″	2 052
渭陵	108° 44′ 21″	34° 23′ 26″	568
义陵	108° 45′ 53″	34° 24′ 03″	2 614
惠帝张皇后陵	108° 50′ 14″	34° 25′ 23″	7 089
安陵	108° 50′ 30″	34° 25′ 23″	401
长陵西陵	108° 52′ 35″	34° 26′ 05″	3 467
长陵东陵	108° 52′ 52″	34° 26′ 23″	431
阳陵	108° 56′ 27″	34° 26′ 38″	5 588
景帝王皇后陵	108° 56′ 51″	34° 26′ 47″	670

（2）汉阳陵出土文物反映了西汉时期的农业和冶金技术水平。汉阳陵出土的大量动物陶俑反映了西汉时期畜牧业的迅猛发展。《汉书·艺文志》中的《相六畜》从文献的角度表明西汉时人们已经掌握了科学的动物饲养方法，其牲畜饲养能力大为提升。阳陵出土的碳化花生将中国花生的引进时间从明代提前到汉代，对我国农业发展史研究具有重要意义。此外，汉阳陵考古发现的农具和兵器等的质量大幅度提升，映射出西汉时期铁器得到广泛应用，冶铁技术得到进一步发展。

（3）西汉帝陵对当代文保技术的创新和发展有重要作用。汉阳陵陪葬坑将展厅建在地下，进行地面绿化，避免帝陵周边风貌及协调性等遭到破坏。整个地下博物馆全部采用中空锻膜电加热玻璃建造，将游客和遗址分隔在两种不同的气温环境中。这样既保证了遗址部分恒温恒湿，有利于保护文物，又能使游客感受文物遗址的魅力。展示厅采用铯钾防火玻璃分隔通廊，设置火灾自动报警系统和自动喷水灭火系统，是我国地下遗址博物馆防火节能建筑设计的首创。汉阳陵南阙门遗址保护工程是陕西省内首次采用钢结构仿古建筑的遗址保护工程。发掘现场文物害虫的防治以及陶制文物（彩绘陶俑）主要病害、病因、结构特点和保护等方面的技术创新也取得了一系列的成果。这为后续的文物保护工作提供了经验和借鉴依据。除此之外，西汉帝陵还在教育功能、文化传承、生态建设以及促进经济发展等方面具有较高的社会价值。

　　3. 西汉帝陵的艺术价值

　　（1）西汉帝陵与陶俑雕塑艺术。汉阳陵出土的陶俑制作精巧细致，表达方式精练写意。阳陵汉俑采用手工雕刻塑造面部器官和表情，形象各异。陶俑多为直立姿态，部分陶俑安装有可活动的木制手臂，可以有不同的动作，增强了雕塑的动感。由于年代久远，陶俑当年下葬时穿着的服饰皆已朽毁，出土后大多呈现裸体形态，其表面有精细雕刻的器官。部分着衣彩绘俑面容、肢体生动，色彩保存完整。女性发髻样式表现了汉代女性以垂髻为美的特点，完全松散盘挽垂于脖颈及背部。其服饰挽于腰部并缠裹于身体上，流畅华美，体现了汉朝女性的审美特点。五官呈现柳叶眉、丹凤眼、直鼻、小口。阳陵汉俑"以高度成熟的写实主义手法塑造活生生的艺术形象"，是我国雕塑艺术史上不可多得的艺术珍品，具有极高的艺术价值。[11]

　　（2）西汉帝陵与大地艺术。所谓大地艺术即以大地为创作对象的艺术。西汉帝陵中的渭北9陵在咸阳原上自西（南）向东（北）一字排开，延亘百里①，展现出帝陵的恢宏气势，加上渭河以南的杜陵与霸陵，从三个方向守护着长安城。西汉11陵处于以高祖长陵为中心、半径7里②的圆形空间范围，茂陵、霸陵、杜陵处在该圆形空间的边界，西汉的帝王陵墓均不出此圆，形成帝陵布局的空间秩序。同时，西汉帝陵有四个组群：长陵、安陵、阳陵为早期组群；茂陵、平陵为中期组群；渭陵、延陵、义陵、康陵为晚期组群；霸陵（含薄太后陵）、杜陵为东南组群。测量数据表明，各组群东西向间距以及渭北早、中、晚群组的间距大致为7.5 km，而且西汉帝陵外陵园的规模绝大多数以150步③为基本规划模数。[12] 此外，一条以西汉长安城为中心，北至三原县嵯峨乡天井岸村天齐祠，南至秦岭山麓的子午峪玄都坛，涵盖汉长陵、清河大回转段、天井岸礼制建筑遗址的南北向超长建筑基线将人工建筑与自然景象相连缀，形成天、地、人合一的奇妙格局。[13]

四、唐代帝陵：昭陵与乾陵

　　关中唐十八陵分布于渭河以北的陕西乾县、礼泉、泾阳、三原、富平和蒲城6个县境内，东西绵延150 km。若以唐长安（今西安）为基点，西连最西的乾陵，东连最东的

---

①　旧制长度单位，1里相当于500 m，百里即为5 000 m。

②　旧制长度单位，1里相当于500 m。

③　旧制长度单位，150步相当于半里，即250 m。

泰陵，形成一个102°的扇面，蔚为壮观。唐18陵同西汉11帝陵构成的"东方帝王谷"可与埃及金字塔相媲美，堪称世界陵墓史上的奇迹。

（一）唐代典型帝陵的主题思想

唐代帝王陵墓气势磅礴，特别是初唐的献陵和昭陵，盛唐时期建造的乾陵、定陵、桥陵和泰陵等，都是唐王朝动用大量人力、物力修建而成，都在一定程度上反映了唐朝的物质文明和精神文明达到了一定的高度。其中，最具代表性的昭陵和乾陵都蕴含着鲜明的主题思想。

1.唐昭陵的主题思想

唐太宗昭陵的主题思想是政治大团结和民族大融合，堪称历史教科书式的政治告诫。昭陵是唐代第二座帝陵，在许多方面开创了唐陵制度的先河。例如，昭陵陵区有皇亲、勋臣陪葬墓193座（数量为唐陵陪葬墓之最），以关系亲疏和功绩大小进行由近而远、犹如众星拱月般的扇形排列。昭陵与其陪葬墓展示了唐初君臣和谐、共创伟业的政治大团结。昭陵陵园北门立六马和"十四国蕃君长像"（突厥答布可汗、突厥颉利可汗、突厥突利可汗、突厥乙弥泥孰侯利可汗、薛延陀真珠毗伽可汗、吐蕃赞府、吐谷浑河源郡王、于阗王、焉耆王、高昌王、龟兹王、新罗乐浪郡王、林邑王、婆罗门帝那伏帝国王）[12]为首创。唐太宗李世民命著名艺术家阎立本将自己生前骑乘并壮烈战死的六匹骏马以高浮雕形式刻画上石，形成其陵园石刻群的重要组成部分，后世誉之为"昭陵六骏"。这种做法与一般帝王陵上安置粉饰太平的吉祥瑞兽的做法截然不同，所着力表现的是重温大唐创业的血与火的动荡历程；凝结的是一位身经百战的统帅对救过自己的命而殒命沙场的战马的深厚情感，是对大唐建功立业的将士的深切缅怀，更是对大唐创业艰难的深情回顾。昭陵北司马门树立等身大的"十四国蕃君长像"，用以记功宣威。该十四个蕃君长均系"贞观中擒伏归化者"，涵盖丝绸之路的四个王国基本是唐王朝核心统治区周边所有政权的总和。这些写实性雕刻体现了少数民族与唐王朝的融合以及唐王朝与周边地方政权的交往，有重大的历史价值，甚至弥补了一些史料的空白。[13]

2.唐乾陵的主题思想

唐高宗、武则天合葬的乾陵的主题思想是用大中国的视角看待民族关系，展示出中古"丝绸之路"的繁盛。乾陵陵园规模宏大、建筑富丽，开创了唐代帝陵的规制并对后世产生深远影响。例如，陵园四神门外及神道设置各类大型精美石雕群像120余件，并创了以石狮守护陵园四门和帝王陵前列置石刻群的制度和模式，成为其后的唐陵乃至后代帝陵前置放石刻群所仿照的典范。神道两侧及陵园四门分布着壮观的石刻群，包括带有犍陀罗风格的卷翼天马、来自西域的鸵鸟和石狮，特别是陵园南门内侧现存的61尊蕃王石雕像，真实地记录了7世纪唐帝国与周边民族政权及亚洲各国的政治、文化交流互动的盛况。[14]乾陵陪葬墓出土的大量胡人陶俑、三彩陶俑和壁画等充分展现了盛唐时期丝绸之路带来的中西文化交流的成果。例如，李贤墓出土的《客使图》（一作《礼宾图》）画面中唐廷鸿胪寺官员举止温文尔雅，来自我国东北地区、高丽国（朝鲜半岛）及东罗马帝国的使者个个恭敬谨行，体现了唐王朝对外开放怀柔政策的成功；《马球图》体现了通过体育项目进行文化交流，并借以了解波斯、吐蕃等的时尚运动，进而处理好彼此之间的关系的状况；《仕女图》中展现了众多的身穿胡服、头戴毡帽、脚蹬皮靴的汉族仕女，刻画了上层妇女的风尚爱好，反映了唐高宗、武则天执政时期与周边民族文化交流、融合的特征。[15]陵园石雕像及陪葬墓中如此众多的外来文化元素，如三彩陶俑、胡人陶俑，壁画中的胡人、胡马、胡服形象，以及其他场合罕见的猎豹、猞猁、猎鹰、猎犬等，是其他帝王陵中绝无仅有的，这些都是唐代空前民族大团结的生动写照。

（二）唐代帝陵的历史文化价值

关中地区唐18帝陵是中国封建社会发展高峰时期墓葬制度的代表，是中国陵寝发展史上的重要阶段，也是唐王朝兴衰历程的见证。唐陵气势宏伟，建筑布局严谨，陪葬品丰富，蕴含极高的历史文化和科学价值。[15]

1. 政治方面

相对于魏晋南北朝时期的帝王陵墓，唐代帝王陵墓规模宏大。宋敏求《长安志》记载："昭陵和贞陵周围一百二十里[①]；乾陵周围八十里；泰陵周围七十六里；定、桥、建、元、崇、丰、景、光、庄、章、端、简、靖等十三陵周围四十里；献陵周围二十里。"其陵园布局和结构以乾陵为典范：墓室凿在山南的半腰处，居陵园北部，为全陵主体建筑，四周筑围墙，分内、外两道垣墙（其他唐陵仅有一道垣墙），内城墙四面设门，南门内修筑献殿。外墙南面有三道门，神道石刻群（石狮、王宾像、碑石、石人、石马、鸵鸟和华表）置于由南而北的第二、三道门之间。第一道门外分布着皇族和文武大臣的陪葬墓（昭陵因山南地形险阻，在陵北玄武门内修筑由门阙、列戟廊、廊房、门址、围墙等构成的祭祀性建筑群，是举行大典的场所，为唐18陵中所仅有）。唐代帝陵尤其是初唐和盛唐时期诸唐陵反映出唐王朝统一的政局，专制主义中央集权制度得以加强，国家拥有强大的人力和财力，能够集中力量建造气势磅礴的帝王陵墓。这些帝王陵附近还有众多的陪葬墓，安葬着唐代各个时期的宗戚勋贵。据文献记载与考古勘察确认，唐太宗昭陵的陪葬墓共有193座，唐高祖献陵有93座，唐高宗与武则天合葬的乾陵有17座，定陵有10座，桥陵有12座。[6]这些数量不等的陪葬墓相对于主陵呈拱卫、镇守之势，彰显了皇权的至高无上和封建三纲五常对君臣关系的规范。

2. 经济方面

唐朝帝王陵墓无论在建造形式上，还是在其陪葬物品上，都体现了唐朝国力的强大。唐朝帝王陵墓总体气势雄伟，有着严格的建造规格和形制。其中，14座依山为陵的陵墓显得更加雄伟高大，其建造工程浩大、耗时累年，需要大量的人力、物力和财力。如此大规模地修建帝王陵墓，还要基本保证经济秩序的稳定和百姓生活的安定，显然是由唐王朝强大的经济实力所决定的。此外，唐帝陵及其陪葬墓在陪葬品的奢侈程度上也尽显国库殷实。比如，最新的考古发现了同秦始皇陵和汉景帝阳陵的从葬坑类似的石砌从葬窑8座，陵山上其他地方是否有还待继续查探。葬窑共两层，四孔窑洞，置有铠甲马、

---

① 旧制长度单位，1里相当于500 m。

陶人等。该窑最深处 8 m，做工非常精细，石头打磨得有大头和小头，大头七寸①，小头五寸；结构极其严密，连缝隙的灰缝都撬不下来，验证了《史书》记载的"糯米汁共白灰偕浇注"。这表明依山为陵的昭陵是以"石窑"来置陪葬品的。[12] 又如，五代时期军阀温韬盗掘了几乎所有的唐陵，所得陪葬品不可胜数。"……韬在镇七年，唐帝的陵墓在其境内者，悉发掘之，取其所藏金宝。昭陵最固，韬从埏道下，见宫室制度，宏丽不异人间。中为正寝，东西厢列石床，床上石函中为铁匣，悉藏前世图书，钟、王笔迹，纸墨如新。韬悉取之，遂传人间。惟乾陵风雨不可发。"[16] 晚唐时期唐懿宗爱女同昌公主下葬时，其夫家"韦氏之人争庭祭之灰，汰其金银。凡服玩，每物皆百二十舆，以锦绣、珠玉为仪卫、明器，辉焕余里；赐酒百斛，饼啖四十橐驼，以饲体夫。上与郭淑妃思公主不已，乐工李可及作叹百年曲，其声凄惋，舞者数百人，发内库杂宝为其首饰，以八百匹为地衣，舞罢，珠玑覆地"[17]。同昌公主下葬时花费巨大，陪葬品异常奢华，这也从侧面反映出晚唐时期唐王朝还拥有一定的经济实力。

3. 科学文化方面

唐朝帝王陵列置石刻群始于唐高祖献陵，至盛唐时期乾陵将前期各陵的样式进行了融合，形成了唐陵石雕的一代制式：四门列蹲狮，北门增设鞍马，南门外从南端神道柱开始依次有序地排列着天马（或天禄）、鸵鸟、鞍马与马倌、石人、蕃使、石狮，隔神道相对而立，并有石碑等。这些石雕刻群生动形象，雄伟高大，充分体现了唐代石雕刻技术之高超；唐代帝陵的地宫和其他的陪葬墓中还发掘出了许多墓碑、墓志铭以及陪葬品，如唐三彩、陶俑、剑鞘等，这些物品制作精美，反映了唐代陶瓷业、铸造业等手工业水平之高。以乾陵陪葬墓中的懿德太子墓、永泰公主墓及章怀太子墓出土的壁画为代表，唐代不同时期建造的帝陵中的壁画呈现出不同的风格，反映出唐朝皇族宫室的奢侈生活和当时的一些社会风俗等。

4. 对外交流和联系方面

唐朝帝王陵墓还反映了唐朝与其他少数民族和周边国家政治、经济、文化的交流和联系，以及唐代丝绸之路的繁荣畅通。例如，唐昭陵十四国蕃君长石像，乾陵六十一宾王石像以及在定陵、桥陵、建陵、泰陵、崇陵、庄陵和简陵等都曾发现的数量、特征不尽一致的蕃臣石像残体，这些蕃臣石像的身份有被征服者、归化者，也有友好国家、地区的使者[18]，反映了唐朝对外交往范围的扩大。再如，自乾陵及其以后唐帝陵石刻中有鸵鸟和狮子的图案。鸵鸟在唐陵神道石刻群中位处仗马之南、翼马之北。鸵鸟不属宫廷仪仗，但作为仪仗队伍，往往"鸾旗在前，属车在后"。若把鸵鸟视为瑞禽，当作鸾鸟，象征鸾旗，那么鸾旗居前，仪仗殿后，唐陵鸵鸟的位置是合乎那种礼仪的。唐陵石狮均作为陵园门兽，石狮在狮子的故乡多被当作门兽。因为狮子为兽中之王，"虎见之而伏，豹见之而睨，罴见之而跃"，以狮护门，固若金汤。[18] 据史料记载，鸵鸟和狮子是外国使臣献给唐朝的贡品，两者原产于距离我国非常遥远的非洲大陆。在皇帝的陵寝中摆放

---

① 旧制长度单位，1 寸相当于 3.33 cm。

鸵鸟和狮子石刻，说明我国与非洲、西亚、南亚等国家在唐朝就有了外交往来，也表明强盛的唐朝丝绸之路繁盛畅通，中西方经济、文化交流极为活跃。

参考文献：

[1] 李晖，朱建军.综论炎帝文化的传承价值 [J].湖南行政学院学报（双月刊），2010(2): 8-12.

[2] 赵馥洁.论黄帝文化中历史与价值相融合的特征 [EB/OL].（2015-07-14）.huangdi.shaanxi.gov.cn.

[3] 朱建军.炎帝陵祭祀文化意义述考 [J].湖湘论坛，2008(5): 61-63.

[4] 张建忠.中国帝陵文化价值挖掘及旅游利用模式 [D].西安：陕西师范大学，2013.

[5] 赵士禛.中华文明与秦兵马俑的核心价值 [J].新西部，2009(10): 123-124.

[6] 陕西省考古研究院秦汉考古研究部.陕西秦汉考古五十年综述 [J].考古与文物，2008(6): 96-160.

[7] 段清波，张颖岚.秦始皇帝陵的外藏系统 [J].考古，2003(11): 67-74.

[8] 焦南峰.汉阳陵从葬坑初探 [J].2006(7): 51-57.

[9] 郇滢.论西汉帝陵的当代价值 [D].西安：西北大学，2014.

[10] 焦南峰.试论西汉帝陵的建设理念 [J].考古，2007, (11): 78-87.

[11] 杨哲峰.渭北西汉帝陵布局设计之观察 [J].文物，2009(4): 61-68.

[12] 张建林.唐昭陵考古的重要收获及几点认识 [J].乾陵文化研究，2005(00): 224-229.

[13] 刘向阳.唐乾陵文化景观的内涵与特性研究 [J].文博，2011(5): 45-51.

[14] 韩学山.从乾陵文物看唐代对外文化交流 [J].乾陵文化研究，2006(00): 210-213.

[15] 李彦，刘怡.唐代帝王陵墓研究——以桥陵为中心 [J].渭南师范学院学报，2016, 31(2): 93-97.

[16] 欧阳修.新五代史：卷四十 [M].北京：中华书局，1974.

[17] 司马光.资治通鉴：第二百五十二卷 [M].北京：中华书局，1956.

[18] 李毓芳.唐陵石刻简论 [J].文博，1994(3): 32-42.

第八章　陕西关中地区帝陵遗产资源保护与旅游开发

陕西省关中地区历史悠久，拥有大量包括丰富的帝王陵墓遗产资源在内的历史文化遗产，其空间分布之集中，文化内涵之丰富，品位价值之高，世所罕见。加之关中地区产业基础好、科教实力强、资源赋存丰富、水土丰裕，具有成为西部大开发龙头地区的良好条件。"关中—天水经济区"是彰显华夏文明历史文化的国家级重点建设经济区，涵盖以黄陵黄帝陵、宝鸡炎帝陵、天水伏羲庙、卦台山为核心的华夏始祖陵寝和以临潼秦始皇陵、兵马俑为中心，以汉茂陵、阳陵、汉长安城遗址、唐乾陵、昭陵、唐长安城为代表，以宝鸡西周遗址、雍城遗址和秦公大墓遗址为支撑的周秦汉唐文化旅游精品区。借助历史文化资源集聚和地理区位优势，通过打造一批具有世界影响力的历史文化旅游品牌，构建一批文化产业基地，壮大一批名牌文化企业，建设国际文化交流平台，打造国际旅游都市，关中地区必将成为国际一流的旅游目的地。

一、关中地区帝陵遗产旅游开发条件分析

（一）关中区位优势

陕西关中地区指陕西省秦岭北麓渭河冲积平原（渭河流域一带），平均海拔约500 m，有渭河平原、关中平原等称谓。其北部为陕北黄土高原，向南则是陕南盆地、秦巴山脉，为陕西工农业发达，人口密集的富庶之地，号称"八百里秦川"。关中地区土地肥沃，物产富饶，又有秦岭、黄河等山河屏障，是极具政治、军事、经济战略意义的地区，古来有"陆海""天府"之美誉。关中地区总面积约 5.55×10^4 km^2，行政范围包括西安、铜川、渭南、宝鸡、咸阳、商洛 6 个城市，集聚了全省约 60% 的人口。以西安为中心的关中地区，地处我国大陆腹地，具有承东启西、连接南北的区位优势。关中地区是中华民族的发祥地之一，地理区位优越，自西周、秦汉至隋唐，曾历经千余年作为中国古代政治、经济、文化的中心。当今，西安是欧亚大陆桥上最大的中心城市，其工业基础、商贸设施、金融机构等实力是沿桥城市中最强的。关中地区处于"中心开花"的地理位置，一旦内线突破将对周边地区，特别是西部地区产生辐射作用。

（二）关中地区交通便利发达

关中地区交通便利，高速公路、铁路、航空干线交织，是我国西部交通网络最为密集的地区和北方内陆重要的交通枢纽。陇海铁路横贯东西，西包—西康铁路、宝中—宝成铁路是我国西部的南北大动脉。连霍、京昆、包茂、福银及陕沪高速公路干线汇集西安，构成的"m"字型高速公路网四通八达。全省高速公路里程 3 800 km 的一半在关中，关中地区 5 市率先实现高速公路贯通。西安咸阳机场新航站楼和第二条跑道将使机场设

计旅客吞吐量达到 3 100 万人次，比原有能力和目前实际水平分别提高 210% 和 72%，西北地区最大的现代化国际航空港正在崛起。以陇海铁路陕西段、西安至郑州的高铁和宝潼（连霍）高速公路为轴线，已形成城镇连绵带，东至潼关、西到宝鸡市区，分布着西安、咸阳、渭南、宝鸡、铜川 5 个中心城市和杨凌农业示范区，以及 250 多个小城镇。这些构成了一个长达 300 km 的城市群，各城市之间的平均间距约为 100 km，交通联系紧密，形成了以西安—咸阳都市圈为中心的"2 小时交通圈"和省内当日往返、周边中心城市当日到达的"一日交通圈"。此外，以关中环线为架构，关中地区所有县市有公路贯通，市区或县城三分之二以上处于国道线上，所有重要市镇均有主干公路相连。

（三）关中地区经济增势强劲，旅游市场需求显著增长

近年来，伴随中国经济的持续高速发展，陕西关中地区经济发展也保持高速增长的态势。2016 年陕西省经济总量达到 19 165.39 亿元，增长率 7.6%，高出全国 0.9 个百分点，居全国各省市区第 17 位。21 世纪以来陕西省曾连续 13 年以两位数的经济增长率保持增长。关中地区经济增势强劲，截至 2016 年年底，关中地区（五市一区）的国内生产总值增长速度平均值为 8.05%，超出全省平均水平 0.45 个百分点，2016 年关中地区实现国民生产总值 12 505.6 亿元，占全省 GDP 总量的 65.3%。[22] 旅游是与国家和区域经济高速发展密切相关的产业，经济的快速增长为陕西关中地区旅游市场实现跨越式发展提供了极好的机遇和条件。

关中地区经济总量和生产力水平大幅度提高，劳动居民收入水平和旅游消费需求大幅度增加。2016 年关中地区各市经济总量（GDP）达到 12 505.60 亿元，各市区人均 GDP 为 4 170～10 749 美元，其中西安市高达 10 749 美元，渭南市最低为 4 170 美元，各市区平均为 5 757.67 美元，均在 5 500 美元之上（表 8-1）。

表8-1 陕西关中地区"五市一区"国民经济主要指标（2016年）

区域 / 指标	GDP/ 亿元	增长率 /%	人均 GDP/ 万元	人均可支配收入 / 万元	
				城镇	农村
全省	19 399.59	7.6	5.10	2.84	0.94
西安	6 282.65	8.6	7.16	3.56	1.52
宝鸡	1 932.14	9.3	5.13	3.17	1.03
杨凌	119.20	10.1	5.84	3.55	1.50
咸阳	2 396.07	7.7	4.80	3.17	1.05
渭南	1 488.62	7.5	2.77	2.75	0.94
铜川	311.61	7.0	3.68	2.76	0.95

注：数据源自《陕西统计年鉴 2017》。

2016 年关中地区城镇居民人均可支配收入为 4 140 ~ 5 360 美元，农民人均纯收入为 1 415 ~ 2 288 美元。① 依据世界银行最新划分标准②，关中地区城镇居民整体达到中等偏上收入水平，农村居民整体处于中等偏下收入水平。居民消费行为进入转型期，对高档消费品和文化类消费需求将大幅增长，消费结构升级态势明显。统计资料显示，陕西省城镇居民人均文化娱乐消费支出（以参观游览为主）由 2005 年的 380.10 元上升到 2016 年的 1 171.5 元，人均文化娱乐消费占人均生活消费总支出的比重由 5.7 % 提升到 6 %，增加了 0.3 个百分点。[22] 同期西安市城镇居民人均文化娱乐消费支出由 415.44 元上升到 1 642.6 元，人均文化娱乐消费占人均生活消费总支出的比重由 5.3% 提升到 6.9%，增加了 1.6 个百分点③。今后随着居民消费水平的进一步提高，这一比例或将上升，可以说，旅游已成为居民生活当中不可或缺的组成部分。旅游业作为朝阳产业，有益于人们增长知识、开拓视野、放松身心、回归自然，其本质与中国古人崇尚"读万卷书，行万里路"的思想如出一辙。在经济较快增长和回归自然的双重作用下，文化旅游业将迎来新的发展机遇。

（四）关中地区帝陵遗产旅游的政策倾向与发展势头

我国西部大开发"十一五"规划明确提出，关中—天水经济区是支撑和带动西部大开发战略高地的重点经济区之一。国务院批复的关中—天水经济区发展规划提出"彰显华夏文明的历史文化基地"的战略定位，其文化旅游产业发展中的周秦汉唐文化旅游精品区与宝鸡人文旅游精品区建设，较多地涉及关中地区帝陵文化遗产旅游资源开发利用。

陕西是我国最先发展旅游业的省份之一，历经 30 年的发展积淀，在入境旅游方面位处全国第十名左右。入境旅游和国内旅游皆有很好的发展基础，出现逐年攀升的趋势。（表 8-2）近 10 年来，全省接待游客总数年均增长率为 49.62 %，旅游总收入年均增长率为 70.67 %；关中地区"五市一区"游客总人数年均增长率为 18.26 % ~ 61.54 %，旅游总收入年均增长率为 33.55 % ~ 194 %。表明陕西（关中地区）在全省乃至全国不失为旅游热点地区。

---

① 陕西省人民政府 .2016 年统计公报——市区 / 公 [EB/OL].[2017-02-20]http://www.shaanxi.gov.cn/

② 世界银行 2016 年的最新收入分组标准（人均 GDP）：高收入国家为 12 476 美元以上；中等偏上收入国家为 4 036 ~ 12 475 美元；中等偏下收入国家为 1 026 ~ 4 036 美元；低收入国家为小于 1 025 美元。

③ 统计年鉴分享平台 . 西安统计年鉴 2017[EB/OL].[2017-01-01]http://www.yearbookchina.com/navibooklist-n0318021806-1.html.

表8-2　陕西关中地区"五市一区"旅游业主要指标（2006年和2015年）

区域	游客总人数 / 万人次		年均增长率 /%	旅游总收入 / 亿元		年均增长率 /%
	2006	2015		2006	2015	
全省	7 056.11	38 567.04	49.62	413.42	3 042.9	70.67
西安	2 824.73	13 601	42.39	198.90	1 073.69	48.87
宝鸡	824.20	5 389.20	61.54	41.40	369.93	88.17
咸阳	975.5	4 800.60	43.57	35.92	260.65	69.52
渭南	692.50	4 230.02	56.76	21.40	328.95	160
铜川	321.01	1 213.60	30.90	3.56	65.63	194
杨凌	152.20	402.36	18.26	2.58	10.37	33.55

注：数据源自《陕西统计年鉴 2017》。

此外，我国现行公休假制度规定全年有 5 个三天小长假（元旦、清明节、五一劳动节、端午节和中秋节）和 2 个七天长假（春节和国庆节），全年法定节假日由原来的 10 天增至 23 天，加上双休日，人们全年的假日时间达 115 天，一年中有近三分之一的休假期。统计表明，人们在三分之一休假时间和三分之一业余时间内的休闲消费，已占到总消费的三分之一左右。美国著名休闲学专家戈比预言："与其他现代化国家一样，休闲活动在中国经济体系中也将扮演日益重要的角色。"据调查，西安以休闲为旅游动机的游客约占旅游总人数的 60 %，而且人们出游正在逐步由基本的观光型旅游向高层次的文化体验旅游、休闲旅游、生态旅游过渡，体验文化、康体养生、回归自然的旅游正逐渐成为一种时尚。适应新时期旅游市场的这一变化，处在中国历史文化核心区和不同自然景观交融区的陕西（关中地区），必然成为我国文化体验旅游、休闲度假旅游选择的理想目的地。

二、关中地区帝陵遗产旅游资源特点

"秦中自古帝王州"，陕西关中地区是十三朝古都，共有大小 13 个王朝在此建都。因此，关中地区帝王陵墓遗产资源具有类型多样、数量庞大、地理分布相对集中、资源内涵丰富及价值品位高等特点。

（一）关中帝陵遗产旅游资源类型丰富、数量庞大

据考证，陕西经确认或初步确认的古代帝王陵墓共 65 处，其中 62 处分布在关中，西起杨凌和彬县，东至白水和蒲城的山岭与黄土台塬地带[20]，其数量之多、跨越时间尺度之长、分布之集中，在我国帝王陵寝分布区中实属罕见。

这些古代帝王陵墓按时间跨度分为：华夏始祖陵寝，如黄陵黄帝陵、宝鸡炎帝陵及合阳帝喾陵等；西周王陵、战国秦公陵等先秦王公陵墓（后者分布于凤翔、咸阳原、临

潼区等地）；统一封建王朝的皇帝陵，如秦始皇陵、西汉十一帝陵、隋泰陵与渭北唐十八陵等；分裂割据时期封建政权王陵，如散布在咸阳原、彬县、富平、高陵、白水诸县区的十六国前赵刘曜之父的永垣陵（白水）、前秦苻坚墓（彬县）、后秦太祖原陵和高祖偶陵（高陵），北朝的西魏文帝永陵和北周文帝成陵（富平）、武帝孝陵（咸阳原）；西安南郊的明十三秦藩王陵墓，按帝陵营造形式有"积土为冢"和"因山为陵"两大类，前者如咸阳原的秦惠文王公陵和秦悼武王永陵（也有学者认为应为秦惠文王夫妇墓），帝喾陵、秦始皇陵、西汉帝陵（文帝霸陵属"因山为陵"），后者以唐帝陵（其中献、庄、端、靖陵属"积土为冢"）和黄帝陵为主。还可按封土丘或山陵的存在与否、考古发现确认与否区分。例如，秦公大墓、后秦太祖原陵、高祖偶陵、北周文帝成陵、武帝孝陵等属于地面无封土丘而为考古发现及文献记载所确认，而史传分布在长安沣河中下游一带的西周王陵，迄今尚未被发现和确认。

（二）关中帝陵遗产旅游资源地理分布呈带状、片状与点状结合，相对集中

关中帝陵呈现带状分布：一是西汉帝陵空间上的"勺柄形"带状分布。分布在咸阳五陵原的9座西汉帝陵，以及西安东南郊白鹿原霸陵与杜东原杜陵围绕汉长安城呈现出"勺柄形"带状分布。二是唐代帝陵空间上的弧线状分布。关中唐十八陵均位于渭北山地和台塬，具体地理范围是在东经 108° 13′ 至 109° 39′，北纬 34° 34′ 至 35° 03′。大致以唐都长安为中心，东连泰陵，西连乾陵，可形成一个 102° 的扇面，东西长 140 km，总面积将近 3 000 km²。唐代十八帝陵基本在该扇形面的边缘，弧线状特征极其明显。呈现片状分布的主要是分布在凤翔三畤原、咸阳原、临潼芷阳原等地的先秦时期秦公王陵园区，以及西安市南郊黄土台塬区的明十三陵秦藩王陵墓。呈现点状散布的主要是汉唐之间处在分裂割据时期的王陵、炎帝陵、黄帝陵、帝喾陵、隋泰陵及秦陵等。除此之外还有散布在咸阳原、彬县、富平、高陵、白水诸县区的十六国前赵刘曜之父的永垣陵（白水）、前秦苻坚墓（彬县）、后秦太祖原陵和高祖偶陵（高陵），北朝的西魏文帝永陵和北周文帝成陵（富平）、武帝孝陵（咸阳原）等，以及杨凌区的泰陵、临潼秦始皇陵、黄陵县黄帝陵与合阳县帝喾陵等。

（三）关中帝陵遗产旅游资源内涵丰富

关中帝陵遗产旅游资源积淀深厚、内涵丰富的历史文化表现在不同方面。首先，帝陵选址重视地形地势、方位向背和位置安全，或追求平实宽敞，或傍高丘高山。其次，归葬形式选择高亢平阔之地积土为陵或以山为陵，取居高临下、凌空俯瞰，成"南（东）面而立，北（西）向而朝"之势。尤其是唐十八陵南面而立，与我国古代坐北朝南的传统文化方位观相吻合。再次，陵园纪念性礼制建筑规模宏大，地表石刻和地下壁画艺术水平之精湛，彰显着"汉唐雄风"。最后，帝陵及其陪葬墓体量规模大小体现封建社会的等级制度，陵区布局模仿都城，陵园建筑规划渗透严格的礼制逻辑并突显皇权的尊严。[19]

（四）关中帝陵遗产旅游资源的价值品位极高

关中地区是陕西省旅游可持续发展的重心，是以帝陵为核心载体的精品文物旅游资

源富集之地，其主打旅游产品为汉、唐帝王陵寝。咸阳北塬东起汉阳陵、西至茂陵，有9座西汉皇帝陵列阵，数百座陪葬墓群，形成方圆数百平方千米、无比壮观的西汉皇家大陵园景区；以位于咸阳西北郊县的昭陵、乾陵为中心的盛唐时代名陵大墓，形成了令人神往的唐代皇家大陵园景区。这两处"皇家大陵园景区"如果整合一起，将构成我国乃至世界独一无二的"关中汉唐大陵园旅游景区"和精品旅游线路。其中拥有9座西汉帝陵的五陵原区和沿渭北山地台塬分布的唐十八陵，堪称极品帝陵遗产旅游产品。

1. 五陵原区

西汉王朝共经历了11个皇帝，其皇陵均分布在今陕西省关中地区，在咸阳渭北塬上，西自兴平茂陵，东至阳陵，东西长近50 km，南北宽达13 km的范围内，由东向西依次分布有汉茂陵、平陵、延陵、康陵、渭陵、义陵、安陵、长陵和阳陵9座西汉王朝的帝王陵墓。其中茂陵、平陵、安陵、长陵、阳陵设置有陵邑，史称五陵原，加上后妃、贵戚、功臣等陪葬墓群，现存墓冢250余座。

公元前198年，刘邦接受了郎中娄敬的建议，将关东地区的二千石大官、富人及豪杰大量迁徙关中，伺奉长陵，并在陵园附近大兴土木形成长陵县邑，供迁徙者居住。此后，汉惠帝、汉景帝、汉武帝、汉昭帝也都竞相效仿，分别修建了安陵、阳陵、茂陵、平陵，并在陵园附近安置安陵邑、阳陵邑、茂陵邑和平陵邑。汉代出于"强干弱枝"政治企图实行"迁豪实陵"，相继在五陵原兴建起拱卫京师长安，人口密度高、经济繁盛的卫星城市群。而且因"五方杂错，风俗不纯。富人则商贾为利，豪杰则游侠通奸"（《汉书·地理志》），形成了一种独特的陵区生活风尚。[9]西汉诸陵中茂陵规模最大、最为壮丽，修建期长达53年，埋葬珍宝多，并且有诸多在华夏历史文化上有过重大影响的当朝将相的陪葬陵墓，如卫青、霍去病、霍光等。[3]

考古工作者在五陵原先后发现了诸如秦都咸阳宫殿建筑遗址、望夷宫、六国宫殿等古迹，还先后发现了汉代玉奔马、鎏金铜马、皇后玉玺以及数以千计的陪葬兵马俑等珍贵文物。此外，还有不少古代的窑址亭塔等，其中秦汉窑址、杜邮亭、平陵肥牛亭、北杜铁塔最具代表性，使得五陵原成为我国最为重要的文物基地之一。[2]五陵原上已经建成独具特色的汉阳陵遗址地下博物苑和汉茂陵陵园博物馆，并已正式对外开放。

2. 关中唐十八陵

唐代的18个帝陵自西向东散布于渭北原区，史称关中"唐十八陵"。其中昭陵、乾陵、桥陵先后建成博物馆并对外开放，管区和陵区成为闻名海内外的旅游胜地。特别是唐代"依山为陵"的帝陵景观，展示出雄伟壮观的气势。帝王陵作为大型礼制建筑，是政治、经济、文化的有机组成部分，代表了当时建筑技术和文化艺术的最高境界，反映了皇帝的极权及生死观。[9]

唐代帝王陵墓石刻以独特的艺术风格，在中国古代雕塑史上占有突出地位，其中弥足珍贵的是"昭陵六骏"，它吸取了佛教雕刻艺术的减底浮雕手法，是唐代石雕艺术的珍品，也是华夏文明的稀世珍宝，体现了我国古代劳动人民的聪明智慧和非凡的创造力，堪称浮雕石刻中的经典之作。昭陵是唐太宗李世民与文德皇后长孙氏的合葬陵墓，位于陕西省礼泉县城东北 22.5 km 处的九嵕山主峰。昭陵开创了唐代帝王"依山为陵"葬制的先河。陵墓方城四角建有角楼，四面有四神，设门楼、双阙及石狮，神道两旁有石人、石马、鸵鸟、翼马等。昭陵由于陵南为陡山，石刻集中布置于陵山北阙前，其东西两庑陈列太宗生前在削平群雄建立唐王朝的征战中所乘的六匹坐骑的写真石雕，是中外闻名的浮雕艺术作品，也是一组具有重要艺术价值和历史意义的纪念性雕刻。[3]

关中众多帝陵之外，王公贵族、名人名臣陵墓不计其数。其中著名的有秦二世胡亥墓（西安）、汉代霍去病墓（兴平）、苏武墓（武功）、唐永泰公主墓、章怀太子墓、懿德太子墓、杨贵妃墓（兴平马嵬城）等。拥有高大封土的汉代帝陵及其陪葬墓群、雄伟磅礴的唐代帝陵及其陪葬墓群，其旷世遗物和精湛绝伦的壁画石刻均是陕西历史文物资源的瑰宝，也是中华文明的奇葩。五陵原地区还保存有董仲舒、孔安国、班固、司马相如等一大批著名历史文化人物的墓葬和遗迹，对进一步丰富和发展我国优秀的传统文化、开发陵寝文化旅游具有重要价值。

三、关中帝陵遗产旅游开发存在的问题

（一）帝陵遗产资源损毁严重、保护不力

据笔者等的实地考察和调研，陕西省关中地区帝陵遗产资源损毁破坏较为严重。一是帝王陵墓封土丘因耕种、取土及现代墓葬逼近受到破坏和影响。此方面以西汉帝陵及其陪葬墓较为突出，汉元帝渭陵、汉哀帝义陵、汉惠帝安陵及汉高祖长陵等都存在农田和现代坟墓逼近和蚕食帝陵封土丘的状况，至于各帝陵的陪葬墓，因当地群众取土使封土残损乃至消失者数以百计。① 二是依山为陵型帝陵景观因人工建筑、采石挖山遭到破坏。如唐十八陵多数依山为陵，讲究地貌山形与陵墓位置的协调匹配。据考证，唐泰陵、桥陵、景陵、简陵等起初都建于山环水绕、气宇葱茏的"风水宝地"。可是，考察中所看到的大多数唐帝陵山陵，一方面采石挖山破坏了陵墓所在山地的形态和气势，给人满目疮痍的印象；另一方面聚落建筑、农田在陵园的分布和建立，委实破坏了古人选取陵址追求天人合一的原生态景观。三是唐帝王陵墓的神道两边皆设有华表、石狮、石人、石马、石兽和藩王像等。这些大型石质文物石灰岩本体自然风化（溶蚀）显著，人为盗窃流失与破坏严重。就考察中所见，绝大多数陵墓石雕、石刻至今仍然裸露于荒郊野外，原地存放，大部分处于农田和村落附近，有的石雕埋入土层中，精美的石翁仲和石兽被人为破坏残损的情况极其普遍。只有桥陵、顺陵等处的少数石质文物被铁栏围护。

此外，除了乾陵、桥陵等少数保护利用较好的帝陵设有博物馆或文管所之外，其余帝陵的保护力量还显单薄，有的仅有兼职文管员而已。

---

① 笔者对新编《咸阳市文物志》中所记述的五陵原区古墓葬进行统计，结果表明：至 2007 年年底，现存封土的帝王陵 12 座，其他不同时期陪葬墓等 229 座。记载为"封土已平"的陪葬墓数量竟达到 220 座、封土"破坏严重"的有 10 余座。

（二）缺乏独立的帝陵遗产旅游精品线路

据最新报道，2009 年，来陕西旅游的游客中 70% 的游客只游西安。[①] 西安是西北地区最大的城市，是我国十大旅游"热点"城市之一，也是大多数来陕国际国内旅游者的首选之地。与之仅相距 28 千米的咸阳市正好处在西安的影子区内。尽管咸阳处在大西安旅游圈西线之上，西咸"旅游同线"也迈出了步伐，并做出"西安后花园"的定位，可是除乾陵一度被纳入环大西安旅游圈西线之外，大多数帝陵旅游景点游离于大西安旅游圈之外，未形成真正意义上的帝陵遗产旅游精品线路。[6]

（三）帝陵遗产旅游项目单一，吸引力不大

关中地区帝陵遗产旅游开发基本上是在原有旅游资源基础上建立博物馆，旅游项目单一，缺乏体验性和参与性。而随着客源市场需求的不断变化，要使关中旅游经济达到一定的规模，仅靠已开发开放的几处帝陵及其博物馆是不够的，应该从保护性深层次开发入手，不能把目光仅仅停留在帝王陵墓的挖掘上。仅以帝陵本身为旅游景点，很难吸引大量游客。

（四）帝陵遗产旅游宣传和促销力度不够

以咸阳为例，2009 年整个咸阳地区在旅游方面的投资不过几十万[②]，而河南省焦作市云台山景区的相应投资达上千万。因为资金缺乏，咸阳市无力在主流媒体上宣传推介自身旅游产品，举办高规格、在国内有较大影响的节庆活动，城市街区、机场、高速公路、国道和省道没有设置反映城市形象和旅游景区的宣传标牌等，严重影响咸阳市旅游宣传促销。游客对关中帝陵的景点特色、景点位置了解不多，许多游客可能还不知道存在哪些帝陵及其开发建设状况。

四、关中地区帝陵遗产旅游资源开发的思考和建议

旅游规划是旅游开发研究的重要领域，是旅游开发研究的先导。进入 21 世纪以来，我国遵循"先规划，后开发"的原则，在旅游规划实践与理论研究上都获得了较大发展。做好关中地区帝陵遗产旅游资源保护与开发规划，找出切入点或突破口，有助于更好地指导帝陵遗产旅游开发工作实践。

（一）加大旅游宣传和促销，提高关中地区帝陵旅游资源的知名度

随着社会文明的进步和发展，国民整体素质的普遍提高，人们对历史文化知识的兴趣和探求欲更加强烈。近 20 年来，我国掀起了拍摄《武则天》《大汉天子》《汉武大帝》《贞观长歌》等影视剧的热潮，观众追捧的热度不减；特别是央视十套"百家讲坛"出现了秦、汉、唐时代名人故事的讲座热潮。相关的文物古迹旅游景点游客倍增。茂陵博物馆在《汉武大帝》热播后，前来游访的客人络绎不绝。这些游客大部分属于追求历史文

---

① 孙洪伟.旅游发展报告显示：到陕西旅游 7 成游客只游西安 [EB/OL].[2009-11-27]http://www.china.com.cn/travel/txt/2009-11/26/content_18955768.htm.

② 据咸阳市旅游局《旅游工作情况汇报》,2009 年（内部资料）。

化知识型的老中青年旅游者，其中以青少年学生居多。文物古迹旅游作为一种知识密集型的旅游产品，具有较强的文化交流功能和审美价值，迎合广大游客的需要，受到广大旅游者的青睐。

2018年中国旅游总收入达到5.97万亿元，这是陕西旅游业发展的机遇，也是关中地区再次掀起帝陵遗产旅游热的大好时机。因此，应该加大旅游宣传和促销，每年固定在央视或者省内外一些知名的旅游媒体播放宣传帝陵遗产旅游景点的风光片；在省内各旅游景点及西安、咸阳等地的主要交通干道、机场、车站等设立符合标准的公共信息图形符号和旅游导游地图，设置旅游电脑查询系统，设立广告牌，刷写广告标语，提高咸阳地区帝王陵墓旅游资源的知名度。学习研究和宣传推介汉唐历史文化，推出有关汉唐皇帝传奇及其死后安寝之地的书籍、影视剧等，也可进行考古发掘的直播，编辑科教短片，更好地激发游客对考古的兴趣。

（二）加大汉唐帝陵遗产资源整合及"申遗"步伐

"申遗"有利于提高旅游的品牌档次，做大做强旅游产业。"申遗"过程和"申遗"成功都是展示形象和宣传促销的良机。云南丽江古城、山西平遥古城以前名不见经传，"申遗"之后声名鹊起，旅游业发展更是异军突起，旅游产业迅速做大做强。"申遗"有利于改变旅游客源结构，开拓更为广阔的旅游客源市场。世界遗产景区是国内外大型旅行社的重要客源市场，"申遗"成功有利于吸引国内发达地区和国外游客以团队形式来景区旅游，改变客源结构单一的局面。例如，山东省的泰山和陕西省的兵马俑等景区属于世界遗产景区，国内外大型旅行社每年制订的团队工作计划都包含世界遗产景区，"申遗"带动了景区和当地经济的快速发展，有利于提高景区保护和管理水平，促进景区健康、持续、跨越式发展。黄山、武夷山等景区就是通过"申遗"引入了国际先进理念，使景区保护和管理与国际接轨，景区发展更加科学化、和谐化、持续化，景区基础设施档次和旅游服务水平得到了提升。峨眉山、三清山等景区以"申遗"为契机统筹景区拆迁、建设、开发和旅游服务等各项工作，在"申遗"的短短数年内，景区基础设施档次和旅游服务水平得到迅速提升。

号称中国"金字塔"群的关中汉唐帝陵，其人文价值和美学价值都应当之无愧地进入世界文化遗产之列。但单一帝陵规模、知名度不够，资金不足，难以形成有影响力的品牌产品，对游客的吸引力大打折扣。只有整合汉唐帝陵遗产资源，打造汉唐帝陵遗产精品路线，申报世界文化遗产，提高其知名度和影响力，才能促进陕西旅游产品上水平、上档次，树立品牌。

（三）打造深度历史文化旅游产品

关中旅游应由观光型旅游升级为深度文化体验型旅游，从文物旅游升级到历史文化旅游。深度文化体验型旅游就是要让游客从简单的观光型旅游提升为旅游文化的感知、认知和体验。一般的观光型旅游属于旅游的初级产品，旅游诉求突出求新、求奇、求特、求异；而深度文化体验型旅游就是要突出心灵的感悟和体验，要求有旅游的情景、意境和心境感知设计，突出对历史文化的认知和身临其境的感知。以汉阳陵为例，汉阳陵的

10条外藏坑有体现西汉文化、科技、民俗的约1 700件珍贵文物和南阙门遗址、宗庙遗址等。茂陵博物馆有"马踏匈奴"等17件西汉石刻艺术品，以及帝陵、陪葬陵墓群，其封土堆体现帝陵地貌特征、帝陵艺术表演特征（西汉歌舞、民俗、乐器），使游客梦回西汉。

陕西省数十年来花费大气力建造了一批文物古迹类旅游景区，尤其将帝陵类产品打造成文物观光类旅游产品，茂陵、乾陵和昭陵相继建成博物馆。这些景区和旅游产品一直是关中文物旅游的主打产品，也是陕西立足于我国旅游大省的基础条件。但是，面对新时期国内外旅游市场的新变化，陵墓文物类观光旅游产品已不能完全适应新的旅游市场需求。地下的陵墓类文物旅游是陕西省旅游业的优势，一定要走向外显的历史文化旅游，从不可见的历史文物旅游转变为可见的历史文化旅游。

（四）去博物馆化

所谓去博物馆化，是相对于传统的博物馆模式而言的。传统的博物馆模式对于陵墓旅游资源的开发多是在景点所在地建立博物馆，将其历史文物通过展览的方式直观地展现给游客，这种模式多年来被大部分陵墓旅游景点所采用。然而，随着博物馆向社会免费开放，旅游市场需求与旅游活动参与方式不断更新，博物馆模式表现出局限性，制约着文物遗址类旅游资源自身旅游经济效益的实现。去博物馆化，就是打破传统的博物馆式开发模式和运营管理模式，将文物遗址类旅游资源开发建设成一种以文物遗址承载多元营利能力的综合性旅游景区。[7]目前，该思路已经成为大型文物遗址类旅游资源的一种新开发模式。咸阳的一些帝陵景区可效仿河南开封清明上河园的做法开发出一些游客参与性较强的旅游活动。另外，这些景区可以举办大型的汉唐演艺节目来吸引游客，以延长游客在这些景区的逗留时间，改变游客对于咸阳旅游"白天看陵，晚上睡觉"的印象。在这一方面，乾陵景区多年前就已推出类似活动项目，赢得游客的认同并收获不菲的经济效益。应借鉴乾陵的做法，尽早采取新型的文物遗址类旅游资源开发模式，使咸阳陵墓旅游朝着景区化、体验化、休闲化方向发展。[8]

（五）强力打造汉唐帝陵遗产旅游廊道

随着旅游业的发展和全民休闲活动的兴起，单一的游览观光已不能满足旅游市场的需求，单一景点吸引力降低，其近邻效应很难发挥出来。关中地区开放的帝陵旅游景点主要有汉阳陵地下博物苑、茂陵博物馆等，外地游客往往是走马观花地参观1~2个景点，很难对帝陵遗产有全面的认识。帝陵遗产旅游需要构建特定氛围和意境，而这些需要通过旅游文化长廊来体现。随着西咸一体化进程的加快，要增强华夏历史文化基地的旅游竞争力，必须以战略性的眼光，打造以体验为主的帝陵遗产旅游廊道。[23-25]汉代帝陵旅游廊道可依托西安机场高速公路及其向周陵镇—大王—南位—茂林—兴平延伸的旅游专用线，将汉阳陵遗产公园、长陵遗产公园、安陵遗产公园、平陵遗产公园、茂陵遗产公园及其沿线其他景区连成一线，强力打造全国独有、垄断性的"大汉百里廊道遗产"。[5]此廊道既是一个廊道大遗产公园，也是一条极具特色的帝陵遗产文化体验旅游线路。

穿越关中盆地北缘，自西向东分布在乾县、礼泉、富平等6个县境，延亘150千米范围的乾陵、靖陵、建陵等唐代帝陵，形成了我国历史上规模最大的"依山为陵"葬制形式的帝陵带。该帝陵带的帝陵陵园规模之宏大，陪葬墓群之多，地面石雕艺术水平之高，世所罕见。其中，乾陵以我国历史上第一个女皇武则天与唐高宗李治的合葬墓而著称；昭陵是唐十八陵中规模最大的陵墓，陪葬墓最多，被誉为"天下名陵"和"世界上最大的皇家陵园"。帝陵带东西向展布的唐帝陵文化轴线，堪称"三百里大唐帝陵遗产旅游廊道"[26]，可建设为廊道式帝陵大遗址公园，作为彰显唐文化特色的旅游项目，是全国著名的垄断性唐文化特色精品旅游线路。

（六）开展考古探险，设立电子解说系统

可建立考古兴趣营，通过模拟考古项目，为热衷访古寻幽的游客提供一项亲自动手参与文物遗迹考古发掘的实践项目。专家通过对考古发掘过程的现场讲解演示，传授考古发掘的基本知识技能。参与者现场模拟考古发掘过程，体验考古发掘的科学性、神秘感和成就感。考古兴趣营作为爱国主义教育基地，可联系学校组织学生利用双休日或寒暑假参观、学习，培养其求知的兴趣。

在各帝陵出入口设立电子解说器，供游客租用。针对帝陵遗产旅游的特点，利用微功率无线通信技术，使用一种低成本全自动化的电子导游解说系统，代替现有的人工导游解说以及简单路标指引路线的方式。这免去了解说人员和陪伴导游的人工成本，保证了导游和解说的质量，加强了展览的效果，有利于改善关中帝陵遗产旅游走廊的形象。

（七）保护与开发并重

对于帝陵遗产旅游资源，坚持保护第一、开发第二的原则，应在保护原有环境和遗迹的基础上进行恢复性的重建。对保护相对完好的帝陵遗迹，改善周围的环境，扩大陵区绿地面积，改善陵区生态环境，使陵区成为植被良好、环境优美的休闲观光地带；对遗迹尚存、有条件复原的按原有风貌加以复原；对于陵墓地面石刻石雕，遵循不改变文物原貌的原则，采用化学和机械的手段解决石刻的断裂问题。对残缺的又没有复原依据的石刻，以维持现状为宜，从结构上予以加固，防止倒伏或下沉对石刻造成新的损害。对于需要恢复原貌的，必须有可靠的恢复依据并考虑方案的可行性，慎重修复。对于确需修复的石刻，应针对文物不同质地，制定合理有效的修复工程设计。先查明石质文物的岩石类型和赋存的地质环境，在此基础上，分析产生各种地质病害的机理，研究病害的防治对策。

参考文献：

[1] 刘华祝.西汉帝陵营建礼俗略述 [J].咸阳师范学院学报, 2005, 15(1): 13-16.

[2] 韩养民, 韩小晶.汉代雄风：风水与西汉陵 [M].西安：三秦出版社, 2003.

[3] 段景琪.唐十八陵的考察报告——《昭陵六骏》唐陵石刻的经典 [J].经营管理者, 2010(2): 314.

[4] 王双怀.唐陵陪葬墓的分布特征 [J].陕西师范大学继续教育学报, 2001, 18(1): 67-68.

[5] 杨尚英, 李玲.五陵原帝陵文化遗产主题体验精品旅游走廊开发探讨 [J].安徽农业科学,

2010, 38(19): 10306-10307+10473.

[6] 杜忠潮, 邢东兴, 李玲. 汉唐帝陵旅游地居民对旅游影响的感知分析——陕西省茂陵、乾陵实证研究 [J]. 宝鸡文理学院学报 (自然科学版), 2007, 27(1): 73-77.

[7] 杨军, 樊琳. 去博物馆化: 大型文物遗址类旅游资源开发的一种新思路——以陕西乾陵为例 [J]. 咸阳师范学院学报, 2008, 23(4): 67-70.

[8] 崔杜娟, 孙虎. 陕西咸阳古陵墓旅游资源开发与研究 [J]. 经济师, 2010(5): 207.

[9] 杨波. 浅谈唐代帝王陵墓建筑艺术 [J]. 新西部, 2008(2): 176+182.

[10] 王双怀. 关中唐陵的地理分布及其特征 [J]. 西安联合大学学报, 2001, 4(1): 63-66.

[11] 王亮, 孙虎, 李剑. 古陵墓旅游资源的特征及开发模式初探——以陕西咸阳帝王陵为例 [J]. 江西农业学报, 2010, 22(1): 180-183.

[12] 张始峰. 关中东部帝王陵墓考证 [J]. 渭南师范学院学报, 2006, 21(4): 51-54.

[13] 赵克礼. 关中历史人文旅游资源的区域特征与综合开发 [J]. 陕西师范大学学报 (哲学社会科学版), 2002, 31(3): 102-108.

[14] 赵金瑞, 黄群, 严渭青, 等. 基于历史发生学解读下的陕西历史文化资源创新开发研究 [J]. 人文地理, 2009(3): 80-82.

[15] 张沛, 佟庆, 倪用玺. 秦始皇帝陵旅游发展的若干关键问题研究 [J]. 西安建筑科技大学学报 (社会科学版), 2003, 22(1): 20-25.

[16] 张颖岚. 秦始皇帝陵文化遗产地资源管理相关问题研究 [J]. 西安电子科技大学学报 (社会科学版), 2008, 18(4): 163-166.

[17] 朱思红. 世界文化遗产——秦始皇帝陵的保护 [J]. 西北大学学报 (哲学社会科学版), 2004, 34(3): 76-79.

[18] 张娟飞. 西汉帝王陵墓汉服文化开发对策研究 [J]. 价值工程, 2011, (30)(11): 218-219.

[19] 张娟飞. 西汉帝王陵墓开发的 SWOT 分析 [J]. 武汉职业技术学院学报, 2011, 10(1): 100-102+106.

[20] 国家文物局. 中国文物地图集·陕西分册 (上)[M]. 西安 : 西安地图出版社, 1998.

[21] 胡金荣. 发挥旅游产业助推作用 加快陕西经济发展方式转变 [J]. 新西部, 2010(16): 7-8+12.

[22] 陕西省统计局, 国家统计局陕西调查总队. 陕西统计年鉴 2017[M]. 北京 : 中国统计出版社, 2017.

[23] 吴其付. 藏彝走廊与遗产廊道构建 [J]. 贵州民族研究, 2007, 27(4): 48-53.

[24] 薛宝琪, 范红艳. 黄河沿线旅游资源开发整合研究——对建设大黄河旅游走廊的构想 [J]. 河南大学学报（自然科学版）, 2007, 37(5): 496-500.

[25] 李瑞, 曲扬. 旅游走廊: 概念、动力机制、发展模式研究——以宁西铁路旅游走廊为例 [J]. 南阳师范学院学报, 2006, 5（3）：65-68.

[26] 陕西省旅游局. 我们一同走向辉煌: 改革开放三十年陕西旅游发展文集 [M]. 西安 : 陕西旅游出版社, 2009.

第九章　基于风景道的关中地区帝陵遗产廊道设计研究

风景道是一种路旁或视域之内拥有审美风景、自然、旅游、文化、历史和考古等功能的景观道路，也被称为风景公路、景观路或旅游公路，具有交通价值、景观价值、游憩价值、历史价值、文化价值、自然价值、文物价值等。[1]风景道推动了自驾休闲游的快速发展，进一步促进了当地经济发展，已成为国家级旅游发展战略。我国公路设计理念从只注重运输功能发展到关注审美、愉悦、游憩和保护功能有机结合。[2]《"十三五"旅游业发展规划》提出，以国家级交通线网为基础，加强沿线生态资源环境保护和风情小镇、特色村寨、汽车营地等规划建设，完善休憩与交通服务设施，形成品牌化旅游廊道。到2020年，基本建成结构合理、功能完善、特色突出、服务优良的旅游交通运输体系。建立健全交通运输与旅游融合发展的运行机制，基本形成"快进""慢游"旅游交通基础设施网络，旅游交通产品供给能力明显增强，旅游交通服务功能明显改善，服务质量有效提升。

一、风景道研究述评

国外风景道的发展可追溯到20世纪末。第一，自从20世纪初汽车进入人们的生活，汽车旅行规模逐渐壮大。美国旅行数据中心1995年统计数据显示，1984—1994年，美国居民家庭汽车旅行从3.36亿次上升到4.87亿次，增加了45%，个人汽车旅行从5.90亿次上升到8.46亿次，增加了46%。[3]汽车文明的繁荣带来了风景道的蓬勃发展。第二，为了提升自驾游游客体验和更好地展示美国独一无二的旅游资源，美国联邦公路管理局依据《综合地面交通效率法案》制订了国家风景道计划（National Scenic Byways Program），将美国各地特色旅游资源串联成一类特色旅游吸引物，有效地保护了沿途景观资源和遗产旅游资源。第三，车载信息系统的应用促使更多的游客选择自驾出行，风景道成为检测车载信息系统的最佳地点和方式。20世纪30年代初，"风景道"一词最早由美国学者Theodore E. Strauss在规划蓝岭风景道时提出，从此风景道便成为美国一类特殊的旅游吸引物，但没有明确界定风景道的定义。他只是将风景公路（scenic highway）指定为风景道（scenic byway），风景道是国家公园系统中的一个组成单元，是具有交通运输和景观观赏双重功能的通道。[4]在随后几十年的发展中，风景道的内涵逐渐扩大，成为高水平景观道路的统称，是谋求人地和谐、以人为本的空间规划思想，并以风景小道、文化线路、遗产廊道、风景公路、风景驾车道、风景线路、风景路、自然风景路、绿道、历史路、旅游路等术语形式出现。

风景道是串联了区域内各种自然或人文景观的公路体系，具有较高的自然美学价值、历史文化价值以及道路安全性和灵活机动性。[5]Fathi 和 Masnavi 从摩托旅行者角度讨论了风景道景观美学和植被覆盖等方面的特征，提出对大多数游客而言，路边植被是风景道美的最主要来源，建筑、历史文化景观次之，自然状态而非人工规范的植被布局最受游客喜欢。[6]风景道最主要的特征表现为自然特征和文化特征。Blumentrath 和 Tveit 从和谐、简约、可视性、天然性等 12 个角度衡量了风景道景观美学特征，认为道路设计最重要的是景观愉悦性和美学相关性，而视频、GIS、3D 可视化等现代化的媒介技术将有助于实现风景道美学特征。[7]Rogerson 以南非旅游廊道开发为例，认为旅游廊道能提高当地旅游潜力并深刻影响周围社区，而且可以加强国际旅游营销、社区参与等的发展，对当地乡村经济发展有很大的促进作用。[8]

与国外研究相比，我国国内对风景道研究的发端较晚，这与我国风景道开发实践滞后关系密切。2001 年，吴必虎在《地理学报》撰写了《小兴安岭风景道旅游景观评价》一文，拉开了我国风景道研究的序幕。在该文中，他利用"等距离专家组目视评测法"进行旅游景观评价，为风景道规划设计提供了依据。[9]此后，国内学者对风景道景观评价、规划设计、空间分析等展开深入研究。例如，余青结合风景道开发实践，在视质与视域分析基础上，对宁德滨海风景道、温州柑橘花滨海风景道和内蒙古科尔沁风景道进行了景观资源评价。[10]杜忠潮等对西北地区丝绸之路遗产廊道的旅游价值进行了综合性评价。[11]魏遐等在景观评价的基础上对福宁高速风景道进行旅游规划，提出风景道规划方法与流程，并给出相关旅游项目设计方案。[12]张久志从概念体系、大青沟水库及其周边旅游资源特征等方面，对大青沟风景道进行旅游功能定位，提出开发设计原则与总体构想。[13]李治兵在研究美国风景道的基础上，对雅西高速公路风景道规划设计提出空间布局构想和线路设计建议，从而突出风景道的旅游功能。[14]王思思等利用空间分析技术分析了遗产廊道的空间结构和遗产廊道的适宜性，最终提出遗产廊道的概念规划和保护策略。[15]

根据国内外研究结果可知，风景道建设最重要和最核心的作用在于旅游资源的二次开发与整合，通过风景道体系的构建，实现旅游资源空间布局优化，构筑新型旅游功能区，使零散的旅游资源、旅游景区整合为品牌化的旅游产品。

二、关中地区帝陵遗产资源概况

关中地区，位于陕西省中部，包括西安、咸阳、宝鸡、渭南、铜川、杨凌，是中国古代建都最早、时间最长的地区，拥有大量的文物古迹，是我国重要的遗产旅游产品汇集地。关中地区帝陵遗产的文物古迹资源具有如下特点。

一是数量大、种类多、等级高。据第三次文物普查结果统计，目前陕西有各类文物点 49 058 处，其中古遗址、古墓葬就有 37 820 处，占全省文物点 77%。第七批全国重点文物保护单位，陕西新增 95 处，其中包括古遗址 35 处、古墓葬 17 处。截至 2018 年初，陕西拥有全国重点文物保护单位 234 处，仅次于山西（452 处）、河南（358 处）、河北（273 处），全国重点文物保护单位数量居全国大陆各省市第四位。

二是帝陵多，等级高。关中地区现有历代帝陵 79 座，埋葬着周、秦、汉、唐数十位皇帝。其中，西汉帝陵和唐代帝陵最为集中和壮观。西汉 11 位皇帝中，有 9 位埋葬于咸阳原上，其中还有王侯将相、皇亲国戚墓葬 500 余座。唐代 18 座帝陵分布在西安、咸阳、渭南等地，大多依山为陵，气势宏大，而且陪葬墓众多。其中，昭陵占地 2 万余公顷，陪葬墓 200 多座，是世界上最大的皇家陵园。

三是古遗址、古墓葬较多，内涵丰富，保存完整。例如，关中地区拥有中华文化起源遗址、古代封建王朝都城遗址和帝王陵园遗址，均是当时科技、文化发展最高水平的典型代表，具有至高性、唯一性。周原遗址、秦阿房宫遗址、汉长安城遗址、隋唐长安城遗址等以及秦始皇陵、西汉帝陵、唐代帝陵等皆保存相对完好，且内涵丰富、价值极高。

四是时代和地域特征鲜明，序列性强。西周的青铜器，秦代的砖雕，西汉的陶器、陶俑、石刻和玉雕，唐代的石刻、三彩俑和墓室壁画都具有当时的时代特点。以秦咸阳城遗址为代表的秦文化区，以长陵、茂陵为代表的汉文化区，以昭陵、乾陵为代表的唐文化区都具有各自的地域特色。

五是石质文物数量大，品位高。汉武帝茂陵陪葬墓霍去病墓前，分布着 16 件大型汉代石雕群像，其中有 12 件是国宝级文物；唐太宗昭陵石刻的杰出代表"昭陵六骏"驰名海内外，"昭陵碑林"是全国三大碑林之一，其气度之恢宏、撰书之大气均为世所罕见。乾陵地面现有 124 件石刻文物，其中无字碑、述圣纪碑和六十一王宾像可谓闻名遐迩。陕西省最大的石窟寺——彬县大佛寺体量大，气势磅礴，也是石刻艺术中的绝代精品。茂陵石刻中的"马踏匈奴"等被定为国宝，乾陵司马道旁的石人、朱雀、翼马、六十一王宾像等堪称一绝，顺陵的走狮、独角兽令人叹绝，"昭陵六骏"更是闻名天下。[17]

同时，围绕帝陵形成的独具特色的民俗风情引发了乡村旅游的快速发展，并在全国范围内得到普遍认可。截至 2016 年底，共创建省级旅游示范县 18 个，旅游特色名镇 40 多个，乡村旅游示范村 70 多个，为周边群众提供了休闲娱乐场所，满足了游客近距离休闲的需求，并带动了当地经济的快速发展。其中，唐昭陵附近的袁家村最为典型，形成了体现关中生产生活方式的作坊参与性活动，关中饮食文化的食街商贸活动，集休闲、度假、饮食为一体的仿古乡村院落旅游休闲产品格局，凸显关中风情和民居特色。

2 000 多年前，张骞西出长安，先到咸阳，出使了中亚，开启了中国同中亚各国友好交往的大门，开辟出一条横贯东西、连接欧亚的"丝绸之路"。关中帝陵遗产散布在"丝绸之路"周边，见证着古"丝绸之路"上经济、文化交流的繁荣，也为现代旅游发展提供了丰富的旅游资源。2014 年 4 月，我国与哈萨克斯坦、吉尔吉斯斯坦联合申报了"丝绸之路：长安—天山廊道的路网"世界遗产项目并顺利入选。中国境内的 22 处遗产点有 7 处出自陕西：汉长安城未央宫遗址、张骞墓、唐长安城大明宫遗址、大雁塔、小雁塔、兴教寺塔、彬县大佛寺石窟。这些遗址点零星分布在陕西广大的帝陵保护区内。

三、关中地区帝陵遗产廊道规划设计

（一）规划原则

1.历史文化连贯性

遗产廊道规划的历史文化连贯性包括时间上的连贯性和空间上的连贯性。关中帝陵遗产分布区时间跨度从西周至唐代，辐射了西安、咸阳、宝鸡、渭南、铜川、杨凌五市一区，在时间和空间上都具有鲜明特色。时间上的连贯性是指各帝陵遗产应打破景区运营的壁垒，整合资源，利用先进的数字技术构建完备的信息数据库，按照时间脉络构建帝陵遗产网络体系，形成具有统一时间特质的文化线路。空间上的连贯性是指根据帝陵分布实际情况，围绕特定主体构造遗址廊道，实现跨区域、跨行政区的整体格局，恢复和保护关中帝陵的原真性和完整性，以加强对帝陵资源的整合，进而方便风景道的建设管理。

2.人文景观与自然景观的和谐性

中国传统文化讲究"天人合一"，主张人与自然相辅相成、和谐统一。由于自然与人为的原因，现有帝陵遗产仅保存了其存在的环境条件，原有的地面建筑荡然无存，要提升其旅游吸引力，必须对其进行大规模的环境修复和设施完善。在这一过程中，要充分保护和有效利用现有的自然景观和历史遗迹，通过借景手法，将廊道设施融入遗产已有的自然与文化氛围中，凸显廊道周边历史文化特色，避免对环境的过度干扰，使其成为展现地域文化与自然生态的载体。

3.风景道建设体系性

风景道是一种通过线形路线将点、面状的景区景点连接成网状旅游目的地的非常有效的手段和途径。[2] 因此，在不同规格、地域的帝陵遗产地之间需要不同等级的公路进行连通，构建体系合理、网络完善、功能齐备、层次分明的旅游交通系统，将遗产保护、旅游道路、生活道路等主次道路在交通空间进行充分结合；重点建设帝陵遗产廊道的旅游集散中心，完善廊道网络节点布局，通过多层次、多样化的风景道体系增加可达性；因地制宜地建立观景及游憩设施，满足游客尤其是自驾游客的需求，规划设计符合关中帝陵遗产廊道特色的解说标识系统，从品牌标示、指向标示、信息标示、解说标示、广告标示、约束标示和警告标示等方面为游客传递可靠、准确的信息，使旅游交通标志更规范，更清晰、明确，更易被快速识别，从而加深游客旅游体验。

4.安全性与人性化相结合

安全性是遗产廊道建设的基本要求，包括文物安全性及游客安全两个方面。帝陵遗产作为我国重要的不可移动文物，其安全性是不容置疑的，廊道建设必须在《中华人民共和国文物保护法》的基础上，以对遗产最小影响为前提开展，从而保证文物遗址的安全。中国传统风水理念使帝陵多布局在地形条件复杂的区域，会对游客造成潜在的安全隐患，因此在廊道建设时对其安全性要求应高于一般公路。

人性化原则根据遗产廊道使用主体的不同要求提出来，既要满足游客参观游览的需要，充分展现沿途历史风貌和自然风光，增加旅途乐趣，又要满足廊道居民生产生活需要，保护他们的生活环境不受影响，并能使他们得到增加经济收入的机会。安全性和人性化相结合的原则是破解文物是"保护还是利用"难题的一种尝试，也是廊道规划应遵循的最基本原则。

（二）规划主题

通过对关中帝陵遗产分布区旅游资源的梳理以及游客体验调查，总结出以下核心旅游吸引物：皇帝陵寝、丝绸之路、乡土民俗、红色革命纪念地、唐宋文化、盛世历史、农家乐等。其中，历史文化遗址遗迹是开发时间最久、旅游形象最突出的一类旅游吸引物，是整个遗产廊道体系的基础；红色旅游、民俗风情是近些年的新生旅游吸引物，是遗产廊道强劲的后续力量。整合这些旅游资源及旅游景区，可以改变当前关中帝陵遗产单一的博物馆展示旅游形式，形成知识性理解的观赏和原真性体验相结合的旅游展示方式，为游客提供重温历史、体验传统、回归自然、探索新奇、感受生活的机会，在休闲娱乐中进行遗产教育，为游客灌输保护与可持续发展理念。

（三）规划内容

围绕关中帝陵遗产廊道的规划主题，结合沿线景观风貌，整合周边自然生态、传统文化、特色乡村等旅游资源，形成具有通达、游憩、体验、运动、健身、文化、教育等复合功能的遗产廊道。

1.“丝绸之路”起点遗产廊道

“丝绸之路”是历史上横贯欧亚大陆的贸易交通线，促进了欧洲、亚洲、非洲各国和中国的友好往来。“丝绸之路”以古长安（今西安）为起点，沿渭河，过咸阳，至虢县（今宝鸡），分为两路，后于上邽（今天水）分为三路。关中帝陵遗产地正处于"丝绸之路"起点范围之内，与"丝绸之路"多处遗产重合。

2.关中帝陵遗产廊道

关中帝陵遗产廊道连接了陕西省29座汉、唐帝陵，游客可以体验古道旁、帝陵边的古风古韵。"一陵带一村，一村护一陵"，村村托了陵的风华绝代，陵带给了村别样繁华。重点区域有澄城县、蒲城县、富平县、三原县、泾阳县、秦都区、渭城区、礼泉县、兴平市、乾县。具体线路为澄城县（尧头窑、龙首坝、良周村）—白水县（仓颉庙、林皋湖）—蒲城县（重泉古城、巴厘岛温泉、桥陵）—富平县（富平陶艺村）—印台区（陈炉古镇）—三原县（庄陵、柏社村、周家大院、张家窑生态园、长坳古镇）—西咸新区（茯茶镇、张裕瑞那城堡酒庄）—秦都区（平陵）—渭城区（汉阳陵、长陵、安陵、渭陵、大石头村）—礼泉（昭陵、袁家村、白村、东黄村、烽火村）—兴平市（茂陵、马嵬驿、花田公社）—乾县（乾陵、靖陵）。目前，各地各自建成了通往帝陵的道路若干，只需要使其连通成网，就可以加以利用，形成"快进慢游"旅游交通网络新格局。

3.黄土高原民俗遗产廊道

《"十三五"旅游业发展规划》提出建设25条国家生态风景道，其中规划了从内蒙古鄂尔多斯南下，到陕西榆林，再经延安、铜川至西安的黄土高原风景道。该风景道纵贯陕西北部，展示了黄土高原特殊的景观风貌。关中帝陵遗产地恰恰广泛分布在这一国家风景道附近，将自然风貌与历史遗迹结合起来，为游客提供丰富多样且层次鲜明的景观感受。黄土高原的自然环境造就了特有的黄土高原民俗。这些民俗通过乡村旅游的形式予以展现，其中以最知名的民俗村袁家村和马嵬驿为代表，形成集娱乐、休闲、度假为一体的黄土高原民俗遗产廊道。重点区域有潼关县、大荔县、合阳县、韩城市、渭城区、泾阳县、三原县、礼泉县、乾县、兴平市。具体线路为潼关县（潼关黄河风景区、秦东镇、黄金一条街）—大荔县（同州湖景区、沙苑景区、丰图义仓景区、福佑景区）—合阳县（处女泉景区、福山景区）—韩城市（司马迁祠、韩城古城、梁带村芮国遗址博物馆、党家村）—渭城区（大石头村、刘家沟村）—泾阳县（茯茶镇、龙泉山庄、乐华城）—三原县（柏社村、周家大院）—礼泉县（袁家村、白村、东黄村、烽火村）—乾县（乾陵、盘周村）—兴平市（马嵬驿、花田公社）。

4. 红色文化遗产廊道

2016年12月，中国共产党中央委员会办公厅、国务院办公厅印发了《2016—2020年全国红色旅游发展规划纲要》，其中列出300个全国红色旅游经典景区，陕西省共有13个，分布在关中帝陵遗产地的有7组、12个景点，分别是西安市红色旅游系列景区（八路军西安办事处纪念馆、西安事变纪念馆）、咸阳市旬邑县马栏革命旧址、咸阳市泾阳县安吴青训班革命旧址、渭南市华州区渭华起义纪念馆、富平红色旅游系列景区（富平县青少年教育基地、八路军120师抗日誓师纪念地、渭北革命根据地交通联络站故址、康庄战斗烈士陵园）、宝鸡市红色旅游系列景区（凤县两当起义纪念地、眉县扶眉战役纪念馆）、铜川市陕甘边照金革命根据地旧址。这些红色旅游经典景点构建出一条红色旅游遗产廊道。重点区域有澄城县、白水县、蒲城县、富平县、印台区、耀州区、西安市、淳化县、旬邑县、永寿县。具体线路为华州区（渭华起义纪念馆）—富平县（富平县青少年教育基地、八路军120师抗日誓师纪念地、渭北革命根据地交通联络站故址、康庄战斗烈士陵园）—耀州区（药王山、耀州窑、陕甘边照金革命根据地旧址、马咀村、申河香谷）—西安（八路军西安办事处纪念馆、西安事变纪念馆）—泾阳县（安吴青训班革命旧址）—淳化县（贤仓村、咀头村、爷台山公园）—旬邑县（马栏革命旧址、石门山森林公园、唐家大院、西头村）—永寿县（黄土地庄园、等驾坡村）。

四、关中地区帝陵遗产廊道开发营运建议

（一）管理机制

1. 廊道立法

我国现有的用于线形文化遗产保护的行政法规有《长城保护条例》和《大运河遗产保护管理办法》，对保护对象的可持续保护和开发的方方面面进行了规范，从而确保廊道遗产沿着健康轨道发展。陕西帝王陵分布广、面积大、等级高、陪葬墓多、保护难度大，近年来伴随着帝王陵保护与当地生产生活之间矛盾的深化，帝王陵的安全形势十分严峻，立法保护迫在眉睫。但是，目前可对关中帝陵遗产进行保护的法律法规均为诸如《中华

人民共和国文物保护法》《全国重点文物保护单位保护范围、标志说明、记录档案和保管机构工作规范（试行）》《陕西省文物保护条例》《博物馆条例》等具有普遍意义的法规体系，缺乏专门的管理办法，尤其是跨区域、大尺度的廊道遗产保护法律法规。针对关中帝陵遗产地，应尽快出台专项立法，对整体区域的遗产进行保护。

2.组织机构

关中帝陵遗产廊道覆盖了西安、咸阳、宝鸡、渭南、铜川、杨凌五市一区，行政区划分不可避免地割断了遗产的文化脉络，需要建立协同机构，如"关中帝陵遗产保护协同中心"，保证关中帝陵遗产廊道历史文化挖掘与重建、区域旅游一体化、无障碍旅游区建设、整体性保护等。该协同中心负责关中帝陵遗产廊道整体保护的计划制订和行动执行、区域遗产旅游发展方针政策制定、重大问题与事故的责任分析与处理、整体营销与宣传方案的编制以及邀请相关领域专家建言献策。

（二）开发策略

1.制定发展规划

关中帝陵遗产从历史文化到自然风貌都是不可再生资源，如果没有科学合理的规划、指导，将对其造成不可逆转的伤害。整个遗产廊道辐射面广，需要整合多方利益，有效的规划可以促进旅游品牌的统一化、旅游产品的系统化、旅游营销的协调化。[17]遗产廊道规划应以保护和利用为基本出发点，针对关中帝陵遗产沿线的遗址、遗迹、旧址、故城等物质文化遗产，民俗风情、民间技艺等非物质文化遗产，山川、河流、黄土高原等自然遗产，制定保护利用标准并提出相应开发措施。

2.塑造廊道品牌

关中帝陵遗产的单体品牌效应由来已久，将其成熟的旅游品牌与周边新兴旅游产品结合，塑造关中帝陵遗产廊道整体品牌，形成整体形象是当前旅游开发最关键的任务。首先，把握好关中帝陵遗产历史文脉，理顺历史文化景观、自然景观以及民俗风情景观之间的关系，将关中帝陵遗产廊道沿线具有特色的元素整合起来，形成以文化内涵为凝聚力的品牌形象。其次，利用完善的解说系统展示关中帝陵遗产廊道形象，让游客在旅游过程中感受遗产廊道的元素和符号，充分体验盛世王朝的气势、文化及民风。

3.实现整体营销

以前，关中帝陵遗产多是单体营销，没有形成整体品牌形象，在一定程度上造成了景区之间的竞争，破坏了区域旅游整体形象。因此，应将关中帝陵遗产所在的城市群作为营销主体，将关中帝陵遗产整体作为营销客体。在营销过程中重视整体形象塑造，利用统一的口号、统一的标识、统一的风格、统一的服务质量，达到关中帝陵遗产信息传递的一致性。关中帝陵因为历史原因失去了大量的物质资源，需要综合使用多种营销手段使其形象丰满、更具吸引力，可利用现代先进的信息技术，通过影视剧、旅游微博、旅游电商、网络游戏、专业纸媒等吸引广大潜在游客，形成稳定客源市场。

4.社区参与

社区是旅游发展的依托。[18]关中帝陵遗产廊道中的各景观历经历史的冲刷，深深印刻在所在社区居民生产生活当中，大部分旅游活动都离不开社区居民的配合。他们既是遗产地资源与环境的守护者，又是传统文化的继承者，还是旅游开发活动的利益相关者。在关中帝陵遗产廊道的开发中，应突出社区参与环节，让社区居民积极参与到旅游规划、旅游经营与管理等工作中，使遗产廊道既能满足文物保护、游客体验的需求，又能满足当地居民生产生活需要，进而推动当地经济效益、社会效益、生态效益三方的协调发展，实现关中帝陵遗产廊道的可持续发展。

参考文献：

[1]　朱高儒, 杨丁丁, 衷平, 等. 川藏公路康定段山区风景道规划 [J]. 公路, 2013(11): 164–169.

[2]　鲁宜苓, 孙根年. 公路何以成为旅游资源 [J]. 公路, 2017(3): 193–198.

[3]　EBY D W, MOLNAR L J. Importance of scenic byways in route choice: a survey of drivin gtourists in the United States[J]. Transportatoin Research Part A: Policy and Practice, 2002, 36(2): 95–106.

[4]　克莱尔 A. 冈恩, 特格特·瓦尔. 旅游规划：理论与案例 [M]. 吴必虎, 吴冬青, 党宁, 等, 译. 大连：东北财经大学出版社, 2005.

[5]　余青, 吴必虎, 刘志敏, 等. 风景道研究与规划实践综述 [J]. 地理研究, 2007, 26(6): 1069–1076.

[6]　FATHI M, MASNAVI M R. Assessing environmental aesthetics of roadside vegetation an scenic beauty of highway landscape: preferences and perception of motorists[J]. International Journal of Environmental Research, 2014, 8(4): 941–952.

[7]　BLUMENTRATH C, TVEIT M S. Visual characteristics of roads: A literaturerview of people's perception and Norwegian design practice[J]. Transportation Research part A: Policy and Practice, 2014, 59: 58–71.

[8]　ROGERSON C M. Tourism routes as vehicles for local economic development in South Africa: the example of the Magaliesberg meander[J]. Urban Forum, 2007, 18(2): 49–68.

[9]　吴必虎, 李咪咪. 小兴安岭风景道旅游景观评价 [J]. 地理学报, 2001, 56(2): 214–222.

[10]　余青, 吴必虎, 刘志敏, 等. 风景道研究与规划实践综述 [J]. 地理研究, 2007, 26(6): 1274–1284.

[11]　杜忠潮, 柳银花. 基于信息熵的线性遗产廊道旅游价值综合性评价——以西北地区丝绸之路为例 [J]. 干旱区地理, 2011, 34(3): 519–524.

[12]　魏遐, 白梅, 鞠远江. 基于景观评价的高速公路风景道旅游规划——以福宁高速风景道为例 [J]. 经济地理, 2007, 27(1): 161–165+156.

[13]　张久志. 大青沟风景道的定位与规划设计 [J]. 农业科技与装备, 2013(2): 10–12.

[14]　李治兵. 雅西高速公路风景道构建与辐射带旅游开发构想 [J]. 旅游纵览（下半月）, 2013(8): 97–98.

[15] 王思思, 李婷, 董音. 北京市文化遗产空间结构分析及遗产廊道网络构建 [J]. 干旱区资源与环境, 2010, 24(6): 51-56.

[16] 张世民. 论咸阳在我国历史上的人文地位 [EB/OL].(2006-6-29).http: //www.xianyang.gov.cn/zjxy/xyyx/7965.htm

[17] 李飞, 马继刚. 我国廊道遗产保护与旅游开发研究——以滇、藏、川茶马古道为例 [J]. 西南民族大学学报（人文社会科学版）, 2016(2): 136-140.

[18] 罗小燕, 潘运华. 社区参与是遗产旅游开发的必由之路 [J]. 萍乡高等专科学校学报, 2013, 30(2): 17-20.

第十章　五陵原西汉帝陵风光带旅游环境承载力测算分析

　　五陵原西汉帝陵风光带文物古迹旅游资源得天独厚，是陕西省发展旅游业的重要旅游资源之一。在西汉帝陵大遗址旅游资源的保护和开发利用过程中，管理手段的不当，基础设施的缺失以及旅游地所承受的旅游者人数越来越多，给西汉帝陵风光带旅游环境带来一系列的环境问题，比如旅游环境承载力及其适载状态等，势必会影响和制约该帝陵风光带旅游业的可持续发展。鉴于此，笔者尝试测试西汉帝陵风光带旅游环境的承载力并做分析，以便更好地保护和利用西汉帝陵风光带大遗址文物旅游资源，并为促进该旅游景区可持续发展，协调旅游活动和环境的关系提出建议和对策。

一、旅游环境承载力研究述评

　　"承载力"这一概念由比利时生物学家 P. E. 弗胡斯特（P. E. Forest）于 1838 年提出，被应用于人口研究、环境保护、土地利用、移民等领域。20 世纪 60 年代，拉佩芝（Lapage）提出了旅游环境承载力的概念，但未能深入研究。直到 1971 年，利姆（Lime）和史迪科（Stankey）对旅游环境承载力问题进行了深刻剖析[1]，此后，旅游环境承载力问题逐渐引起人们的关注，国内外学者均做了大量研究。比如，国外学者 Wil、Wright、Lea、Lew、Hall 等人对空间承载力或自然环境承载力进行了研究，O. Reilly 指出旅游环境承载力涵盖自然环境承载力、经济承载力和社会承载力。[2] 在国内，赵红红[3]、保继刚[4]、楚义芳[5]、崔凤军[6] 等首次提出旅游环境容量问题且做了研究，并取得一定成果。其中，崔凤军指出"旅游环境承载力"是"在某一旅游地环境的现存状态和结构组合不发生对当代人及未来人有害变化的前提下，在一定时期内旅游地所能承受的旅游活动强度"。[6] 胡炳清认为环境容量遵循最低量定律，其主要影响因子有交通、床位、空间、游乐设施和停留时间。[7] 崔凤军和杨永慎提出了经济承载量、居民心理承载量、资源空间承载量、旅游环境容量等静态模型。[8] 刘玲指出景区承受的旅游经济活动程度可分为平衡、超载、弱载。[9] 王辉等借鉴了环境评价法中的生态测量法，采用生态足迹分析测量旅游地的环境承载力。[10] 许多学者运用经验测量法、综合推测法、帕累托最适度方法、乘积矩阵矢量长度法、水桶法等对旅游环境承载力进行实证性量化研究[11-23]，如对安徽省黄山和天柱山[15]、浙江天台山国家级风景名胜区[16]、青海湖主要旅游景区[17]、贵州东风湖景区[18]、武陵源黄石寨景区[19]、秦皇岛市[20]、甘肃冶力关国家森林公园[21]、新疆天山天池风景名胜区[22]、武陵源索溪峪景区[23] 等旅游区域的旅游环境承载力进行分析测算。在这些研究中，利用面积法和线路法测算旅游环境容量的较多。前者采用总量模型，其值等于旅游区游览面积与游人游览活动最佳密度之比；后者应用流量－流速模型，其值等于游览区内游览线路的总长度与游览线路上的游客合理间距之比。[8] 此外，刘晓冰[24]、张继辉[1]、黄震方[25]、李健[26] 等探讨了国内外旅游开发对环境影响的研究进展；翁钢民[27]、曾琳[28]、杨春宇等[29] 从旅游景区环境承载力预警系统的内涵与功能出发，结合旅游业的特点，构建了旅游环境承载力预警系统，并提出了完善环境承载力预警系统的配套措施。

目前有关西汉帝陵的研究，主要集中在帝陵的选址、布局、形制与规模等建设理念以及帝陵旅游资源开发等方面。比如，刘尊志分析了西汉帝陵的分布及相关问题，认为西汉帝陵在布局上继承并创新了古代昭穆制度，具有明显的时代特点和社会特征。[30] 邸楠指出西汉帝陵的位置和布局符合当时社会礼制，具有分区段实行昭穆制度的规律。[31] 王子今从帝陵选址遵循"高敞"的理念出发，探讨了西汉帝陵选址的防水因素。[32] 谢得娟等通过分析、挖掘五陵原地区的历史、民俗文化，采用恢复生态学理论，探讨和寻求西汉帝陵大遗址保护、生态修复、区域经济发展三者之间的平衡方案。[33] 杨尚英等从五陵原帝陵遗产主题体验精品旅游走廊开发策略与思路着手，系统阐释了该体验性旅游产品的模式要素与价值。[34] 王亮等基于咸阳帝王陵墓群的主要特征，分析了对其进行旅游开发存在的优劣势、机遇与挑战，提出了相应的开发模式及开发策略。[35] 张娟飞基于对西汉帝王陵墓旅游资源开发的调查分析，运用 SWOT 分析法，剖析西汉帝王陵墓旅游资源开发中存在的"瓶颈"问题，提出以汉服文化为切入点，开发西汉帝王陵墓旅游资源的具体措施。[36][37] 显然，对西汉帝陵风光带旅游环境承载力的研究还很少。基于此，本章拟对西汉帝陵风光带旅游环境承载力进行初步测算分析，以期为该文物古迹景区的帝陵遗产资源合理保护及旅游开发提供参考依据。

二、研究区概况

西汉帝陵风光带位于陕西省咸阳市北部的五陵原上。西起兴平市南位镇策村，东到西安市高陵区马家湾乡，北接泾阳县高庄、太平镇，南达渭河北岸，背靠北山，东西全长 40 km，南北最宽处约 13.5 km，横跨泾阳、渭城、秦都、兴平、高陵 5 县（区、市）。由西汉 9 座帝陵形成的主体区域面积约为 240 km²，自西向东依次排列着汉武帝刘彻茂陵、汉昭帝刘弗陵平陵、汉成帝刘骜延陵、汉平帝刘衎康陵、汉元帝刘奭渭陵、汉哀帝刘欣义陵、汉惠帝刘盈安陵、汉高帝刘邦长陵、汉景帝刘启阳陵。帝陵、后陵与数以百计的大小陪葬墓，形成五陵原上气势恢宏的西汉帝陵风光带。该地处于暖温带，属大陆性季风气候，气候温和，四季冷热干湿分明，春、秋季较短，冬、夏季较长。年平均降水量 537 mm～650 mm，年平均温度 13.2℃，旅游的最佳季节是每年的 3 月～11 月。

目前，在西汉帝陵风光带的 9 座帝陵中，只有汉武帝茂陵和汉景帝阳陵兼有博物馆，其余帝陵中除延陵、康陵、义陵外，均设有文管所。其中，茂陵博物馆占地面积为 1.5×10^5 m²，是以汉武帝茂陵、霍去病墓及汉代大型石刻群为依托，融文物、古建、园林为一体的著名旅游观光胜地和闻名中外的西汉断代史博物馆，也是我国汉文化经典景区之一，最大的汉代大型石刻艺术博物馆与国家 4A 级旅游区。现有文物陈列室 2 座，汉武帝故事造像展室 1 座，石刻廊房（亭）6 座。馆藏文物 4 814 件，其中国宝级文物 14 件。茂陵博物馆 2011 年共接待中外游客 51.49 万人，综合收入 261.04 万元。汉景帝阳陵博物馆依托汉景帝刘启与王皇后的合葬陵园而建，占地面积 2.0×10^6 m²（折合 3 000 余亩），2010 年入选首批国家考古遗址公园，国家 4A 级景区。它是一座巧妙融合现代科技与古代文明、历史文化与园林景观于一体的大型文化旅游景区，是中国占地面积最大的国家一级博物馆。目前有考古陈列馆、帝陵外藏坑保护展示厅、南阙门遗址保护展示厅、宗庙遗址四个基本陈列区，展示文物一万余件，充分再现了"文景之治"的历史风貌。其平均年接待游客人数 25 万～27 万。

西汉帝陵风光带的帝陵遗址属全国重点保护文物，历来受到各级政府部门的高度重视。近年来，陕西省咸阳市政府实施五陵原西汉帝陵绿化工程，并开始筹备素有"中国金字塔群"之称的五陵原西汉帝陵带的世界文化遗产申报工作。根据陕西省颁布的西咸新区总体规划，（渭北）西汉帝陵风光带和周秦汉古都遗址带，构成"人"字形大遗址保护带，将被建成国家级历史文化展示区和国际化大都市生态文化遗址公园。咸阳市"十二五"发展规划指出，在文物旅游业的发展中，五陵原西汉帝陵遗产廊道将建设成帝都帝陵精品景区。这些无不彰显出西汉帝陵风光带人文景观在区域旅游经济发展中的重要性。因此，有必要对西汉帝陵风光带的旅游环境承载力进行分析测度，以期为西汉帝陵风光带的旅游资源有序保护和旅游业可持续发展提供依据。

三、西汉帝陵风光带旅游环境承载力分析

（一）数据来源和研究方法

本研究参照旅游环境承载力模型[8]，遵循最小限制性因子定律[7]，对西汉帝陵风光带旅游环境承载力进行测算分析。旅游环境承载力由资源空间承载力、生态环境承载力、旅游经济发展承载力（包括交通娱乐设施承载力、供电设施承载力、住宿设施承力等）和社会承载力等指标组成，其中社会承载力包括居民心理承载力和旅游者心理承载力两个方面。旅游地所能容纳的旅游活动量遵循最小限制因子原理，即取决于上述承载力中的最小值。

根据《咸阳五陵原文物保护控制规划》（2008），西汉帝陵风光带规划范围涉及泾阳、渭城、秦都、兴平、高陵 5 县（区、市），包括 20 个乡镇、300 多个自然村，居民约 53 万人，总面积 517.37 km²。当地居民的心理承载力关系到西汉帝陵风光带旅游环境承载力的整体指数。随着经济社会和旅游业的发展，五陵原上的城乡居民最终从观光农业、旅游休闲、交通、旅馆业、旅游纪念品加工、农家乐等多种形式的服务业提供的就业岗位中受益。从已有的调查结果看，汉唐帝陵景区居民对旅游业发展持理智而积极的支持态度。有 75.8% 的居民认为"旅游发展利大于弊"，有 50.8% 的居民不认为当前"游客太多，应控制旅游规模"。本研究区居民对旅游的感知处于"支持"时段[38]，所以居民心理承载力可以取无穷大（或忽略不计）。此外，西汉帝陵风光带的游客基本为一日游或自

驾游，景区旅游游览区与接待服务区分离，其旅游经济发展承载力（供电设施和住宿设施承载力等）可以忽略。故本研究只考虑资源空间承载力和生态环境承载力的影响。

（二）西汉帝陵风光带旅游环境承载力测算

1.资源空间承载力分析

由于旅游者对风景区资源的欣赏时间、空间占有而导致的某一时段内（如一天）旅游资源所能承纳的游客量，称为资源空间承载力（resource environment carrying capacity, RECC）。[8] 通过实地调查和借鉴相关研究资料，确定了西汉帝陵风光带主要大遗址景点及其空间规模、各景点适宜开展旅游活动的时间、游客游完每一景点所需平均时间以及每个大遗址景点的年、日有效开放时间等。其中，各景点的年有效开放时段为 180 d，游客游完每一景区的平均时间为 1 h～2 h，各景点日平均开放时间为 8 h。西汉帝陵风光带资源空间承载力的计算公式如下所示。

RECC= 资源空间总规模 / 人均基本空间标准   式 10-1

接着，分别运用总量模型和流量流速模型测算资源空间容量、游览线路的游客容量，游客容量指标具体测算过程如下。[8]

按景区人均占地面积计算资源空间容量，过程如下。

$$D_m = S / d \qquad\qquad 式\ 10\text{-}2$$

$$D_a = D_m \times (T_a / t) \qquad\qquad 式\ 10\text{-}3$$

$$D_{an} = D_a \times T_{an} \qquad\qquad 式\ 10\text{-}4$$

在式 10-2—10-4 中，D_m 为瞬时客流容量（单位：人），D_a 为日客流容量（单位：人），D_{an} 为年客流容量（单位：人），S 为景点游览面积，d 为旅游者人均最低空间标准（单位：m²/ 人），t 为旅游者游览一次平均所需时间（单位：小时），T_a 为每天有效游览时间（单位：小时），T_{an} 为年有效游览时间（单位：天）。

按人均占有游览路线长度计算游客容量，过程如下。

$$D_m = L / d \qquad\qquad 式\ 10\text{-}5$$

$$D_a = V \times T_a / d = D_m \times T_a / t \qquad\qquad 式\ 10\text{-}6$$

$$D_{an} = D_a \times T_{an} \qquad\qquad 式\ 10\text{-}7$$

在式 10-5—10-7 中，L 为游览线路总长度（单位：m），d 为游览线路上游人的合理间距（m/ 人），V 代表游客的平均游览速度，D_m、D_a、D_{an}、T_a 及 T_{an} 的含义同前。

（1）西汉帝陵风光带主要景区（点）的空间规模（单位：m²）分别为汉昭帝平陵 1.95 km²、汉成帝延陵 1.71 km²、汉平帝康陵 0.45 km²、汉元帝渭陵 0.98 km²、汉哀帝义陵 0.3 km²、汉惠帝安陵 0.85 km²、汉高帝长陵 0.79 km²。此类景区（点）目前尚无开发规划，基本处于原始保护状态，周边主要以果园、菜地和农耕地为主，可游面积较小，游客较少，均以 30％ 的可游面积计算，基本空间标准取 300 m²/ 人。[39] 茂陵陵园面积

1.86 km²，以 40% 的可游面积计算，基本空间标准取 300 m²/ 人。[①] 茂陵博物馆占地面积 0.155 km²，绿化覆盖率达到 88%，可游面积较少，游客密度不大，以 30% 的可游面积计算，其可游面积为 46 451 m²，基本空间标准取 10 m²/ 人。汉景帝阳陵博物馆由地下展厅和地面建筑遗址构成，包括南阙门遗址保护展厅，面积为 2.0×10^3 m²；帝陵宗庙遗址，占地面积为 6×10^4 m²；陈列馆展厅，占地面积为 2.1×10^3 m²；帝陵外葬坑保护展厅，总面积为 7.86×10^3 m²。考虑到其他旅游服务设施的占地面积，以 50% 的可游面积计算，其可游面积为 3.93×10^3 m²。基本空间标准取 10 m²/ 人，日开放时间 8 h，游览各展厅的平均时间为 1 h ～ 2 h，年有效开放时间为 180 d。利用公式（10-2—10-4）测算出西汉帝陵风光带的资源空间承载力为 1.06×10^5 人 / 日和 1.91×10^7 人 / 年。

（2）据《咸阳五陵原文物保护控制规划》及相关资料，西汉帝陵风光带主要旅游线路全长约 30 km，宽度为 9 m（主干道为平原微丘二级公路），面积为 2×10^3 m²，时速设计为 60 km/h，行车时间为 30 min。据崔凤军的研究 [6]，行车合理间距为夏天 750 m/辆，冬天 1 000 m/ 辆，旅游大巴载客量为 30 人 / 辆～ 50 人 / 辆。故本章行车合理间距取 1 000 m/ 辆，载客量 30 人 / 辆，每天通车时间 8 h，年有效开放时间为 180 d。利用公式（10-5—10-7）测算出其日游客承载力为 1.88×10^4 人，年游客承载力为 3.38×10^6 人。

（3）根据上述测算结果，计算西汉帝陵风光带资源空间承载力综合值，得出日游客承载力约为 1.24×10^5 人，年游客承载力约为 2.25×10^7 人。

2. 生态环境承载力分析

生态环境承载力指生态环境自我恢复能力所允许的游客数量，是判断区域资源开发强度与环境承载力之间是否协调的一个重要依据。生态环境承载力的计算公式如下所示。[8]

$$EEBC = \min（WEC、AEC、SEC）\qquad 式 10-8$$

其中，EEBC 为生态环境承载力，WEC 为水环境承载力（以水面为主要旅游资源，WEC=污水日处理能力 H / 每日人均污水产生量 P_i，不以水面为旅游景点或水不构成主要环境因素，则取无穷大），AEC 为大气环境承载力（对于不产生大气环境污染的旅游活动类型，可取无穷大；产生大气污染时，AEC= 区域大气环境容量 / 人均废气产生量），SEC 为固体废弃物的承载力（SEC= 固体废弃物日处理能力 H / 平均每人每天产生固体废弃物量 P_i）。西汉帝陵风光带的主要景区（点）的旅游资源并不以水面为主，且本区旅游者主要以一日游或自驾游为主，过夜游客极少。所以，在本研究中 WEC 不构成主要环境因素，可取无穷大。生态环境承载力影响因素主要包括空气净化能力和垃圾处理能力两个方面。

（1）空气净化能力。绿色植物具有放出氧气，吸收 CO_2 和 SO_2 等有害气体，吸收粉尘等净化空气的作用以及减弱噪音、调节气候、维持生态平衡的功能。大气环境承载力计算公式如下所示 [17]

---

① 汉成帝延陵、汉平帝康陵、汉元帝渭陵、汉哀帝义陵、汉惠帝安陵、汉高帝长陵、汉昭帝平陵、汉武帝茂陵诸帝陵陵园面积取《咸阳五陵原文物保护控制规划》（2008）中各帝陵的保护范围面积。

$$R_s = Sf / S_k$$ 式 10-9

式中，R_s 为大气环境承载力，S 为风景区实际游览面积，S_k 为人均绿地面积，f 为风景区绿化覆盖率。根据胡忠行研究[16]，每人须平均拥有 $30\,m^2 \sim 40\,m^2$ 的森林绿地，才能维持空气中 CO_2 和 SO_2 的正常比例，使空气保持清新。故在本研究中人均绿地面积（S_k）取值为 $40\,m^2/$人。根据实际调查访谈和茂陵博物馆相关统计数据，茂陵博物馆占地面积 $1.55 \times 10^5\,m^2$，绿化覆盖率 88%，实际绿化面积为 $1.10 \times 10^5\,m^2$，则茂陵博物馆景区日大气环境承载力 $AEC = 3\,407$ 人。汉景帝阳陵博物馆总面积约 $2 \times 10^6\,m^2$，景区日大气环境承载力 $AEC = 24\,975$ 人。根据《风景名胜区规划规范》（GB 50298—1999）[39]，一般游憩用地生态承载力的基本空间标准为 $500\,m^2/$人 $\sim 650\,m^2/$人，本研究取 $500\,m^2/$人。西汉 9 座帝陵规划保护区的绿化覆盖率（f）取 40% $\sim$ 60%。利用大气环境承载力计算公式（式 10-9），得西汉帝陵风光带大气环境承载力为 3.1×10^4 人，年承载力为 5.58×10^6 人。

（2）垃圾处理能力。在西汉帝陵风光带 9 座帝陵中，目前只有阳陵和茂陵分别建有博物馆，其他帝陵尚未进行旅游开发建设，主要进行保护性绿化。现阶段只考虑游客较多的汉景帝阳陵博物馆和茂陵博物馆两个景区（点）的垃圾处理能力。通过实际调查，汉景帝阳陵博物馆景区垃圾主要包括游客和从业人员的食品包装塑料袋、矿泉水瓶等固体垃圾（部分可回收利用）。景区目前有方形垃圾箱 10 个、圆形垃圾箱 20 个，且在展示厅拐角处均放置了不锈钢果皮箱。垃圾处理方式主要采用日产日清的方式，将景区内的垃圾集中回收、分类和填埋（按景区规划，未来垃圾将集中运往就近垃圾站处理）。茂陵博物馆景区的垃圾类型与汉景帝阳陵博物馆景区相同，垃圾同样由垃圾桶收集，再由环卫车运往垃圾填埋场集中处理，每 7 天运送一次。若取平均每人每天产生固体废弃物量 P_i 为 $1.0\,kg/d \cdot$人，汉景帝阳陵博物馆垃圾日处理能力为 5 t/d，茂陵博物馆的垃圾日处理能力为 3 t/d，两者产生固体废弃物的日承载力 SEC 各为 5 000 人和 3 000 人，相应的年承载力分别为 9×10^5 人和 5.4×10^5 人。

根据式 10-8，西汉帝陵风光带的生态环境日承载力为 8×10^3 人，年承载力为 1.44×10^6 人。

3. 综合旅游环境承载力分析

通过以上对西汉帝陵风光带旅游环境承载力的分项测算，根据最小限制性因子原理确定综合承载力值[7]，可得西汉帝陵风光带的合理日承载力为 8×10^3 人，年合理承载力为 1.44×10^6 人。对西汉帝陵风光带来说，游客目前主要前往的景点是茂陵博物馆和汉景帝阳陵博物馆，所以其综合旅游环境承载力主要考虑这两个大遗址景点的承载状况。据茂陵博物馆的统计资料，2007 年至 2011 年该馆接待的游客总量分别为 5.41×10^5 人、4.62×10^5 人、5×10^5 人、5.18×10^5 人、5.15×10^5 人。其年接待游客总量多在 5.4×10^5 人以下，最高年份是 2007 年，达 5.41×10^5 人，是年合理承载力的 100.19%；最低年份是 2008 年，为 4.62×10^5 人，是年合理承载力的 85.59%。这表明在最高年份其游客接待量已达饱和，最低年份的游客接待量属于未饱和状态。同时，根据实际调查，汉景帝阳陵博物馆游客接待量每年为 2.5×10^5 人 $\sim 2.7 \times 10^5$ 人，约占年合理承载力的

27.78%～30%，表明汉景帝阳陵博物馆的游客接待量处于欠饱和状态，旅游接待潜力较大。

四、结果分析与建议

旅游环境承载力是旅游开发及其可持续发展的重要依据之一，是旅游规划的重要指标。[6]西汉帝陵风光带综合旅游环境承载力目前尚属于适载状态，旅游接待潜力较大，尤其在淡季核心景区（点）游客接待量为弱载状态。为充分利用西汉帝陵风光带旅游环境承载力资源，促进文物古迹旅游的持续健康发展，应采取多种宣传和促销手段，树立良好的景区形象和服务意识，加大西汉帝陵风光带的投资建设力度，实现旅游产品多样化，充分挖掘国内外旅游客源市场，提高市场占有率。

（一）遵循"有效保护，合理利用"的原则，实施可持续发展战略

西汉帝陵是全国重点保护文物，是人类共同的文化遗产，不仅蕴含着丰富的历史文化，也是不可再生的人文旅游资源。西汉帝陵风光带文物旅游业的开发应遵循"整体保护，系统展现，合理开发，永续利用"的原则，不仅保护西汉帝陵本身的真实性，而且保护相关环境的整体性。实地考查发现，西汉帝陵除了受到自然因素的影响，也面临着人为的破坏，诸如盗墓分子的盗掘行为、现代人墓地侵占帝陵用地以及帝陵周边新建建筑物等。这些因素给西汉帝陵风光带造成不同程度的破坏，干扰帝陵风貌及其景观视廊，大大降低西汉帝陵风光带的景观视觉，势必影响旅游业的可持续发展。据报道，近年来咸阳市加大了对五陵原西汉帝陵的有效保护与开发。比如，编制《咸阳五陵原文物保护控制规划》（2008）；咸阳市渭城区筹资2亿多元实施五陵原帝陵绿化工程；成立陵园文化研究会，启动五陵原西汉帝陵申报世界文化遗产工程等。这些举措对促进西汉帝陵风光带可持续文物旅游发展具有十分重要的现实意义。

（二）改善旅游环境、推出特色旅游产品，实现景区旅游环境承载力合理利用

西汉帝陵风光带依托帝陵等人文景观，其旅游资源具有独特性，也有不利的"瓶颈"因素，如景观内容单调，缺乏自然景观，旅游产品对旅游者的知识层次要求较高，观赏性较低，难以对旅游者产生持久的吸引力，导致游客滞留时间短、重游率低等现象产生。因此，要加强帝陵人文景观的绿化美化，恢复和重建帝陵封土丘及其重要陪葬墓群的"千山头角口，万木爪牙深"的绿色植被环境；进行市场调研，根据游客需求开发具有地方特色的旅游纪念品、工艺品等；利用现代科学技术手段，结合历史文化背景，让游客身临其境进行深度的文化感知与体验，如游客身着汉朝服饰或演绎其中角色可以更好理解历史文化，以提高游客的重游率；根据西汉帝陵的地形地势和现有交通条件，推出特色自驾游旅游产品。同时，提高景区管理人员的服务意识，重视游客对景区的评价与建议，加强景区各项设施建设，实现景区（点）旅游环境承载力的最大化利用。

（三）整合旅游资源，深度挖掘历史文化内涵，全力打造旅游精品

西汉帝陵风光带文物旅游资源具有独特性、神秘性。目前9座帝陵中只有汉景帝阳

陵与汉武帝茂陵分别建有知名度较高的博物馆，其他如平陵、延陵、康陵、渭陵、义陵、安陵和长陵等均处于未开发状态，知名度低，游客到访率低。所以，要发挥整体优势，整合旅游资源，深度挖掘历史文化内涵，针对不同的游客、不同的客源市场需求开发建设不同的旅游产品，如科考、探险、体育、文化体验等旅游产品。比如，汉景帝阳陵博物馆外葬坑保护展厅采用中空镀膜点式加热玻璃幕墙和通道将文物和游客分隔在两个截然不同的温湿度环境中，最大限度地保护文物遗存，使游客在充满神秘感的环境中近距离、多角度欣赏大量的帝陵陪葬品遗存，领略世界一流的文物保护技术和展示方式，了解文物考古发掘和保护利用的最新成果。另外，采用国际上最先进的影视成像技术演示当年真实历史事件，使游客穿越时空感受西汉皇帝宫廷生活的丰富多彩。这些成功的经验值得借鉴。同时，应依托西北最大的空港和便利的交通枢纽，抓住陕西省文物旅游业"十二五"发展规划打造汉文化旅游区的有利机遇，结合周边景区（点）和西安国际旅游都市建设，相互依托，相互补充，全力打造旅游精品，实现共赢。

（四）多渠道宣传促销，拓宽旅游发展市场

采用各种不同的渠道大力宣传西汉帝陵风光带旅游景区（点）。可举办各种节庆活动，如清明节巡祭西汉帝陵等活动；利用不同的会展对外宣传，诸如汉景帝阳陵博物馆"微笑彩俑——汉景帝的地下王国"展在台北历史博物会展出，汉景帝阳陵博物馆参展中国国际文物保护博览会，茂陵博物馆国宝文物进世园展览等；通过媒体宣传，精心制作多种形式的旅游宣传资料和音像制品，开展数字旅游和虚拟旅游，充分利用互联网和各种现代媒体走向国内外 [40]，如出版汉景帝阳陵博物馆馆刊《汉阳陵与汉文化研究》和介绍茂陵博物馆的《茂陵名胜》；邀请著名学者、社会名流和政要人物参观博物馆；具有"中国金字塔群"美誉的五陵原西汉帝陵带申报世界文化遗产。借助这些举措扩大其影响力，提升西汉帝陵风光带旅游景区（点）的美誉度和知名度，不断拓宽旅游发展市场。

（五）抓住发展契机，改善投资环境

西汉帝陵是五陵原的精髓，应在有效保护文物完整性的前提下，合理开发利用，使其独特的帝陵遗产旅游资源转变为强势的文物旅游产品，促进区域经济的发展。应该抓住陕西省加快推进西咸一体化建设，设立西咸新区，并构建秦汉历史文化集聚区和生态宜居新区，重点发展生态文化旅游、休闲娱乐、生态田园观光等产业的有利契机，充分利用政府出台的相关旅游产业优惠政策，将西汉帝陵风光带开发作为陕西旅游跨越式的重要工程，争取列入国家规划，多形式、多渠道筹措资金，支持省内有实力的企业，联合国内外知名企业，大手笔策划，高层次规划，高投入建设。

参考文献：

[1] 张继辉, 刘玲 . 旅游环境承载力研究综述 [J]. 云南地理环境研究 , 2007, 19(3): 134–139.

[2] 陈世军 . 旅游环境承载力的研究现状 [J]. 黔南民族师范学院学报 , 2004, 24(3): 40–42+47 .

[3] 赵红红 . 苏州旅游环境容量问题初探 [J]. 城市规划 ,1983(3): 46–53.

[4]　保继刚. 颐和园旅游环境容量研究 [J]. 中国环境科学, 1987, 7(2): 32–36.

[5]　楚义芳. 旅游的空间经济分析 [M]. 西安: 陕西人民出版社, 1992: 114–133.

[6]　崔凤军. 论旅游环境承载力——持续发展旅游的判据之一 [J]. 经济地理, 1995, 15(1): 105–109.

[7]　胡炳清. 旅游环境容量计算方法 [J]. 环境科学研究, 1995, 8(3): 20–24.

[8]　崔凤军, 杨永慎. 泰山旅游环境承载力及其时空分异特征与利用强度研究 [J]. 地理研究, 1997, 16(4): 47–55.

[9]　刘玲. 旅游环境承载力研究方法初探 [J]. 安徽师范大学学报 (自然科学版), 1998, 21 (3): 250–254.

[10]　王辉, 姜斌. 生态足迹模型对旅游环境承载力计算的应用 [J]. 辽宁师范大学学报 (自然科学版), 2005, 28(3): 358–360.

[11]　戴学军, 丁登山, 林辰. 可持续旅游下旅游环境容量的量测问题探讨 [J]. 人文地理, 2002, 17(6): 32–36.

[12]　李春茂, 明庆忠, 胡笃冰. 生态旅游环境容量的确定与量测 [J]. 林业建设, 2000(5): 21–25.

[13]　刘益. 大型风景旅游区旅游环境容量测算方法的再探讨 [J]. 旅游学刊, 2004, 19(6): 42–46.

[14]　鄢和琳. 生态旅游开发的动力学模型及其应用 [J]. 西南师范大学学报 (自然科学版), 2000, 25(2): 186–191.

[15]　万绪才, 包浩生. 山岳型旅游地旅游环境质量综合评价研究——安徽省黄山与天柱山实例分析 [J]. 南京农业大学学报, 2002, 25(1): 48–52.

[16]　胡忠行, 朱爱珍. 天台山国家风景名胜区旅游环境容量分析 [J]. 海南师范学院学报 (自然科学版), 2002, 15(3): 76–80.

[17]　苟任黎. 青海湖主要旅游景区旅游环境承载力研究 [J]. 青海环境, 2003, 13(1): 39–42.

[18]　王剑, 熊康宁, 殷红梅, 等. 旅游环境承载力在待开发景区规划中的应用初探——以贵州东风湖为例 [J]. 中国岩溶, 2002, 21(4): 303–308.

[19]　周年兴. 旅游心理容量的测定——以武陵源黄石寨景区为例 [J]. 地理与地理信息科学, 2003, 19(2): 102–104.

[20]　孙睦优. 旅游环境承载力与旅游业可持续发展 [J]. 桂林旅游高等专科学校学报, 2004, 15(3): 38–40.

[21]　汪君, 蒋志荣, 车克均. 冶力关国家森林公园旅游环境承载力分析 [J]. 干旱区资源与环境, 2007, 21(1): 125–128.

[22]　罗辉, 韩春鲜, 杨敏. 天池风景区旅游环境承载力分析 [J]. 干旱区资源与环境, 2008, 22(8): 98–02.

[23]　董成森. 森林型风景区旅游环境承载力研究——以武陵源风景区为例 [J]. 经济地理, 2009, 29(1): 160–164.

[24] 刘晓冰，保继刚.旅游开发的环境影响研究进展[J].地理研究，1996,15(4): 92–100.

[25] 黄震方，陈志钢，袁林旺.我国区域旅游环境研究综述[J].地理与地理信息科学，2004，20(3): 99–104.

[26] 李健，钟永德，王祖良，等.国内生态旅游环境承载力研究进展[J].生态学杂志，2006, 25(9): 1141–1146.

[27] 翁钢民，赵黎明，杨秀平.旅游景区环境承载力预警系统研究[J].中国地质大学学报(社会科学版)，2005,5(4): 55–59.

[28] 曾琳.旅游环境承载力预警系统的构建及其分析[J].燕山大学学报，2006, 30(5): 463–467.

[29] 杨春宇，邱晓敏，李亚斌，等.生态旅游环境承载力预警系统研究[J].人文地理，2006，21(5): 46–50.

[30] 刘尊志.西汉帝陵分布及相关问题浅析[J].中原文物，2010(5): 43–48+87.

[31] 邸楠.西汉帝陵布局浅析[J].榆林学院学报，2007, 17(1): 30–35.

[32] 王子今.说"高敞"：西汉帝陵选址的防水因素[J].考古与文物，2005(1): 33–37.

[33] 谢得娟，王小林，叶春旺，等.基于生态修复理念的西汉帝陵大遗址生态景观规划设计研究[J].北方园艺，2011(13):98–101.

[34] 杨尚英，李玲.五陵原帝陵文化遗产主题体验精品旅游走廊开发探讨[J].安徽农业科学，2010, 38(19): 10306–10307+10473.

[35] 王亮，孙虎，李剑.古陵墓旅游资源的特征及开发模式初探——以陕西咸阳帝王陵为例[J].江西农业学报，2010, 22(1): 180–183.

[36] 张娟飞.西汉帝王陵墓汉服文化开发对策研究[J].价值工程，2011, 30(11): 218–219.

[37] 张娟飞.西汉帝王陵墓开发的 SWOT 分析[J].武汉职业技术学院学报，2011, 10(1): 100–102+106.

[38] 杜忠潮，邢东兴，李玲.汉唐帝陵旅游地居民对旅游影响的感知分析——陕西省茂陵、乾陵实证研究[J].宝鸡文理学院学报(自然科学版)，2007, 27(1): 73–77.

[39] 中华人民共和国建设部.风景名胜区规划规范（GB 50298—1999）[S].北京：中国建筑工业出版社，2008.

[40] 马耀峰，严静.新时期旅游产品的发展[M].西安：陕西旅游出版社，2009: 234–240.

第十一章　陕西关中帝陵景区游客体验研究

关中地处陕西省中部，包括西安、咸阳、宝鸡、渭南、铜川、杨凌五市一区，是中国古代建都最早、发展历史悠久的地区，迄今遗存有自新石器时代以来为数众多的古墓葬群。其中，尤以西周至明清时期的帝王陵寝及高等级王侯将相陵墓最为著名，是我国重要的遗产旅游产品汇集地。研究帝陵景区游客的时空特征对游客感知分析、游客管理以及市场营销都有积极意义。

游客体验是旅游者在旅游活动中，内心产生的对旅游景点或好或坏的心理感受，是游客通过亲身体验所得到的 [1]，是多种娱乐游览感受的结合，是一种综合性的感受。学术界通常使用"游客满意度"衡量游客体验的好坏。游客满意度是游客对旅游产品和景区各种服务的感知效果与旅游者的期望比较之后所达到的良好状态，是对旅游景点的自然环境、硬件设施、安全设施和娱乐服务设施等多个方面的综合评价。[2]

目前关于游客体验、旅游满意度的研究成果甚多，仅中国知网收录的文献已有千余篇。但是，此类文献的研究对象多为景区个体（尤以自然景区为甚）[3-6]、旅游城市（热点旅游城市为多）[7-10] 以及某类游客群体。[11-14] 对作为中国旅游资源的重要部分的帝陵景区的研究甚少。这种研究现状既不利于我国旅游业的发展，也不利于帝陵景区的可持续发展。因此，本章以汉代帝陵、秦代帝陵、唐代帝陵为研究对象（下文简称"汉陵""秦陵""唐陵"），关注关中帝陵景区游客体验，分析关中帝陵景区游客满意度的影响因素，并探讨提升其游客体验的措施。

一、研究对象与方法

（一）研究对象

据考证，陕西省拥有古代帝王陵寝共 65 处。其中，62 处分布在关中西起杨凌和彬县，东至白水和蒲城的山岭与黄土台塬地带 [15]，其数量之多、时间跨度之长、分布之相对集中，在我国帝王陵寝分布区中实属罕见。这些古代帝王陵墓按时间跨度可分为五类：一是华夏始祖陵寝，如宝鸡炎帝陵、合阳帝喾陵等；二是西周王陵、战国秦公陵等先秦王公陵墓；三是统一封建王朝的皇帝陵，如秦始皇陵、西汉 11 帝陵、隋泰陵与关中十八唐帝陵等；四是分裂割据时期封建政权王陵；五是西安南郊的明十三秦藩王陵墓。按帝陵营造形式有"积土为冢"和"因山为陵"两大类。在地理分布上，关中帝陵呈带状、片状与点状结合的特点，相对集中。[16] 从旅游资源价值上看，关中帝陵蕴含深厚而丰富的历史文化内涵，景区规格及品级极高。本章以陕西古代帝陵中保存较完整、体量较大、旅游价值较高的秦陵、汉陵、唐陵为代表，选取秦始皇陵兵马俑、汉景帝阳陵博物院、汉武帝茂陵、唐太宗李世民与文德皇后长孙氏的合葬陵墓昭陵、唐高宗李治与武则天的合葬墓乾陵以及唐睿宗桥陵为研究对象，对景区内游客进行问卷及访谈调查。

（二）研究方法

1.问卷调查

本研究对关中秦、汉、唐等朝代著名帝陵景区的游客进行问卷调查，其中穿插个案访谈。问卷包括游客个体人口统计学基本信息及旅游体验满意度两部分。旅游体验满意度问题包括总体满意问题1项及游客可以感知的18个分项。备选项分为5个等级，具体打分标准为非常满意9分，满意7分，一般5分，不满意3分，非常不满意1分。问卷调查时间为2015年暑期及2016年元旦期间，调查包括样本景区实地调查及网上调查两部分。实地调查发放问卷300份，收回有效问卷289份；网上收回有效问卷126份。

2.因子分析法

因子分析法是一种利用降维缩减数据的直观的分析方法。它利用内部关系进行多变量研究，探讨测量数据的基本结构，并用几个抽象的变量代表基本数据结构。这些抽象的变量被称为因子，能清楚地反映原始变量之间的详细信息。[17]具体地说，就是确定某个问题中可直接测量的具有一定相关性的诸指标，并找到它们受在专业中有意义、又不可直接测量且相对独立的少数因子支配的规律，进而通过测定各指标间接确定各因子的状态。本章借助SPSS 19.0软件，对影响关中帝陵游客体验的18个因素进行因子分析，从而归纳出关键因子（表11-1）。

表11-1　关中帝陵景区游客满意度评价因子及得分

评价因子	得分	评价因子	得分	评价因子	得分
游客总体满意度				6.04	
景区商品及门票价格	4.56	景区卫生状况	5.41	景区工作人员服务态度	6.04
景区基础设施便利程度	5.84	景区购物丰富状况	5.39	景区内交通畅通程度	5.68
景区安全设施	5.75	景区用餐状况	5.51	景区门票销售及检票系统	6.19
景区周边交通状况	5.66	景区内人文景观	5.93	景区娱乐活动项目丰富程度	5.68
景区周边住宿状况	5.49	景区自助导游系统	5.85	景区对外宣传力度	5.74
景区游览路线	5.90	景区内自然景观	6.01	景区设施与环境的协调性	5.37

二、关中帝陵景区游客特征分析

（一）关中帝陵景区客源地分布特征

游客惯常居住地与旅游目的地之间的差异性是旅游活动产生的原因之一。地域差异及惯常居住地与旅游目的地的距离使不同客源地的游客对同一旅游目的地的认知结果（即体验）产生差异。根据关中帝陵景区客源地分布情况（图11-1），关中帝陵景区游客基本集中于大陆19个省、市，其中以中部、东部省份居多，西部（尤其是西北）地区较少；历史文化背景相近的省份居多，民族文化差异较大的省份较少；省内游客居多。此外，关中帝陵景区游客呈现较强的时间性，暑期及元旦这两个时段不是我国旅游的旺季，游客呈现省内游客"一枝独秀"、省外游客零散分布的特点。

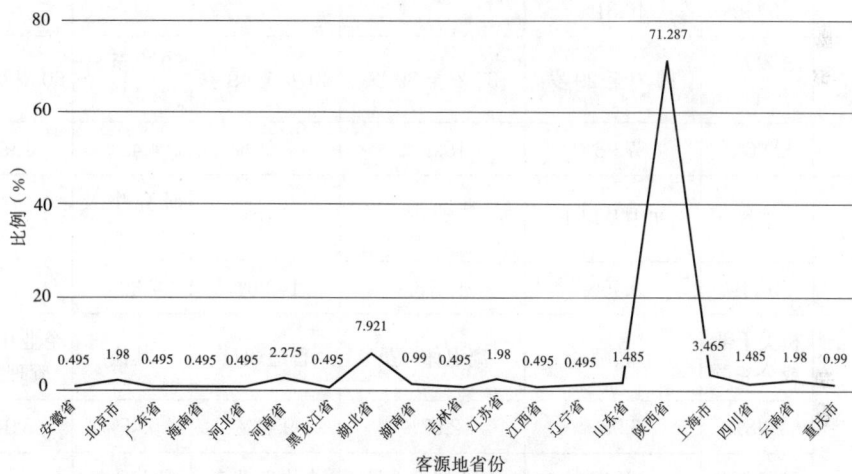

图 11-1　关中帝陵景区客源地分布

因此，关中帝陵景区客源市场可分成四种类型：①基本市场，包括陕西省及其邻近省市，以开发周边游为主。②核心市场，包括北京、河南、湖北、山东等具有相似历史发展背景的省市，在诸省重点开展文化主题宣传营销。③关键市场，包括上海、江苏、广东等经济发达地区，结合客源地消费特点，设计高规格旅游产品，整合营销。④辅助市场，包括黑龙江、吉林、江西等中东部收入水平较低地区以及云南等西部少数民族地区，以扩大知名度为营销目标。

（二）关中帝陵景区游客的人口统计学特征

关中帝陵景区被访游客的人口统计学特征分析如下（表11-2）。

游客男女性别比为1.15∶1，男性游客比例略高于女性游客比例，原因主要有三个：一是男性比女性有更多可自由支配的时间用于外出旅游[18]；二是女性更倾向于环境良好的休闲度假游，关中帝陵景区多因山为陵，产品舒适度有限；三是关中帝陵景区厚重的历史文化底蕴对男性游客吸引力更大。

游客年龄呈现右偏分布，即关中帝陵景区的游客年龄集中在39岁以下，占到游客总量的 86.71%，游客总体呈年轻化。其中，19 岁至 29 岁的游客所占比例最大，该年龄段游客普遍精力充沛，求知、求异、求奇以及验证书本知识的欲望强烈，并且暂无经济负担，消费欲望强烈。40 岁以上的游客随着年龄的增长所占比例下降。社会责任的增加、身体体能的衰减以及传统文化观念等多重影响使该年龄段游客对关中帝陵景区的兴趣不浓。

表11-2 关中帝陵景区游客人口学特征

基本信息	备选项及其所占比例					
性别	男	女				
	53.69%	46.31%				
年龄	18 岁及以下	19 岁至 29 岁	30 岁至 39 岁	40 岁至 49 岁	50 岁至 59 岁	60 岁及以上
	2.96%	67.98%	15.27%	7.39%	4.43%	1.97%
受教育程度	本科	初中及以下	大专	高中	研究生及以上	
	59.11%	3.45%	15.76%	14.29%	7.39%	
职业	机关干部或公务员	教师	离退休人员	普通职员	其他	企业中高层管理人员
	2.48%	6.93%	2.97%	9.41%	5.45%	5.94%
	私营业主	学生	专业技术人员	自由职业者	私营业主	
	5.94%	45.05%	7.43%	8.42%	5.94%	
收入水平	2 000 元以下	2 001 元至 4 000 元	4 001 元至 6 000 元	6 000 元以上		
	46.31%	29.06%	13.30%	11.33%		

受教育程度反映了游客的文化背景差异。关中帝陵景区游客随着受教育程度的提高逐渐增多，受教育程度与游客出游意愿呈正相关。本科及以上学历的游客占到66.5 %，构成了旅游消费者的主体，这表明关中帝陵景区独特的历史文化内涵对具有高学历的游客有着巨大的吸引力，但过于单一的产品结构不能满足不同文化背景游客的旅游需求。

游客的职业差异会导致其消费偏好及闲暇时间的不同，进而造成其旅游需求的不同。被访游客中教师、学生、自由职业者所占比例较高，占到全部游客的60.4 %。此次调查时间正值学校假期期间，学生和教师出游时间充裕；自由职业者出游时间不受限制。此外，企业中高层管理人员、私营业主、专业技术人员所占比例较高，这部分游客文化素质相对较高，对历史文化的兴趣较浓。关中帝陵景区更容易吸引社会地位较高、收入水平属于中上等的游客。

收入水平决定着游客的可自由支配收入，而游客的可自由支配收入又决定着其旅游动机能否转化为旅游行为。被访游客的数量随着游客收入水平的提高呈金字塔结构，即收入水平越高，人数就越少；收入水平越低，人数就越多。这一结果与上文中的年龄及职业分析结果一致。一半以上的被访者为 19 岁至 29 岁年龄段，多是没有收入的学生或初入职场的普通员工，收入普遍偏低。这也反映出关中帝陵景区主要面向的是中低端游客，游客消费能力较低。

三、关中帝陵景区游客满意度分析

（一）关中帝陵景区游客总体满意度分析

关中帝陵景区游客总体满意度（图 11-2）呈左偏分布，不满意率仅为 10％左右，这说明游客对此类景区整体较为满意。总体满意度平均得分为 6.044，介于一般和满意之间，这显示出游客对关中帝陵景区心存向往，虽然对景区商品及门票价格不满（4.558），但是基本认可景区整体状况。其中，"景区内自然景观""景区工作人员服务态度""景区门票销售及检票系统"的体验得分较高，普遍在 6 分以上，这说明游客对关中帝陵景区自然环境及景区服务比较满意。中国自古讲求"天人合一"，陵墓选址理论崇尚风水学，对自然环境要素的要求极高，这就造就了关中帝陵景区良好的自然景观。作为陕西省乃至我国重要的旅游目的地，关中帝陵景区开发时间长，旅游服务较为完善，工作人员服务意识良好。

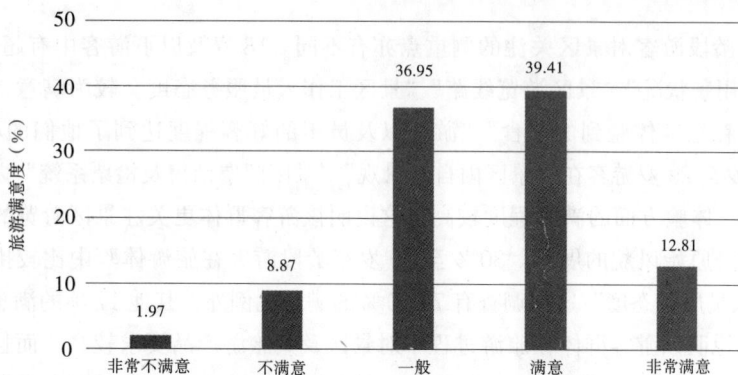

图 11-2　关中帝陵景区游客总体满意度分布

关中帝陵景区满意度得分排名倒数前三位是"景区商品及门票价格"（4.558）、"景区设施及环境的协调性"（5.374）、"景区购物丰富状况"（5.388）。如前文所述，关中帝陵景区开发时间长，但旅游产品的设计并未得到相应发展。在实地调查过程中我们发现，景区基础设施与服务设施缺乏特色，帝陵文化没有很好地被融入其中；旅游商品常年不变，无创新、创意，不能有效刺激游客的购物需求。停滞的景区开发使游客的旅游需求没有得到满足，进而使游客觉得物非所值，最终对景区商品及门票价格报以否定态度。

（二）关中帝陵景区不同游客群体的体验分析

1. 关中帝陵景区不同年龄段游客的体验分析

不同年龄段的游客由于自身阅历及旅游经验的差异，对同一景区的态度有所不同。我们通过汇总不同年龄段游客对关中帝陵景区的满意度的情况（图11-3），并将问卷结果中的"满意""非常满意"选项合并为满意程度发现，随着年龄的增长，对关中帝陵景区报以满意态度的游客人数增多，仅30～39岁年龄段游客对此类景区的满意程度较低。因此，在进行旅游产品开发设计时，应更多考虑此年龄段的游客的需要，吸引他们的注意力，增强产品活力。

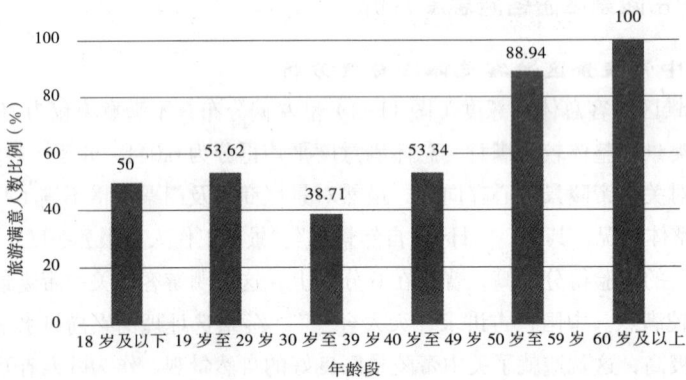

图 11-3　关中帝陵景区不同年龄段游客满意度

不同年龄段游客对景区关注的侧重点亦有不同。18岁及以下游客中有超过50％的人对"景区用餐状况""景区游览线路""景区工作人员服务态度"较为满意，这说明此年龄段游客在景区体验到的"食""游"以及员工的好客程度达到了他们的心理要求。50％的19岁至29岁游客在"景区内自然景观""景区门票销售及检票系统"以及"景区内人文景观"体验方面的满意程度较高，这说明该游客群体更关注景区游览的便捷程度以及景区自身原始风貌的展示。30岁至39岁年龄段游客在旅游体验中比较挑剔，除了"景区工作人员服务态度"这项调查有74.19％的满意比例外，其他17项的满意比例均低于50％，这说明该游客群体在旅游过程中对景区及其旅游产品要求较高，而且对旅游各要素关注度高。50岁至59岁、60岁及以上两个年龄段游客在调查过程中表现出极大的宽容度，50％以上的被访者对大多数被调查项目报以满意态度，只是60岁及以上游客在"景区商品及门票价格""景区周边住宿状况""景区设施与环境的协调性"几个项目上的满意比例为0。究其原因，应该主要是老年人的消费观念、消费习惯以及其对历史文化的崇尚。

2.关中帝陵景区不同受教育程度游客的体验分析

受教育程度会对人的知识背景、生活经验的构筑产生巨大影响，进而会影响到其旅游体验。游客受教育程度与满意人数比例显示出负相关关系（图11-4），即随着受教育程度的提高，对关中帝陵景区满意的游客越少。

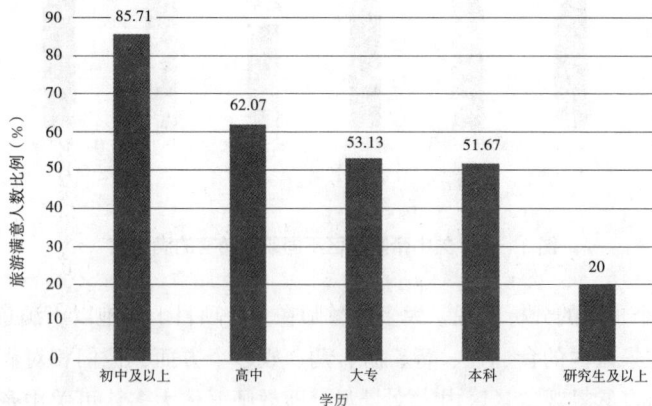

图 11-4　关中帝陵景区不同受教育程度游客的满意度

进一步研究发现，"研究生及以上"学历水平的游客是"挑剔而严厉"的群体，对18个调查项目表示满意的人数均不超过此类游客总人数的40％。其中，他们最不满意的项目集中在"景区门票销售及检票系统""景区自助导游系统""景区周边交通状况""景区对外宣传力度"方面。游客普遍认为相关项目虽然试图采用信息化手段为游客提供更加便捷的服务，但智能化程度较低，不能满足他们接收与发布旅游信息的需要。相反，此类游客对景区原有的景观报以相对较高的赞同度，40%的游客对景区内的人文景观与自然景观表示满意。与"挑剔而严厉"的"研究生及以上"游客群体相比，"初中及以下"受教育程度的游客对景区表现出极大的"包容性"，该受访游客群体对18个调查项目普遍表示满意，其中对"景区游览路线""景区娱乐活动项目丰富程度""景区工作人员服务态度"等项目的满意比例最高，但与"研究生及以上"学历水平的游客类似，他们对"景区门票销售及检票系统""景区自助导游系统"略有不满，多数人难以掌握此类系统的用法以致自己无法独立操作，认为此类系统缺乏人性化。这一结论说明关中帝陵景区的信息化服务水平仍然较低，无法满足游客的需求，景区应进一步改进和加强信息化服务，向智能化、简洁化发展。

3.关中帝陵景区不同职业游客的体验分析

职业在一定程度上反映了一个人的收入水平和文化积淀，继而影响了其在旅游过程中的体验效果。关中帝陵景区受访游客的职业集中在8种职业（图11-5）。该8类职业的游客都对关中帝陵景区表示较为满意，其中教师和私营业主游客的满意度分别为78.57％和41.67％。

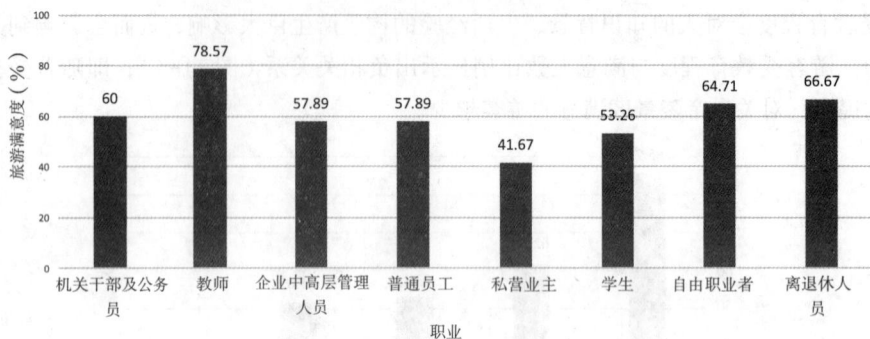

图 11-5　关中帝陵景区不同职业游客的满意度

通过对 18 个子项的分析发现，大多数教师在多个项目上都抱以不满意的态度，这些项目包括游客在景区内的食、住、行、游、购、娱多个方面，他们相对满意的是景区卫生状况、景区内自然景观、景区内人文景观。即教师群体大多认可关中帝陵本身的吸引力，而对景区旅游基础设施和旅游服务设施不满意。私营业主则是对景区外在表现不满意，如景区对外宣传力度、景区设施与环境的协调性、景区自助导游系统，他们比较看重关中帝陵景区的整体效果，而对旅游体验细节方面不甚追究。

（三）关中不同朝代帝陵的游客满意度分析

"关中自古帝王都"，多个朝代的帝王在此建立都城并建造帝陵，关中地区帝陵包括秦陵、汉陵和唐陵等。不同朝代的帝陵由于历史环境和条件不同，其旅游吸引力有所差异，游客体验也有所不同。我们对 415 份有效问卷进行整理分析后发现，汉陵游客的旅游满意度较高（6.80），秦陵次之（6.11），唐陵最低（5.44）。在景区发展现状方面，汉陵有 70％ 的游客感到满意，秦陵有 62.82％ 的游客感到满意，而唐陵只有 41.47％ 的游客感到满意，这说明游客对此三类帝陵景区能够接受，但对景区发展现状并不满意，认为其应进一步改进。

三类帝陵景区中汉陵开发最晚，"后发优势"为汉陵带来众多游客的拥护和支持，汉陵在 18 个子项调查中得分普遍较高，尤其是各种旅游基础设施和旅游服务设施，但景区设施与环境的协调性略显不足。这一调查结果反映出汉陵在充分利用先进的旅游开发和文物保护理论的同时，应弥补历史文化遗迹资源展示不足的缺陷，丰富旅游娱乐项目，深度开发旅游商品。游客对秦陵"景区卫生状况""景区对外宣传力度""景区购物丰富状况"的满意度较高。秦陵作为世界物质文化遗产之一，其旅游开发理念成熟，外向性特点比较鲜明，对游客的吸引力较大，景区管理比较科学，但相对于汉陵而言，其先进理念、先进方式的利用程度不高，故游客满意度较低。唐陵在此次调查过程中游客的体验认可度最低，但其优势在于工作人员的服务态度、就餐、自助导游系统。唐陵开发比秦陵早，旅游产品设计思想已落后于当前市场需求，从景区内游览线路布设、娱乐活动安排到购物丰富度都与汉陵、秦陵存在巨大差距，游客的整体旅游体验不够好。

四、关中帝陵景区游客体验提升策略探讨

（一）关中帝陵景区体验影响因素

在现场访谈过程中发现游客体验满意程度是各因素相互交织的结果。例如，游客对景区自然景观、购物环境的不满导致了对门票价格的不满。因此，本书运用 SPSS 19.0 统计分析软件进行因子分析，提取 18 个调查子项的公因子，从而更好地甄别出影响关中帝陵景区游客体验的主要因素。

将问卷调查结果输入，并采用主成分分析法提取因子，得到 $Bartlett=1\,467.716$，$p<0.001$，这说明问卷调查结果形成的相关矩阵非单位矩阵，可以进行因子分析。$KMO=0.924$，这表明 18 个子项非常适合进行因子分析。通过计算机软件运算分析并输出结果（表 11-3），有三个因子特征值 $\geqslant 1$，满足主因子提取条件，它们对样本方差的累积贡献率达到了 54.284 %，能够代表大部分信息，因此提取该三个因子便能够很好地解释所分析的问题。

表11-3　特征值及方差贡献率

因 子	初始方差			旋转方差		
	特征值	贡献率 /%	累计贡献率 /%	特征值	贡献率 /%	累计贡献率 %
1	7.425	41.251	41.251	3.926	21.811	21.811
2	1.311	7.284	48.535	2.926	16.257	38.069
3	1.035	5.749	54.284	2.919	16.216	54.284
4	0.890	4.947	59.231			
5	0.836	4.647	63.878			
6	0.740	4.110	67.988			
7	0.680	3.776	71.764			
8	0.638	3.546	75.309			
9	0.615	3.419	78.728			
10	0.563	3.126	81.854			
11	0.510	2.834	84.687			
12	0.503	2.795	87.482			
13	0.494	2.747	90.229			
14	0.432	2.401	92.630			
15	0.361	2.005	94.635			

续　表

因 子	初始方差			旋转方差		
	特征值	贡献率 /%	累计贡献率 /%	特征值	贡献率 /%	累计贡献率 %
16	0.350	1.943	96.578			
17	0.338	1.879	98.457			
18	0.278	1.543	100.000			

根据旋转后的因子载荷矩阵（表11-4），可将影响关中帝陵景区游客体验的18个子项综合提取为三个主因子。

第一主因子在帝陵景区内的人文景观、景区对外宣传力度、景区设施与环境的协调性、景区内交通畅通程度、景区游览路线、景区内自然景观、景区卫生状况、景区购物丰富状况等方面具有很大载荷，反映了关中帝陵景区的魅力所在，可将这些定义为"旅游吸引力核心因素"；第二主因子在景区基础设施便利、景区安全设施、景区商品及门票价格、景区周边交通状况、景区周边住宿状况、景区用餐状况等方面载荷较大，反映了关中帝陵景区为游客提供除游览以外的其他辅助服务的能力，可将这些定义为"旅游消费辅助因素"；第三主因子在景区自助导游系统、景区工作人员服务态度、景区门票销售及检票系统、景区娱乐活动项目丰富程度等方面有一定载荷，反映了关中帝陵景区服务体系的完善程度，可将这些定义为"旅游服务软实力因素"。

表11-4　旋转后的因子载荷矩阵

评价因子	主因子		
	1	2	3
景区内人文景观	0.722	0.269	0.035
景区对外宣传力度	0.689	0.153	0.299
景区设施与环境的协调性	0.662	0.156	0.258
景区内交通畅通程度	0.647	0.449	0.013
景区游览路线	0.645	0.288	0.184
景区内自然景观	0.627	0.073	0.325
景区卫生状况	0.583	0.185	0.401
景区购物丰富状况	0.467	0.195	0.400
景区基础设施便利	0.224	0.783	0.062
景区安全设施	0.135	0.671	0.410

续 表

评价因子	主因子		
	1	2	3
景区商品及门票价格	0.246	0.598	0.128
景区周边交通状况	0.198	0.528	0.405
景区周边住宿状况	0.344	0.502	0.323
景区自助导游系统	0.365	−0.040	0.702
景区工作人员服务态度	0.062	0.362	0.665
景区门票销售及检票系统	0.271	0.315	0.592
景区娱乐活动项目丰富程度	0.421	0.219	0.530
景区用餐状况	0.172	0.461	0.528

（二）关中帝陵景区经营管理建议

根据前文计算和分析，关中帝陵景区游客的整体体验有待提高，得分最高的游客体验因素为"旅游服务软实力因素"（5.941），"旅游吸引力核心因素"（5.665）次之，"旅游消费辅助因素"（5.469）最低。

根据计算分析输出的主因子得分系数矩阵（表11-5），建立计算各主因子得分的线性函数，并分别计算出关中不同朝代帝陵景区游客体验的主因子得分，最终得出各帝陵综合得分，汉陵综合得分最高（1.803），秦陵次之（0.157），唐陵最低（−1.424）。三类帝陵的三个主因子得分排名（旅游吸引力核心因素、旅游消费辅助因素、旅游服务软实力因素）与综合得分排名一致，即影响汉陵游客体验的三个主因子得分都最高，唐陵的得分均最低。

表11-5 旋转后的因子得分系数矩阵

评价因子	主因子		
	1	2	3
景区商品及门票价格	−0.024	0.307	−0.134
景区基础设施便利	−0.054	0.449	−0.225
景区安全设施	−0.168	0.300	0.076
景区周边交通状况	−0.107	0.196	0.094
景区周边住宿状况	−0.007	0.173	0.005
景区门票销售及检票系统	−0.078	−0.007	0.266

续　表

评价因子	主因子		
	1	2	3
景区卫生状况	0.154	−0.100	0.084
景区购物丰富状况	0.094	−0.071	0.111
景区用餐状况	−0.139	0.124	0.207
景区工作人员服务态度	−0.211	0.045	0.360
景区自助导游系统	0.009	−0.285	0.415
景区内自然景观	0.217	−0.161	0.049
景区内人文景观	0.302	0.027	−0.235
景区内交通畅通程度	0.236	0.164	−0.279
景区游览路线	0.221	0.014	−0.114
景区娱乐活动项目丰富程度	0.032	−0.081	0.209
景区对外宣传力度	0.240	−0.113	−0.007
景区设施与环境的协调性	0.236	−0.095	−0.030

因此，为提升游客体验，关中帝陵景区应在以下几方面加以改进。

第一，进一步加强景区信息化建设，完善景区官网和微博、微信平台建设，增加信息服务基础设施投入，积极利用现代信息技术满足游客的需要。同时，督促景区服务人员提高自身服务能力，将景区静态展示变为游客动态体验。

第二，关中帝陵景区多为成熟景区，发展历史悠久，人文景观与自然景观的保护是增强其吸引力的关键所在。景区建设在满足游客新需要的同时，应注重新设施与原有景观的协调，积极拓宽思路，研发符合景区特色的旅游纪念品，带动景区旅游购物的发展。

第三，"旅游消费辅助因素"虽然不能直接形成旅游吸引力，但会影响游客的体验，关中帝陵景区的"旅游消费辅助因素"不甚理想。要进一步完善基础设施建设，提高景区通达性，增强景区安全性，这是实现景区"以游客为本"的有效途径。此外，积极引导周边乡村开展以"农家乐""果家乐"为代表的乡村旅游，让当地居民融入关中帝陵景区的产品开发、环境维护中，从而提升住宿与用餐质量。

参考文献：

[1]　禹雯昕.基于游客满意度的民俗旅游开发研究 [D]. 成都：西南财经大学,2008.

[2]　屈援,蒋中平.旅游景区游客满意度理论研究综述 [J]. 中国商论,2012(31): 174–176.

[3] 杜忠潮, 林君飞, 文琦. 乾陵景区国内旅游者人口学特征及行为分析 [J]. 咸阳师范学院学报, 2006, 21(2): 46–50.

[4] 魏遐, 潘益听. 湿地公园游客体验价值量表的开发方法——以杭州西溪湿地公园为例 [J]. 地理研究, 2012(6): 1121–1131.

[5] 罗盛锋, 黄燕玲, 程道品, 等. 情感因素对游客体验与满意度的影响研究——以桂林山水实景演出"印象·刘三姐"为例 [J]. 旅游学刊, 2011(1): 51–58.

[6] 张雪婷. 少数民族地区民俗旅游产品游客体验质量要素体系构建研究 [J]. 旅游论坛, 2009(4): 497–503.

[7] 刘力, 陈浩. 温泉旅游地认知形象对游客体验和行为的影响分析 [J]. 地域研究与开发, 2015(6): 110–115.

[8] 梁明珠, 申艾青. 游客体验视角的特色街区游憩功能开发的问题与对策——基于广州市沙面街区的问卷分析 [J]. 现代城市研究, 2015(2): 99–103.

[9] 陈娅玲, 马耀峰. 基于旅游市场调查的游客旅游体验研究——以桂林市为例 [J]. 西北农林科技大学学报 (社会科学版), 2006(2): 102–06.

[10] 陈才, 刘艳华, 孙洪娇. 温泉游客旅游决策、旅游体验与购后行为研究——以大连为例 [J]. 旅游论坛, 2011(3): 17–21.

[11] 黄炜, 陈听, 王丽. 民俗旅游产品创新中的顾客价值需求研究——以湘西自治州为例 [J]. 旅游学刊, 2013(12): 64–70.

[12] 白凯, 马耀峰, 李天顺. 旅游目的地游客体验质量评价性研究——以北京入境游客为例 [J]. 北京社会科学, 2006(5): 54–57.

[13] 吴丽霞, 赵现红. 旅华外国游客旅游体验质量评价实证研究 [J]. 地理与地理信息科学, 2007(2): 96–99.

[14] 武传表, 谢春山, 王丽华. 旅游体验和主客关系情境下的游客口碑传播模型构建与实证分析——以赴大连游客为例 [J]. 系统工程, 2013(10): 81—86.

[15] 李耀珍. 旅游体验对旅游动机的影响研究——以旅秦游客为例 [J]. 人民论坛, 2010(23): 152–153.

[16] 赵克礼. 关中历史人文旅游资源的区域特征与综合开发 [J]. 陕西师范大学学报 (哲学社会科学版), 2002(3): 102–108.

[17] 杜忠潮. 陕西关中地区帝陵遗产资源保护与旅游开发研究 [J]. 咸阳师范学院学报, 2011, 26(6): 54–62.

[18] 朱建平, 殷瑞飞. SPSS 在统计分析中的应用 [M]. 北京: 清华大学出版社, 2009.

第十二章　基于钻石模型的关中帝陵遗产旅游竞争力分析

一、钻石模型与遗产旅游

（一）钻石模型

哈佛大学的迈克尔·波特教授在《国家竞争优势》一书中提出了"国家竞争优势"理论[1]，指出国家和地区的产业竞争优势与四个要素密切相关：生产要素，需求条件，相关和支持性产业，企业的战略、结构和竞争对手。除此之外，还有机遇和政府两个辅助因素的动态整合。四个基本因素通过相互作用对一国（或地区）特定产业的国际竞争力起直接的决定作用，机遇和政府行为则通过其他四个因素发挥作用，从而对特定产业国际竞争力的提升产生促进作用。这四个因素形成一个菱形结构，形似钻石，所以被称为"钻石模型"。

波特"钻石模型"表明，一个具有较强竞争优势的产业的培育与形成需要生产要素，需求条件，企业的战略、结构与竞争、相关和支持性产业四大因素的互动和有机结合，还需要合适的机遇以及政府作用的发挥。该模型分析的全面性得到国际学术界的广泛认可，不但成为解释产业国际竞争力的最有影响的理论，而且被广泛应用到区域产业竞争力的研究中。赵莺燕[2]、郑凌燕[3]等利用该模型分别对青海旅游业及海洋旅游业的竞争力进行了深入分析，指出了其发展的"短板"和应对方案；黄启堂[4]、陈海燕[5]、白洁[6]等分别对福建花卉业、广州纺织业、我国维生素C产业进行了有效分析，指出了各产业的优势竞争力及进一步提升的对策；占红星等[7]在该模型基础上对我国煤电及核电发展竞争力进行了对比论证，指出从长远看核电的优越性更强。本书基于该理论模型，对关中帝陵遗产旅游进行剖析，进而提出该旅游业发展的意见及建议。

（二）遗产旅游

1972年，联合国教科文组织在巴黎制定了《保护世界文化和自然遗产公约》，世界遗产的概念应运而生。截至2008年，全世界共拥有878处世界遗产。凭借世界遗产的声誉，很多遗产地在短短的几年时间里就发展成世界级的旅游目的地。联合国教科文组织公布的数据显示，1998年全世界共有552个世界遗产地，仅在一年的时间里就迎接了近5亿的旅游者。[8]遗产是"人类智慧和人类杰作的突出样品"，在21世纪，"遗产旅游"作为一种世界现象已经成为人类追求与外部世界高度和谐的有效形式之一，成为高质量回归自然、回归历史的社会生活的必要组成部分。目前，世界上多数国家或地区主要通过遗产旅游的方式实现遗产资源向公众展出的功能，遗产旅游已成为这些国家或地区旅游产业发展中的名牌产品或"金字招牌"，且具有不可替代的重要作用。[9]所谓遗产旅游，指旅游者因为受到遗产所在地区的文化氛围或自然资源的吸引，以了解、体验和学习当地特有的文化生活，或欣赏当地罕见的自然美景为主要内容的旅游活动。[10]

二、关中帝陵遗产旅游发展竞争力分析

（一）生产要素分析

关中地区遗产旅游资源有如下特点。

一是数量大，种类多。据第三次文物普查统计，关中地区现存不可移动文物9 858处，其中古遗址4 504处，古墓葬1 915处，古建筑1 124处，石窟寺及石刻426处，近现代重要史迹和代表性建筑603处，其他文物点127处。其中，国家文物重点保护单位100处，省重点保护单位248处，县区重点保护单位680多处。

二是帝陵多，等级高。关中地区现有历代帝陵80余座，埋葬着周、秦、汉、唐等13个王朝的帝王将相。其中，西汉11帝陵和唐代18帝陵蔚为壮观。西汉9位皇帝被埋葬于咸阳原上，其间还有王侯将相、皇亲国戚墓葬800余座；唐代18座帝陵分布在咸阳和渭南等地，大多依山为陵，气势宏大，陪葬墓众多。其中，昭陵占地30多万亩，陪葬墓190多座，是世界上最大的皇家陵园。

三是古遗址、古建筑较多，内涵丰富，保存完整。其中，最有名的当属西安市附近（西咸新区）的周、秦、汉、唐古都遗址带，保存有西周丰镐遗址、秦咸阳城遗址、汉长安城遗址和隋（大兴）唐长安城遗址。其中，唐大明宫遗址和汉长城未央宫遗址被列入世界文化遗产名录和首批国家考古遗址公园。

四是时代和地域特征鲜明，序列性强。西周的青铜器，秦代的砖雕，西汉的陶器、陶俑、石刻和玉雕，唐代的石刻、三彩俑和墓室壁画有鲜明的时代特点。而以秦咸阳城遗址为代表的秦文化区，以长陵、茂陵为代表的汉文化区，以昭陵、乾陵为代表的唐文化区有鲜明的地域特色。

五是石质文物数量大，品位高。汉武帝茂陵陪葬墓之一的霍去病墓前分布着16件大型汉代石雕群像，其中"马踏匈奴"等12件属于国宝级文物。唐太宗昭陵石刻的杰出代表"昭陵六骏"驰名海内外，"昭陵碑林"是全国三大碑林之一，其气势之恢宏、撰书之大气均世所罕见。乾陵地面现有124件石刻文物，其中的无字碑、述圣纪碑和"六十一王宾像"以及司马道旁的石人、朱雀、翼马等堪称唐陵"露天石刻艺术馆"的典范。彬县大佛寺体量高大，气势磅礴，实为古丝绸之路石刻艺术的精品。唐顺陵的走狮、独角兽令人叹为观止。[11]

（二）需求条件分析

波特的"钻石模型"强调，国内市场需求是产业发展的主要动力。随着经济社会的发展和人民生活水平的不断提高，人民群众的旅游消费需求大幅度增长，必将形成巨大的旅游消费市场，旅游业面临十分难得的机遇。据陕西省旅游局的资料（表12-1），2011—2016年陕西省旅游总收入、国内外旅游人数及国内外旅游收入呈增长态势，且其增长速

度都高于当年 GDP 的增长速度；以外汇收入水平考量，陕西省入境游客数和国际旅游收入呈逐年增长之势，且一直居于全国中上游水平。

表12-1　2011—2016年陕西省旅游人数和旅游收入

年份	国内游客（万人次）	国内旅游收入（亿元）	入境游客（万人次）	国际旅游收入（万美元）	游客总人数（万人次）	旅游总收入（亿元）
2011	18 135	1 240	270	129 505	18 406	1 324
2012	22 941	1 610	335	159 747	23 276	1 713
2013	28 161	2 031	352	167 620	28 514	2 135
2014	32 953	2 435	266	141 630	33 219	2 521
2015	38 274	2 904	293	200 022	38 567	3 006
2016	44 575	3 659	338	233 800	44 913	3 813

（三）相关支持产业分析

旅游业的相关产业主要指旅游业的上游产业、辅助产业，也包括因与旅游业共用某些技术、共享某些营销渠道或服务而联系在一起的产业或具有互补性的产业。[12]陕西旅游交通基础设施建设发展迅速。全省现有干线和支线铁路18条，纵贯南北，横跨东西，基本形成了"两纵三横三个枢纽"骨架网布局，全省铁路营业里程达到3 750公里。西安地处"陆桥通道""包柳通道"和"宁西通道"交会处，是西北地区最大的铁路枢纽。全省公路基本形成了以西安市为中心、四通八达的公路网络。

截至2016年，陕西省（主要是关中地区）共有中国优秀旅游城市6个，中国旅游强县1个，全国休闲农业与乡村旅游示范县4个，示范点12个（文化和旅游部、农业农村部评定）；全国特色景观旅游名镇4个（由文化和旅游部、住房和城乡建设部评定）；省级旅游示范县7个；旅游企业3 000余家；各等级旅游景区253家，其中5A级景区5家，4A级景区48家，3A级景区144家，2A级景区54家，1A级景区2家；旅游星级饭店382家，旅行社730家，旅游汽车公司20多家，车辆1 700余辆，旅游餐馆1 000多家，其中陕菜品牌店70家，陕菜示范店10家；全国工农业旅游示范点63个，其中全国工业旅游示范点11个，全国农业旅游示范点52个；陕西乡村旅游示范村118个，陕西特色旅游名镇77个，农家乐经营户17 500余户；各类语种导游人员31 313人。

（四）企业的战略、结构和同业竞争

波特认为，真正能够形成国际竞争优势的是企业的发展战略，企业可以通过战略的转换来适应环境的变化，以获得竞争优势。关中地区帝陵遗产旅游资源同样需要有好的战略来获得竞争优势。世界上第一座地下遗址博物馆——汉景帝阳陵博物馆就坐落在咸阳的五陵原上，它采用国际上最先进的文物保护和展示理念建成，将现代科技与古代文

明完美结合，真实地展示了地下文物的现场发掘过程，让游客零距离、多角度观赏文物遗存。根据陕西省咸阳市"十二五"发展规划，将启动秦咸阳城遗址、汉阳陵、唐乾陵三大国家考古遗址公园建设项目，使3处大遗址景区成为彰显华夏文明和历史文化的基地以及集中展示秦文化、汉文化、唐文化的核心景区。同时，将依托茂陵建设大汉文化博览园，依托汉长安城遗址和西汉帝陵打造汉文化精品旅游线路，依托昭陵建设大唐文化博览园，依托郑国渠渠首遗址建设中国水利博物馆。这些无疑是关中地区帝陵遗产旅游业发展战略的体现。

（五）政府支持

2010年7月，西安、咸阳、延安、榆林、银川、鄂尔多斯等共同发起的西部帝王陵区域旅游合作联盟成立大会暨西部帝王陵旅游论坛在内蒙古自治区鄂尔多斯市召开，这标志着陕西、宁夏、内蒙古三省区区域旅游合作内容和范围得到拓展。该联盟审议通过了《西部帝王陵区域旅游合作联盟章程》和《西部帝王陵区域旅游合作联盟联合宣言》，深入开拓帝王陵旅游资源和产品，进一步推广西部帝王陵旅游线路，拟将西部帝王陵旅游线路打造为中国精品旅游线路和国际国内知名旅游品牌。[13]

（六）机遇

我国经济的发展与人们生活水平的提高为帝陵旅游发展提供了坚实的物质基础，国家对遗产旅游强有力的扶持促使遗产旅游尤其是帝陵遗产旅游从过去偏重历史文化资源的一般利用向依托文物资源深入挖掘历史文化内涵，实现历史文化、自然生态和休闲度假一体化发展转变。关中—天水经济区及西咸新区的成立为帝陵遗产旅游提供了广阔的市场及投资契机，从而使帝陵遗产旅游从单纯依靠政府投入向以政府投入为引导，以社会资金为主体转变，帝陵遗产旅游依靠市场机制可以实现多元化、强投入、高起点、快发展。

三、进一步提升关中地区帝陵遗产旅游竞争力的策略

（一）保护第一 ——遗产旅游开发原则

遗产旅游开发和利用是对遗产进行加工、改造或包装，使其能够在新时期得到进一步发展，产生新的存在形态，或将其运用到旅游领域。有效地保护陵寝遗产是遗产旅游的前提。保护不是绝对的、封闭式的保护，而是根据遗产本身的特点和游客偏好等分类型、分层次、分区域保护，实现保护和开发并举。

（二）体验经济 ——遗产旅游开发新思路

随着经济的快速发展和生活质量的逐渐提高，消费者已不再单纯满足于物质消费，越来越注重追求丰富多彩的精神享受。所以，应精心设计体验性旅游产品，尽量提高游客的参与性，满足游客的学习、审美、娱乐等精神需要。遗产旅游资源是古代人的生产生活经历在现代的遗存，反映着古代人的生活方式，其实质是动态的，是可以满足游客新型旅游需求的。其开发举措有：①对帝陵周围可恢复的标志性遗址、遗迹，适当地恢复其原貌，保持其原真状态，还可以收集和记录相关历史文物、故事、事件等无形遗产，

最大限度地增强遗产的真实性和完整性；②将帝陵开发为教育性旅游产品，在产品设计上可将现场演示、模型展示、动感体验等方法有机结合起来，以达到深入浅出的效果，例如可开辟面向不同年龄段的探秘、考古探险产品；③将剪纸艺术、刺绣工艺、编织、踩高跷、皮影戏、牛拉鼓等多种多样的民间艺术向游客展示，或让游客参与其中，增强体验性，提升遗产旅游资源的开发利用程度和影响力；④体验主题型旅游线路是旅游产品的集中表现，可以五陵原西汉帝陵风光带、北山唐十八陵为主线，同时辐射周边的乡村旅游主题村和现代都市农业园区，打造西汉帝陵遗产景观廊道和唐代帝陵遗产景观廊道，形成关中地区闻名中外的帝陵遗产体验精品旅游线路，充分满足游客的需求，实现游客利益的最大化；⑤以帝陵为依托，实施社区组合开发策略，利用帝陵附近现代农业成果开发宫廷饮食、宫廷温泉洗浴按摩特色保健等项目，发展农业旅游，建立休闲度假区。

（三）强化主题，塑造形象

关中地区遗产旅游存在的问题主要是营销力度不够，旅游业定位狭小，大量的帝陵文化资源"藏在深闺人未识"，旅游发展处于尴尬境地。为了走出这种被尴尬境地，必须依托悠久的历史文化和"中国金字塔群""东方帝王谷"的主题形象，凸显关中地区独特的资源优势，迎合游客的多种需求，增强游客的感知性，以原汁原味的历史形象包装帝陵遗产，提升关中帝陵遗产旅游品牌的知名度，塑造帝陵文化旅游形象。

（四）加大营销力度，吸引客源

西咸一体化已迈出实质性步伐，旅游通网、共同营销，打造长安（西安）国际古都遗产旅游圈。以西安和咸阳等地区特有的帝陵遗产为优势资源，开发具有鲜明地方特色的遗产旅游产品，并与长安国际古都遗产旅游圈相融合，通过多种媒介，加大宣传推介力度。例如，拍摄一些遗产地的宣传片在大众媒介上播放，开发出独特的地方性旅游商品，如向游客出售"昭陵六骏"的邮票，吸引游客眼球，塑造帝陵遗产地形象，最终实现客源扩大化。

参考文献：

[1] 迈克尔·波特. 国家竞争优势 [M]. 李明轩，邱如美，译. 北京：华夏出版社，2002.

[2] 赵莺燕. 基于"钻石模型"对青海省旅游产业的竞争力分析 [J]. 攀登，2007, 26(3): 61–64.

[3] 郑凌燕. 基于钻石模型的海洋旅游产业竞争力研究 [J]. 渔业经济研究，2007(6): 13–18.

[4] 黄启堂. 基于钻石模型的福建花卉产业竞争力研究 [J]. 中国农学通报，2009, 25(03): 170–174.

[5] 陈海燕. 基于钻石模型的广州纺织品服装竞争力分析 [J]. 现代商贸工业，2009(14): 107–108.

[6]　白洁，杨悦，吴慧芳．基于钻石模型的我国维生素 C 产业竞争力分析 [J]．中国药业，2009, 18(18): 16–17.

[7]　占红星，邱小平．两型社会中我国煤电和核电竞争力比较研究——基于波特"钻石模型"分析 [J]．矿业工程研究，2009, 31(3): 66–69.

[8]　徐嵩龄．中国文化与自然遗产的管理体制改革 [J]．管理世界，2003, (6): 63–73.

[9]　PINE B J, GILMORE J H. The experience economy [C]. Boston: Harvard Business School Press, 1999.

[10]　陈兴．体验经济背景下基于人类学视角的我国"旅游体验"研究 [D]．成都：四川师范大学，2006.

[11]　张世民．论咸阳在我国历史上的人文地位 [EB/OL].(2006–03–06)[2006–6–29]. http://www.xianyang.gov.cn/zjxy/xyyx/7965.htm.

[12]　李卫，尹为民．陕西省旅游产业化进程的飞跃之路 [N]．陕西日报，2010–12–06 (5).

[13]　陕西省旅游局．陕西、宁夏、内蒙古三省区西部帝王陵旅游合作联盟成立 [EB/OL].(2010–05–17)[2010–08–02].http://www.sxtour.com/portal/zwgk/detail.jsp?contentId=4655。

第十三章　基于情感分析的关中帝陵遗产旅游者体验时空特征

　　旅游体验研究兴起于 20 世纪 60 年代，一直延续至今，已经成为旅游研究中最令人关注和兴奋的领域之一。[1]受西方旅游研究的影响，我国学者从 20 世纪 90 年代开始关注旅游体验。[2]谢彦君指出旅游体验是旅游现象的内核，对旅游体验的研究能够统御所有旅游知识，并促成旅游知识共同体的形成。目前，对游客体验的研究经历了问卷调查[3-6]、网络博文[7-9]、社交媒体[10][11]等几个阶段，研究内容包括旅游体验构成要素[12]、体验价值评价[4]、旅游体验质量提升[13]等，研究方法从层次分析法[13]、现象学分析方法[14]、符号学分析方法[15]到质性分析法[16]等，涌现出旅游体验研究和探讨的大量文献。然而，已有研究成果亦有不足之处：①旅游体验是游客在旅游过程中的主观心理感受，具有高度个人化、无形性、短暂性且影响持久性的特点[17]，但现有研究多以景区或研究者自身立场出发，客观地描述旅游体验，忽略游客主体的感受；②研究依据多是游客完成游览之后所填写的问卷[18]或经过深思熟虑后撰写的博文[1]，对旅游体验的反馈缺乏及时性，不能如实反映游客旅游体验的第一感受；③定性分析方法在研究中使用较多，能够反映游客主观感受的数据统计与分析的定量研究甚少。为弥补以上不足，本书选择内容分析法对陕西省关中地区的帝陵景区游客感受进行分析。内容分析法是一种对研究对象的内容进行深入分析，透过现象看本质的科学方法，是对文本中各概念要素之间的联系及组织结构进行描述和推理性分析。[19]ROST CM6 是一款词频分析软件，具有分词、词频统计等功能，可以根据使用者自定义的词典统计一个文档中的所有词及词频数，并挖掘语句包含的情感色彩。

　　帝陵遗产是伴随着我国悠久历史产生的特有旅游资源，蕴含着深厚而丰富的历史文化内涵。帝陵景区的规格及品级很高，景观规模宏大且构成多样，是我国重要的旅游景区。截至 2016 年 8 月，关中地区的 5A、4A 级景区中包括秦始皇兵马俑、汉景帝阳陵博物馆、黄帝陵、乾陵、茂陵等在内的帝陵景区 20 家、国家考古遗址公园 3 家。其中，秦始皇兵马俑是国家级风景名胜区骊山风景名胜区的主要组成部分，是秦始皇陵公园和秦始皇陵博物院的核心景点，有"世界第八大奇迹"之称，1961 年被国务院列为第一批全国重点文物保护单位，1987 年被联合国教科文组织列入"世界文化遗产名录"。秦始皇兵马俑博物馆自 1979 年建立至今，先后接待了 224 位国家元首和政府首脑，约 1 亿人次的中外游客，2018 年全年接待游客人数已达 858 万人次。

一、数据来源与研究方法

（一）数据来源

本文选取游览秦始皇兵马俑博物馆的游客作为研究对象，以我国的社交媒体平台——新浪微博作为数据来源，采用笔者所在研究团队研发的微博抓取工具，通过 API 接口获取包括游客用户 ID、微博发布时间、微博内容、用户注册地等属性在内的微博数据（为避免游客信息泄露，数据抓取信息不包含游客的昵称）。本文重点研究参观景区游客的行为特征，故微博发布的经纬度在景区边界以内的游客为本文研究样本，采集得到2015 年 6 月至 2016 年 5 月完整一年的游客新浪微博数据。

（二）研究方法

1.数据处理

本文主要研究不同游客在秦始皇兵马俑博物馆的体验感受，因此剔除景区地理坐标范围之外以及开放时间以外的用户 ID；梳理微博文本内容，将查找出的重复出现且与旅游感受无关的微博数据予以剔除；剔除无文字的微博签到信息，此类用户数据无法表达游客在景区内的旅游感受。

2.数据分析

本文运用 Arcgis10.0 分析游客的时空特征；运用 ROST CM6 文本分析软件，利用内容分析法对秦始皇兵马俑博物馆游客微博信息进行挖掘，对游客情感进行分析，从而区分出不同客源地的友好程度。

二、游客时空行为特征

（一）游客时间行为特征

游客微博发布时间可以精准地反映游客出游时间。微博发布时间的统计显示游客在1 ～ 12 月份中的波动较大，4 月、5 月、8 月和 10 月游客比例较大，其中黄金周游客出游人次最多；游客在各月之内的分布主要集中在周末，工作日游客人数比例偏低。这一结果说明，秦始皇兵马俑博物馆为常年适游的景区，但游客接待仍受气温舒适度和休假制度的影响，呈现出一定的季节性。

（二）客源地总体分布特征

如图 13-1 所示，游客数量与距离呈现一定规律性。距离是根据游客用户注册地到陕西西安行车里程或航班飞行时间来确定的。图（a）表示中国游客访问量与距离的关系，距离以游客到西安的行车里程确定。该图显示国内游客数量与其客源地距离呈 "W" 型分布，即随着距离的增加，游客数量先减后增、再减再增，短途与长途客人比例较大。从区域上看，秦始皇陵兵马俑游客集中在华东、华北、西北等地区，东北地区游客最少。具体到每个省份，陕西、北京、河南、广东、江苏、上海等地是兵马俑博物馆的主要客源地，宁夏、香港、澳门、青海游客参观人数最少。图（b）为入境游客访问量与距离的关系，距离以航班飞行时间来确定，二者关系呈 "U" 形分布，即游客数量随飞行时间延长而先减少后增加，这与游客乘坐航班的便捷性直接相关。其中直飞西安航班的国家游客普遍多于需要转机的国家游客。从洲际市场来看，欧洲、美洲、亚洲为主要客源地，非洲、澳大利亚及南美洲游客较少。由此可见，游客体验会受到自身社会文化背景的影响。[17] 文化因素是影响游客分布的重要因素，相似以及相悖的文化氛围都产生了极大的旅游吸引力。

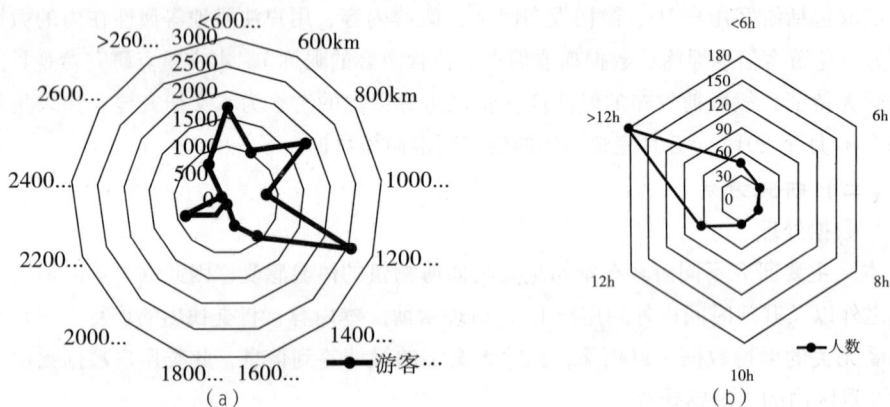

图13-1　游客人数与距离关系示意图

（三）不同游览时间游客的分布特征

1.国内游客的时空分布特征

从秦兵马俑景区 2015 年 6 月至 2016 年 5 月各月份全国游客来源情况看，景区全年适游，但仍存在季节性，如第二、三季度全国游客接待量占全年 60%，第一、二季度接待量均不超过 20%，表明气候转暖带来景区游客的激增。

从区域看，秦兵马俑游客覆盖了华北、华东、华南、华中、西北、东北、西南等全国 7 大区域。根据对各区域游客接待量的方差计算结果，西北地区全年游客接待量平稳，华南、东北地区全年接待量略有波动，其他 4 个地区呈现出明显的季节性。从游客接待比重上看，各区域在兵马俑游客市场位置基本稳定，华东、华北、西北地区各季度始终占据前三位，华中、西南、华南、华东依次为后四位。这与前述客源数量与距离的关系一致。

从省份上看，陕西、北京、河南、四川、广东、江苏 6 省市在四个季度都稳居客源市场前六位，青海、澳门、西藏、台湾、宁夏、香港的游客访问量极少，但在每个季度及月份里排名略有波动。

2.海外游客的时空分布特征

相对于国内游客庞大的数据规模，海外游客的样本规模很小，仅占总数据的 3.24%，但仍反映出秦兵马俑海外游客的时空分布特征。微博数据中，用户注册地标注为"海外"的游客，除 22.79% 的游客未标明具体国家或地区外，其他主要来自北美洲、大洋洲、南美洲、欧洲、亚洲等 5 大洲的 31 个国家。整体来看，海外游客的季节性比国内游客更强。第二、三季度的游客比重占全年的64.76%，四季度次之（21.81%），一季度最低（13.42%）。相对而言，海外游客的休假制度对游客旅游时间影响更大。

从洲际分布来看，欧洲游客来访量最高，占全部海外游客的37.92%，但各季度变动幅度大；其次为亚洲和美洲，占游客总数的25.5%和23.49%，且各季度来访量较大；大洋洲和南美洲游客比重最低，分别为10.40%和2.68%，但各季度游客来访量基本稳定。与此同时，各大洲游客出游时间偏好也较为明显：处于北半球的欧洲、北美洲、亚洲的游客多选择二、三季度出游，分别占各自全年游客的69.91%、64.29%、63.15%；相反，南半球的大洋洲、南美洲游客多选择一、二季度出行，分别为54.83%和87.5%。

由此可见，华东地区和欧洲市场游客季节性不明显，常年来访；华北、西北地区、亚洲、美洲存在季节性，受文化背景和休假制度影响明显；华中、西南、华南、东北地区、大洋洲、南美洲季节性强烈。显然，距离是造成季节性的重要原因。

三、景区游客情感的时空特征

内容分析法将非定量的文献材料转化为定量数据，并依据这些数据对文献内容做出定量分析和有关事实的判断和推论。内容分析法具有对明显的传播内容进行客观而系统的分析并加以量化描述的基本特征。内容分析法可以借助计算机进行数据的分析处理，为使用现代信息技术处理研究问题提供了新的思路。[19]利用内容分析法分析游客微博数据可以在第一时间掌握游客的旅游体验感受，能够全面反映游客旅游体验，克服了传统的问卷调查预设考察项目的缺陷，更加真实贴切地传递综合性旅游信息。ROST CM6的情感分析功能，根据其自带字库将游客表达体验的主观性文本赋分，进而区分出积极、中性、消极三种情感类型，并在每个类型里划分出一般、中度、高度三个情感极性强度，从而更好地识别出游客的体验效果。由于海外游客样本数量少、客源分布分散，因此主要以国内游客的微博为依据进行情感分析。

（一）游客总体情感特征

从情感极性来看，积极情感游客的比重占41.59%，而14.66%的游客情感消极，说明多数游客表达了明显的情感倾向，并且超四成游客对兵马俑景区体验表示满意，而43.74%游客表达了中性情感，即这部分游客处于中立立场，微博内容以客观陈述发言为主。

从情感积极性强度看，一般积极情感游客占28.04%，中度积极情感占8.60%，高度积极情感占4.96%；一般消极情感游客占10.82%，中度消极情感占10.82%，高度消极情感占0.58%。游客情感极性强度呈正态分布，情感越积极和越消极的游客数量越少，情感越中立的人数越多；表达非常满意或非常支持情感的游客比重高于表达非常不满意或非常反对情感的游客比重。

从微博情感得分情况看，消极情感得分和积极情感得分均呈现正偏态分布，即中低分更多，游客体验的极致感受不强烈。消极情感平均得分8.7960，标准差9.8467，变异系数1.1271；积极情感平均得分10.2169，标准差9.8981，变异系数0.9689。说明抱积极情感的游客体验感受相近,大家对景区认知一致。相比之下,抱消极情感的游客体验差异显著。

(二)不同游览时间的情感特征

游客体验受多方面因素影响。游览时间不同,体验的差异也会很显著。总体来看,积极情感和中性情感游客在时间趋势上随时间减少;相反,消极情感游客随时间增加。伴随旅游旺季的到来游客的消极情感逐渐增加,旅游淡季时游客的旅游体验相对较好(图13-2)。积极情感游客在研究时段内比重保持平稳,说明兵马俑景区能够给游客提供的良好体验保持稳定。但中性情感和消极情感游客在研究时段内波动较大,并且图中曲线的波峰波谷呈现相对的形态,说明二者之间存在相互转化关系。

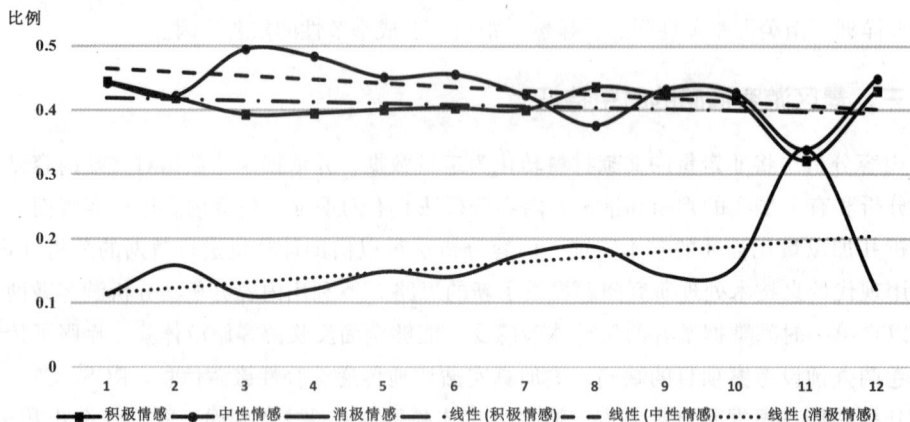

图13-2 秦兵马俑各月份游客情感统计

(三)不同客源地的情感特征

旅游景区独一无二的特色能够形成顶级的旅游体验,但是由于距客源地的距离、旅游设施的完善程度以及旅游资源自身的脆弱性,这种顶级体验不是所有游客都能达到的。[20] 因此本文利用情感分析得分构造出两个概念——"游客拥护度"和"游客喜爱度",以此来衡量游客在景区的旅游体验。

$$YR = [JQR / (JQR + ZQR + XQR)] \cdot 100\% \tag{13-1}$$

式中:YR 表示游客对秦兵马俑景区的拥护度,JQR 表示积极情感游客人数,ZQR 表示中性情感游客人数,XQR 表示消极情感游客人数。

景区的拥护度得分值表示游客对秦兵马俑景区的拥护程度,积极情感游客人数比重越大,景区受拥护的程度越高,游客的认可程度越高,即游客拥护度越高。将各省游客按游客拥护度分为低拥护度、中拥护度、高拥护度和极高拥护度四个等级,其中宁夏、西藏、山东游客拥护度最低,云南最高;中拥护度的游客在空间分布上呈现连续性;高拥护度的游客则呈现斑块状零散分布。距离和文化背景是影响拥护度的重要因素。

"游客喜欢度"用情感分析得分值表示。游客在微博中的文字表达反映其游览中的情感体验，游客越是喜爱某景区，那么他的情感分析得分越高。以省为单位的全国游客在秦兵马俑旅游微博情感得分值，即游客喜爱度情况。除了青海，其他省份游客微博情感得分均为正，说明游客在兵马俑景区体验良好。其中内蒙古、宁夏和甘肃三省份游客情感得分最低，表现为情感极性分布数量均衡，游客对景区评价差异不大；华北、华东、华南三个区域情感得分较前者高，表现为积极情感和中性情感游客比例相当，而消极情感游客比例低；吉林、辽宁、陕西、湖北、云南、海南6省情感得分更高，表现为积极情感游客比重略高于中性情感，消极情感最低；情感得分最高的是黑龙江，积极情感游客比例高于中性情感和消极情感游客比例。

根据各省游客情感得分，可将国内市场分为敌对市场（青海）、中立市场（内蒙古、天津、宁夏、甘肃、安徽、浙江、湖南、西藏）、友好市场（重庆、河北、北京、四川、台湾、河南、江西、山西、香港、山东、上海、贵州、福建、江苏、广西、新疆、湖北）和忠诚市场（辽宁、吉林、云南、陕西、海南、黑龙江、澳门）。

"游客拥护度"和"游客喜爱度"共同反映了游览兵马俑游客的旅游体验，更真切地表达了游客旅游体验的差异度。以山东为例，山东为低拥护度客源地，但是游客喜爱度较高，说明游客在兵马俑游览过程中能够得到极高品质的旅游体验；相反，青海虽为高拥护度客源地，但游客喜爱度为负，说明某些游客的旅游体验极其不佳，出现敌对情绪。因此，根据各省游客的"游客拥护度"和"游客喜爱度"得出表征兵马俑游客市场等级的四象限图（图13-4）。坐标轴的焦点坐标用各省"游客拥护度"和"游客喜爱度"平均值确定，第一象限为高拥护度、高喜爱度，第二象限为高拥护度、低喜爱度，第三象限为低拥护度、低喜爱度，第四象限为低拥护度、高喜爱度。据此，可将兵马俑游客市场划分成四个等级：

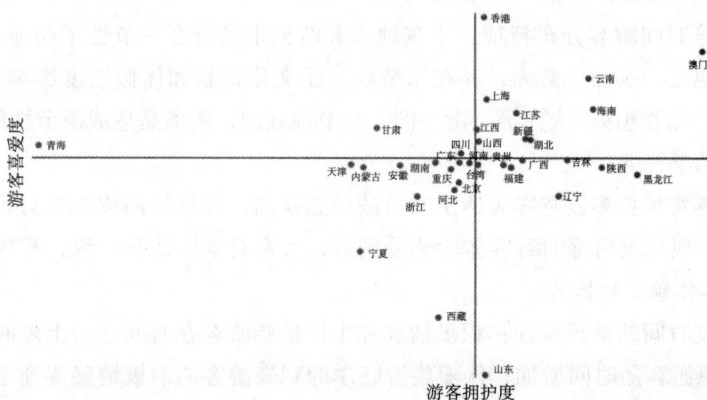

图13-4　秦兵马俑各省游客分类图

一级市场：高拥护度、高喜爱度。包括香港、云南、海南、上海、江苏、新疆、湖北、江西、山西（澳门样本量过少，代表性不强，未放入该类别）。此类游客市场占有率高，并且游客个体体验感受较好，在营销宣传和产品建设方面要维持和加强原有方向，以保证游客体验质量。

二级市场：低拥护度、高喜爱度。包括黑龙江、山东、陕西、吉林、辽宁、广西、福建、贵州。此类市场游客认识差异较大，虽有大量游客对景区态度消极，但游客个体体验感受极好，可以根据游客普遍反映的不满意方面给予纠正，使处于临界情绪的游客转化为积极情感持有者。

三级市场：高拥护度、低喜爱度。四川、甘肃、青海。此类市场多数游客对景区基本满意，但某些游客个体体验极其不佳，影响了景区的口碑，对此应加强旅游体验效果宣传，查找导致个体体验不佳的内外因素，提高游客体验效果。

四级市场：低拥护度、低喜爱度。西藏、宁夏、河北、浙江、内蒙古、天津、湖南、安徽、北京、重庆、河南、台湾。据前文分析，此类市场游客数量占景区总游客比重较高，但游客对景区评价和个人体验都不高，对景区贡献有限，因此在营销宣传方面维持一般性策略，不必进行过多投入。

四、结论与讨论

（一）结论

1. 游客时空行为特征

游客时间行为特征：4月、5月、8月和10月游客比例较大；游客在各月之内的分布主要集中在周末；游客数量受气温舒适度和休假制度的影响。

客源地总体分布特征：国内游客随着距离的增加，数量先减后增，再减再增，短途与长途客人比例较大，呈"W"形分布；海外游客数量受乘坐航班便捷性影响，随飞行时间延长先减少后增加，呈"U"形分布。

不同游览时间游客分布特征：华东地区和欧洲市场游客季节性不明显，常年来访；华北、西北地区，亚洲、美洲，存在季节性，受文化背景和休假制度影响明显；华中、西南、华南、东北地区，大洋洲、南美洲，季节性强烈，距离是造成季节性的重要原因。

2. 游客情感特征

总体情感特征：多数游客表达了明显的情感倾向，并且超四成游客对兵马俑景区体验表示满意，抱积极情感的游客体验感受相近，大家对景区认知一致；相较之下，抱消极情感的游客体验差异显著。

不同游览时间的情感特征：积极情感和中性情感游客在时间趋势上随时间减少，相反，消极情感游客随时间增加；伴随旅游旺季的到来游客的消极情感逐渐增加，旅游淡季时游客的旅游体验相对较好。

利用"游客拥护度"和"游客喜爱度"衡量旅游体验，可将全国分为四个等级。一级市场：高拥护度、高喜爱度。包括香港、云南、海南、上海、江苏、新疆、湖北、江西、山西（澳门样本量过少，代表性不明显，故未放入此类别）。二级市场：低拥护度、高喜爱度。包括黑龙江、山东、陕西、吉林、辽宁、广西、福建、贵州。三级市场：高拥护度、低喜爱度。包括四川、甘肃、青海。四级市场：低拥护度、低喜爱度。包括西藏、宁夏、河北、浙江、内蒙古、天津、湖南、安徽、北京、重庆、河南、台湾。

（二）讨论

1. 微博数据的代表性和合理性

微博作为分享和交流的平台，给予网络用户更自由、更便捷的方式来沟通信息、表达思想、分享心情，因此拥有近 4 亿注册用户，成为国内第四大热门互联网应用。其庞大的样本量、即时的游客体验表达及全面的旅游信息输出是传统问卷调查所不能比拟的。但是越来越多的网络用户开始转向其他社交平台和软件来表达和分享感受，微博不一定能够代表各个层次的游客群体。微博保护用户个人隐私的设置也为旅游市场分析增加了障碍，例如缺失游客年龄、游客性别等影响游客决策的重要信息。

微博数据，尤其是中文微博数据，包含了大量的非结构性信息，不利于进行数据的清洗、整理和分析，同时大部分用户多喜欢使用诸如表情符号等非情感词汇，以及中文语义的丰富性，使微博用户的情感倾向不易把握。因此，科学合理的语义库、情感词汇库的建立就显得尤为重要。

2. 帝陵遗址等遗迹类景区游客体验跟踪的重要性

包括帝陵在内的遗址遗迹类景区是我国重要的旅游接待地和重要的旅游产品类型，海内外游客多会选择此类景区来体验中国悠久的历史和厚重的文化，但是相关机构对此类景区的游客体验关注较少，特别是利用互联网、大数据等资源来分析游客感受的更是微乎其微，这与我国遗产旅游和文化旅游发展势头极不匹配。以微博数据为依据进行游客体验研究能够较为全面地反映游客对景区的认识和看法，发现景区存在的优势和劣势，进而精准地提出有效的产品建设及营销策略。

参考文献：

[1] 陈才. 旅游体验的性质与结构——基于博客游记的探讨 [M]. 北京：旅游教育出版社, 2010.

[2] 谢彦君. 旅游体验研究：走向实证科学 [M]. 北京：中国旅游出版社, 2010.

[3] OTTO J E , RITCHIE J R B. The service experience in tourism[J]. Tourism Management, 1996, 17(3): 165–174.

[4] MATHWICK C, MALHOTRA N, RIGDON E. Experiential value: conceptualization, measurement and application in the catalog and Internet shopping environment[J]. Journal of Retailing, 2001, 77(1): 39–56.

[5] COLE S T, SCOTT D. Examining the mediating role of experience quality in a model of tourist experiences[J]. Journal of Travel & Tourism Marketing, 2004, 16(1): 79–90.

[6] 王镜. 基于问卷调查的遗产旅游体验研究 [J]. 技术经济与管理研究, 2011(4): 90–94.

[7] BOSANGIT C, HIBBERT S, MCCABE S. "If I was going to die I should at least be having fun": Travel blogs, meaning and tourist experience [J] Annals of Tourism Research, 2015, 55: 1–14.

[8]　ZEHRER A, CROTTS J C, MAGNINI V P. The perceived usefulness of blog postings: An extension of the expectancy–disconfirmation paradigm[J]. Tourism Management, 2011, 32(1): 106–113.

[9]　冯捷蕴 . 北京旅游目的地形象的感知——中西方旅游者博客的多维话语分析 [J]. 旅游学刊 , 2011, 26(9): 19–28.

[10]　周永博 , 沈敏 , 魏向东 , 等 . 态度与价值 : 遗产旅游体验模式探析——以苏州平江历史文化街区为例 [J]. 旅游科学 , 2012, 26(6): 32–41.

[11]　苟思远 , 李钢 , 张可心 , 等 . 基于自媒体平台的 "旅游者" 时空行为研究——以 W 教授的微信 "朋友圈" 为例 [J]. 旅游学刊 , 2016, 31(8): 71–80.

[12]　龙江智 , 卢昌崇 . 旅游体验的层级模式 : 基于意识谱理论的分析 [J]. 北京第二外国语学院学报 , 2009, 31(11): 9–19.

[13]　胡道华 , 赵黎明 . 基于旅游体验过程的游客感知评价 [J]. 湘潭大学学报 (哲学社会科学版), 2011, 35(2): 80–84.

[14]　张斌 , 张澍军 . 基于胡塞尔现象学的旅游体验研究 [J]. 旅游科学 , 2010, 24(6): 1–8.

[15]　周永广 , 张金金 , 周婷婷 . 符号学视角下的旅游体验研究——西溪湿地的个案分析 [J]. 人文地理 , 2011(4): 115–120.

[16]　白丹 , 马耀峰 , 刘军胜 . 基于扎根理论的世界遗产旅游地游客感知评价研究——以秦始皇陵兵马俑景区为例 [J]. 干旱区资源与环境 , 2016, 30(6): 198–203.

[17]　HOLLAND S M, TOM O' DELL T, BILLING P. Experience scapes: tourism, culture and economy [M]. Copenhagen: Copenhagen Business School Press, 2005.

[18]　LAING J, WHEELER F, REEVES K, et al. Assessing the experiential value of heritage assets: A case study of a Chinese heritage precinct[J]. Tourism Management, 2014, 40(1): 180–192.

[19]　邱均平 , 邹菲 . 关于内容分析法的研究 [J]. 中国图书馆学报 , 2004, (02): 14–19.

[20]　MCKERCHER B, HO P S Y. Assessing the tourism potential of smaller cultural and heritage attractions[J]. Journal of Sustainable Tourism, 2006, 14(5): 473–488.

第十四章　关中地区帝陵遗产旅游地微信营销策略研究

进入媒体时代以来，微信在人们日常生活中的应用日趋广泛，微信营销也成为各行业的重要营销手段。陕西关中地区是我国帝陵遗产的重要汇集地，有"东方帝王谷"的美誉。本文基于"4Rs"营销理论，以"关中帝陵遗产旅游"微信公众号为例，就遗产旅游微信营销策略进行研究，并对关中地区相关帝陵景区利用微信营销提出建议。

一、遗产旅游与微信营销

（一）遗产旅游

"遗产"一词最早出现在《后汉书·郭丹传》中："丹出典州郡，入为三公，而家无遗产，子孙困匮。"随着旅游的发展及人们遗产保护意识的增强，文化遗产旅游（cultural heritage tourism）被世界旅游组织定义为"深度接触其他国家或地区自然景观、人类遗产、艺术、哲学以及习俗等方面的旅游"。国内学者认为，遗产旅游是指"以遗产资源（目前主要是世界级遗产）为旅游吸引物，到遗产所在地欣赏遗产景观，体验遗产文化氛围的一种特定形式的旅游活动，使旅游者获得一种文化上的体验"。[1] 或者定义为"以文物（cultural relic）、古迹（historic site）等人类精神文明和物质文明的物质遗存作为主体旅游吸引物的旅游形式"。[2] 文化遗产是将历史遗留下来的精神财富或物质财富，以文化资源的形式保护起来。遗产旅游即是在文化遗产被保护的同时，作为旅游资源吸引游客进行观光、游览、学习等活动的总和。遗产旅游相较于其他形式的旅游稍显冷门，参与遗产旅游活动的人群也多为学生或科研学者。

（二）微信营销

腾讯 2016 业绩报告显示，截至 2016 年第一季度末，微信每月活跃用户已达到 5.49 亿，各品牌的微信公众账号总数超过 800 万个。① 微信点对点的信息传达方式给人们带来了深度沟通的高效体验，各阶层的人接受度普遍较高。微信营销是基于微信公众平台，以移动通信设备为接收终端，运营商能够实现基本的管理信息、发送信息并与用户进行及时交流互动的营销模式。微信公众平台是为用户提供信息分享、传播及获取的平台。

微信营销的日益火爆，对旅游业的影响也越来越明显。学者们从多个角度对旅游行业的微信营销模式进行了研究，如周云倩、王小兰等分析了红色旅游、乡村旅游、旅游酒店的微信营销策略[3][4]；姚丽芬等对基于 IPA 评价的旅游微信营销满意度进行了研究[5]；孙凯炜等研究了微信营销视角下旅游景区的服务创新[6]；郭益盈等探讨了微信营销在非

---

① 腾讯内部统计数据，https://baike.baidu.com/item.

热点城市旅游中的应用[7]。然而迄今为止，对遗产旅游地微信营销策略进行研究的成果尚不多见。本章以微信公众号"关中帝王陵寝旅游"为例，对遗产旅游地微信营销策略现状进行研究。遗产旅游地通过创建微信公众平台，利用庞大的微信用户群体，为用户推送遗产旅游产品相关的图文消息，使其深入了解遗产旅游并提高关注度，实现遗产旅游地的营销目的。

二、关中帝陵遗产旅游发展概况

(一) 关中帝王陵寝资源丰富

关中地区历史悠久，拥有丰富的历史文化遗产。坐落在陕西省关中地区的帝王陵墓有华夏族始祖黄帝陵和炎帝陵，经田野考古调查，基本确定的有39座：春秋战国时期的秦景公陵、秦惠文王陵、秦悼武王陵3座；秦始皇陵、秦二世陵2座；西汉时期陵墓11座；十六国至北朝时期的前秦苻坚墓、大夏赫连勃勃墓、西魏元宝炬墓、北周武帝宇文邕墓4座；隋文帝杨坚陵1座；唐朝陵墓18座。还有虽未确定墓冢，但经多方面考察确认，应葬在陕西关中的有西周13位帝王中的7位；秦19位先公、3位先王；后秦1位、北魏1位、西魏1位、北齐2位、北周4位，共计38位。以上合计77座帝王陵。[8]由此可见，陕西省关中地区陵寝旅游资源丰富，类型多样，且分布相对集中，具有极高的历史文化价值，对古代帝王陵寝制度的研究具有重要意义。

(二) 关中帝王陵寝旅游营销现状

关中帝王陵寝旅游资源丰富，文化底蕴深厚，资源价值品位高，且部分景区在国内外享有较高声誉。关中帝陵文化旅游模式最典型的是考古遗址公园模式。在2010年国家文物局颁布的国家考古遗址公园名单和立项名单中，陕西大遗址共有5项入围，其中帝陵国家考古遗址公园有两处入选，即秦始皇陵和汉景帝阳陵。这种帝陵文化旅游模式是关中帝陵的主要旅游模式，主要侧重于历史文化的发掘与研究，但在微信营销上却很少被提及。由此可见，关中帝陵景区更加需要提高对旅游营销模式的重视。

(三) 关中帝王陵寝游客需求特征

研究表明[9]，关中帝陵景区基础客源来源于省内，一是因为省内游客文化认同感强烈，二是因为在旅游过程中的求近原则。其余客源大部分集中于国内19个省、市、自治区，其中以中部、东部省份居多，西部（尤其是西北）地区较少；历史文化背景相近的省份、经济发达的省份居多，民族文化差异较大的省份较少。关中帝陵景区客源市场单一的重要原因是，未能紧随现代旅游的发展，旅游形式、基础设施、旅游商品常年不变，没有创新，不能满足游客的多元化需求。关中各帝陵景区旅游形式主要以博物馆参观为主，又因关中帝陵多"因山为陵"，参观过程中又辅以景区观光；关中帝陵的文物出土及开发主要集中于汉代帝陵、唐代帝陵，均分布于农村地区，路况差，交通通达度低。此外，各景区内餐饮、住宿等基础设施不完善，不能满足游客吃、住、行、娱等需求。

三、关中帝陵遗产旅游微信营销策略

（一）关中帝王陵寝旅游微信营销现状

通过微信"添加朋友"模块，对陕西关中地区帝王陵墓进行搜索，能搜索到与帝王陵墓遗产资源相关的公众平台有11个，涉及的帝王陵墓有黄帝陵、炎帝陵、秦始皇陵、周陵、汉阳陵、茂陵、昭陵、乾陵以及桥陵，其中茂陵、昭陵各注册2个微信公众号，其余均注册一个微信公众号。这11个公众号类型分布如表14-1所示。

表14-1　关中地区帝王陵寝资源公众号类型分布

公众号类型	数　量	公众号名称
企业认证号	2	中国皇帝陵、秦始皇陵博物院
普通企业号	4	宝鸡炎帝陵、乾陵、唐昭陵墓园、茂陵博物馆
认证订阅号	3	渭城周陵、桥陵国家考古遗址公园、汉景帝阳陵博物院
普通订阅号	2	茂陵旅游、昭陵博物馆

通常我们将经常阅读公众号的推送消息并活跃于公众号中的用户称为"活粉"。微信公众号历史消息最高阅读量代表此微信公众号"活粉"的数量，"活粉"是图文消息阅读量的制造者。微信图文消息阅读量代表文章的曝光量，曝光量的高低导致文化传播、景区宣传成效的高低。陕西关中地区帝王陵墓相关微信公众号"活粉"数量达到10 000以上的有3个，达到5 000～10 000的仅1个、1 000～5 000的有3个，低于1 000的有3个。由此可见，在陕西关中地区帝陵遗产资源应用微信营销的景区数量少，且应用微信营销的景区运营公众号大部分群发消息阅读量低，信息覆盖面有限，宣传成效低。笔者在关中帝陵景区游客体验研究过程中得出结论：有关项目试图通过信息化手段为游客提供更加便捷的服务，但由于智能化程度较低，不能满足游客对旅游信息接收与发布的需要。

（二）基于"4Rs"的微信营销

"4Rs"营销策略理论是由美国的唐·舒尔茨在"4C"营销理论的基础上提出的新营销理论。[10]"4Rs"营销理论由四个要素组成，即关联、反应、关系、回报。现基于"4Rs"理论，以"关中帝王陵寝旅游"为例，对遗产旅游地微信营销策略进行研究。

景区与游客相互依存，在景区的营销中要注重与游客建立长期有效的联系，以此来了解市场的变化趋势，促进景区经营管理的优化。基于"4Rs"营销理论，"关中帝王陵寝旅游"微信公众平台首页菜单设置为帝陵景区、畅游景区、意见反馈三栏。

1. 关联

在竞争性市场中，游客的选择是多样的，这就要求景区建立与游客间的沟通渠道。

在"关中陵寝旅游"微信公众号中，游客可以随时发送消息，平台通过客服功能与游客交流。旅游行程开始前游客可进入微信公众平台，通过"帝陵景区"模块了解帝陵景区分类及各景区概况。在无线网络全覆盖的条件下，游客在旅游过程中可通过无线网络进入"畅游景区"模块，使用自助讲解、景点语音介绍、地图导览等功能。如此既能解决讲解人员有限不能满足游客讲解需求的问题，又能分散人流避免扎堆现象。

2. 反应

旅游行程结束后，景区可通过"意见反馈"模块，采用直接问答或发放网络问卷的形式对游客进行满意度调查。游客通过"关中陵寝旅游"微信平台提出意见和建议，微信公众平台可对游客提出的问题进行及时回复和解决，并对游客意见和建议进行整理和分析，反馈给各景区，景区通过平台对游客提出的意见和建议做出反应。这样不仅帮助景区收集了游客反馈的意见，还及时对游客提出的问题给予回复，有利于景区在游客心目中树立更好的形象。

3. 关系

在微信营销的整合环节中，景区与游客是双向互动关系。"关中陵寝旅游"微信公众平台，既可实现景区想要通过独特旅游资源的宣传吸引游客到景区旅游的目的，又能满足游客了解景区景点的期望。一方面，有助于景区利用现代信息化技术，为游客提供更加便捷的服务，满足游客需求；另一方面，景区可借助微信平台的信息传播，对景区进行宣传，扩大景区影响，进而拓宽客源市场。

4. 回报

旅游产品是旅游目的地向游客提供一次旅游活动所需要的各种服务的总和，与普通实物产品有很大区别。在微信公众平台收集意见反馈便相当于实物产品的售后服务，可以提升产品在游客心目中的满意度。另外，景区根据游客的意见和建议把握市场变化趋势，并将游客的意见和建议作为景区制订和实施计划的参考资料，在此过程中景区增加了一条与游客进行有效沟通的渠道，可以帮助景区经营管理者做出正确的决策，从而赢得更多的旅游客源和市场份额。

四、结语

根据本章的论述，遗产旅游地微信营销策略必须做到以下几点：一要通过微信平台紧密联系游客，及时回复游客信息；二要懂得倾听，重视游客提出的意见和建议，尽可能做到"以游客为本"；三要持续按时在平台上发布与旅游景区相关的信息，在节假日等出游高峰时段推出吸人眼球的活动，起到宣传的作用；四要坚持微信公众平台的存在价值，使微信公众平台成为连接游客和景区的重要桥梁，起到良好的信息传递作用，最终达到游客满意、景区发展的双赢局面。由于微信公众平台注册时间较短，与关中陵寝各大景区的协商存在问题，目前部分功能无法实现，但正在积极努力争取中。笔者期望微信公众平台在未来能够发挥它连接广大游客和各大景区的桥梁作用，为陕西关中地区帝陵景区的发展尽绵薄之力。

参考文献：

[1] 刘庆余, 弭宁, 张立明. 遗产旅游的概念与内涵初探 [J]. 国土与自然资源研究, 2008(1): 75–76.

[2] 龙玉祥. 基于文化遗产的旅游文化营销策略——以湖北省安陆市为例 [J]. 商业经济, 2012(8): 59–61.

[3] 周云倩, 肖晓珍, 柯芳燕. 红色旅游的微信营销策略——以"瑞金旅游"微信公众号为例 [J]. 青年记者, 2016(15): 73–74.

[4] 王小兰. 复杂社会网络结构条件下微信营销在乡村旅游营销中的应用研究 [J]. 全国商情 (经济理论研究), 2014(17): 79–81.

[5] 姚丽芬, 李庆辰. 基于 IPA 评价的旅游微信营销满意度研究——以微信公众账号 HebeiTourism 为例 [J]. 湖北农业科学, 2015, 54(18): 4630–4634.

[6] 孙凯炜, 陈章旺. 微信营销视角下旅游景区的服务创新 [J]. 郑州航空工业管理学院学报, 2014, 32(5): 53–58.

[7] 郭益盈, 岳寸丹. 探讨微信营销在非热点城市旅游中的应用 [J]. 商场现代化, 2014(9): 52–53.

[8] 徐卫民. 陕西帝王陵墓概论 [J]. 长安大学学报 (社会科学版), 2015, 16(1): 16–21.

[9] 孙媛媛. 关中帝陵景区游客体验研究 [J]. 山东师范大学学报 (自然科学版), 2017, 32(03): 91–100.

[10] 徐徐, 仇立慧, 姚媛. 基于 SWOT 分析的西安旅游地产开发及策略 [J]. 西安文理学院学报 (社会科学版), 2011(6): 74–76.

第十五章　五陵原帝陵文化遗产主题体验精品旅游走廊开发探讨

咸阳五陵原因西汉王朝设立的 5 个陵邑而得名。汉高祖九年（公元前 198 年），刘邦接受了郎中刘敬的建议，将关东地区的二千石大官、高訾富人及豪杰大量迁徙关中，伺奉长陵，并在陵园附近修建长陵县邑，供迁徙者居住。此后，汉惠帝刘盈修建安陵、汉景帝修建阳陵、汉武帝修建茂陵、汉昭帝修建平陵之时，也都竞相效仿，相继在陵园附近修造安陵邑、阳陵邑、茂陵邑和平陵邑。近年来，随着旅游的发展，特别是旅游走廊研究的兴起 [1-3]，五陵原地区迫切需要开发体验性旅游产品。

一、必要性及可行性

（一）必要性

随着旅游业的发展和全民休闲活动的进一步开展，单一的参观游览越来越不受市场欢迎，单一的景点吸引力降低，而近邻效应的优势很难发挥出来。五陵原开放的景点主要有汉阳陵、霍去病墓、茂陵博物馆等，外地游客往往是走马观花地参观 1～2 个景点，很难对五陵原有全面的认识。古陵墓旅游作为一种文化旅游，需要构建一种氛围、一种意境，而这些需要通过旅游文化长廊来体现。随着西咸一体化进程的加快、关中—天水经济开发区的形成，要提高旅游竞争力，五陵原必须用战略性的眼光建设以体验为主的旅游走廊。

（二）可行性

1.特殊的区位为遗产长廊开发提供了得天独厚的条件

五陵原地处关中平原中部偏北的咸阳原上，南临渭水，北接北山山系，东西长约 40 km，南北宽约 20 km，总面积 800 km²。五陵原西汉帝陵遗产文化长廊东邻西安，北接西安咸阳国际机场，距离西安市区 10 km 左右，地处咸阳市北郊，为关中—天水经济开发区的中心地带，具有特殊的地理位置，故在先秦、秦汉和隋唐时期一直发挥着"强本弱枝"的重要作用，并长期占据我国古代政治、军事和思想文化的中心地位，形成了独特的人文地理区域，在我国古代文明史上有不可替代的重要地位。[1]

五陵原文化遗产长廊距离西安咸阳国际机场仅有 6 分钟车程，由西铜高速、西安到机场高速等公路可以直达。五陵原景区道路东西贯穿、四通八达，交通非常便利。

2.帝陵遗产为主的文物文化旅游资源奠定了雄厚的开发基础

（1）帝陵遗产文化资源。陵墓是古代人死后身份的一种标志。在战国以前，人死后平地而葬，墓地不起坟，亦不栽树，称作"不封不树"。陵墓起坟起源于春秋晚期，始于孔子葬父母。从战国时代开始，诸国君墓明确称为"陵"，并规定"民不得称陵"。陵，本意为山，寓君主死后犹如山的伟大；树，寓万古长青，陵墓多松树、柏树。陵之下为地宫，地宫内安置棺椁，棺椁里面有随葬品，棺椁之外为陪葬品。五陵原上分布着西汉9座帝陵及数以百计的陪葬墓，战国时期的秦惠文王公陵、秦悼武王永陵和秦孝文王寿陵，以及北周武帝孝陵等6座"不封不树"的北周帝陵。此外，还分布着唐高祖李渊追谥的兴宁陵（唐李昺墓）和武则天加封的顺陵（杨氏墓）等不同时期的帝王陵墓。帝王陵中的随葬品和陪葬品是社会和文化意义的象征，其工艺反映了当时科技的最高水平。

（2）重要历史事件和人物旅游资源。自从战国中期秦孝公迁都咸阳至秦朝灭亡以前，五陵原地区便成了全国的政治中心。西汉建立以后，将国都建立在渭河以南的长安城中，但因为五陵原与长安隔水相望，并担负着"强本弱枝"和防御匈奴的两大任务，故仍发挥着政治和军事中心的巨大作用。至隋唐，这种作用并未消减。正因为如此，诸如商鞅变法、秦朝建立、徙民五陵等具有重大意义的政治事件多发生在此；诸如田千秋、马援、马融等具有举足轻重作用的历史人物亦多出自五陵原。五陵原地区还出现了诸如董仲舒、孔安国、班固、司马相如等一大批文化名人，他们对进一步丰富和发展我国优秀的传统文化做出了重大贡献。

五陵原的文化旅游资源还包括陵址的选择、陵墓与环境的关系、陵园的平面布局和各种建筑物的装修与雕饰等无不包含着艺术和审美文化。

（3）名胜古迹和珍贵的文物旅游资源。考古工作者先后发现了诸如秦都咸阳宫殿建筑遗址、望夷宫、六国宫殿等名胜古迹，还先后发现了汉代玉奔马、鎏金铜马、皇后玉玺以及数以千计的陪葬兵马俑等珍贵文物。此外，还有不少古代的窑址亭塔等名胜古迹。其中，秦汉窑址、杜邮亭、平陵肥牛亭、北杜铁塔最具代表性，使五陵原成为我国最重要的文物基地之一。

二、基本原则

（一）开发与保护并重

五陵原帝陵文化遗产地处渭河二级阶地，属于水土流失严重地带，应该以保护性开发为主，即在保证文物和遗址不受到影响，并且不带来生态环境和视觉污染的前提下对其进行开发。因此必须保护好渭惠高干渠（汉成国渠）沿线的国土资源，保证景区内水体、土壤、植被不受污染。景区内交通设施采用环保车，保护好各种文物，保证重要文物空间最佳旅游环境容量。

（二）突出主题

西汉帝陵文化遗产必须突出主题。解说词、指示牌、道路、建筑、构筑物以及氛围等，都必须以西汉历史文化为题材，以西汉皇帝陵为中心，突出帝陵文化主题。

（三）营造氛围

通过音乐、雕塑、语言营造一种西汉时代的氛围，通过现代科技手段使游客如临其境，仿佛又回到了久远的时代。

（四）视觉听觉体验

遗产旅游真实性问题历来是旅游者和研究者关注的重要内容，通过真实的文物、遗址等旅游资源更能让游客的体验得到满足。帝陵文化遗产以真实可信的解说词向游客展示，前提是必须保持帝陵文化的原真性。

三、开发思路

（一）视觉听觉震撼体验

五陵原帝陵视觉体验不在于"封土之宏大"，对外宣传介绍不能夸大其词地宣称气势宏大。虽然帝陵相对比较高大，但比倚山而建的陵要低得多。不过，帝陵的修建使五陵原的地貌发生了很大的变化，因此可以称为"帝陵地貌"。帝陵地貌的动人之处在于2 000多年的文物之珍贵、文物之美感，因此设计时更应该突出文物之美。汉景帝阳陵博物馆和茂陵博物馆陈列的文物采用现代灯光技术，配合精彩的、通俗易懂的解说词渲染气氛，震撼游客的心灵，增强了游客的体验效果（表15-1）。

表15-1　视觉听觉项目

名　　称	主要视觉冲击点	冲击物	体验满足
汉景帝阳陵博物馆	汉阳陵外藏坑、汉阳陵考古陈列馆、遗址	10条外坑、1 700件珍贵文物、南阙门、宗庙遗址	西汉文化、科技、艺术、民俗等
茂陵博物馆	茂陵石刻、雕塑	马踏匈奴等17件、金屋藏娇等	西汉石刻艺术、国防、军事
帝陵地貌	陵墓	帝陵及陪葬陵墓群封土堆	帝陵地貌特征
帝陵风情	艺术表演	西汉歌舞、民俗、乐器	梦回西汉

（二）现代休闲娱乐体验

以帝陵为依托，以农业旅游为载体，联合开发五陵原特色现代农业旅游。主要通过仿制西汉宫廷建筑和设施，开发西汉宫廷饮食、宫廷温泉、洗浴按摩特色保健等项目，发展农业旅游，建立五陵原休闲度假区。

（三）举办青少年考古夏令营

作为爱国主义教育基地，利用双休日或寒暑假举办青少年考古夏令营。通过模拟考古项目，为热衷访古寻幽的青少年提供一项亲自动手参与的文物遗迹考古发掘实践项目。

通过专家对考古发掘过程的现场讲解演示，传授考古发掘的基本知识技能。参与者现场进行模拟考古发掘的实践，从而体验考古发掘的科学性、神秘感和成就感。

（四）完善电子解说系统

针对五陵原文物遗迹文化旅游的特点，可以利用微功率无线通信技术，使用一种低成本全自动化的电子导游解说系统，代替现有的人工导游解说以及简单路标指引路线的方式。它不仅免去了使用解说人员和陪伴导游的人工成本，还保证了导游和解说的质量，加强了展览的效果，有利于提升五陵原帝陵文化旅游走廊的形象。

（五）保护性开发

对于帝陵的遗迹，应在保护原有环境和遗迹的同时，进行恢复性的重建。保护好遗迹，改善周围的环境，扩大陵区绿地面积，改善陵区生态环境，使陵区成为植被良好、负离子浓度高的休闲地带；遗迹尚存、条件允许复原的则加以复原；对于保存完好的陵园建筑，建立标志性景点；对遗址进行挖掘探测，结合历史资料，按原建筑布局保护遗址。

四、走廊构建

（一）五陵原帝陵景观生态价值

五陵原的景观生态价值主要表现在两个方面：①五陵原地区大都是农林地区，它对区域生态结构有着广泛影响，如居住在平地的人们多从事农耕，而居住在坡地的人们多实行农耕与林果并重，农田生态系统和果园生态系统交错；②它是西安咸阳地区城乡生态基础设施的重要组成部分，是西安咸阳国际机场空中管制的重要部分，五陵原地区生态环境保持较好，构成了城镇与村落自成体系的景观系统。

（二）五陵原帝陵文化体验精品旅游走廊的构建框架

（1）帝陵文化线路的确定。包括1日游和2日游。①1日游线路：咸阳博物馆—武帝茂陵及其陪葬墓群—昭帝平陵—成帝延陵—平帝康陵—元帝渭陵—哀帝义陵—惠帝安陵—咸阳帝陵休闲区。②2日游线路：咸阳博物馆—武帝茂陵及其陪葬墓群—昭帝平陵—成帝延陵—平帝康陵—元帝渭陵—哀帝义陵—惠帝安陵—咸阳帝都温泉保健疗养—（第2日）高祖长陵—景帝阳陵—咸阳。

（2）帝陵遗产空间的确定。包括对五陵原帝陵文化、民俗、风水地貌遗产与区域空间格局的重新认识，将其与生态保护和社区发展结合，重构帝陵遗产的空间关系。

（3）遗产节点元素的确定。包括旅行线路的出发点与到达点等中心点元素，旅行线路的宿营餐饮、小憩场所。

（4）游憩环境的营造。包括对人工渠、湖泊等进行维护，游步道设计，恢复与现存历史机理以及周围建筑和景观相协调的文化遗迹，对新建筑物的设计尊重现有建筑景观和环境特点，设立遗产解说系统、基本的休闲娱乐设施以及小型的游客服务点。

参考文献：

[1]　吴其付 . 藏彝走廊与遗产廊道构建 [J] . 贵州民族研究 , 2007, 27(4): 48–53.

[2]　薛宝琪 , 范红艳 . 黄河沿线旅游资源开发整合研究 [J]. 河南大学学报（自然科学版），2007, 37(5): 496–500.

[3]　李瑞 , 曲扬 . 旅游走廊 : 概念、动力机制、发展模式研究 [J]. 南阳师范学院学报 , 2006, 5(3): 65–68, 79.

[4]　刘华祝 . 西汉帝陵营建礼俗略述 [J]. 咸阳师范学院学报 , 2005, 20(1): 12–14.

第十六章 关中地区五陵原边坡侵蚀地貌发育及其影响

五陵原地处关中平原中部偏北的咸阳原[①]上，西起兴平市南位乡，东到高陵区马家湾乡，南达渭河北岸，北接泾阳县谷地，具有特殊的地理位置，故在先秦、秦汉和隋唐时期，一直是我国古代政治、军事和思想文化的中心，形成了一个独特的人文地理区，在我国古代文明史上具有不可替代的地位。当今五陵原地区周秦汉唐遗址及名胜古迹星罗棋布，绵延百里的塬面上，分布着数以百计的帝王将相的墓葬，一座座崔嵬高大、形如覆斗的帝王陵墓被誉为"东方金字塔"群，堪称稀世奇观。此外，五陵原的考古先后发掘出秦都咸阳宫殿、望夷宫、蓝池宫和六国宫殿等建筑遗址，发现了汉代玉奔马、鎏金铜马、皇后玉玺等珍贵文物，表明五陵原是陕西乃至全国重要的文物集中分布区。据《西咸新区总体规划》，五陵原上布局有秦汉新城、空港新城和泾河新城以及渭河生态景观带。因此，对五陵原（黄土台塬）边坡地貌发育状况及其规律的研究，对该地区人类居住安全、文物古迹保护以及西咸新区现代田园城市建设、城乡一体化发展皆具有重要的理论意义和实践价值。

本章以五陵原的南缘和北缘边坡地带为研究重点，在大量的田野实地勘测与考察的基础上，应用遥感与 GIS 手段等技术，并通过文献资料的检索，探讨五陵原边坡侵蚀地貌的发育及其影响效应。

一、研究综述

对五陵原乃至黄土高原边坡侵蚀地貌的发育状况及其规律，诸多领域的专家、学者都有研究。例如，张宗祜探讨了黄土高原地质地貌的形成、发育、侵蚀过程及其原因。[1]桑广书分析了秦末以来渭河河道北移和咸阳原边坡地貌变化，得出侵蚀沟谷的发展速度和塬边窑洞带的村庄平台是人类斩齐塬坡，挖掘窑洞，使塬边逐步后退的结果。[2]雷祥义等结合野外调查，将整个泾阳南塬塬边斜坡分为次稳定区、不稳定区和极不稳定区三类。[3]许领等通过野外考察和测量，研究了泾阳南塬黄土滑坡类型与发育特征，并将该地黄土滑坡划分为黄土流滑、滑动和崩塌三类，指出高陡的

---

① 据《咸阳县志》，咸阳原"南临渭水，北倚九嵕"。春秋时称"毕陌""毕原""毕郢"，秦汉称"咸阳北阪"。其西起武功漆水河畔，东至泾渭交汇处，中间为黄土台塬地区。"五陵原"大致为咸阳原东部由泾河河谷南岸与渭河河谷北岸环围的三角地块。五陵原上分布有西汉的九座帝陵，其中汉高祖长陵、惠帝安陵、景帝阳陵、武帝茂陵、昭帝平陵曾设邑建县，故名"五陵原"。显然，五陵原既包括黄土台塬，也包括二、三级河流高阶地。当地习惯将河流高阶地称为"一道原"，将黄土台塬称为"二道原"。

后壁和塬边裂缝的发育是造成滑坡发生演化的重要因素及内在动力机制。[4] 范立民等分析了泾河南塬边坡滑坡的形成条件、发育特征、影响因素，认为滑坡的形成除了自然原因外，人为削坡、工程活动等因素也是诱发滑坡的主要因素，并提出了滑坡的防治措施。[5] 桑广书等认为，泾河下游南岸台塬边坡临界平衡边坡和不稳定边坡占 80.8%，分布在西段和中段。滑坡发生的概率为多水年 > 平水年 > 少水年；年内夏雨集中的 7 月和秋雨集中的 9 月是滑坡易发多发的月份。农田灌溉引发的滑坡占 68.8%，冬季滑坡主要与灌溉有关。[6] 王德耀等的分析结果表明，活动构造、地震、地貌、地层岩土、河流侵蚀是该区滑坡等地质灾害形成的基础，人类过度扰动及灌溉是其形成的诱因，提出应以避让为主，局部兼以工程治理的预防措施和建议。[7] 张俊辉分析了五陵原水土流失及其对文化遗存的破坏，提出生态环境治理和文化遗存保护工作迫在眉睫，五陵原文物保护利用的关键是绿色营造和可持续发展。[8] 秦建明等指出滑坡可使区域文物受到严重的或毁灭性破坏，轻则建筑倾斜倒塌，遗址被切断并扭曲扰乱，重则建筑彻底毁灭或埋没，消失于土中水下。[9] 桑广书分析出泾阳南塬边坡滑坡的成因有河流侧蚀、新构造运动等，特别是引水灌溉使地下水位大幅度上涨及人为开挖坡脚改变了台塬边坡的力学平衡，为台塬边坡地质灾害治理提供了依据。[11] 雷祥义分析了泾阳南塬的地质地貌环境特征以及黄土滑坡形成的过程和机制，提出了防治措施。[12] 何小林等提出泾阳南塬边坡应采用工程类、植物类和综合性防护措施，为边坡综合治理提供了有益参考。[3] 王文胜的泾阳南塬边坡稳定性理正模拟分析，指出泾阳南塬黄土滑坡的形成是地表水和地下水共同作用的结果。[13]

综上所述，对五陵原边坡侵蚀地貌的发育及其影响研究主要集中在泾河南岸的滑坡、崩塌等重力灾害地貌及其形成的自然和人为原因方面，在边坡防护与防止土壤侵蚀方面各有见解，而对五陵原南缘边坡渭河北移所带来的侵蚀沟谷等影响研究的不是很多。

二、五陵原的地貌结构

在地质构造单元上，五陵原属于关中断陷盆地。关中断陷盆地南依秦岭，北连黄土高原，为一西狭东阔的新生代断陷盆地，渭河横贯其中。盆地两侧地形向渭河倾斜，由洪积倾斜平原、黄土台塬、冲积平原组成，呈阶梯状地貌景观。

在黄土高原地貌分区中，五陵原处于第 II 大区内台塬地形为主的 II_3 地貌小区，即渭河北岸的黄土台塬与河流冲积平原（包括河漫滩、河流阶地等）。该类黄土台塬是在下更新世湖盆基础上形成的，黄土厚 100 余米，塬面高程 540 m ～ 880 m，高出冲积平原 40 m ～ 170 m，分布于渭河北岸及西安、渭南、潼关等地。[1] 塬面上有洼地，塬周斜坡陡峭，冲沟发育。当斜坡下部有隔水的软弱土（岩）出露时，斜坡稳定性差，容易发育滑坡、塌岸等重力地貌和侵蚀沟谷。

三、五陵原边坡侵蚀地貌发育

（一）五陵原南缘边坡的地貌发育

五陵原南缘地貌类型包括河漫滩（T_0）、一级阶地（T_1）、二级阶地（T_2）、三级阶地（T_3）和黄土台塬（T），地势呈阶梯状自渭河河床向北侧抬升。本段渭河河道宽浅，河漫滩（T_0）沿渭河断续分布，宽度可达 2 km～6 km，高出河床 1 m～3 m，南岸更为宽广。受两岸河堤约束，除前缘受洪水威胁外，绝大部分已不再受洪水淹没，目前高河漫滩多为农业用地，或开发为渭河生态景观绿地。其组成物质上部为细粉沙夹薄层亚黏土，中下部以沙、沙砾为主，夹薄层不稳定亚沙土、亚黏土，属晚全新统冲积物。一级阶地（T_1）在渭河北岸受渭河北移影响宽度较小，窑店附近宽度 2 km 左右。阶地前缘有高 1 m～1.5 m 的阶坎，阶地高出河床 7 m～9 m，组成物质为全新统早中期冲积物，以中细沙、中粗沙为主，夹薄层黏土、亚黏土。一级阶地最终形成于春秋时期（公元前 770 年—公元前 476 年）。二级阶地（T_2）呈条带状分布于渭河北岸，海拔 400 m～410 m，高出一级阶地 20 m～30 m。阶地前缘有高 15 m～20 m 的陡坎。阶地面宽度 650 m～800 m，向渭河倾斜。二级阶地上部为上更新统马兰黄土，下部为中下更新统中细沙夹粉质黏土的中下更新统冲积层，形成于晚更新世末。三级阶地分布在二级阶地西段以北的长条楔形带上[①]，海拔 420 m～440 m，高出渭河河床 30 m～40 m，阶地前缘为高差 8 m～30 m 陡坎，界线平直，多民居（窑洞）或短冲沟。其组成物质上部为黄土状沙质黏土，厚约 30 m，下部为沙、卵石等，属风积冲积形成的侵蚀堆积阶地。据研究，三级阶地形成于中更新世末至晚更新世初。黄土台塬（T）海拔 433 m～527 m，上覆黄土状沙质黏土含钙质结核，具垂直节理夹 7 层～8 层古土壤，厚约 80 m～100 m；下伏河湖相亚黏土、亚沙土、中粗沙及砾石等。塬面宽阔坦缓，南缘与渭河二级阶地（东段）、三级阶地（西段）后缘为一高差 30 m～35 m 的陡坡，塬面向东、向南倾斜，地表相当平坦，塬边分布着一系列西汉帝陵。台塬上有北杜—底张—韩家湾洼地、白良村—苏家庄洼地与龙泉坊—龙华寺洼地，其四周高、中间低，多为受新生代基底断层构造控制的古河道遗迹。

1.五陵原南缘边坡的侵蚀沟谷

五陵原南侧地形呈阶梯状，塬面径流流向渭河，径流流经"一道原"前缘陡坎时切开陡坎形成切沟，并发育为规模较大的冲沟。切（冲）沟形态多为巷形，状如"胡同"，两壁近于直立，底部宽平。两壁多被用来挖掘窑洞，多数冲沟形成自然村落。这些切（冲）沟既是塬面径流的通道，也是五陵原上下交通的通道。冲沟沟头与塬面之间有 2.0 m～3.7 m 高的陡坎，目前各沟头都栽植有刺槐等树木。[2]

---

① 据笔者等实地考察，参照《渭城区志·卷二》（陕西人民出版社，1996）所附《咸阳市渭城区地势、地貌图》，五陵原南侧渭河三级阶地在咸阳城区段发育较宽，西至兴平市城区北郊药市村附近尖灭，东至渭城区窑店街办毛王沟村西北尖灭。

五陵原南缘边坡侵蚀沟谷主要有两类：一是沟谷延伸方向与"一道原"前缘陡坎（黄土崖）走向垂直，表现为沟谷的形成和发展系倾斜阶地地表径流冲刷切割的结果，大多数沟谷属于此类；二是在局部地形作用下沟谷延伸方向几乎与"一道原"前缘陡坎（黄土崖）平行，此类沟谷延伸较长，可达 1 km 以上。例如，渭城区塔尔坡村北侧塬面上发育有近乎东西走向的冲沟，长达 1.2 km，深度 3 m～5 m，当地俗称"野狐沟"。此外，渭城区龚家湾村一带的"一道原"前缘陡坎（黄土崖）呈弧形，东西延亘 1.2 km，该弧形黄土崖北侧约 200 m～300 m 处发育有走向与该陡崖近乎平行的冲沟，其长度约 1.1 km。这些冲沟的发育是受"一道原"塬面局部洼地影响所致。

2. 五陵原南缘边坡的黄土塌陷

五陵原南侧"一道原"前缘黄土崖属于渭河高阶地前坎（高差 8 m～30 m），该阶地前坎西段自兴平市北郊沿珠泉路、咸阳城区毕原路北侧至渭阳办塔尔坡，东段自塔尔坡延伸至泾渭之交的高陵区，总计约 50 km 的范围。实地考察发现，该"一道原"前缘的边坡地带是一个黄土窑洞构成的村镇地带，居住人口较为密集。据对窑店、正阳街道办的调查，目前塬边地带居住着 3.42 万人。[2] 该人口密集的村庄带呈现为宽度 1 000 m～1 200 m 的平台。该平台沿塬边陡崖东西延伸，高出低阶地后缘 6 m～8 m，较塬面低 9 m～12 m。该地带依靠黄土崖挖掘窑洞居住成为世代承袭的生活方式。人们利用马兰黄土的直立性，斩齐塬边陡坎为陡崖，在土层内开掘窑洞，并在塬的边坡上开掘出平台作为院落。由于黄土层垂直节理发育，加之其结构疏松，具有显著的湿陷性。在窑洞使用过程中，遇暴雨或连阴雨天气等自然因素，使窑面崩塌难以再使用时，则削去原有窑洞，使塬面边坡后退，形成新的直立陡崖，借此再挖掘新窑洞。长此往复，导致"一道原"边坡不断后退。这种自然和人为综合作用下的地貌变化是五陵原南缘边坡演变的重要形式。[2]

自 20 世纪 60 年代以来，随着五陵原"二道原"（黄土台塬）边缘渭惠高干渠的建成使用，头道原（河流高阶地）塬面的农田实现了自流灌溉。沿高干渠分支修筑的南北向二级斗渠及其分支渠道，形成了"蛛网式"覆盖塬面。这些渠道的尾闾多消失隐没于塬面前坎黄土窑洞带为界（陡崖）的农田。农田灌溉水的渗漏，加之黄土层自身的湿陷性，导致该窑洞密集带许多住户的窑洞顶部或窑面发生坍塌，给居民的生命财产安全造成了威胁和损失。据在调查中对塔尔坡、后沟村等的粗略统计，发生窑洞坍塌户约占总户数的 5%，而且这种现象在该窑洞带的东段较严重，20 世纪 70 年代以后较之前发生的概率明显增加。居住黄土窑洞有"冬暖夏凉"之优点，同时存在上述安全风险。这就导致 20 世纪 80 年代之后，随着人们生活水平的提高，大多数窑洞住户采取了砖券加固的方式，有的沟谷村落干脆整村迁出窑洞建房居住（如正阳街办前排村，全村仅剩 1 户一位老人居住在窑洞）。

还需指出，在五陵塬的"二道原"（黄土台塬）与"一道原"（高阶地）相接的陡坎（高差 30 m～35 m），由于径流下渗侵蚀，形成了塬边竖井、黄土漏斗等黄土湿陷地貌类型。

（二）五陵原北缘（泾河南岸）边坡地貌发育

五陵原北缘（泾河南岸）台塬边坡地带大致以泾阳县高庄镇大堡子村为界分为西段和东段，西段自高庄镇大堡子村—太平镇临泾村18.10 km范围内，是滑坡、崩塌发育带；东段自高庄镇大堡子村—西黄高速9.30 km范围内，台塬边坡发育数条较长的侵蚀沟谷，黄土滑坡、崩塌较少见。

1.西段边坡地貌发育

泾河南岸西段边坡滑坡、崩塌等重力地貌较为发育，成为土壤侵蚀的主要方式。这里塬面平坦、开阔，海拔410 m～490 m，是引渭灌溉的主要灌区。塬边以陡坡与河漫滩或一级阶地相接，相对高差为30 m～90 m，坡度为45°～80°。塬边陡坡为滑坡和崩塌创造了重力条件。该地段边坡发育的主要重力地貌类型[4]有以下几种：

（1）流滑型滑坡。此类滑坡为该区段的主要类型，占研究区滑坡总数的42%。流滑型黄土滑坡剪出口较低，多位于地下水位抬升造成的塬边黄土饱水带，其发生机制当与底部的饱和黄土液化有关。

（2）滑动型滑坡。此类滑坡发生的机制是剪应力达到土体最大抗剪强度。其滑坡体剪出口一般都很高，在不饱和的黄土层内，是农田灌溉等地表水渗入造成非饱和黄土基质吸力（抗剪强度）降低所致。

（3）崩塌（塌岸）。通常黄土崩塌是没有滑动面的，主要由黄土层竖直节理或者裂缝发展形成。本区内大部分是小型崩塌，规模不大，危害也小。

据实地考察调查资料，结合前人有关研究，泾河南塬西段边坡滑坡发育特征如下。

（1）黄土滑坡后壁陡峭，弧形特征明显。尤其是当滑坡达到一定规模时，此种特征更加典型，如太平镇寨头村滑坡、高庄镇大堡子村滑坡等。

（2）塬边裂缝发育。泾河南塬27.1 km的塬边发育有28条地裂缝，总延展长度为1 424 m（裂缝延展长度为其两端点连线的直线距离）。滑坡裂缝呈弧形，总体与塬边平行展布，贯通性较好。研究区裂缝分布不均匀主要集中于滑坡发育较强烈的地段，如太平镇寨头村、东风村等。裂缝距离塬边多为2 m～14 m，其中最大一的条为18.7 m；裂缝长度为10 m～70 m，最长者可达208 m。塬边裂缝多已张开、垂直错动，显示出较强的活动性。

（3）滑坡发生具有多发性和群发性。泾河南塬边坡黄土滑坡具有多发性，即在时间尺度上发生过滑坡的地方再次发生滑坡。据调查，研究区有38%的滑坡点多次发生滑坡，其中发生3期滑坡的滑坡点占研究区滑坡点的13%。例如，蒋刘滑坡在短短的七八年中，在原地就滑了3次。[4]另据对黄土地区黄土滑坡的大量区域性考察，黄土滑坡在空间分布上具有"群体性"，即沿盆地边缘、河谷沿岸、断层带、城镇周围"群体分布"。[10]调查表明，泾阳南塬黄土滑坡亦具有"群体分布"特征，太平乡寨头村滑坡尤为典型。

（4）滑坡呈带状分布。泾阳南塬滑坡崩塌带西起太平镇临泾村，东至高庄镇冯村，全长27.1 km。塬面高程为450 m～580 m，地面坡度形式与泾河漫滩相接，塬边高差30 m～90 m，受特殊地形条件控制，并孕育着滑坡、崩塌，沿塬边呈带状分布。

（5）季节性强。与降雨及农田灌溉有明显的相关性。调查结果显示，全区80%的滑坡都发生在农田灌溉以及秋雨或连阴雨时节，还有一部分会滞后一段时间。就像当地群众所说的"大雨大滑，小雨小滑，无雨不滑，但有时也滑"。

还需指出，笔者在考察中发现，泾阳县太平镇插杨村—寨头村一带，沿台塬斜坡与泾河高阶地后缘连结处发育了长达21 km的大型冲沟，该冲沟与台塬边坡走向几乎平行，在沟岸村附近宽度达40 m左右，在下游寨头村附近可达70 m，深度5 m～10 m❶。而且越往下游（寨头村方向）规模越大，沿途还接纳了台塬边坡的纵向切沟10余条，这些切沟集中于该冲沟的南侧，受制于局促的边坡地形，一般长度200 m～500 m，较大的有修石头村切沟、王村沟切沟和瓦刘沟切沟等，北侧仅有魏村南的切沟长约430 m。① 该冲沟已发育成季节性河流。

2. 东段边坡地貌发育

泾河南塬东段自高庄镇大堡子村—西黄高速9.30 km范围内，因河床横向北移，距离台塬边坡陡崖达1.3 km～3.2 km，黄土滑坡和崩塌较少发育，却发育出若干条较长的侵蚀沟谷。例如，泾阳县高庄镇小堡子村—阜下村切沟长1 100 m、芋子沟村—费家崖村切沟长2 700 m、上狼家沟—联家沟村切沟长1 800 m等。

四、五陵原边坡地貌发育的空间差异

整体来看，五陵原是介于泾河河谷南岸与渭河河谷北岸的大三角地带。其台塬面较为平坦，地势呈西北高、东南低的缓倾斜状。五陵原北侧的泾河河谷南岸发育有三级河流阶地，各级阶地空间分布不连续。例如，在西起太平镇临泾村，东至高庄镇聂冯村约27.1 km范围内，泾河高河漫滩直接与三级阶地前坎或台塬边坡相接，从而形成滑坡、崩塌带，侵蚀沟谷的发育较为少见。而在该河段的下游段，泾河的三级阶地相对连续分布，河床远离塬边陡坎，滑坡、崩塌发育少，出现较大规模的侵蚀沟谷。

五陵原南侧的渭河河谷北岸发育的三级河流阶地基本为连续分布，其中三级阶地东延至渭城区窑店镇毛王沟村西北尖灭，而且二级阶地前坎有向东延伸逐步抬高之势，加之河床与高阶地前缘陡坎距离较远，从而五陵原南缘边坡主要发育侵蚀沟谷与黄土塌陷地貌，滑坡则极少发生。

（一）五陵原南缘边坡地貌的空间差异

五陵原南缘一道塬前缘陡坎，其高差达30 m，为密集分布的黄土窑洞带。根据河流阶地与该黄土窑洞带的空间关系，大致以窑店街道办黄家沟村（二级阶地前坎凸显处）为界，分为西段（咸阳市秦都区马泉街道办茂陵工业园区西界—窑店街道办黄家沟村，约24.8 km）和东段（窑店街道办黄家沟村—高陵区马家湾镇泾渭之交，约25.2 km）。

西段以渭河三级阶地前坎（高差8 m～30 m）形成黄土窑洞带。据实地考察并利用卫星地图量算，渭河三级阶地面宽度在咸阳城区段为2.1 km～3.1 km，西段至汉茂陵、

---

① 有关插杨村—寨头村冲沟及其两侧切沟的观测数据，主要由实地考察和利用卫星地图量测得出。

平陵以南为 1.6 km ～ 1.8 km，东段至渭城街道办、窑店街道办境内为 1.0 km ～ 1.9 km。该段台塬边坡发育长度 100 m 以上的切沟 38 条、200 m 以上的切沟 22 条，其中渭城街道办乔家沟西沟最长，为 558 m，渭阳街道办西耳村切沟最短，为 109 m。切沟发育规模自西向东递增，如长度 300 m 以上的切沟城区东部发育 6 条，城区西部仅有 1 条（表 16-1）。此外，黄土塌陷主要发生在城区以东的黄土窑洞带。

表16-1　五陵原南缘西段阶地前坎黄土窑洞带侵蚀沟谷测算统计表

村　名	序　号	沟长 /m	村　名	序　号	沟长 /m	村　名	序　号	沟长 /m
马泉村西	1	110	西耳村	14	109	石何杨村	27	126
马泉村东	2	135	东耳村	15	193	摆旗寨西	28	385
赵家村	3	174	尹王村	16	278	摆旗寨中	29	226
查田村	4	263	龚家湾村	17	263	摆旗寨东	30	413
安家村	5	211	冉王村西	18	172	司家沟	31	372
大泉村	6	207	冉王村东	19	132	渭城湾西	32	243
魏家泉村	7	240	山岔沟西	20	245	渭城湾东	33	184
永安堡	8	259	山岔沟中	21	172	冶家台西	34	131
马家堡	9	216	山岔沟东	22	127	冶家台东	35	125
郭园子	10	341	乔家沟西	23	558	解家沟西	36	309
双泉村西	11	224	乔家沟东	24	283	解家沟东	37	343
双泉村东	12	189	石家台西	25	176	黄家沟	38	213
塔尔坡	13	122	石家台东	26	223			

东段（窑店街道办黄家沟村—高陵区马家湾镇泾渭之交，约 25.2 km）以渭河二级阶地前坎（高差 15 m ～ 20 m）形成黄土窑洞带，其后缘与黄土台塬连接，但塬边陡坡不如西段显著。该段渭河二级阶地面宽度较大，介于 1.2 km ～ 2.3 km（柏家嘴以东因台塬面收缩而变窄）。加之阶地后缘斜坡较为陡峭，径流冲刷和侵蚀作用较强，故该段阶地前坎窑洞带侵蚀沟谷发育较为密集，且规模较大。据实地考察和卫星地图量算，在窑店街道办黄家沟—高陵区张家湾村 16.9 km 范围内（渭河二级阶地前坎越接近泾渭之交越低，故西黄高速切坡向东几乎无较大的切沟发育）发育切沟 20 条，100 m ～ 200 m 的切沟 3 条、200 m ～ 400 m 的切沟 5 条、400 m 以上的切沟 12 条，其中最长的任家沟村切沟 1 100 m，最短的柏刘村切沟 174 m（表 16-2）。

表16-2　五陵原南缘东段阶地前坎黄土窑洞带侵蚀沟谷测算统计表

村　名	序　号	沟长/m	村　名	序　号	沟长/m
西毛村	1	657	前排村	11	531
沙道村	2	466	后排村	12	210
陈家沟	3	340	左排村	13	287
毛王沟	4	859	许赵村	14	523
胡家沟	5	573	杨家湾	15	217
聂家沟	6	544	柏刘村	16	174
牛羊村	7	530	任家沟	17	1 100
刘家沟	8	489	后沟	18	283
三家沟	9	667	马家台	19	175
三义村	10	501	张家湾	20	185

　　显然，该塬边黄土窑洞带东段侵蚀沟谷发育的密度和规模皆较大。据调查，该段窑洞带数十年来发生坍塌的现象也较多。

（二）五陵原北缘边坡地貌的空间差异

　　五陵原北缘边坡大致以泾阳县高庄镇大堡子村为界分为东段和西段。西段自高庄镇大堡子村—太平镇临泾村18.10 km范围内，台塬、河流高阶地前坎直接同泾河高河漫滩或一级阶地甚至河床相连接，形成高差30 m～90 m的黄土崖，加之地表径流的侵蚀作用，发育了寨头村、蒋刘村等处"群发性"的滑坡、崩塌带，侵蚀沟谷的发育较为少见。东段自高庄镇大堡子村—西黄高速9.30 km范围内，因泾河河床横向移动、距离台塬边坡陡崖1.3 km～3.2 km，黄土滑坡和崩塌极少发育，却发育出若干条较长的侵蚀沟谷，如泾阳县高庄镇小堡子村—阜下村切沟长1 100 m、芋子沟村—费家崖村切沟长2 700 m、上狼家沟—联家沟村切沟长1 800 m等。

五、五陵原边坡侵蚀地貌发育的影响因素

（一）地形地质条件

1.地质构造因素

　　受五陵原北缘泾河隐伏断裂的影响，其南部隆起并沉积了第四系黄土，形成了黄土台塬（五陵原）地貌，其塬边陡崖高差可达30 m～90 m，加之泾河不断向南侵蚀摆动，部分地段塬边坡直接与泾河漫滩相接，使斜坡带临空面积较大，坡体易失稳、变形，为黄土层滑塌提供了有利条件。[5]而且不同地段塬边陡坡高差、坡度存在差异，其破坏形式不同。总体来看，塬东段的高庄镇大堡子村以东——西黄高速一线，塬面高差相对

较小，河床远离台塬边坡，侵蚀沟谷较发育，其长度可达 1 000 m 以上；西段（高庄镇大堡子村—太平镇临泾村）塬面高差大、坡度大，为大中型滑坡、崩塌发育带。

五陵原南缘渭河隐伏断层的掀升作用使其边坡陡坎高差达 30 m 以上，尤其是在渭河高阶地前坎形成密集的窑洞带。由于渭河河床相对远离台塬边坡，其边坡地貌发育以侵蚀沟谷为主，并有黄土塌陷的发生。

2. 河流阶地

在五陵原南北两侧，渭河河谷北岸与泾河河谷南岸皆发育有三级河流阶地，而且河流高阶地与台塬前坎都形成高差达 30 m 以上的陡崖（其中泾河南岸的陡崖高差在 30 m ～ 90 m），这是形成五陵原边坡侵蚀沟谷与黄土塌陷发育的地形条件。河流阶地面的宽度及其后缘阶坡坡度决定其前坎窑洞带侵蚀沟谷的规模和密集程度。如果河流的漫滩或者河床直接同塬边陡坎（崖）相连接，则会形成滑坡与崩塌的发育，如泾河南岸西段滑坡、崩塌带，即为此种情形。

（二）黄土岩性

五陵原是由巨厚层状新生代中上更新世风积黄土组成，以粉沙质黏土为主，具湿陷性，垂直节理发育，夹 5 层～ 7 层古土壤层。所夹古土壤层为红色，团粒结构明显，干燥状态下硬度较高，抗剪强度大，遇水后迅速软化泥化，其抗剪强度大大降低，多形成天然的软弱滑动面。黄土状粉沙质黏土和古土壤相间排列，黄土层本身较松散，垂直节理发育，渗透性强。而古土壤层相对隔水或弱透水，上部降水垂直渗入，沿古土壤层润滑，使其饱和度增加，迅速软化泥化，大大降低了接触面的抗剪性和黏聚力，加之土层和斜坡倾向一致，从而加速了斜坡的破坏而产生崩塌、滑坡以及黄土塌陷。[3] 此外，五陵原南缘边坡侵蚀沟谷的发育也与黄土层结构疏松、抗冲刷侵蚀能力较弱密切相关。

（三）大气降水与农田灌溉

黄土高原地区引起土壤侵蚀的降雨主要是短历时（1 h ～ 4 h）、中雨量（20 mm ～ 50 mm）和高强度（平均强度 5 mm/h ～ 20 mm/h 和 5 min 最大雨量超过 7.0 mm）的暴雨。[14] 研究表明，泾阳南塬地区降雨量较大、频次高的年份，黄土滑坡、崩塌等地质灾害发生频率明显高于正常年份。例如，1983 年和 1984 年泾阳南塬地区的降雨量分别为 801.6 mm 和 666.6 mm，较 1956 年—1979 年 24 年的年均降雨量 545.6 mm 分别增加了 256.0 mm 和 121.0 mm。这两年该地段发生了高庄镇蒋村大滑坡，滑坡体体积达 1.20×10^6 m³，且滑动速度极其迅猛，造成 20 人死亡、20 人重伤的惨剧。[5] 根据近年大气降雨量与滑坡发生关系分析，泾阳南塬地带年降雨量超过 650 mm 时均有可能发生较大规模的滑坡。整个五陵原区内降水年内分配不均，每年 7 ～ 9 月份多以暴雨和连阴雨为主，其最大降水量达 91.5 mm，致夏秋多雨季节地质灾害高发。调查结果表明，泾阳南塬 80 % 的滑坡和崩塌发生在夏秋暴雨或连阴雨时节。此外，农田灌溉也是引起黄土滑坡、崩塌和黄土塌陷不可忽视的因素。首先，农田灌溉使地表水大量进入斜坡土体，使潜水面升高，增大了静、动水压力，降低斜坡土体的抗剪（滑）强度；其次，水位升高在斜坡处形成较大的水力坡度，增加水对斜坡的侧压，使斜坡土体失稳而发生滑坡或崩塌。最后，农田灌溉还可能引起黄土较强的湿陷性，引起斜坡土体塌陷。例如，20 世纪 70 年代以来，五陵原南缘边坡窑洞带发生坍塌，甚至高阶地面建筑物出现地基下陷和裂缝，泾河南岸泾阳县高庄镇聂冯村—太平镇临泾村一带先后发生 28 次滑坡、崩塌，与五陵原地区大面积的农田灌溉不无关系。

（四）新构造运动

区内新构造运动较为强烈，以继承性活动影响地貌形态。据陕西省地震局黄家地震台观测，五陵原北部山区近年呈缓慢上升趋势，升幅约 1.2 mm/a，这种新构造运动引起地壳的相对升降运动，控制着河流侵蚀及横向移动，进而影响塬边重力地貌发育。

（五）人类活动

五陵原塬边及其周围人口密度较大，农业开垦历史悠久，人类活动频繁。当地群众开挖坡体或坡脚，掘窑而居，许多村落居民选择沟道出口缓坡场地建房，形成居住分散、灾害遍布的局面。特别是住宅选址的位置是关系灾害轻重的关键因素，如坡体、坡脚多受崩塌、滑坡的威胁。人们在坡脚处开辟农田和开挖坡体修建公路等工程建筑活动，也是导致崩塌、滑坡灾害频频发生的影响因素之一。在泾河南岸，塬边坡脚处的农民常常平整老滑坡舌、鼓丘进行农田耕作或栽种经济林，或在泾河南塬斜坡带修筑公路，大量开挖坡体，破坏坡脚稳定性，形成人工边坡病危土体，甚至使用爆破手段开挖土体，破坏了坡体的稳定性，常常导致崩塌、滑坡灾害的发生。[7]

六、五陵原边坡侵蚀地貌的影响效应

五陵原塬面上文物古迹荟萃，有古遗址、古墓葬、古建筑和石刻等文物保护单位 47 处（含国家级 12 处、省级 5 处、县级 30 处）和文物保护点 331 处。其中以西汉帝陵为主体，包括众多高等级的帝王陵墓带（号称西汉帝陵风光带），现存有帝陵大遗址 10 余座、各种陪葬墓群 250 多个以及望夷宫、咸阳宫、渭城遗址等。尤其是西汉 9 座帝陵基本沿着黄土台塬（二道塬）南缘自西向东呈直线排布，数百座陪葬墓在黄土台塬与河流高阶地面上星罗棋布，分布在塬边陡坡处的不计其数。此外，五陵原南缘东西延亘 50 km 的河流高阶地前坎的黄土崖，千百年来被当地居民利用为居住的黄土窑洞带，人口分布极其密集。五陵原北缘（泾河南塬）台塬边坡带与河流高阶地面村落分布密集，可见古墓葬、古建筑（望夷宫）等文物古迹分布。

此外，五陵原囊括了西咸新区的泾河新城、空港新城、秦汉新城和渭河生态景观带（西安大都市渭河核心区带）以及渭北帝陵风光带和周秦汉唐古都文化带。其中，秦汉新城占地 302 km²，是西咸新区占地面积最大的板块，蕴藏着丰富深厚的秦汉文化资源，秦咸阳宫遗址、西汉帝陵群等，堪称世界之最。因此，五陵原边坡地貌发育的影响效应将是多方面的。

（一）对人类居住安全的威胁

五陵原北缘的泾河南塬塬边滑坡等重力侵蚀是其地貌演变与土壤侵蚀的主要方式。自 20 世纪 70 年代以来先后发生大小滑坡 28 次，其中大型滑坡 7 次，崩塌数次，累计土

石方量达 1.60×10^7 m³ 以上，造成 29 人死亡、27 人重伤，毁坏农田 140 hm²、房屋 100余间、窑洞近 200 孔、大小牲畜 100 头，直接经济损失 300 多万。[2] 由于该地带人类工程活动密集，造成滑坡、崩塌频繁发生，既阻碍当地经济的发展，也对人民群众的生命财产构成严重威胁。譬如，泾阳县太平镇寨头村（1983 年 8 月 24 日）和高庄镇大堡子村（1984 年 12 月 2 日）两次大型黄土滑坡，后者滑坡体积达 1.06×10^6 m³，造成 20 人丧生、20 人受伤，毁房（窑）864 间（孔），毁地 17.07 hm²，直接经济损失近百万元。

（二）导致土壤侵蚀和水土流失

历史上五陵原南缘边坡地貌的发育演化主要是侵蚀沟谷与黄土崩塌等形式。例如，咸阳市渭城区窑店街道办附近的聂家沟村—刘家沟村一带，自秦末以来沟谷溯源侵蚀速度在 0.12 m/a ～ 3.52 m/a，其中 20 世纪以前沟谷发展速度为 0.12 m/a ～ 0.24 m/a，20世纪以来沟谷发展速度增至 0.37 m/a ～ 3.52 m/a，沟谷发展明显加快。沟谷发展导致土壤侵蚀，20 世纪以前沟谷年均土壤侵蚀量在 102.68 t/a ～ 529.12 t/a，20 世纪以来增至980.29 t/a ～ 2 125.89 t/a，该时段土壤侵蚀增加明显。[11] 另外，河流高阶地前缘黄土窑洞带陡崖在人为和自然作用下崩塌，导致塬边后退所致的土壤侵蚀也不容忽视。例如，2012 年在渭城区正阳街道办后沟村的考察和调查中了解到，关中地区 7 ～ 10 月份的暴雨、连阴雨天气，尤其是 20 世纪 60 年代以来农田灌溉和村民拓建住宅等因素，致塬边陡崖崩塌后退的速度相当惊人，调查时仍能观察到沟头径流侵蚀和崩塌的迹象。又如，西咸新区后沟村侵蚀沟谷纵向长度 283 m，当地居民指认的清代回族堡寨遗存距离现在沟源170 m。《咸阳县志》（道光十六年增刻本）记载，渭城司家沟到新冯村之间（回村）堡寨有 29 个。据此推算后沟发展速度为 0.909 m/a。此外，黄土窑洞带陡崖时常发生塌陷，直接威胁当地居民的居住安全并造成财产损失。

（三）对文物古迹保护的影响

五陵原边坡滑坡、崩塌等重力侵蚀与侵蚀沟谷发育对塬边地带的文物古迹形成严重的甚至毁灭性的破坏。例如，位于泾阳县高庄镇五福村和二杨庄之间塬边的望夷宫遗址，其北部基址因泾河河床南移侵蚀形成的崩塌（塌岸）而毁掉，现仅残存夯基东西长 98 m、南北宽 34 m、厚 3.20 m。[12] 据实地考察和相关研究，秦咸阳城遗址区（渭城区塔尔坡村—柏家嘴村）范围内 100 m 以上的沟道有 34 条，其中 1 000 m 以上的切（冲）沟道有9 条，这些侵蚀沟谷发育对台塬造成冲蚀，其中秦咸阳一号宫殿遗址被牛羊沟冲断，在沟壁上裸露着排水管道和夯土层，咸阳宫东墙已位于西沟沟内。[2] 刘家沟沟壁上多处秦代灰坑裸露；黄家沟、苏家沟沟壁有汉墓冲出。秦咸阳一号与四号宫殿遗址之间的群众生活用土使古建筑遗址严重破坏，一号宫殿建筑遗址东部面临向牛羊沟坍塌的危险；聂家沟秦咸阳作坊区遗址大部分被吞蚀；黄家沟高干渠南的台塬壁上战国墓葬裸露；石河扬土场的秦咸阳兰池引水渠遗址被吞蚀。[8] 此外，考察发现，狼家沟村沟谷源头距离汉高祖长陵封土丘只有 600 m ～ 700 m。

（四）对西咸新区发展建设的影响

按照《西咸新区总体规划》，西咸新区由泾河新城、空港新城、秦汉新城、沣西新城、沣东新城、渭河生态景观带（西安大都市渭河核心区带）、渭北帝陵风光带和周秦汉唐古都文化带构成"一河两带五组团"的空间结构。不难看出，五陵原囊括了泾河新城（部分）、空港新城、秦汉新城三个组团以及渭北帝陵风光带和秦汉历史文化带等功能区。其中秦汉新城占地 302 km²，是西咸新区占地面积最大的板块，居于西咸新区五城中心，蕴藏着厚重的秦汉历史文化资源，如秦帝国都城、秦咸阳宫以及汉代帝陵群等，堪称世界之最。

五陵原北缘东段的侵蚀沟谷会对泾河新城西南的物流仓储区造成影响，其西段滑坡、崩塌及侵蚀沟谷势必影响空港新城的发展建设及塬面交通状况（如台塬边坡切沟溯源侵蚀对 208 省道的蚕食）。五陵原南缘边坡陡坎既是黄土窑洞密集带，也是侵蚀沟谷发育带。该陡坎东西向横贯秦汉新城，其边坡侵蚀沟谷和黄土塌陷等地貌发育的破坏和影响作用不容忽视。就西咸新区尤其是秦汉新城建设具有世界影响的秦汉历史文化聚集展示区和西安国际化大都市生态田园示范新城的目标，以及发展秦汉历史文化旅游特色产业而言，对该五陵原边坡的治理和预防应该引起学界和相关政府部门的重视。

总而言之，五陵原上文物蕴藏丰富密集，它承载着中华民族数千年、十几个朝代厚重的文化遗产。但是，五陵原的发展现状令人堪忧。本节通过对塬边坡发育侵蚀的过程及其原因的研究得出以下结论：由于地形地质、黄土岩性、大气降水、农田灌溉以及人类活动的影响，五陵原边坡土壤侵蚀和水土流失严重，会对人类居住、文物保护构成威胁，阻碍西咸新区发展建设。希望地方政府部门能够重视和加强对五陵原边坡土壤侵蚀、水土流失的防治。

参考文献：

[1] 张宗祜.我国黄土高原区域地质地貌特征及现代侵蚀作用[J].地质学报，1981, 55(4): 308-320.

[2] 桑广书.秦末以来秦都咸阳地貌演变[J].地理科学，2005, 25(6): 709-715.

[3] 黄玉华，雷祥义.模糊信息优化处理方法在陕西泾阳南塬塬边斜坡稳定性区划中的应用[J].灾害学，2005, 20(4): 47-50, 56.

[4] 许领，戴福初，闵红，等.泾阳南塬黄土滑坡类型与发育特征[J].地球科学，2010, 35(1): 155-160.

[5] 范立民，岳明，冉广庆.泾河南岸崩岸型滑坡的发育规律[J].中国煤田地质，2004, 16(5): 33-35, 42.

[6] 桑广书，冯利华，商丽华.泾河下游南岸台塬边坡稳定性与滑坡诱因分析[J].水土保持学报，2007, 21(5): 187-191.

[7] 王德耀，杜忠潮，张满社.陕西省泾阳南塬崩塌、滑坡地质灾害及成因分析[J].水土保持通报，2004, 24(4): 34-37.

[8] 张俊辉.论五陵原的水土流失与保护利用[J].咸阳城市科学，2004(2): 16-18.

[9] 秦建明,梁晓青.黄土滑坡地貌与文物保护[R].中国文物保护技术协会第二届学术年会(中国西安):2002.

[10] 勒泽先,韩庆宪.黄土高原滑坡分布的"群体性"[C]//《滑坡论文选集》编辑委员会,中国科学院成都山地灾害与环境研究所.一九八七年全国滑坡学术讨论会滑坡论文选集.成都:四川科学技术出版社,1989:123-128.

[11] 桑广书.黄土高原历史时期地貌与土壤侵蚀演变研究[D].西安:陕西师范大学,2003.

[12] 咸阳市文物事业管理局.咸阳市文物志[M].西安:三秦出版社,2008.

[13] 雷祥义.陕西泾阳南塬黄土滑坡灾害与引水灌溉的关系[J].工程地质学报,1995,3(1):56-64.

[14] 王万忠,焦菊英,郝小品.黄土高原暴雨空间分布的不均匀性及点面关系[J].水科学进展,1999,10(2):165-169.

[15] 何小林,雷鸣,何刚雁.边坡防护技术的研究现状与发展趋势[J].科技资讯,2012(13):57-58.

[16] 王文胜.泾阳南塬边坡稳定性理正模拟分析[J].地下水,2012,34(2):208-209.

后 记

"江南才子山东将，陕西黄土埋皇上"。这句广泛流传的民谣，形象生动的描述出关中地区古代帝王陵墓的数量之多、分布之密集，为世所罕见。20世纪90年代，在进行咸阳乡土地理考察和调研过程中，笔者参观访问了西汉茂陵和唐乾陵，对咸阳境内汉唐帝陵遗存有了初步认识。进入21世纪，笔者在相继主持和完成了"咸阳区域旅游资源、市场、环境系统研究"和"关中地区乡村旅游资源、模式与市场驱动机制研究"等科研专项课题的过程中，一方面较为系统的了解了咸阳、乃至关中地区帝陵文物旅游资源的赋存及其保护利用状况，就有关陕西旅游开发对环境的影响及旅游环境保护、咸阳旅游资源核心竞争力及整合开发、西安历史古迹旅游资源保护与开发利用、汉唐帝陵旅游地居民对旅游影响的感知、乾陵景区国内旅游者行为特征等问题进行了探讨，并在相关刊物发表论文。另一反面，笔者还主持和完成了咸阳市、西安市和渭南市相关县区旅游发展规划、景区规划，以及民俗文化村规划项目及其论证评审。可以说，笔者关注和研究关中地区帝陵遗产资源，缘起于对地方文物文化旅游资源开发及其旅游规划的研究。

2009年，依托咸阳师范学院建设的"关中古代陵寝文化研究中心"被陕西省教育厅列入第三批陕西（高校）哲学社会科学重点研究基地立项建设单位，建设期限为3年。在"任务带学科"的客观形势下，笔者开始涉足关中地区古代帝陵遗产资源及保护利用研究。这期间，策划组织了有文学、史学、考古和美术等专业领域的学者参与的关中地区周秦汉唐帝王陵遗产资源的两次系统考察和调研，考察范围涵盖西起宝鸡、东至韩城的整个关中地域空间。获取了丰富的关中地区古代帝陵遗产资源的文字、图片和电子信息资料，还就帝陵遗产资源保护与旅游开发做了专题调查问卷。笔者通过这些实践活动的最大收获是获取对关中地区帝陵遗产资源系统的感性认识的基础上，对汉唐帝陵文化遗产等问题有了理性升华，先后参与和主持陕西省教育厅哲学社会科学重点研究基地科研计划项目："关中古代陵寝文化旅游开发与保护互动机理研究（13JZ082）""关中汉唐帝陵文化遗产保护与展示研究（14JZ063）"等项目，并与同事合作发表了诸如《关中地区古代陵墓类型、地理分布及其影响因素》、《基于钻石模型的咸阳帝陵遗产旅游发展策略研究》等论文。还在全校开设了"关中古代陵寝文化资源鉴赏"选修课，编撰了《关中古代陵寝文化资源鉴赏》讲义稿。这些都为本书的编著奠定了基础。

笔者曾于2017年4月同相关出版社约定《关中地区古代帝陵遗产资源及其保护利用》一书的出版意向，原计划是在已经使用和修订了数届的《关中古代陵寝文化资源鉴赏》讲义稿的基础上再做些修改和补充，很快就能完成并交付该书稿。然而，当笔者着手整理和撰写书稿、以专著的要求和眼光进行重新梳理创作时，才发现原有的"讲义稿"

显得疏浅和不够严谨，尤其当笔者收集和消化了大量参考文献资料后，下决心另起"炉灶"、重新构思框架体系和撰写体例。这样一来，致使本书稿一直推迟一年多时间，才完成初稿。此后，又数度删减补充、几易其稿，终究形成本书稿。

本书内容共 16 章，可以分为 3 篇：基础篇（包括前言、第 1-2 章），分别就关中地区古代帝陵遗产资源的数量、规模及其与国外"金字塔"、国内其他地域类似资源的比较，以及关中地区古代帝陵遗产资源产生的自然地理条件和人文历史背景作分析；资源篇（包括第 3-7 章）主要是就关中地区古代帝陵遗产资源的类型、帝陵的结构、帝陵制度嬗变及影响、帝陵的主题及文化价值等问题进行剖析和阐述；保护利用篇（包括第 8—16 章）主要就关中地区帝陵遗产旅游资源开发、关中帝陵遗产（风景）廊道设计、西汉帝陵风光带旅游环境承载力、帝陵遗产旅游竞争力、景区游客体验，以及五陵塬区地表侵蚀地貌发育及其对帝陵遗产等文物古迹的影响和破坏等问题作探讨与分析。

书中前言、第 1-2 章由杜忠潮撰写和完成，第 3-5、7-8、15-16 章由杨尚英撰写完成，第 6、9-14 章由孙媛媛撰写完成。全书由杜忠潮统稿。书中对所引用的文献和资料基本都作了注释或脚注，却难免有遗漏和疏忽，还请相关作者鉴谅。

本书在写作和完成过程中，得到咸阳师范学院科技处、资源环境与历史文化学院，以及经济管理学院的领导和同事的热情支持与鼓励，得到笔者家人的理解和支持。本书的出版得到《关中古代陵寝文化旅游开发与保护互动机理研究（13JZ082）》和省级优势学科建设项目—省扶持学科中国史（历史地理学）专项资金，以及咸阳师范学院学术专著出版基金的资助。出版社进行了精心排版、封面设计和装帧。咸阳师范学院资源环境与历史文化学院、经济管理学院、文学与传播学院、美术学院的相关师生参与了本项目的考察调研。值此本书付梓出版之际，笔者一并表示诚挚的谢忱。

本书涉及多个学科领域，以笔者的专业背景和学术积淀之浅陋，谬误和疏漏在所难免，恳请专家学者、乃至有关读者批评指正。